KB145335

스콧 애론슨의 양자 컴퓨팅 강의

스콧 애론슨의 양자 컴퓨팅 강의

데모크리토스부터 시작된 양자 컴퓨팅

스콧 애론슨 지음   남기혁 · 이태휘 옮김

i!i
에이콘

에이콘출판의 기틀을 마련하신 故 정완재 선생님 (1935-2004)

저명한 양자 컴퓨팅 이론가인 스콧 애론슨이 쓴 이 책은 수학과 컴퓨터 과학, 물리학에서 심오한 개념을 소개한다. 이 책은 방대한 분야에 대한 통찰과 논증, 철학적 견해로 가득하다. 고대 데모크리토스 시절부터 출발해서 논리학, 집합론, 계산 가능성 및 계산복잡도 이론, 양자 컴퓨팅, 암호학, 양자 상태의 정보, 양자역학 해석 등을 소개한다. 또한 시간 여행, 뉴컴의 패러독스, 인류 원리, 로저 펜로즈의 이론 등도 심도 있게 다룬다. 저자는 이러한 주제를 격의 없는 어조로 설명해 과학 분야의 배경 지식을 갖춘 독자나 물리학, 컴퓨터 과학, 수학, 철학을 전공하는 학생이라면 누구나 쉽게 접근할 수 있게 하고 있다.

| 지은이 소개 |

스콧 애론슨scott aaronson

텍사스대학교 데이비드 제이 브루톤 센테니얼 컴퓨터 과학과 교수이자 양자정보센터 디렉터로, MIT 전기공학 및 컴퓨터 과학과 부교수일 때 이 책을 출간했다. 양자 복잡도 이론 전문가로서 세계 최고로 손꼽히며 양자 컴퓨팅과 계산 복잡도 이론 분야의 연구 성과뿐만 아니라 인기 있는 블로그인 'Shtetl-Optimized'로도 유명하다. 계산 복잡도 이론에 대한 온라인 백과사전인 복잡도 동물원Complexity Zoo을 만들었으며, <사이언티픽 아메리칸Scientific American>과 <뉴욕 타임즈New York Times>에 칼럼도 쓰고 있다. 연구 성과와 인기 있는 글에 대해 젊은 과학자와 공학자에게 주는 미국 대통령상United States Presidential Early Career Award for Scientists and Engineers과 앨런 T. 워터맨상을 비롯한 다양한 상을 받았다.

| 감사의 글 |

2008년 여름 학기에 내 수업을 들었던 크리스 그라나드란 학생은 여기 저기 흩어져 있던 내 강의 노트와 녹음 테이프를 모아 내 웹 사이트에 올릴 수 있도록 일관된 형태의 원고로 정리하는 작업을 열정적으로 해줬는데, 이 책이 나오게 된 긴 여정의 첫걸음이 됐다. 최근에는 MIT에 근무하던 시절, 나의 전설적인 박사과정 학생이던 알렉스 아르키포프가 그렇게 정리된 원고를 정교하게 다듬고 잘못되거나 불분명하거나 이제는 의미 없는 부분을 잡아내는 작업을 해줬다. 두 사람에게 진심으로 감사드린다. 이 책은 거의 이 두 사람의 책이라 해도 과언이 아니다. 이들이 도와주지 않았다면 이 책은 나올 수 없었을 것이다.

이 책은 또한 케임브리지대학 출판부의 담당 편집자인 사이먼 캐펄린 Simon Capelin이 아니었으면 나올 수 없었다. 이 책을 기획해 내게 제안한 것도 그였다. 사이먼은 내게 필요한 것이 뭔지 잘 알고 있었다. 몇 달 간격으로 원고 진행 상황을 물어보면서 전혀 강압적인 느낌 없이 재촉하고 전반적인 진행 과정을 주지시키면서 죄책감을 갖게 했다(실제로 효과적이었다). 또한 이 책이 케임브리지대학 출판부의 다른 책과는 성격이 좀 다르지만, 이 책만의 '별난 매력'을 최대한 보존하도록 노력하겠다는 다짐도 했다. 그리고 사라 해밀턴, 엠마 워커, 디샤 말호트라를 비롯한 케임브리지대학 출판부와 압타라Aptara의 다른 관계자들께도 감사드린다. 이들 덕분에 이 책이 출간될 수 있었다.

2006년, 워털루대학의 가을학기 'Quantum Computing since Democritus데모크리토스 이후의 양자 컴퓨팅' 강의실에 참석했던 학생과 교수에게도 감사드린다. 그때 받은 질문과 논쟁 덕분에 강의의 본래 목적을 달성할 수 있었다(이 책 전반과 특히 마지막 장에서 정말 그랬다는 것을 확인할 수 있다). 이뿐만 아니라 그때 수강했던 학생들은 강의를 녹음해 초벌 원고를 마련해줬다. 돌이켜 보면 워털루대학의 양자 컴퓨팅 연구소[IQC]에서 박사후 과정을 하던 2년은 내 인생에서 가장 행복한 시간이었다. 그 당시 함께한 모든 분께 감사드리고 싶다. 이상한 강의를 개설하게 해주셨으며 격려까지 해주시고, 심지어 (본인뿐만 아니라 다른 분까지) 강의에 직접 참석해 여러 가지 영감을 불러 일으켜주신, 당시 IQC 소장님이셨던 레이 라플람에게 특별히 감사드린다.

또한 지난 6년 동안 내 연구를 지원해준 MIT 컴퓨터 과학 및 인공지능 연구소와 전기공학 및 컴퓨터 과학과, 미국 과학재단[US NSF National Science Foundation], 미국방부 고등연구계획국[DARPA Defense Advanced Research Projects Agency], 슬론 재단[Sloan Foundation], TIBCO사에도 감사드린다.

이 책의 초고에 대해 여러 코멘트를 주고 오류를 많이 잡아준 내 블로그(Shtetl-Optimized, http://www.scottaaronson.com/blog) 독자에게도 감사드린다. 강의 노트를 책으로 출간하도록 격려해준 독자에게 특히 감사의 말을 전하고 싶다. 심지어 출간되면 사겠다고 약속하기까지 했다.

고등학교 시절부터 박사후 과정까지 날 지도해준 분들, 크리스 린치, 바트 셀먼, 로브 그로버, 우메시 바지라니, 아비 위그더슨에게 감사드린다. 존 프레스킬은 정식 지도 교수였던 적은 없지만 마음속으로는 지도 교수로 여기고 있다. 이 모든 분께 말로 표현할 수 없을 만큼 신세를 졌다. 또한 양자 정보 및 이론 전산학 커뮤니티 분들에게도 감사드린다. 수년 동안 그들과 나눈 대화와 논쟁이 이 책에 반영됐다. 모든 이를 기억하기 힘들지만, 몇몇 분만 나열하면 다음과 같다. 도릿 아로노프, 안드리스 암바이니스, 데이브 베이컨, 마이클 벤-오, 라파엘 부소, 해리 버만, 션 캐롤, 그렉 차이틴, 리차드 클리브, 데이비드 도이치, 앤디 드루커, 에드 파르히, 그리스 푹스, 대니얼 고츠먼, 알렉스 핼더만, 로빈 핸슨, 리처드 카프, 엘햄 카셰피, 줄리아 켐피, 그렉 쿠퍼버그, 세스 로이드, 미셸 모스카, 마이클 닐슨, 크리스토스 파파디미트리우, 렌 슐만, 레니 서스킨드, 오데드 레게프, 바버라 테할, 마이클 바싸, 존 워트러스, 로날드 드 울프. 본의 아니게 여기 적지 못한 분들에게 사과드린다(반대로 이름 밝히기 싫었는데 다행이라는 분들의 감사하다는 마음도 기꺼이 받겠다).

이 책의 초판에서 오류를 잡아 준 다음 독자에게도 감사드린다. 에반 버코위츠, 어니스트 데이비스, 밥 케일스루트, 앤드류 마크, 크리스 무어, 타일러 싱어-클라크.

마지막으로 엄마와 아빠, 내 형제인 데이빗, 그리고 당연히 아내 데이나에게 감사드린다. 아내는 이놈의 책을 마무리하지 못하고 자꾸 미루는 동안의 날 겪으면서 비로소 나의 참 모습을 깨닫게 됐다.

| 옮긴이 소개 |

남기혁(kihyuk.nam@gmail.com)

고려대 컴퓨터학과에서 학부와 석사 과정을 마친 후 한국전자통신연구원에서 선임 연구원으로 재직하고 있다. 한빛미디어에서 출간한『Make: 센서』(2015),『메이커 매뉴얼』(2016),『이펙티브 디버깅』(2017),『전문가를 위한 C++』(2019),『리팩토링 2판』(2020), 에이콘출판사에서 출간한『현대 네트워크 기초 이론』(2016),『도커 컨테이너』(2017),『파이썬으로 배우는 인공지능』(2017),『스마트 IoT 프로젝트』(2017),『메이커를 위한 실전 모터 가이드』(2018),『Go 마스터하기』(2018),『자율 주행 자동차 만들기』(2018),『The Hundred-Page Machine Learning Book』(2019) 등을 번역했다.

뛰어난 전문성과 문장력으로 원고를 한 단계 업그레이드 해주신 공역자 이태휘 박사님께 감사드립니다. 또한 교정 과정에서 오류와 오탈자를 날카롭게 지적해주신 김형훈 님, 이승준 님께도 감사드립니다.

이태휘

산업체와 학교, 연구기관을 거치며 여러 시스템 소프트웨어 개발 프로젝트를 수행했다. 2007년부터 2010년까지 티맥스소프트에서 근무하며 티베로 관계형 데이터베이스 개발에 참여했다. 2014년에 서울대학교 컴퓨터공학부에서 박사 학위를 받았으며, 현재 한국전자통신연구원에서 선임연구원으로 재직 중이다. 번역서로는 에이콘출판사에서 펴낸 『퀄리티 코드』(2017), 『블록체인 완전정복 2/e』(2019), 『양자 컴퓨팅 입문』(2020), 『양자 컴퓨팅』(2020)이 있다.

| 차례 |

| 들어가며 |

『스콧 애론슨의 양자 컴퓨팅 강의』에 대한 서평

이 책은 캠브리지 대학 출판사에서 지금껏 출간한 도서 중에서도 가장 이상한 책으로 손꼽힌다. 우선 제목부터 이상하다. 무슨 내용을 다루는지 도무지 감조차 잡을 수 없다. 양자 컴퓨팅에 대한 교재인가? 물리학과 수학과 컴퓨터 과학이 맞물리는 한창 유행하는 분야이자, 지난 20여 년 동안 새로운 형태의 컴퓨터가 등장한다고 기대하고 있지만 실제로 구현된 장치는 아직 21을 3 × 7로 인수분해하는(그것도 100% 완벽하진 않은) 수준을 못 넘어섰다는 바로 그 양자 컴퓨팅에 대한 책 중 하나인가? 그렇다면 양자 컴퓨팅 이론의 기초를 쉽게 설명하는 수많은 책과 뭐가 다른가? 혹시 양자 컴퓨팅과 고대 역사를 엮는 황당한 시도를 하는가? 그렇다면 원자론을 주창한 고대 그리스 철학자인 데모크리토스가 이 책에서 설명하는 내용과 도대체 무슨 관련이 있는가? 기원전 300년은 고사하고 기원후 1970년대에 이르러서야 양자 컴퓨팅을 처음 접한 과학자가 대다수인데 말이다.

방금 이 책을 다 읽었는데, 솔직히 말하면(책 제목에서 직접적으로 언급한) 양자 컴퓨팅뿐만 아니라 괴델과 튜링의 정리나 P-NP 문제나 양자역학에 대한 해석이나 인공지능이나 뉴컴의 패러독스나 블랙홀 정보 손실 문제 등을 바라보는 저자의 참신하고 독창적인 관점은 내 혼을 빼놓을 정도로 흥미로울 뿐만 아니라 세상을 보는 내 관점도 달라졌다. 따라서 서점에 서서 읽거나 아마존의 'Look Inside' 기능만으로 이 책을 정독하려는 사람에게 감히 말하건데, 한 권 사기 바란다. 한 가지 첨언하자면 저자가 굉장히 잘생겼다.

물론 이 책은 저자가 주워들은 내용을 마구잡이로 쏟아 낸 것이 아니냐는 오해를 살만하다. 이 책의 토대가 된 2006년 가을 학기 워틸루 대학 강의 노트를 보면 당시 저자의 머릿속에 담긴 이론 전산학, 물리학, 수학, 철학에 대한 생각을 몽땅 나열했다고 볼 수도 있다. 여기에 저자의 공부 벌레스러운 썰렁한 유머를 가미하고 모든 주제를 '소크라테스식 문답법'으로 접근하며, 계산 이론에 굉장히 집착하면서 물리 세계와 어떻게 관련되는지 설명하고 있다. 하지만 분명히 밝혀야 마땅한 이 책의 핵심 주제는 아무리 애를 써도 명확하게 표현할 수 없다.

구체적으로 지적하면 이 책은 도대체 어떤 독자를 염두에 두고 쓴 것인지 궁금하다. 대중서로 보기에는 너무 심오한 내용을 다룬다. 가령 로저 펜로즈가 쓴 『The Road to Reality(실체에 이르는 길)』의 서문에서는 초등학교에서 배우는 분수 연산도 힘겨워하는 독자도 이해하기 쉽게 썼다고 했는데, 정작 초반 몇 장만 지나면 (복소해석학의) 정칙 함수holomorphic function와 (위상수학의) 올다발fiber bundle에 대해 파고들고 있다. 솔직히 말하면 이 책은 수학 공포증이 있는 이들에게는 맞지 않다. 전문 지식이 없는 호기심 많은 독자도 분명 이 책을 통해 배울 것이 많긴 하지만, 이론적으로 깊이 들어가는 부분은 과감히 건너뛰거나 나중에 다시 읽어볼 각오가 돼 있어야 한다. 따라서 과학 분야의 논문에 대한 거부 반응이 있어 이론적인 내용이 하나도 없어야만 읽을 수 있는 독자는 다른 책을 찾아보기 바란다.

또 한편으론 이 책 역시 다른 입문서와 마찬가지로 광범위한 주제를 가볍게 다루고 있어 교과서나 참고서로 활용하기에는 적합하지 않다. 물론 정리와 증명과 연습문제를 제공하고, 엄청나게 많은 분야, 그중에서도 특히 논리학, 집합론, 계산 가능성 이론computability theory, 계산복잡도 이론complexity theory, 암호학, 양자 정보, 계산 학습 이론 등의 기초를 다루고 있다. 그중에서 어느 한 분야를 전공하는 학부 이상의 독자라면 이 책을 통해 가치 있는 통찰을 얻거나, 즐겁게 독학하거나 복습하는 용도로 활용할 수도 있다. 이 책에서는 앞서 언급한 기초 이론뿐만 아니라 양자 복잡도 이론도 상당히 많이 다루고 있다. 예를 들어 양자 증명과 조언의 능력을 설명하는 부분을 다루는 책은 (내가 아는 바에 의하면) 현재 없다. 그럼에도 이 책은 여러 주제를 재빠르게 넘어가기 때문에 어느 한 주제를 완벽히 설명한다고 볼 수 없다.

그렇다면 이 책은 첫 장조차 제대로 넘어가지 못할 수준의 비전문가가 다른 사람들에게 과시하기 위한 용도로 쓸 만한 책인가? 그나마 떠올릴 수 있는 독자는 대중서도 아니고 전문서도 아닌 과학 서적, 다시 말해 한 연구자의 관점에 극도로 편향된 지적 세계를 다양한 분야의 동료들과 복도에서 대화하는 어조로 서술하는 글에 목마른 독자를 위한 것이다. 어쩌면 조숙한 고등학생이나 대학 시절에 이론적인 내용을 즐겼으면서 최근에 나온 이론도 알고 싶어 하는 프로그래머나 엔지니어도 이러한 가상의 '목마른 독자'에 포함될 수 있다. 요즘 흔히 볼 수 있는 '사이언스 블로그', 인류 지식의 최전방에 있는 진짜 과학자들끼리 벌이는 사소한 논쟁과 상호 비난과 그 밖의 다른 유치한 행동들을 지켜보는 것을 즐기고, 심지어 이들이 더 망신스러운 일들을 벌이게 부추기는 이들이 노는 온라인 공간에 자주 출몰하는 이들도 예상 독자로 볼 수 있다(한 가지 명심할 점이 있다. 이 책의 저자는 그런 사악한 글을 블로그에 거리낌 없이 쓰는 사람이다). 그런 독자가 실제로 존재한다면 아마도 저자는 이들을 정확히 겨냥하고 썼을 것이다. 하지만 내 느낌에 저자는 그냥 이 글을 쓰는 행위 자체를 너무 즐긴 나머지 그렇게 신중하게 계획을 세운 것 같지 않다.

여기서부터 진짜 서문

앞에서 이 책(과 나의 외모)에 대해 좋게 평해준 리뷰어에게 감사드리지만, 이 책에 일관된 주제가 없다는 그의 무식한 주장에 대해 최대한 강력한 어조로 반박하고 싶다. 이 책은 당연히 핵심 주제가 있다. 하지만 좀 특이하게도 저자인 내가 직접 알아낸 것은 아니다. 이 책의 핵심 주제를 밝혀내는 데 공헌한 호주 시드니 소재의 광고 에이전시인 러브 커뮤니케이션에게 감사드린다. 러브 커뮤니케이션에서 제작한 프린터 광고에 나온 패션 모델의 표현을 통해 핵심 주제가 드러났기 때문이다. 충분히 들어볼 가치가 있으므로 자세히 소개한다.

2006년에 "Quantum Computing since Democritus"란 제목으로 워털루 대학에서 강의를 했다. 이듬해 그 당시 썼던 강의 자료를 개인 블로그(Shtetl-Optimized[1])에 올렸는데, 그 내용이 현재 이 책으로 이어지게 됐다. 블로그 독자의 열렬한 반응에 상당히 고무돼 이 책을 출간하기로 결심했던 것이다. 그런데 전혀 예상치 못한 댓글이 하나 달렸다.

2007년 10월 1일, 호주에 사는 워렌 스미스란 분이 보낸 이메일을 통해 리코[Ricoh] 프린터 TV 광고 사례를 알게 됐다. 그의 설명에 따르면 광고에서 여성 패션모델 두 명이 메이크업 룸에서 다음과 같이 대화하는 식으로 구성됐다고 한다.

> **모델 1:** 그런데 양자역학이 우리가 아는 일반 물리와 다르다면, 다시 말해 물질, 에너지, 파장, 입자 등에 대한 이론이 아니라면 도대체 뭐란 말이야?

> **모델 2:** 음, 내 생각엔 양자역학은 정보와 확률과 관측량, 그리고 이들의 상호 관계에 대한 이론이야.

> **모델 1:** 그거 흥미로운데.

그러고 나서 '훨씬 똑똑한 모델'이란 문구와 함께 리코 프린터 사진이 휙 등장한다.

스미스는 대화의 표현이 범상치 않다는 생각에 구글로 검색했더니 이 책의 9장에 있는 문구가 나왔다고 한다. 그 내용은 다음과 같다.

> 그런데 양자역학이 일반 물리와 다르다면, 다시 말해 물질이나 에너지나 파동이나 입자에 대한 이론이 아니라면 도대체 뭐란 말인

---

1. www.scottaaronson.com/blog

가? 내 생각에 양자역학은 정보와 확률과 관측량observable, 그리고 이들의 상호 관계에 대한 이론이다.

광고에서 내 표현과 다른 부분은 "그거 흥미로운데"라는 한 마디뿐이다. 스미스는 이 광고를 내가 볼 수 있도록 유투브에 올라온 동영상의 링크[2]도 알려줬는데, 직접 보니 정말 그랬다.

화가 나서라기보다는 반가운 마음에 내 블로그에 "호주 배우가 프린트를 판매하는 데 내 양자역학 강의를 표절했다"[3]란 제목으로 글을 올렸다. 사건의 전말을 설명하고 광고 영상에 대한 링크를 추가한 후 다음과 같이 글을 마무리했다.

> 내 인생을 통틀어 무슨 말을 해야 할지 모를 정도로 황당한 경우는 처음입니다. 어떻게 대응해야 할지 모르겠습니다. 이에 대해 농담거리가 50만 가지나 떠올랐는데, 어느 표현이 적절한지도 모르겠네요. 독자 여러분께 조언을 구합니다. 자랑할 만한 일인가요? 아니면 변호사를 찾아가봐야 할까요?

이 글은 아마도 지금껏 내가 블로그에 쓴 글 중에서도 가장 악명 높은 포스트에 해당할 것이다. 다음 날 아침, 이 사건은 「시드니 모닝 헤럴드Sydney Morning Herald」("교수, 광고 대행사가 내 강의 노트를 베꼈다고 주장하다"[4]), 「슬래시닷Slashdot」("프린터 장사꾼 스콧 애론슨"[5])을 비롯한 여러 뉴스 사이트에 기사로 등장했다. 마침 당시 나는 안드리스 암바이니스Andris Ambainis를 만나러 라트비아에 머물고 있었는데, 어떻게 알았는지 기자들이 내가 묵고 있던 리가 호텔 방으로 새벽 5시쯤 갑자기 들이닥치면서 인터뷰를 요청하는 바람에 잠에서 깬 적이 있었다.

---

2. www.youtube.com/watch?v=saWCyZupO4U

3. www.scottaaronson.com/blog/?p=277

4. www.smh.com.au/news/technology/professor-claims-ad-agency-cribs-lecturenotes/2007/10/03/1191091161163.html

5. idle.slashdot.org/story/07/10/02/1310222/scott-aaronson-printer-shill

한편 다른 온라인 포럼에 올라온 반응은 다양했다. 어떤 독자는 "바보가 아닌 이상, 이 사건에 대해 광고 대행사에게 소송을 걸어야 한다. 사전에 허가를 구하지 않고 롤링 스톤즈 노래 중 몇 소절을 내보냈다면 어땠겠는가? 이런 건은 장담컨대 수백만 달러에 합의할 만한 사안이다."라고 말했다. 또 어떤 독자는 "이런 질문을 한다는 것 자체가 소송을 남발하는 전형적인 미국인임을 입증하는 것이며, 모든 잘못을 세상 탓으로 돌리는 행위의 화신이다."라고 말했다. 그러면서 "광고 작가가 내 양자역학에 대한 관점을 공짜로 홍보해줬다는 점에 오히려 감사해야 한다."고 했다. 이 사건에 대한 보상으로 '광고 모델'과 데이트하게 해줘야 한다는 썰렁한 농담이 수십 가지 버전으로 댓글에 달리기도 했다(이에 대해 나는 굳이 보상을 해준다면 프린트 한 대를 주면 좋겠다고 답했다). 어떤 사람은 "내가 본 것 중에 가장 웃긴 일이다."라는 의견을 남기기도 했다.

이 사건에 대해 러브 커뮤니케이션즈 측은 내 강의에 나온 자료를 인용한 점은 시인했지만 변호사의 자문을 거쳐 저작권에 위배된 사항은 없어 그랬다고 입장을 밝혔다. 한편 지적 재산권 전문 호주 변호사와 실제로 상담했는데, 그에 따르면 충분히 소송할 만하지만 상당한 시간과 에너지를 뺏길 가능성도 있다는 답변을 받았다. 가슴이 아팠다. 한편으로 생각해보면 표절은 학계에서 절대로 용서할 수 없는 죄인데다 광고 대행사는 성의 없이, 그것도 막상 저지른 일이 들킨 뒤에서야 해명한 점에 살짝 열 받았다. 나에게 사전 동의를 구했다면 미미한 금액을 받거나 아니면 전혀 비용을 받지 않고도 흔쾌히 인용하게 허락했을 것이다.

결론적으로 모두가 만족할 만한 합의점을 찾았다. 러브 커뮤니케이션은 (잘못을 시인하지 않았지만) 공식적으로 사과했고, 내가 지정한 호주의 과학 봉사 활동 기관 두 곳에 5,000달러를 나눠 기부하기로 결정했다.[6] 그 대신 나는 더 이상의 법적 대응을 하지 않기로 했고, 그 후로 이 사건을 완전히 잊었다.

---

6. www.scottaaronson.com/blog/?p=297 참고

동료들이 호주 모델에 대한 농담으로 나를 놀릴 때를 제외하면…(아직까지 놀리고 있다.)

그런데 여기에 반전이 있다. 지금 당시 상황을 얘기하는 것도 그 때문이다 (물론 이 책과 관련해 실제 발생한 웃긴 일이기 때문이기도 하다). 그건 바로 누가 지금 나보고 이 책의 본문 중에서 TV에 내보낼 문구를 하나 골라 달라고 한다면 광고에 나온 바로 그 문구를 줄 것이라는 사실이다. 출간 당시 이 책의 홍보 담당자가 과학스러우면서 알쏭달쏭한 글을 찾고자 샅샅이 훑어봤을 텐데, 그때는 이 문장이 핵심이라고 미처 생각하지 못했기 때문에 눈에 띄게 표현하지 않았다.

양자역학이 파장이나 입자가 아닌 정보와 확률과 관측량에 대한 것이란 관점은 완전히 내가 만든 게 아니다. 물리학자인 존 아치볼드 휠러^{John Archibald} ^{Wheeler}도 1970년대에 비슷한 표현을 한 바 있다. 그리고 오늘날 양자 컴퓨팅과 정보에 관련된 모든 분야가 이 관점을 바탕으로 발전했다. 실제로 내 블로그에서 호주 광고 모델에 대한 농담에 바로 이어 나온 댓글 중에서 가장 흔한(그리고 내 입장에서는 가장 웃긴) 의견은 표절된 문구가 전혀 독창적이지 않기 때문에 나에겐 항의할 권리가 전혀 없다는 것이었다. 모든 물리학 책에 나오는 당연한 관점이라는 것이다.

그랬으면 좋았겠지만 2013년만 해도 양자역학을 정보와 확률에 대한 이론이라고 보는 관점은 극소수에 불과했다. 대중서든 교과서든 물리학 책 아무거나 하나 집어 보면 (1) 현대 물리학은 모순처럼 보이는 온갖 현상들, 가령 파장이 입자라던가 입자가 파장이라는 내용으로 가득 차 있고, (2) 깊이 들어가 보면 이런 말들을 제대로 이해하는 사람도 없으며, (3) 이를 수학적으로 표현하는 데만 수년간의 집중적인 연구가 필요하지만, (4) 결국 원자론의 관점이 옳을 뿐만 아니라 그것만이 중요하다는 결론을 내린다.

칼 세이건은 그의 저서인 『The Demon-Haunted World(악령이 출몰하는 세상)』에서 이러한 '고전적인 관점'을 다음과 같이 우아하게 표현한 바 있다.

양자역학이 도대체 무엇인지 정말로 알고 싶다고 가정해보자. 먼저 그 기반이 되는 수학 지식, 즉 다음 단계로 넘어가는 데 필요한 수학의 세부 분야들을 마스터해야 한다. 산술, 유클리드 기하학, 고등학교 대수, 미분과 적분, 상미분 및 편미분 방정식, 벡터, 수리물리학의 몇 가지 특수 함수, 행렬 대수, 군 이론 등을 차례대로 배워야 한다. 과학의 대중화를 추구하는 입장에서 이러한 통과의례를 거치지 않은 일반인에게 양자역학의 몇 가지 개념을 제대로 전달하는 것은 상당히 벅찬 일이다. 개인적으로 양자역학의 대중화를 성공한다는 것 자체가 불가능하다고 생각하는 이유 중 하나이기도 하다. 이러한 수학적 복잡도에 설상가상으로 양자 이론 자체가 극도로 직관적이지 않다는 점이 더욱 어렵게 한다. 양자 이론을 이해하는 데 상식은 거의 필요 없다. 리처드 파인만이 말한 바와 같이 왜 그런지를 따지는 것은 아무런 소용이 없다. "왜 그런지는 아무도 모른다. 원래 그렇다(p. 249)."

물리학자들이 이렇게 말하는 이유는 충분히 이해할 수 있다. 물리학은 실험 과학이기 때문이다. 물리학에서는 "규칙은 이러한데, 이치에 맞아서가 아니라 실험을 해보니 그런 결과가 나왔기 때문이다."라고 표현해도 된다. 심지어 이를 당당하고 유쾌하게 표현해도 된다. 자연이 내린 판결을 통해 회의론자들이 가진 선입관을 과감히 물리치면서…

나는 실험 물리학자들이 세상은 내가 생각하는 것과는 전혀 다른 방식으로 돌아간다고 말하더라도 믿을 것이다. 내가 납득할 수 있는가는 전혀 중요하지 않다. 또한 실험 물리학자들이 다음에 무엇을 발견할지 예측할 수 있는 기대도 하지 않는다. 내가 알고 싶은 것은 오직 다음과 같은 것들이다. 내 직관과 맞지 않는 이유, 실험 결과에 맞게 내 생각을 바로 잡을 방법, 실제 세상이 돌아가는 방식에 내가 당황하지 않게 추론하는 방법이다.

뉴턴의 물리학, 다윈의 진화론, 특수 상대성 이론 등과 같은 기존의 과학적

혁명들을 볼 때 나는 앞서 나열한 사항에 어느 정도 답할 수 있다고 생각한다. 내 직관이 그러한 이론과 완전히 일치하지 않더라도 최소한 어떻게 해야 맞출 수 있는지는 안다. 예를 들어 새로운 우주를 하나 생성할 때 로렌츠 상수Lorentz invariant를 따를 수도 있고 그렇지 않게 할 수도 있지만 이러한 선택 사항을 반드시 고려할 것이며, 내가 원하는 다른 몇 가지 속성에 로렌츠 상수가 영향을 받을 수밖에 없는지 이해할 수 있다.

하지만 양자역학은 사정이 다르다. 장담하건대 물리학자들은 아원자 입자의 움직임이 미친 것처럼 보이지 않도록 직관을 바로 잡을 방법은 아무도 모른다. 실제로 전혀 방법이 없을지도 모른다. 아원자의 움직임이 한결같이 무작위로 일어난다는 것은 불편한 진실로 남을 수도 있다. "이러이러한 공식을 통해 해답을 구할 수 있다."는 표현 이외에는 할 말이 없는 상태로 말이다. 여기에 대해 나는 급진적인 견해를 갖고 있다. 정말 그렇다면 아원자 입자가 어떻게 움직이는지 전혀 개의치 않을 것이다. 당연히 다른 사람들, 가령 레이저나 트랜지스터를 설계하는 사람들도 여기에 대해 알 필요가 없다. 그러니 그들끼리 알아서 하게 내버려두면 된다. 나는 내가 납득할 수 있는 이론 전산학theoretical computer science과 같은 분야나 연구하면 된다. 내 직관을 바로 잡을 방법도 제시하지 못하면서 내가 가진 물리학적인 직관이 잘못됐다고 지적하는 것은 더 높은 점수를 낼 방법을 제시하지 않으면서 그냥 시험에 낙제시키는 것과 마찬가지다. 이렇게 선택의 자유가 있다면 난 단지 A를 받을 수 있는, 내 직관이 맞아 떨어지는 다른 과목으로 관심을 돌리면 된다.

다행히 지난 수십 년 동안 진행된 양자 컴퓨팅과 양자 기초론에 대한 연구 결과에서 볼 수 있듯이 오늘날에는 양자역학을 단지 미지의 사실로 치부하는 것보다 더 잘 설명할 수 있다고 생각한다. 결론부터 밝히면 이 책의 관점은 다음과 같다.

　　양자역학은 확률 법칙을 우아하게 일반화한 것이다. 1 놈이 아닌

2 놈으로, 양의 실수가 아닌 복소수를 기반으로 한 일반화라고 볼 수 있다. 양자역학의 응용은 양자역학 자체에 대한 연구와 완전히 별개로 진행할 수 있다(실제로 그렇게 시작하는 것이 나중에 물리학적 응용을 이해하는 데 바람직하다). 이러한 일반화한 확률 이론은 양자 컴퓨팅 모델이라는 새로운 계산 모델로 자연스레 발전하는 토대가 될 수 있다. 한때 사전에 알 수 있는 것으로 여겨졌던 계산 computation에 대한 기존 관념에 도전하고, 이론 전산학자들 나름의 목적에 따라 개발하고자 노력했던 바로 그 모델 말이다. 이러한 방향은 실제로 물리학과는 아무런 관련이 없을 수도 있다. 정리하면 양자역학은 물리학의 구체적인 문제를 해결하고자 한 세기 전에 등장했지만, 현재는 완전히 다른 관점에서 충분히 설명할 수 있다. 즉, 관념에 대한 역사의 한 부분으로, 수학과 논리학과 전산학과 철학을 통한 인식의 한계에 대해 말이다.

이 책에서는 방금 언급한 주장을 천천히 둘러보는 식으로 증명한다. 1장에서는 최대한 '태초'에 해당하는 시점으로 거슬러 가서 고대 그리스 철학자인 데모크리토스에 대한 얘기부터 시작한다. 현재까지 전해지는 기록을 통해 추측되는 데모크리토스의 견해를 요약하면 모든 자연 현상은 주로 빈 공간을 빙빙 돌고 있는 몇 종류의 조그만 '원자'들 사이에서 일어나는 복잡한 상호작용을 통해 발생한다는 것이다. 이는 고대에 나온 어떠한 이론(특히 플라톤이나 아리스토텔레스의 견해)보다도 현대 과학의 관점에 훨씬 가깝다. 데모크리토스는 원자 가설atomist hypothesis을 내놓자마자 그가 애초에 설명하려고 노력한 것으로 추정되는 바로 그 감각 경험sense-experience, '전체를 삼켜버리는' 경향을 발견하고는 탐탁치않게 생각했다. 도대체 이런 현상을 원자의 움직임만으로 설명하려면 어떻게 해야 한단 말인가? 데모크리토스는 이러한 딜레마를 지성Intellect과 감각Senses의 대화 형태로 표현했다.

지성: 세상에는 단맛이 있고, 쓴맛이 있고, 색깔도 있지만, 현실은

오로지 원자와 빈 공간만 존재한다.

감각: 어리석기는. 네 주장의 근거인 우리를 없애버리려 하다니…

단 두 문장으로 구성된 이 대화는 이 책 전반에 대한 시금석으로 삼을 수 있다. 내가 말하고자 하는 바 중 하나는 양자역학이 어떻게 2,300년 전에 한 논쟁에서 지성과 감각 모두에게 예상치 못한 새로운 무기를 안겨 줬는지다. 물론 아직도(내 생각에는) 둘 중 어느 누구도 확실히 이겼다고 보기 힘들지만…

2장과 3장에서는 논의의 방향을 잠시 바꿔 물리 세계에 대한 '미지의 사실'에 기대지 않는, 우리가 확보한 가장 심오한 지식인 수학을 설명한다. 그런데 내 안에(그리고 추측컨대 다른 수많은 컴퓨터 과학자의 마음속에도) 있는 누군가가 수학에도 그런 요소가 있는 것은 아닌지 의심스럽다고 말한다. 명백하게 물리학의 자취로 보이는 편미분 방정식, 미분 기하학, 리군을 비롯한 '너무 연속적인' 것들처럼. 따라서 지금까지 나온 수학 중에서도 가장 '물리학에 영향을 받지 않은' 영역인 집합론, 논리학, 계산 가능성 이론부터 살펴본다. 이 과정에서 칸토어, 프레게, 괴델, 튜링, 처치, 코헨의 위대한 발견을 소개하는데, 이는 수학적 추론에 대한 분야를 파악하는 데 도움이 된다. 그뿐만 아니라 수학의 모든 분야를 '일정한 기계적인 절차'로 환원할 수 없는 이유를 보여주는 과정에서 어디까지 환원 가능한지, '기계적인 절차'라고 부르는 것의 정확한 의미가 무엇인지를 설명한다. 그리고 나서 4장에서 사람의 정신 역시 '일정한 기계적인 절차'를 따르는지에 대한 고리타분한 논쟁을 살펴본다. 나는 다양한 입장을 최대한 공정하게 펼쳐볼 것이다(물론 내견해에 치우칠 수밖에 없지만).

5장에서는 계산 가능성 이론의 현대 사촌인 계산복잡도 이론을 소개한다. 이 이론은 이후의 장에서 중요한 역할을 한다. 특히 계산복잡도를 이용해, 인식의 한계와 같은 '심오한 철학적 신비'를 인식의 한계라고 여기는 것들의 상당수를 반영하는 굉장히 풀기 어려운 수학적 난제로 탈바꿈하는 방법을 보여줄 것이다. 이런 수학적 난제는 우리가 알고 싶어 하는 것을 대부분 담을 수 있다. 이러한 변환의 예로 P 대 NP 문제가 대표적이다. 여기에 대해서는 6장에서 설명한다. 7장에서는 양자 컴퓨팅에 대한 준비 운동으로 계산 복잡도뿐만 아니라 다른 영역에서 고전적인 무작위성의 다양한 용도를 소개한다. 8장은 계산 복잡도란 개념이 1970년대 초에 암호학 이론과 응용에 접목돼 혁신적인 성과를 거두게 된 스토리를 소개한다.

여기까지 설명한 내용은 이 책에서 가장 악명 높은 부분을 위한 무대를 꾸미는 용도에 불과했다. 9장에서 양자역학은 '일반화된 확률 이론'이라는 내 관점을 소개한다. 10장에서는 내 전공 분야이자 양자역학과 계산복잡도 이론을 합쳐 탄생한 양자 계산 이론quantum theory of computation의 기초를 소개한다. 여기까지 나온 온갖 복잡한 내용을 참고 견딘 독자를 위해 11장에서는 로저 펜로즈 경의 사상을 비평하는 시간을 갖는다. 펜로즈 경은 사람의 뇌는 그냥 양자 컴퓨터가 아니라 양자 중력 컴퓨터quantum gravitational computer라고 주장하는 것으로 유명하다. 그래서 사람은 튜링 계산 불가능한 문제도 풀 수 있으며, 이에 대한 근거로 괴델의 불완전성 정리를 제시한다. 이런 사상에 대해 문제점을 지적하는 내 행동은 좀 유치할 수는 있지만, 정작 내가 흥미를 느끼는 부분은 이 과정에서 펜로즈의 추측에서 일말의 진실을 발견할 수 있는지 살펴본다. 그리고 나서 12장에서는 양자역학 개념에 대한 문제점 중에서 내가 핵심이라고 생각하는 것들을 하나씩 살펴본다. 문제는 미래가 비결정론적이라는 것이 아니라(그래도 상관없다), 과거 역시 비결정론적이라는 것이다. 여기에 대한 두 가지 상반된 반응을 살펴본다. 하나는 물리학자들 사이에서 가장 흔하게 볼 수 있는 것으로 결잃음decoherence과 열역학 제2법칙에서 말하는 효과적인 시간의 화살arrow of time을 내세우는 것이고, 다른 하나는 봄 역학과 같은 '숨은 변수 이론hidden-variable theory'에 의존하는 것이다. 숨은 변수 이론을 받아들이지 않더라도 이를 통해 나는 아주 흥미로운 수학적 질문 몇 가지를 제시한다고 생각한다.

나머지 장은 이전까지 전개한 관점들을 수학과 컴퓨터 과학과 철학과 물리학에서 흥미롭고 논란거리가 많은 주제에 적용해본다. 여기서부터는 이전 장과 달리 최근 연구 결과(주로 양자 정보와 계산 복잡도에 대한 것이지만 양자 중력과 우주론에 대한 것도 약간 다룬다) 중에서도 이러한 난제에 희망의 빛을 비추는 듯한 것이라고 생각하는 것들을 소개한다. 그래서 이 책에서 가장 먼저 수정해야 할 부분으로 유력한 장들이다. 어느 정도 의존 관계가 있긴 하지만 이 장들은 아무 순서로 읽어도 된다.

- 13장은 수학 증명의 새로운 개념(확률론적 증명과 영지식 증명 등)을 소개한다. 그리고 이를 숨은 변수 이론에 대한 계산 복잡도를 이해하는 데 적용해본다.

- 14장에서는 양자 상태의 크기를 가늠해본다. 즉, 고전 정보의 지수적 양을 인코딩하는지 여부를 따져본다. 이 질문을 양자 해석 논쟁과 연관시켜보고, 양자 증명과 양자 조언에 대한 최신 복잡도 이론 관점의 연구 결과와도 연관시켜본다.

- 15장은 양자 컴퓨팅에 대한 회의론자들의 주장을 고찰한다. 회의론자들은 (모두가 동의하는 사실인) 실용적인 양자 컴퓨터를 만드는 것이 힘들다고 말하는 것이 아니라 몇 가지 근본적인 이유로 인해 근본적으로 불가능하다고 주장한다.

- 16장은 흄의 귀납 문제를 소개한다. 이를 매개로 양자 학습 이론과 양자 상태의 학습 가능성에 대한 최신 연구 결과의 논의로 이어 나간다.

- 17장은 대화형 증명 시스템의 고전 버전과 양자 버전에 관련된 몇 가지 혁신적인 결과(예, IP = PSPACE, QIP = PSPACE)를 소개하되 비상대화 회로 하한non-relativizing circuit lower bound으로 이어지는 것으로, P 대 NP 문제에 뭔가 실마리를 제공할지 모르는 것을 중심으로 살펴본다.

- 18장은 그 유명한 인류 원리Anthropic Principle와 종말 논법Doomsday Argument을 소개한다. (당연한 얘기지만) 굉장히 철학적인 주제에서 출발해 사

후선택 양자 컴퓨팅과 PostBQP = PP로 이어지는 식으로 얘기를 풀어 나간다.

- 19장은 뉴컴의 패러독스와 자유 의지를 살펴본다. 이 주제는 콘웨이-코헨의 '자유 의지 정리'에 대한 설명과 벨 부등식을 이용해 '아인슈타인 인증 무작위수'를 생성하는 방법으로 이어진다.

- 20장은 시간 여행을 다룬다. 이제는 익숙해진 패턴에 따라 얘기하는데, 다양한 철학적 논의에서 시작해 닫힌 시간꼴 곡선의 고전 컴퓨터나 양자 컴퓨터는 PSPACE와 완전히 동등한 계산 능력을 갖춘다는 것을 증명하는 것으로 마무리한다(이 증명에 대해 흥미로운 반론을 제시할 수 있으며 여기에 대해서도 충분히 얘기할 것이다).

- 21장은 우주론, 암흑 에너지, 베켄슈타인 한계, 홀로그래픽 원칙 등을 소개한다. 물론 이 모든 주제는 계산의 한계와 관련해 어떤 의미가 있느냐의 관점에서 설명한다. 예를 들어 블랙홀을 생성할 만한 에너지를 사용하지 않고도 얼마나 많은 비트를 저장하거나 검색할 수 있는지, 그리고 이런 비트에 대해 연산을 얼마나 많이 수행할 수 있는지 등을 따져본다.

- 22장은 일종의 디저트 역할을 한다. 여기 나온 내용은 "Quantum Computing since Democritus" 강의의 마지막 수업에서 학생들에게 무엇이든지 물어보라고 하고 나서 내가 받은 질문에 힘들게 답변했던 내용을 토대로 정리한 것이다. 양자역학의 실패, 블랙홀과 퍼즈볼, 계산복잡도에서 오라클 결과의 관련성, NP 완전 문제와 창의성, '슈퍼-양자' 상관관계, 무작위 알고리즘의 역무작위화, 과학과 종교와 이성의 본질, 컴퓨터 과학이 물리학의 한 분야가 아닌 이유 등을 다룬다.

마지막으로 한마디 하겠다. 이 책은 양자 컴퓨터에 관련된 실용적인 기술을 다루지 않는다. 양자 컴퓨터를 물리적으로 구현하는 방법이나 오류 보정, 쇼어 알고리즘이나 그로버 알고리즘을 비롯한 기본적인 양자 알고리즘에 대한 세부 사항 등은 다루지 않는다. 의도적으로 그런 것은 아니다. 이 책은 원래 워털루 대학의 양자 컴퓨팅 연구소에서 개설한 강의를 바탕으로 집필한 것인데, 학생들은 이미 그런 기초 지식은 다른 수업을 통해 익힌 상태였다. 또 다른 이유는 이런 내용을 잘 설명한 책[7]과 온라인 강의 노트(내 것 포함)가 수두룩했기 때문이다. 그래서 굳이 같은 내용을 반복할 필요가 없다고 판단했다. 세 번째 이유는 개인적으로 새로운 형태의 컴퓨터를 기술적으로 구현하는 방법이 궁금해 양자 컴퓨팅에 빠져들게 된 것이 아니기 때문이다(쉿! 내 연구비를 지원하는 관계자들에게는 이 사실은 비밀이다).

분명히 말하건대 내 생애에 실용적인 양자 컴퓨터를 보는 것이 정말 가능하다고 생각한다(물론 그렇지 않을 가능성도 당연히 있다). 내가 정말 확장성 있고 범용적인 양자 컴퓨터를 가질 수 있는 날이 온다면 (암호 깨는 것이 아닌) 실제 응용 분야도 확보했을 것이다. 내 생각에는 양자 시뮬레이션과 같은 특수한 작업에 주로 활용될 것 같다. 많진 않겠지만 조합론적 최적화 문제를 푸는 데 활용할 수도 있다. 정말 그런 날이 온다면 난 세상 누구보다도 기뻐할 것이다. 물론 그 시점에 내 이론에 대한 응용도 있으면 기분 좋을 것이다. 다른 한편으로는 내가 실용적인 양자 컴퓨터를 사용하려는 유일한 목적은 다른 사람이 그걸 사용하게 만들기 위해서일 뿐이다.

그런 점에서 나는 확장성 있는 양자 컴퓨터가 불가능하다고 증명되는 것이, 가능하다고 증명되는 것보다 수천 배는 더 기쁘다. 이런 비관적인 결과는 내가 아는 양자역학 자체에 뭔가 문제가 있거나 이론 자체가 불완전하다는 것을 의미하기 때문이다. 즉, 물리학 분야에 혁신이 일어나는 것이다. 하지만 타고난 비관주의자인 내가 생각해도 자연은 그 정도로 친절하지 않아 확장성 있는 양자 컴퓨팅은 결국 실현 가능하다고 밝혀질 것 같다.

정리하면 내가 양자 컴퓨터 분야에 뛰어든 이유는 양자 컴퓨터로 무엇을 할수 있는가가 궁금해서가 아니라 양자 컴퓨터의 실현 가능성이 우리가 세상

---

7. 이 분야의 '표준 교재'는 마이클 닐슨(Michael Nielsen)과 아이작 추앙(Isaac Chuang) 공저, 『Quantum Computation and Quantum Information』이다.

을 바라보는 관점에 어떤 영향을 미치는지가 궁금해서였다. 실용적인 양자 컴퓨터가 구현 가능하고 인식의 한계가 우리의 생각과 다르거나, 그런 컴퓨터를 만들 수 없고 양자역학 원칙을 수정해야 하거나, 미처 생각하지 못했던 고전 컴퓨터로 양자역학을 효과적으로 모사하는 방법을 발견하거나, 셋 중 하나일 것이다. 이런 세 가지 가능성은 좀 괴짜 같은 추측처럼 들리겠지만 최소한 그중 하나는 참이다. 따라서 어떤 결과가 나오든지 내 강의 노트를 표절한 광고를 표절하면 "그거 흥미로운데."라고 말할 수 있을 것이다.

달라진 점

2013년도에 이 책의 출간을 위해 원고를 교정하면서 이 강의를 처음 했던 2006년 이후로 그동안 이 분야에 상당히 많은 일이 있었다는 사실에 굉장히 놀랐다. 이 책은 과학이나 철학의 역사만큼은 아니더라도 최소한 양자역학이나 컴퓨터의 탄생 시점만큼 오래된 심오한 주제를 다루는 책으로 기획한 것이다. 그래서 여기서 다루는 내용을 수정할 일이 거의 없을 것이라 생각했다. 그래서 예상과 달리 6년 사이의 공백을 채우고자 엄청나게 많은 내용을 업데이트한다는 부담은 오히려 기쁨으로 다가왔다.

얼마나 많이 발전했는지 독자들이 공감할 수 있도록 이 책의 내용과 관련해 2006년 당시에는 없던 것을 몇 가지 소개하면 다음과 같다. IBM 왓슨[Watson] 컴퓨터가 제퍼디[Jeopardy!]에서 세계 챔피언인 켄 제닝스[Ken Jennings]를 이겼다. 그래서 AI에 대한 예제를 수정할 수밖에 없었다. 이 사례는 일라이자[ELIZA]나 딥 블루[Deep Blue]와는 성격이 상당히 다르다. 버지니아 바실레프스카 윌리엄스[Virginia Vassilevska Williams]는 앤드류 스토더스[Andrew Stothers]의 연구 결과를 토대로 $n \times n$ 행렬 두 개의 곱셈을 단 $O(n^{2.373})$ 단계 만에 처리하는 방법을 발견했다. 이는 쿠퍼스미스와 위노그라드가 세운 기록인 $O(n^{2.376})$을 살짝 앞서는 결과다. 한때 2.376은 마치 자연 상수처럼 여길 정도로 오랫동안 깨지지 않았다.

격자 기반 암호[lattice-based cryptography] 분야에도 엄청난 발전이 있었다. 이 분야는 공개키 암호화 체계를 양자 컴퓨터에서 안전하게 보호할 수 있을 거라고 기대하는 손꼽히는 분야다. 그중에서 가장 눈에 띄는 점은 크레이그 젠트리Craig Gentry가 30년 동안 풀리지 않던 난제에 기반을 둔 격자를 이용한 완전 동형 암호 체계fully homomorphic cryptosystem를 최초로 제안한 것이다. 이 기법은 클라이언트가 임의의 계산을 신뢰하지 않은 서버에게 위임하는데, 서버로 입력하고 출력 받을 때는 암호화된 상태로 전달하고 복호화(와 검증) 작업은 클라이언트만 할 수 있다. 서버는 어떤 연산을 수행하는지 전혀 알 수 없다.

양자역학의 기초 분야에서 치리벨라 등은 특별한 규칙을 양자역학에 포함해야 하는 이유를 새롭게 주장했다. 다시 말해 그런 규칙만이 확률론에 대한 몇 가지 범용 공리뿐만 아니라 약간 신비스런 공리인 "모든 혼합 상태는 순수 상태로 만들 수 있다"와도 호환된다고 증명했다. 즉, 물리 체계 A에 대한 모든 것을 알 수 없을 때마다 A와 거리가 먼 어떤 체계 B 사이의 상관관계를 상정해 둘을 혼합한 AB란 체계에 대한 모든 것을 알게 함으로써 그런 무지함에 대해 완전히 설명 가능해야 한다는 것이다.

양자 컴퓨팅 이론에 대해 (내가 2006년 강의할 당시 상당한 시간을 쏟아 부었던) 번스타인과 바지라니의 RFSRecursive Fourier Sampling 문제는 내가 제안한 '푸리에 검사Fourier Checking' 문제로 대체됐다. RFS는 양자 컴퓨터가 초다항적으로 고전 확률론적 컴퓨터보다 훨씬 빠르게 풀 수 있다고 증명할 수 있는 최초의 블랙박스 문제로, 역사적인 의미로 남아 있다. 그런 점에서 사이먼이나 쇼어의 업적을 이끌어낸 중요한 선구자다. 하지만 현재는 **BQP\PH**에 해당하는 후보 문제, 쉽게 말해 양자 컴퓨터가 쉽게 할 수 있지만 고전 '다항 시간 계층'에 속하지 않는 것을 원한다면 푸리에 검사가 RFS보다 모든 면에서 뛰어나다.

다행히 2006년 강의에서 해결되지 않은 난제로 여겼던 것 중에서 상당수가 해결됐다. 예를 들어 앤드류 드루커Andrew Drucker와 나는 **BQP/qpoly** ⊆ **QMA/poly**임을 증명했다(게다가 그 증명은 상대화한다). 그래서 이들 클래스 사이에 오라클 구분이 반드시 있어야 한다는 내 추측은 틀렸음이 입증됐다.

또한 양자 컴퓨팅 이론에서 내세울 만한 혁신으로 재인[Jain] 등이 QIP = PSPACE를 증명했다. 다시 말해 양자 대화형 증명 체계는 고전 대화형 증명 체계보다 강력하지 않다는 뜻이다. 그렇다면 최소한 정답을 추측했다는 뜻이다(사실 양자 대화형 증명 체계 분야에서 또 다른 혁신이 있었는데, 이 책에서 다루지 않는다. 내 박사후 과정 연구원인 토마스 비딕[Thomas Vidick]은 츠요시 이토 [Tsuyoshi Ito]와 함께 NEXP ⊆ MIP*임을 증명했다.[8] 이 말은 모든 다중 증명자 대화형 증명 체계는 증명자가 양자 얽힘을 이용해 비밀리에 자신의 응답을 조율할 가능성에 대한 면역력을 가질 수 있다는 뜻이다).

20장에서는 데이비드 도이치의 양자역학 모델을 설명한다. 이 모델은 닫힌 시간꼴 곡선뿐만 아니라 내가 존 와트루스와 함께 (당시 기준으로 새롭게) 발견한 결과와도 부합한다. 도이치 모델의 계산 능력은 정확히 PSPACE다(그래서 양자 시간 여행 컴퓨터는 고전 시간 여행 컴퓨터보다 강력하지 않다). 하지만 2006년 이후로 도이치 모델에서 가정한 것에 의문을 제기하고 이를 대체하면서 계산 능력이 대체로 PSPACE보다 낮은 대안 모델을 제시하는 중요한 논문 몇 편이 발표됐다. 예를 들어 로이드[Lloyd] 등이 제안한 모델은 단순히 시간 여행자가 PP에 속한 문제를 모두 풀 수 있게만 해준다. 여기에 대해서는 20장에서 설명한다.

그렇다면 물리학자들이 '시간 여행'을 '닫힌 시간꼴 곡선'이란 암호로 부르듯이 이론 전산학자들이 "P ≠ NP 증명을 시도한다"에 대한 암호인 회로 하한[circuit lower bound]은 어떤가? 반갑게도 이 문제에 대한 성과도 2006년 이후에 상당히 나왔다. 처음 내가 했던 기대를 훨씬 웃도는 결과였다. 예를 들어 라훌 산타남[Rahul Santhanam]은 대화형 증명 기법을 이용해 PromiseMA 클래스는 어떠한 고정 다항 크기의 회로를 갖지 않는다는 비상대화 결과를 증명했다. 산타남의 결과는 2007년 아비 위그더슨[Avi Wigderson]과 내가 1970년대에 나온

---

8. T. Ito and T. Vidick, A Multi-prover Interactive Proof for NEXP Sound against Entangled Provers. In Proceedings of IEEE Symposium on Foundations of Computer Science (2012), pp. 243-252.

베이커, 질, 솔로베이의 상대화 장벽을 일반화한 대수화 장벽[algebrization barrier]을 구성하는 데 자극이 됐다. 대화형 증명 기법이 현재 수준에 머물러 있고 P ≠ NP를 증명하는 데 더 이상 도움이 되지 않은 이유는 대수화를 통해 알 수 있다. 예를 들어 이 증명 기법은 **PromiseMA**의 초선형 회로 하한[superlinear circuit lower bound]을 유도했지만 NP 클래스에 대한 하한에는 살짝 못 미쳤다. 그래서 이런 대수화 장벽을 확실히 피하는 새로운 회로 하한 기법을 찾기 시작했다. 이 도전은 2010년에 라이언 윌리엄스[Ryan Williams]가 $NEXP \not\subset ACC^0$임을 증명하는 획기적인 성과를 거두면서 마침내 해결됐다(자세한 사항은 17장에서 설명한다).

물론 윌리엄스의 성과에 상당한 의미가 있긴 하지만 P ≠ NP를 증명하기까지는 아직 갈 길이 멀다. 하지만 지난 육 년 동안 (17장에서 설명하는) 케탄 멀뮬리[Ketan Mulmuley]의 기하 복잡도 이론[GCT, Geometric Complexity Theory] 프로그램에 관심이 쏠리고 많은 진전이 있었다는 것도 목격했다. 참고로 이 프로그램은 P ≠ NP를 증명하는 것으로, 마치 끈 이론으로 물리학의 모든 이론을 통일시킨다는 발상과 같다. 다시 말해 구체적인 결과라는 관점에서 보면 GCT 프로그램은 아직 처음 시작할 당시 품었던 목적을 거의 달성하지 못했고, 이 프로그램에 대한 가장 열렬한 지지자조차도 수십 년을 묵묵히 싸워나가야 한다고 예상하고 있다. 한편 이에 대한 수학적 복잡도는 모든 이를 경악하게 한다. GCT에서 추구하는 바는 두 가지다. 하나는 '너무 놀랍고 심오한 나머지 단순히 우연일 수는 없는' 조작된 수학적 연결이고, 다른 하나는 (절대 보편적인 것은 아니고) 이 분야에서 선택의 여지가 없는 유일하게 남은 문제로, 이 프로그램은 현재 뾰족한 막대를 지니고 숲을 돌아다니는 유일한 사냥꾼이 되는 것이다.

2006년 이후에 거둔 성과 중에서 이 책과 관련 있는 딱 세 가지만 언급하겠다. 2011년 알렉스 아르키포프[Alex Arkhipov]와 난 '보손샘플링[BosonSampling]'(18장 참고)을 제안했다. 보손샘플링은 상호작용하지 않는 광자를 이용한 기초적이고 비보편적인 양자 컴퓨팅 모델로, 최근 소규모 실험을 통해 입증된 바 있다. 흥미로운 점은 보손샘플링을 고전 컴퓨터에서 모사하기 힘들다는 증거는 쇼어의 인수분해 알고리즘을 모사하기 힘들다는 증거보다 강력한 것 같다는 점이다. 2012년, 우메시 바지라니와 토마스 비딕은 피로니오 등[Pironio et al.]의 초기 결과를 토대로 벨 부등식에 어긋나는 것을 이용해 지수적으로 무작위성을 확장하는 방법을 제시했다(19장 참고). 다시 말해 무작위 비트 n개를 거의 완벽히 무작위라고 보장할 수 있는 2^n비트로 변환하는 것이다. 단 자연이 빛보다 빠른 통신으로 비트가 편향되게 하지 않는다면 말이다. 한편 '블랙홀 정보 패러독스'(즉, 비트나 큐비트를 블랙홀에 떨어뜨렸을 때 양자역학의 원칙과 시공간의 국소성기 명백히 충돌하는 문제)에 대한 논쟁은 2006년 이후로 새로운 방향으로 전개됐다. 가장 중요한 성과 두 가지를 꼽으면 많은 호응을 받으며 정교해진 사미르 마투르의 '블랙홀은 퍼즈볼'이라는 견해와 블랙홀에 떨어지는 관측자는 특이점 가까이 절대 갈 수 없고, 그 대신 '방화벽'을 만나 이벤트 호라이즌에서 타버린다는, 알메이리 등[Almheiri et al.]의 견해가 있다(22장 참고).

새로운 발견이나 주장이 나와서가 아니라 단순히 내 생각이 달라져 고친 부분도 꽤 있다. 예를 들어 존 시얼[John Searle]과 로저 펜로즈[Roger Penrose]가 강인공지능에 반대하는 입장에 대한 내 생각이 달라졌다. 4장과 11장에서 설명했듯이 난 여전히 시얼과 펜로즈는 중요한 논점에 대해 잘못됐다고 생각하는 입장이다. 특히 펜로즈보다는 시얼의 견해에 문제가 많다고 생각한다. 하지만 두 사람의 견해가 잘못된 이유에 대해 2006년에 내가 적은 글을 보면서 두 저명한 학자는 돈키호테처럼 논리적 미로로 들어가 인간의 특수성을 옹호하려는 부질없는 시도를 한다며 비웃으려는 의도가 뻔히 드러난 건방진 태도에 깜짝 놀랐다. 실제로 난 게으르게도 강의실에 있는 사람 모두가 내 생각과 같다고 여겼다. 그리고 물리학과 컴퓨터 과학을 전공하는 대학원생이 볼 때는 사람의 뇌는 당연히 '따뜻하고 축축한 튜링 머신'에 불과하고, 이런 당연한 사실에 대해 수업 시간에 설명하는 것은 시간 낭비라 여길 정도로 이상한 견해라고 생각했다. 그 후에 이 문제가 엄청나게 어려운 것임을 깨닫게 됐다. 특히 나와는 다른 철학적 관점을 가진 이들과 함께 여기에 대해 토의할 필요가 있다고 생각했다.

2006년의 강의 노트 내용을 상당히 고친 2013년처럼 2020년에도 엄청난 개정 작업에 시달리게 되길 바란다.

스콧 애론슨

캠브리지, 메사추세츠

2013년 1월

01
원자와 빈 공간

페르시아 왕이 되느니 원리 하나를 발견하겠다.

— 데모크리토스

데모크리토스^{Democritus}가 등장하는 이유가 뭘까? 그 전에 데모크리토스가 누구인지부터 설명하자면 기원전 450년경 고대 그리스 시절, 동네 공기만 마셔도 멍청해진다며 아테네 사람들이 놀려대던 압데라^{Abdera}라는 그리스 깡촌에서 태어난 양반이다. 내가 애용하는 소식통인 위키피디아에 따르면 데모크리토스는 레우키포스^{Leucippus}의 제자로, '소크라테스 이전^{pre-Socratic)} 철학자로 분류하지만 실제로는 소크라테스와 같은 시대에 살았다고 한다. 이렇게 말하니 뭔가 대단한 사람 같다. 소크라테스 이전 철학자라면 첫 강의에 한 번쯤 언급할 만하다. 참고로 데모크리토스가 소크라테스를 만나러 아테네에 간 적이 있는데, 너무 수줍은 나머지 인사조차 못했다는 얘기가 있다.

데모크리토스가 쓴 글 중에서 현재까지 남아 있는 것은 거의 없다. 중세 시대까지만 해도 몇 개 있었는데, 지금은 모두 소실됐다. 그에 대해 알려진 내용은 대부분 아리스토텔레스를 비롯한 다른 철학자가 그를 비판하면서 언급된 것들뿐이다.

그렇다면 어떤 점을 비판했을까? 데모크리토스는 우주 전체는 빈 공간 속에서 확정적이고 이해할 수 있는 법칙에 따라 끊임없이 움직이는 원자로 구성됐다고 생각했다. 이러한 원자들은 서로 부딪혀서 튕겨나거나 서로 합쳐 더 큰 덩어리를 이루기도 한다. 원자마다 크기나 무게가 다양할 뿐만 아니라 모양도 구 형태부터 원기둥에 이르기까지 제각각이다. 그런데 데모크리토스는 원자의 본질은 색깔이나 맛과 같은 속성에 있지 않고 여러 원자가 상호작용하는 과정에서 나타난다고 주장했다. 바다를 구성하는 원자들이 '본질적으로 푸르다면' 파도의 거품이 어떻게 하얗게 보일 수 있냐는 것이다.

이 말이 기원전 400년에 나왔다는 사실에 주목할 필요가 있다. 이 책에서 데모크리토스를 등장시키길 잘한 것 같다. 그렇다면 데모크리토스가 만물이 원자로 구성됐다고 생각한 이유가 뭘까? 그가 제시한 몇 가지 논거 중 하나를 풀어쓰면 다음과 같다.

사과가 하나 있는데, 사과는 원자 여러 개가 아닌 딱딱한 물질 하나가 연속적으로 구성됐다고 가정하자. 그렇다면 사과를 칼로 두 쪽으로 자를 때 칼의 왼쪽에 있는 점들은 잘려진 사과의 왼쪽 조각에 속하고, 오른쪽에 있는 점들은 사과의 오른쪽 조각에 속한다는 것은 확실하지만 칼이 닿은 경계선에 있는 점들은 어떻게 될까? 그냥 사라져버릴까? 아니면 복제돼 양쪽으로 하나씩 갈라지게 될까? 혹은 대칭이 깨지게 될까? 어떤 말도 명확하지 않다.

참고로 이러한 원자론주의자atomist와 반원자론주의자anti-atomist 사이의 논쟁은 지금까지도 격렬하게 이어지고 있다. 이 논쟁의 쟁점은 공간과 시간 자체도 플랑크 단위Planck scale인 10^{-33}cm나 10^{-43}초 수준의 더 이상 쪼갤 수 없는 원자indivisible atom로 구성됐는가에 있다. 현재까지도 이를 뒷받침할 실험적 근거는 별로 없다. 결국 데모크리토스가 활동하던 2,400년 전이나 지금이나 상황은 같은 셈이다. 이에 대한 내 생각을 가방끈 짧은 무식한 사람처럼 표현하면 원자론자 쪽에 배팅한다. 여기서 내가 내세우는 근거는 데모크리토스와 크게 다르지 않다. 즉, 연속체를 수학적으로 다루기는 근본적으로 어렵다는 이유가 크다.

현재까지 남아 있는 데모크리토스의 글 중에 이성^{intellect}과 감각^{sense}의 대화가 있다. 이성이 먼저 말을 꺼냈다. "우리는 단맛도 있고, 쓴맛도 있고, 색깔도 있다고 알고 있지만 사실은 원자와 빈 공간$^{atoms\ and\ the\ void}$뿐이라네." 내 생각에는 이 문장 하나만으로도 이미 플라톤과 아리스토텔레스 같은 고대 철학자와 어깨를 나란히 할 만하다고 본다. 그 후 2000년 동안 발전한 과학적 세계관을 데모크리토스의 이 한마디보다 더 정확하게 요약하기는 힘들 것이다. 그런데 대화는 여기서 끝나지 않는다. 이러한 이성의 주장에 감각은 다음과 같이 답한다. "어리석은 이성이여. 그대는 나를 없애 버리려는 것인가? 그대가 수집하는 근거는 모두 나로부터 나오거늘."

나는 이 대화를 슈뢰딩거가 쓴 책[1]에서 처음 봤다. 양자 물리에서 유명한 슈뢰딩거$^{Erwin\ Rudolf\ Josef\ Alexander\ Schrödinger}$ 말이다. 이 책의 제목에 나온 '양자 컴퓨팅' 얘기가 나오지 않아 초조했다가 이제야 뭔가 양자 컴퓨터스러운 내용이 나와 안도하는 독자도 있을 것이다. 뒤에서 자세히 다룰 테니 좀 참고 기다려주기 바란다.

그렇다면 슈뢰딩거가 이 대화에 주목한 이유는 뭘까? 사실 슈뢰딩거는 다방면에 관심이 많았다. 그는 지적인 면에서(혹은 실생활에서도) 일부일처제를 따르지 않았다. 추측컨대 그가 이 대화에 관심을 가진 이유는 양자역학의 창시자 중 한 사람이기 때문일 것이다. 개인적으로 양자역학은 20세기에서 나온 발견 중에서 가장 획기적이라고 생각하는데(상대성 이론은 간발의 차로 2등), 수천 년 전에 나온 이성과 감각의 논쟁을 완전히 해결하진 못해도, 문제를 완전히 새로운 시각으로 바라보게 하기 때문이다.

---

1. E. Schrödinger, 『What is Life? With Mind and Matter and Autobiographical Sketches』(Cambridge University Press, 2012), 번역서: 『생명이란 무엇인가?』(한울, 2020)

한 번 생각해보자. 양자역학$^{quantum mechanics}$은 우주에서 우리가 살펴보려는 격리된 영역들이 시간에 따라 진화하는 과정을 설명한다. 구체적으로 말하면 그런 우주의 영역에 있는 기본 입자$^{elementary particle}$들이 가질 수 있는 모든 상태를 중첩^{superposition}이라는 선형 결합$^{linear combination}$으로 표현한다. 어떻게 보면 현실을 특이한 관점으로 보는 셈이다. 입자가 여기에도 없고 저기에도 없지만 입자가 있을 수 있는 모든 지점에 대한 가중합$^{weighted sum}$은 존재한다는 것이다. 좀 이상하지만 실제 현상과는 잘 맞아떨어진다. 특히 데모크리토스가 말한 '원자와 빈 공간'을 설명하는 데 아주 적합하다.

하지만 '그대가 수집하는 근거는 모두 나로부터 나오거늘'에 해당하는 부분에 대해 양자역학은 잘 설명하지 못한다. 뭐가 문제일까? 바로 양자역학을 따르다 보면 자신이 여러 장소에 동시에 존재하는 중첩 상태에 있어야 하는 점이 걸린다. 사람도 결국 기본 입자로 구성돼 있기 때문이다. 가령 A와 B라는 두 장소에 중첩돼 있는 입자를 측정한다고 생각해보자. 이때 가장 단순하고 직관적으로 양자역학을 해석하면 우주 자체가 두 '갈래^{branch}'로 쪼개져야 한다. 한쪽에서는 입자가 A에 있고 이를 관측하는 사람도 A에 있다. 다른 한쪽은 입자가 B에 있고 관측자도 B에 있다. 그렇다면 생각해보자. 뭔가를 쳐다볼 때마다 자기 자신이 여러 복사본으로 쪼개진다는 말인가? 그럴 것 같지는 않다.

아무리 무식한 사람이라도 이런 정신 나간 이론이 도대체 어떤 점에서 물리학자에게 유용한지 의아할 것이다. 결국 일어날 수 있는 모든 경우가 일어난다고 말하고 있는데, 무슨 예측을 할 수 있을까? 사실 한 가지 빼먹은 얘기가 있다. 바로 측정을 하는 시점에 일어나는 현상에는 다른 규칙이 적용된다는 것이다. 수식과는 별개로 존재하는, 말하자면 '덧붙여진' 규칙이다. 이 규칙의 핵심은 입자를 관측하는 행위가 바로 입자가 존재할 곳을 결정하고 그 입자의 위치는 확률적으로 결정한다는 것이다. 이 규칙에 따르면 그 확률을 정확히 계산할 수 있을 뿐만 아니라 놀라울 정도로 잘 정립된 상태다.

하지만 여기에 문제가 있다. 우주가 제 할 일을 충실히 하면서 척척 돌아가는 동안 이러한 측정 규칙을 적용해야 할 때와 그러면 안 되는 때를 어떻게 알 수 있을까? 그나저나 어디까지를 '측정^{measurement}'이라 봐야 할까? "이러이러한 일이 일어나다가 누가 쳐다보는 순간 완전히 다른 현상이 벌어진다."는 표현은 뭔가 물리 법칙 같지 않다. 물리 법칙은 보편적^{universal}이어야 한다. 사람에 대해 설명할 때나, 초신성^{supernova}이나 퀘이사^{quasar}를 설명할 때나 표현 방식은 같아야 한다. 모든 것은 몇 가지 단순한 규칙에 따라 입자들이 상호작용하면서 뭉친 복잡하고 방대한 입자 덩어리일 뿐이다.

따라서 물리학 관점에서 볼 때 이러한 '측정' 작업만 제거할 수 있다면 상황이 아주 깔끔해진다. 그러면 데모크리토스의 주장을 다음과 같이 좀 더 고상하게 표현할 수 있다. "만물은 오직 원자와 빈 공간뿐이며, 양자 중첩에 따라 진화한다."

하지만 양자역학의 고결한 아름다움을 망치는 거추장스러운 측정 작업이 없다면 양자역학이 맞다는 근거를 어떻게 확보할 수 있을까? 우리 자신의 존재조차 의심하게 만드는 이론을 믿게 된 계기가 도대체 뭘까?

바로 이것이 데모크리토스 딜레마의 현재 버전이다. 물리학자와 철학자들은 이 문제를 놓고 거의 백 년째 싸우고 있는데, 이 책에서는 그 싸움에 끼어들지 않을 것이다.

또한 이 책에서는 양자역학에 대한 특정한 해석을 강요하지 않는다. 자기 양심에 비춰 옳다고 생각되는 해석을 따르면 된다(내가 믿는 해석이 뭐냐고 묻는다면 문제가 있다고 얘기하는 해석이라면 모두 동의하고, 문제를 해결했다고 주장하는 해석이라면 모두 반대한다고 답하겠다).

가만 보면 종교를 유일신교와 다신교로 분류하듯이 양자역학에 대한 해석도 '자기 자신을 결맞는 중첩$^{coherent\ superposition}$ 상태에 놓는 이슈'를 어떻게 대하느냐에 따라 분류할 수 있다. 한편에는 이 이슈를 카펫 밑에 쓸어 모아 숨기는 데 애쓰는 해석이 있다. 코펜하겐^{Copenhagen} 해석, 베이즈 주의^{Bayesian}, 인식론의 후예들이 여기에 속한다. 이들은 양자계와 측정 장비 사이에 명확한 경계선이 존재한다고 생각한다. 물론 실험에 따라 선의 위치가 이리저리 바뀌긴 하지만, 어쨌든 주어진 실험마다 경계선은 분명히 존재한다. 다른 사람들은 양자 세계에 둔 채 자기 자신은 언제나 고전 세계에 있는 모습을 그려볼 수도 있겠다. 왜냐고? 양자 상태란 여러분의 지식을 표현한 것에 불과하고, 자기 자신은 고전적인 존재라고 정의하기 때문이다.

하지만 자기 자신을 포함한 우주 전체에 양자역학을 적용하면 어떻게 될까? 인식론 계통의 해석(코펜하겐 해석 등)에 따르면 그런 질문은 하면 안 된다. 참고로 이 말은 보어^{Bohr}가 항상 즐겨 쓰던 철학적 공격 기법이자 WWF식 결정타이기도 하다. "그런 질문은 하면 못 써요!"

다른 한편에는 자기 자신을 중첩 상태에 둔다는 말이 이치에 맞도록 다양한 각도로 해석하는 노력도 있다. 다세계^{many-worlds} 해석, 보옴 역학^{Bohmian mechanics} 등이 여기에 해당한다.

음, 우리같이 냉정한 문제 해결자의 눈에는 이 모든 논쟁이 문구 하나 갖고서 엄청나게 크게 벌이는 것처럼 보인다. 굳이 그럴 필요가 있을까? 솔직히 나도 그렇게 생각한다. 단순한 문구 논쟁에 불과하다면 신경 쓸 이유가 전혀 없다. 하지만 1970년대 후반에 데이비드 도이치^{David Deutsch}가 지적했듯이 두 가지 해석의 차이점을 구분하는 실험을 고안할 수 있다. 가장 간단한 방법은 자기 자신을 결맞는 중첩 상태에 놓고 무슨 일이 벌어지는지 지켜보는 것이다. 너무 위험한 방법이라고 생각된다면 다른 사람을 결맞는 중첩 상태에 두면 된다. 핵심은 사람을 일정하게 중첩 상태에 둘 수 있다면 '고전 세계의 관측자'와 나머지 세계 사이에 경계선을 긋는다는 주장을 지지하기 힘들다는 것이다.

하지만 축축하고, 끈적끈적하고, 미끈미끈한 사람의 뇌를 5억 년 동안 결맞는 중첩 상태로 유지할 방법은 현실적으로 없어 보인다. 그렇다면 차선책으로 어떤 방법이 가장 좋을까? 컴퓨터를 중첩 상태에 두는 방법이 그나마 나아 보인다. 컴퓨터가 정교할수록 사람의 뇌에 좀 더 가까울 테니 양자 세계와 고전 세계 사이의 '경계선'에 좀 더 가까이 다가갈 수 있을 것이다. 이걸 보면 현재와 양자 컴퓨팅이 실현된 세계 사이의 거리가 참 가까워 보인다.

이쯤에서 좀 더 보편적인 결론을 도출해보자. 이런 철학적인 질문을 던지는 이유가 뭘까? 앞으로 이 책에서 이런 종류의 철학적 헛소리들을 좀 보게 될 텐데, 흔히 말하듯이 철학은 지적인 청소 작업이기 때문이다. 과학자들이 어지럽힌 곳을 정리하러 들어오는 청소부가 바로 철학자들이다. 이 관점에 따르면 철학자들은 안락의자에 앉아 느긋하게 기다리다가 과학계에서 양자역학, 벨 부등식$^{Bell\,inequality}$, 괴델의 정리 같은 놀라운 사건이 벌어지면 먹잇감을 발견한 독수리처럼 잽싸게 들어온다.

얼핏 보기에는 다소 고리타분할 수 있다. 하지만 이런 일에 익숙해지면 깨닫게 될 것이다.

… 역시나 고리타분하다는 것을!

사실 나는 결과에 관심이 많다. 자명하지 않고 잘 정의된 미해결 난제의 해법을 찾는 데 관심이 많다. 이 부분에서 철학은 어떤 역할을 할 수 있을까? 개인적으로 지적 청소부보다는 좀 더 고상한 정찰대 역할을 맡기고 싶다. 탐험가라 해도 좋다. 나중에 과학이 본격적으로 뛰어들 미지의 지적 지형을 정찰하고 면밀히 분석해 전략을 수립하면서 아파트도 몇 채 짓는 그런 역할 말이다. 과학의 모든 분야를 철학자가 먼저 정찰하진 않았지만 일반 분야는 그랬다. 최근 역사를 볼 때 양자 컴퓨팅이야말로 대표적인 예라고 볼 수 있다. 사람들에게 "닥치고 계산이나 해."라고 얼마든지 말할 수 있다. 하지만 중요한 것은 무엇을 계산하는가다. 최소한 내 분야인 양자 컴퓨팅만 보면 철학이 없었다면 양자 채널의 크기^{capacity}, 양자 알고리즘의 오차 확률 등을 실제로 계산할 수 있다고 생각조차 못했을 것이다.

02
집합

이번에는 집합론^(set theory)을 알아보자. 집합 안에는 뭐가 있을까? 바로 다른 집합이 있다. 마치 상자를 계속 열어도 또 다른 상자가 끝없이 나오는 것처럼 말이다.

여기서 "집합이 양자 컴퓨팅과 무슨 상관이 있느냐"고 생각하는 독자도 있을 것이다.

이 장을 읽으면서 몇 가지 이유를 찾길 바란다. 일단 수학은 인류가 이룩한 모든 사상의 토대고, 집합론은 이러한 수학의 토대라는 점만 말해둔다. 다시 말해 어떤 주제를 다루던지 집합론부터 시작할 수 있다.

본론에 들어가기 전에 한 가지 분명히 밝혀둘 것이 있다. 이 장에서 소개하는 내용은 한 학기 수학 강의 분량에 해당한다. 다르게 말하면 지금 소개할 내용을 독자가 한 번에 완벽히 이해할거라는 기대는 전혀 하지 않는다는 말이다. 하지만 이 장을 완벽히 이해한다면 한 학기에 배울 내용을 단 한 장에 마스터하는 셈이다. 참 고맙지 않은가?

그럼 먼저 공집합부터 출발해서 갈 수 있는 데까지 가보자.

공집합^(empty set)은 빈 집합이다.

여기까지 혹시 질문이 있는가?

사실 집합을 얘기하려면 먼저 집합을 다루는 언어부터 마련해야 한다. 여기서 언어란 프레게Frege, 러셀Russel 등이 개발한 일차 논리first-order logic를 말한다. and, or, not과 같은 논리 연산자(불리언 접속사Boolean connective)와 등호(=), 괄호, 변수variable, 술어predicate, 명제 함수, 한정자quantifier('어떤there exists', '모든for all') 등으로 표현하는 것이 일차 논리다. 물리학자는 이런 거 잘 모른다고 들었다(농담이다). 이런 식으로 논리를 전개하는 것을 본 적이 없다면 언어 자체도 본 적이 없다는 뜻이다. 불쌍한 물리학자들을 위해 논리 규칙의 기초를 간단히 소개하고 넘어가겠다.

일차 논리의 규칙

여기에 소개하는 규칙은 모두 타당한valid 문장을 생성하는 데 관련된 것이다. 여기서 타당한 문장이란 간단히 말해 '항진명제tautology처럼 변수에 어떤 값을 넣어도 항상 참인' 문장을 의미하는데, 여기서는 일단 특정한 문자열에 대한 조합 속성combinatorial property이라고 이해하면 된다. 이 장에서는 논리 문장과 일반 문장을 서로 다른 글꼴로 표기한다.

- **항진명제**propositional tautology: 'A이거나 A가 아니다(A or not A)', '(A이거나 A가 아니다)가 아니다(not (A and not A))' 등은 언제나 참이다.
- **모두스 포넨스**Modus ponens**(전건 긍정)**: A가 참이고, 'A면 B다'[1]도 참이면 B는 참이다.
- **동등 규칙**equality rule: 'x=x', 'x=y면 y=x다', 'x=y이고 y=z면 x=z다', 'x=y면 f(x)=f(y)다'는 모두 항상 참이다.
- **변수 변경**change of variables: 변수의 이름을 바꿔도 문장의 진리 값은 변하지 않는다.

---

1. 'A면 B다'는 영어로 'A implies B'로, A → B라고도 표기한다. - 옮긴이

- **한정자 제거**[quantifier elimination]: '모든 x에 대해, A(x)이다(For all x, A(x))' 가 항상 참이면 '모든 y에 대해 A(y)다'도 항상 참이다.
- **한정자 추가**[quantifier addition]: 자유 변수 y에 대해 'A(y)'가 항상 참이면 '모든 x에 대해, A(x)이다'도 참이다.
- **한정자 규칙**[quantifier rules]: '모든 x에 대해 A(x)가 아니다(not(For all x, A(x)))'가 항상 참이면 'A(x)가 아니다'를 충족하는 x가 존재한다(There exists an x such that not(A(x)))'도 항상 참이다.

그럼 구체적인 예로 음이 아닌 정수[nonnegative integer]를 표현하는 페아노 공리 [Peano Axiom]를 일차 함수로 표현해보자. 여기 나오는 S(x)는 다음수 함수[successor2 function]로, 쉽게 표현하면 S(x) = x + 1이다. 이 함수는 미리 정의됐다고 가정하자.

음이 아닌 정수에 대한 페아노 공리

- **0은 존재한다.** 모든 x에 대해 S(x) ≠ z인 z가 존재한다(이를 충족하는 z가 바로 0이다).
- **모든 정수마다 이전 수**[predecessor]**가 많아야 한 개 있다.** 모든 x, y에 대해 S(x)=S(y)면 x=y다.

여기서 '음이 아닌 정수'가 바로 이 공리의 모델[model]이다. 논리학에서 말하는 '모델'이란 그저 주어진 공리를 충족하는 대상과 이 대상들에 대한 함수의 모음이다. 여기서 흥미로운 점은 군론[group theory](그룹 이론)의 공리를 충족하는 군이 많이 있듯이 페아노 공리를 충족하는 모델은 음이 아닌 정수 외에도 얼마든지 존재한다. 가령 0부터 시작해서 도저히 도달할 수 없는 '넘사벽'이라 부르는 가상의 정수를 넣어도 페아노 공리를 충족하는 또 다른 모델을 구할 수 있다. 하지만 이 수 하나 때문에 이와 비슷한 수를 무한히 많이 추가해야 한

---

2. successor를 후계자, 다음 원소 등으로도 표현한다. – 옮긴이

다. 페아노 공리에 따르면 모든 정수 뒤에는 항상 다음수가 있기 때문이다.

이렇게 공리를 나열하는 것이 무의미한 삽질처럼 보일 수 있다. 사실 "닭이 먼저냐, 달걀이 먼저냐"라는 문제가 발생하기도 한다. 공리를 표현하려면 정수가 뭔지 이미 알고 있다고 가정해야 하는데, 정수를 좀 더 안전한 토대에 두기 위한 공리를 도대체 어떻게 표현하느냐는 문제가 발생한다.

나는 바로 이러한 이유 때문에 공리나 형식 논리$^{formal\ logic}$로는 산술을 좀 더 안전한 토대에 둘 수 없다고 본다. 애초에 1 + 1 = 2라는 사실에 동의하지 않는데, 한평생 수리 논리학을 파고 들어봤자 더 나아질 게 뭐가 있겠나? 그럼에도 불구하고 이러한 것들에 상당한 관심을 가져야 할 세 가지 이유를 꼽으면 다음과 같다.

1. 표현 대상이 정수가 아니라 다양한 크기의 무한수가 되는 순간 상황이 달라진다. 이처럼 직관을 벗어나는 대상을 다룰 때는 공리를 작성하고 그로부터 결론을 도출하는 방법 외에는 대안이 없다.

2. 대상을 모두 형식 논리로 표현해두면 추론 작업은 컴퓨터에게 시킬 수 있다.
   - **가정 1:** 모든 x에 대해 A(x)가 참이면 B(x)도 참이다.
   - **가정 2:** A(x)가 참이 되는 x가 존재한다.
   - **결론:** B(x)가 참이 되는 x가 존재한다.

   이제 감을 좀 잡았을 것이다. 핵심은 가정에서 결론을 도출하는 과정은 순전히 구문 조작$^{syntactic\ operation}$이라는 것이다. 다시 말해 문장의 의미는 전혀 신경 쓸 필요가 없다.

3. 사람 대신 컴퓨터가 증명하게 만들 수 있을 뿐만 아니라 증명 자체를 일종의 수학적 대상처럼 다룰 수도 있다. 이는 메타수학$^{meta-mathematics}$이 등장하는 계기가 됐다.

뜸들이기는 이 정도로 그치고 이제 집합론에 대한 공리들을 살펴보자. 여기서는 공리를 자연어로 표현한다. 이를 일차 논리로 표현하는 것은 연습문제 삼아 직접 해보기 바란다.

집합론에 대한 공리

여기서 소개하는 공리들은 모두 세상에 있는 대상을 '집합'으로 보고, $\in$ 기호로 표기하는 '소속^{membership}'이나 '포함^{containment}(함유)'이란 관계로 집합 사이의 관계를 표현한다. 집합에 대한 모든 연산은 궁극적으로 소속 관계로 정의된다.

- **공집합**$^{empty\ set}$: 빈 집합이 하나 존재한다. 즉, $y \in x$ 관계를 충족하는 y가 없는 집합 x가 존재한다.

- **외연**^{extensionality}: 두 집합의 원소가 같으면 두 집합은 서로 같다(상등 equality이다). 즉, 모든 x와 y에 대해 '모든 z에 대해, $z \in x \leftrightarrow^3 z \in y$'면 $x = y$다.

- **짝**$^{pairing,\ 쌍}$: 모든 집합 x와 y에 대해 $z = \{x,\ y\}$인 집합이 존재한다. 즉, 집합 z는 모든 w에 대해 $w \in z \leftrightarrow (w = x$ 또는 $w = y)$를 충족하는 집합이다.

- **합집합**$^{union,\ 통합}$: 모든 집합 x에 대해 x에 소속된 모든 집합(원소)을 합친 것과 같은 집합이 존재한다.

- **무한:** 모든 $y \in x$에 대해 $\{y\}$와 공집합을 원소로 갖는 집합 x가 존재한다(집합 x의 원소가 무한히 많을 수밖에 없는 이유가 뭘까?).

- **멱집합**$^{power\ set}$: 모든 집합 x에 대해 x의 부분집합을 원소로 갖는 집합이 존재한다.

- **치환**^{replacement}(사실 무한 공리인데, 집합을 집합으로 대응시키는 모든 함수 A에 대한 공리임): 모든 집합 x에 대해 $z = \{A(y) \mid y \in x\}$인 집합이 존재하며, 원소는 A를 x의 모든 원소에 대해 적용한 결과로 구성된다(엄밀히

---

3. 'if and only if(iff)'를 ↔로 표기했다. 참고로 '~인 경우, 그리고 오직 그 경우에만'이라고도 표현한다. – 옮긴이

말해 '집합을 집합으로 대응하는 함수'의 의미도 정의해야 하고 여기서 그렇게 할 수도 있지만 생략한다).

- **기초**foundation: 공집합이 아닌 집합 x는 모든 z에 대해 z ∉ x와 z ∉ y 중 하나를 충족하는 y를 항상 원소로 가진다({{{{...}}}}와 같은 집합을 제거하기 위한 목적으로 추가한 공리다).

방금 소개한 공리를 체르멜로–프랭켈Zermelo-Fraenkel, ZF 공리라고 부르며, 거의 모든 수학의 기본 토대다. 따라서 살면서 한 번쯤은 들어본 적 있을 것이다.

그렇다면 집합론에서 가장 기본적인 질문인 집합의 크기(기수cardinality), 즉 집합에 원소가 몇 개나 있느냐에 대해 알아보자. 그냥 세어 보면 되는 거 아니냐고 생각하는 독자도 있을 것이다. 하지만 원소가 무한히 많으면 그럴 수 없다. 정수 집합은 홀수 집합보다 클까? 이 질문에 답하려면 먼저 게오르그 칸토어Georg Cantor(1845~1918)에 대한 이야기부터 해야겠다. 그가 인류의 지식에 공헌한 업적 중에서도 무한 집합의 크기에 대한 것이 첫째로 손꼽힌다. 칸토어에 따르면 "두 집합의 크기cardinality가 같다."와 "두 집합의 원소가 서로 일대일 대응one-to-one correspondence 관계다."는 필요충분조건이다. 이 한 문장으로 정리할 수 있다. 다시 말해 두 집합을 일대일 대응시키려고 아무리 짝을 맞춰 봐도 어느 한 집합에 원소가 남아돈다면 그 집합이 더 큰 것이다.

그렇다면 집합의 크기에는 어떤 것들이 있을까? 먼저 유한한 크기가 있을 것이다. 다시 말해 각 자연수에 해당하는 크기들이 있다. 그리고 무한한 크기로는 우선 정수 집합에 대한 크기인 $\aleph_0$(알레프 널aleph-null 또는 알레프 제로aleph-zero)가 있다. 참고로 유리수의 크기도 $\aleph_0$이며, "유리수는 셀 수 있다."라고도 표현한다. 여기서 셀 수 있다countable라는 말은 정수와 일대일 대응시킬 수 있다는 뜻이다. 다르게 표현하면 정수를 무한히 나열한 목록에 모든 유리수를 담을 수 있다는 뜻이다.

그렇다면 유리수를 셀 수 있다는 것은 어떻게 증명할까? 한 번도 본 적이 없는가? 간단히 설명해주겠다. 먼저 0을 나열하고 이어서 분자와 분모의 절댓값을 더해 2가 되는 모든 유리수를 나열한다. 그런 다음 이번에는 분자와 분모의 절댓값을 더한 결과가 3이 되는 유리수를 모두 나열한다. 이런 식으로 계속해서 나열한다. 그러다 보면 언젠가 모든 유리수를 이 목록에 나열할 수 있다. 따라서 유리수는 셀 수 있는 무한개만큼 있다. QED(이상 증명 끝).

하지만 칸토어의 진정한 업적은 셀 수 없는 무한수^{infinity}가 존재함을 증명한 것이다. 예를 들어 실수 집합의 크기에 해당하는 무한수는 정수에 대한 무한수보다 크다. 좀 더 일반화하면 숫자의 개수가 무한히 많듯이 무한수도 무한히 많다.

여기에 대한 증명도 본 적 없다고? 좋다. 이것도 쉽게 설명해주겠다. 무한 집합 A가 있다고 가정하자. 그런 다음 A보다 훨씬 큰 또 다른 무한 집합 B를 만든다. 어떻게 만드느냐면 집합 B의 원소는 집합 A의 모든 부분집합이라고 정의한다. 앞에서 본 멱집합 공리에 따르면 이러한 집합은 반드시 존재한다. 그렇다면 B가 A보다 크다는 것은 어떻게 알 수 있을까? 모든 원소 a ∈ A에 대해 B의 원소가 하나도 남지 않도록 $f(a)$ ∈ B와 짝을 맞춰본다. 그러고 나서 $f(a)$에 포함되지 않은 모든 a를 모아 S ⊆ A라는 새로운 부분집합을 정의한다. 그러면 S는 B의 원소가 된다. 하지만 S는 어떠한 a ∈ A와도 짝을 이룰 수 없다. 짝을 이룰 수 있다면 a는 $f(a)$에 포함된다는 말과 a가 $f(a)$에 포함되지 않는다는 말이 서로 동치(필요충분조건)가 돼 모순이 발생한다. 따라서 B는 A보다 크며, 결론적으로 처음 시작한 무한 집합 A보다 큰 집합이 존재할 수밖에 없다.

이 증명은 수학의 모든 분야를 통틀어 가장 뛰어난 네댓 가지 증명 중 하나로 손꼽힌다. 이것도 마찬가지로, 살면서 한 번쯤 알아둘 만하다.

지금까지 설명한 크기수$^{\text{cardinal number}}$(기수)뿐만 아니라 순서수$^{\text{ordinal number}}$(서수)에 대해서도 알아둘 필요가 있다. 순서수의 정의를 직접 소개하는 것보다 순서수에 해당하는 구체적인 숫자를 나열하는 것이 이해하기 쉬울 것이다. 먼저 우리가 잘 아는 자연수부터 나열해보자.

0, 1, 2, 3, ...

그러고 나서 모든 자연수보다 큰 뭔가를 정의한다.

ω

그렇다면 ω 뒤에 다음과 같은 수가 나올 수 있다.

$\omega + 1, \omega + 2, ...$

그다음에는 또 어떤 수가 나올까? 맞다. 2ω다. 이제 감을 잡았을 것이다. 이런 식으로 계속 나열하면

$3\omega, 4\omega, ...$와 같이 표현할 수 있다. 그럼 좀 더 나열하면

$\omega^2, \omega^3, ...$와 같이 표현할 수 있다. 내친 김에 더 가보자.

$\omega^\omega, \omega^{\omega^\omega}, ...$와 같이 표현할 수 있다. 이런 식으로 끝없이 나열할 수 있다. 기본적으로 모든 순서수 집합에 대해 (유한이든 무한이든) 그 집합에 담긴 모든 수 바로 다음에 나오는 첫 번째 순서수를 항상 표현할 수 있다.

이처럼 순서수 집합은 바른 순서로 나열된다는^{well ordering, 바른 순서화, 정렬} 중요한 속성을 가진다. 다시 말해 모든 부분집합에는 최소^{minimum} 원소가 있다는 뜻이다. 이와 대조적으로 정수나 양의 실수는 언제나 더 작은 수가 존재한다.

여기서 흥미로운 사실을 볼 수 있다. 지금까지 나열한 순서수는 하나같이 이전 수^{predecessor}의 개수가 많아봤자 셀 수 있는 만큼(다시 말해 $\aleph_0$개)이라는 것이다. 그렇다면 이렇게 이전수가 최대 $\aleph_0$개인 순서수를 모두 모은 집합은 어떨까? 이 집합도 마찬가지로 그 뒤에 나오는 다음수^{successor}가 존재하는데, 이 수를 일단 α라 부르자. 그렇다면 α의 이전수 개수도 $\aleph_0$개일까? 절대 그렇

지 않다. 그랬다면 α는 이 집합의 다음수가 아닌 그 집합 안에 포함된 수여야 한다. 따라서 α의 이전수 집합의 크기는 두 번째로 큰 크기수인 $\aleph_1$개다.

이런 식으로 크기수 집합 자체가 바른 순서로 나열돼 있다고 증명할 수 있다. 무한개의 정수 뒤에 '그보다 큰 무한수'가 존재하고 그 뒤에 다시 '그보다 더 큰 무한수'가 존재하며, 이런 식으로 끝없이 나열할 수 있다. 무한 크기수의 세계에서는 실수에서 보던 무한히 감소하는 수열 따위는 절대로 볼 수 없다.

따라서 지금까지 살펴본 바에 따르면 (정수 집합의 크기인) $\aleph_0$로부터 '무한 보다 더 큰 무한수들'을 도출하는 방법은 두 가지다. 하나는 정수 집합의 크기(수)를 유도하는 것이다(정수 대신 실수의 크기수를 유도해도 무방하다). 이를 $2^{\aleph_0}$으로 표기한다. 또 다른 방법은 $\aleph_1$을 유도하는 것이다. 그렇다면 $2^{\aleph_0}$와 $\aleph_1$이 똑같을까? 다르게 표현하면 정수 집합에 대한 무한 크기수와 실수 집합에 대한 무한 크기수의 중간 정도에 해당하는 무한 크기수가 존재할까?

바로 이것이 다비드 힐베르트$^{David\ Hilbert}$가 1900년에 발표한 난제 목록 중에서 가장 첫 번째로 나오는 문제다. 이 문제가 마침내 '해결되기' 전까지 반세기가 넘는 기간 동안 수학에서 가장 어려운 문제로 꼽혔다(나중에 설명하겠지만 결과는 다소 실망스럽다).

참고로 칸토어는 그 둘 사이에 존재하는 무한수는 없다고 믿었고 이를 연속체 가설$^{Continuum\ Hypothesis}$이라 불렀다. 그리고 자기가 이를 증명할 수 없다는 사실에 극도로 좌절했다.

연속체 가설 외에도 무한 집합에 관련된 명제 중에서 참/거짓 여부를 증명하지 못한 것이 또 있다. 바로 체르멜로-프랭켈^{ZF} 공리계에 나오는 악명 높은 선택 공리$^{Axiom\ of\ Choice}$다. 이 공리에 따르면 집합으로 구성된 (무한) 집합에 대한 집합이 하나 있을 때 이 집합의 원소(집합)에서 다시 원소를 하나씩 뽑는 식으로 집합 하나를 새로 만들 수 있다고 한다. 합리적인 말 같은가? 암튼 이 공리를 인정하면 하나의 구체$^{solid\ sphere}$를 유한개의 조각으로 자를 수 있고, 조각들을 다시 조합해 원래보다 수천 배나 큰 구체를 만들 수 있다는 사실도 인정해야 한다(이를 '바나흐-타스키 역설Banach-Tarski paradox'이라 부른다. 당연히 이런 '조각'을 칼로 도려내기란 쉽지 않다).

그렇다면 선택 공리에서 이런 엄청난 결과가 나오는 이유가 뭘까? 근본 원인은 집합을 만드는 방법을 전혀 제시하지 않은 채 그런 집합이 존재한다고 가정하기만 했기 때문이다. 여기에 대해 버트런드 러셀Bertrand Russell은 다음과 같이 말했다. "선택 공리는 무한히 많은 양말 켤레에서 한 짝을 뽑는 데는 필요할지 몰라도 신발을 뽑을 때는 이 공리가 필요 없다."(차이가 뭘까?)

선택 공리는 결국 모든 집합을 바른 순서로 나열(바른 순서화well order)할 수 있다는 말과 같다. 다시 말해 모든 집합의 원소들은 $0, 1, 2, \ldots, \omega, \omega + 1, \ldots,$ $2\omega, 3\omega, \ldots$ 등과 같이 특정한 순서수까지 나열한 수와 짝 지을 수 있다는 말이다. 하지만 당장 실수 집합만 떠올려 봐도 이 말이 맞지 않다는 것을 알 수 있다.

바른 순서로 나열됐다면 선택 공리를 충족한다는 것은 쉽게 이해할 수 있다. 무한개의 양말 켤레들을 모두 바른 순서로 나열한 후 가장 처음에 나온 켤레에서 한 짝을 뽑으면 된다.

그렇다면 그 반대가 성립하는 이유를 알고 싶은가? 선택 공리를 충족하면 모든 집합이 바른 순서로 나열되는 이유를?

좋다. 설명해주겠다. 바른 순서로 나열하려는 집합을 A라 하자. 이 집합의 모든 진부분집합proper subset $B \subset A$에 대해 선택 공리를 적용해 $f(B) \in A - B$인 원소 하나를 골라낸다. 그런 뒤에 다음과 같이 A를 정렬한다. 먼저 $s_0 = f(\{\})$라 하고, 다음으로 $s_1 = f(\{s_0\})$, $s_2 = f(\{s_0, s_1\})$와 같이 계속해서 나열한다.

이렇게 끝없이 나열할 수 있을까? 아니다. 그럴 수 없다. 끝없이 이어진다고 가정하면 '초한귀납법transfinite induction'을 적용해 임의의 큰 무한 크기수를 A에 집어넣을 수 있다. 그리고 A가 무한 집합임에도 불구하고 최대한 고정된 무한수만큼의 크기를 갖게 된다. 따라서 이 과정은 언젠가 끝날 수밖에 없다. 그렇다면 언제 끝날까? A의 진부분집합인 B에서? 아니다. 그럴 수도 없다. 그랬다가는 $f(B)$를 추가해 이 과정을 계속 이어나갈 수 있게 된다. 따라서 멈출 수 있는 지점은 A 자신뿐이다. 따라서 A는 바른 순서로 나열될 수 있다.

앞에서 연속체를 수학적으로 다루기가 근본적으로 어렵다고 했는데, 이와 관련된 퍼즐을 풀어보자.

실선$^{real\ line}$에 대해서는 알고 있을 것이다. 이 선에서 모든 유리수마다 찍힌 점을 포함하는 (아마도 무한히 많은) 열린구간$^{open\ interval, 개구간}$의 합^{union}을 구해보자.

문제: 이러한 구간의 길이를 합한 값은 반드시 무한일까? 당연히 그렇다고 생각할 것이다. 널린 게 유리수니 말이다.

정답: 구간의 길이에 대한 합은 유한할 뿐만 아니라, 0에 가까운 값일 수 있다. 단순히 r_0, r_1 등과 같이 유리수를 나열하고, 모든 i에 대해 r_i 주위로 $\varepsilon/2^i$만큼 떨어진 구간을 만들면 된다.

좀 더 어려운 문제: 단위 사각형 $[0, 1]^2$에 있는 점 (x, y)의 부분집합 S에서 모든 실수 $x \in [0, 1]$에 대해 $[0, 1]$ 안에 있는 셀 수 있는 숫자 y가 단 한 개만 존재한다고 하자. 그럼 여기서 모든 $(x, y) \in [0, 1]^2$에 대해 $(x, y) \in S$와 $(y, x) \in S$ 중 어느 하나를 충족하는 S를 구할 수 있을까?

불가능하다고 답할 수도 있고, 가능하다고 답할 수도 있다.

먼저 불가능한 버전부터 살펴보자. 이를 위해 연속체 가설이 틀렸다고 가정하자. 그러면 크기가 $\aleph_1$인 진부분집합 $A \subset [0, 1]$가 있을 것이다. 그리고 B를 모든 $x \in A$에 대해 점 $(x, y) \in S$에 있는 모든 y로 구성된 집합이라고 하자. 모든 x마다 이를 충족하는 y가 셀 수 있는 만큼 많이 존재하므로 집합 B의 크기도 $\aleph_1$이다. 따라서 앞에서 $\aleph_1$이 $2^{\aleph_0}$보다 작다고(연속체 가설이 틀렸다고) 가정했으므로 B에 속하지 않은 $y_0 \in [0, 1]$이 반드시 존재해야 한다. 여기서 실수 $x \in A$가 $\aleph_1$개나 있지만 그중 어느 것도 $(x, y_0) \in S$를 충족하지 않고 오직 $\aleph_0 < \aleph_1$개만 $(y_0, x) \in S$를 충족할 수 있으므로 (x_0, y_0)와 (y_0, x_0)가 S에 속하지 않은 x_0이 존재한다.

이번에는 가능한 버전을 살펴보자. 여기서는 선택 공리와 연속체 가설이 모두 성립한다고 가정한다. 연속체 가설에 따르면 $[0, 1]$에는 $\aleph_1$개의 실수만 존재한다. 따라서 선택 공리에 따라 이러한 실수를 바른 순서로 나열할 수 있다. 이때 각 수마다 최대 $\aleph_0$개의 이전수가 존재하도록 바른 순서로 나열한다. 그런 다음 $y \leq x$인 경우 그리고 오직 그 경우에만 (x, y)를 S에 넣는다. 여기서 $\leq$는 (기존에 흔히 보던 실수에 대한 것과 달리) 바른 순서화를 기준으로 비교한다. 그러면 모든 (x, y)에 대해 $(x, y) \in S$나 $(y, x) \in S$ 중 하나를 반드시 충족한다.

마지막에 나온 퍼즐을 보면 자존심과 긍정적인 사고가 얼마나 강력한지 알 수 있다. 정리를 증명할 수 있다는 공리를 인정해야만 증명할 수 있는 정리가 과연 있을까?

03

괴델, 튜링, 그 동지들

2장에서는 일차 논리에 관련된 규칙을 살펴봤다. 일차 논리에서 굉장히 유명한 결과인 괴델의 완전성 정리Gödel's Completeness Theorem에 따르면 2장에서 소개한 규칙만으로도 충분하다. 다시 말해 이 규칙만으로 모순contradiction을 도출할 수 없는 공리 집합은 모델model이 반드시 존재한다(즉, 일관성consistent이 있다). 역으로 2장의 규칙만으로 어떤 공리 집합이 일관성이 없다는 사실을 확인할 수 있다.

무슨 뜻이냐면 집합론의 공리를 바탕으로 2장의 규칙을 이리저리 적용하기를 반복하면 페르마의 마지막 정리Fermat's Last Theorem나 푸앵카레 추측Poincaré Conjecture과 같은 수학 정리나 난제를 증명할 수 있다는 말이다. 물론 이렇게 규칙을 적용하는 작업을 3억 번쯤 해야겠지만 어쨌든 가능하다.

그렇다면 괴델은 완전성 정리를 어떻게 증명했을까? '구문syntax에서 의미semantics를 추출'하는 방식으로 증명했다. 공리에 따라 단순히 대상을 만들어 내기만 하다가 일관성이 깨지면 주어진 공리가 애초에 일관성이 없다는 뜻이다.

완전성 정리에서 바로 도출되는 사실로 뢰벤하임-스콜렘 정리Löwenheim-Skolem Theorem가 있다. 이 정리에 따르면 일관성 있는 공리 집합에서 나올 수 있는 모델의 최대 크기는 셀 수 있는 크기수countable cardinality만큼이라고 한다.

(수리 논리학에서 엄청난 성과를 거두려면 이름에 움라우트(ö) 하나가 있어야 하나보다) 왜냐고? 공리에 따라 대상을 가공하는 과정을 셀 수 있는 무한 번 진행할 수 있기 때문이다.

유감스럽게도 괴델은 완전성 정리를 증명한 후 특별히 한 일이 없다(웃음이 잦아들기까지 잠시 기다린다). 아, 하나 있긴 하다. 일 년 뒤 불완전성 정리 Incompleteness Theorem를 증명했다.

불완전성 정리에 따르면 일관성 있고 계산 가능한 공리 집합이 있을 때 정수에 대한 참인 명제 중에서 이 공리만으로는 절대로 증명할 수 없는 명제가 존재한다. 여기서 일관성 있다는 말은 모순을 유도할 수 없다(무모순성)는 뜻이고, 계산 가능하다는 말은 공리의 개수가 유한하거나, 무한하더라도 공리 전체를 생성하는 알고리즘이 최소한 하나는 있다는 뜻이다.

계산 가능하다는 조건이 없다면 정수에 대해 참인 문장을 죄다 '공리'로 만들어버리면 된다. 물론 그런 공리 집합은 실제로 거의 쓸모없다.

그렇다면 불완전성 정리와 완전성 정리가 서로 모순은 아닌가? 완전성 정리에 따르면 주어진 공리에서 도출된 모든 명제는 그 공리로 증명할 수 있다고 하지 않았는가? 여기에 대해 명확히 정리해보자.

먼저 불완전성 정리의 증명 방법을 살펴보자. 사람들이 한결 같이 말하길 "불완전성 정리의 증명은 수학적 기교의 관점에서 걸작인데, 분량이 거의 30페이지에 달하고, 소수prime number를 이용해 정교하게 전개한다." 놀랍게도 괴델이 떠난 지 80년이 지난 현재까지도 불완전성 정리의 증명을 학교에서 이렇게 가르친다.

사실 불완전성 정리의 증명은 두 줄이면 충분하다. 거의 누워서 떡 먹기다. 단, 조건이 있다. 두 줄 만에 증명을 끝내려면 컴퓨터가 필요하다.

내가 고등학교에 다닐 적에 수학은 정말 잘하는데, 프로그래밍 실력은 그저 그런 친구가 있었다. 배열array을 쓰는 프로그램을 작성하고 싶었지만 배열

기능을 몰랐다. 그 친구는 배열의 원소로 넣어야 할 값마다 고유한 소수^{prime} ^{number}를 하나씩 곱했다. 그래서 배열에서 값을 읽을 때는 앞서 곱했던 값을 인수분해하는 방식으로 처리했다(양자 컴퓨터로 프로그래밍했다면 그리 나쁜 방법은 아니다). 이 얘기를 꺼내는 이유는 괴델의 증명 방식이 바로 그 친구가 한 짓과 본질적으로 같기 때문이다. 괴델은 프로그래밍을 할 줄 몰라도 프로그래밍하는 정교한 꼼수를 고안했던 것이다.

튜링 머신

이제 앨런 튜링$^{Alan\ Turing}$에 대해 얘기할 차례다.

1936년 당시만 해도 '컴퓨터^{computer}'란 단어는 연필과 종이로 계산하는 일을 하는 사람(주로 여성)을 가리키는 말이었다. 튜링은 이러한 '컴퓨터'의 행동을 기계로 흉내낼 수 있다는 것을 수학적으로 증명하고 싶었다. 어떻게 이런 기계를 만들 수 있을까? 우선 계산하는 내용을 기록할 곳이 필요하다. 글씨체나 글씨 크기 따위는 중요하지 않으니 모눈종이처럼 네모 칸으로 구분하고 한 칸에 한 글자씩 유한 번의 단계를 거쳐 계산 과정을 기록하는 기계를 떠올릴 수 있다. 종이는 원래 2차원이지만 본질을 해치지 않는 범위에서 최대한 단순화하면 기다란 1차원 종이테이프로 표현할 수 있다. 그렇다면 이 종이는 얼마나 길어야 할까? 일단 지금은 필요한 만큼 충분히 길다고 가정하자.

이렇게 만든 기계로 무슨 일을 할 수 있을까? 당연히 테이프에서 한 글자씩 읽어 내용에 따라 적절히 수정할 수 있어야 한다. 간결한 설명을 위해 이 기계는 한 번에 한 글자만 읽는다고 가정하자. 이렇게 제한하는 대신 테이프를 앞뒤로 오가며 읽을 수 있다고 하자. 게다가 답을 구하면 곧바로 기계가 멈추게 만들면 더 좋을 것이다. 그렇다면 기계는 자신이 할 일을 어떻게 결정할 수 있을까? 튜링에 따르면 이러한 결정은 오직 (1) 방금 읽은 기호와 (2) 현재 기계의 '내부 설정$^{internal\ configuration}$'이나 '상태^{state}'라는 두 가지 정보에 따라서만 결정한다. 내부 상태와 방금 읽은 기호에 따라 기계는 다음과 같이 세 가지 동작 중 하나를 할 수 있다. (1) 지금 테이프가 가리키는 칸에 글자를 새로 쓴다. 이때 기존에 적힌 기호가 있다면 덮어쓴다. (2) 테이프를 한 칸 앞이나 뒤로 이동한다. (3) 새로운 상태로 전환하거나 멈춘다.

마지막으로 이러한 기계를 실제로 물리적인 형태로 만들 수 있도록 내부 상태의 수는 유한개로 제한한다. 요구 사항은 이게 전부다.

튜링은 가장 먼저 '보편^{universal}' 기계가 존재한다는 사실을 밝혔다. 이 기계는 테이프에 기호로 표현된 모든 기계의 동작을 흉내낸다. 달리 표현하면 모든 것을 프로그래밍할 수 있는 컴퓨터가 존재한다는 뜻이다. 이메일용 기계 따로, DVD 재생용 기계 따로, 툼 레이더$^{Tomb Raider}$ 게임용 기계 따로, 이런 식으로 용도마다 기계를 따로 만들지 않아도 된다. 다른 기계를 흉내내는 기계 단 한 대만 만들어 두고 메모리에 올라가는 프로그램만 바꿔주면 된다. 그런데 이 결과는 튜링이 쓴 논문의 핵심이 아니다.

그렇다면 뭐가 핵심일까? 어떠한 프로그램도 풀 수 없는 근본적인 문제인 멈춤 문제$^{halting problem}$가 존재한다는 것이 핵심이다. 멈춤 문제란 주어진 프로그램이 멈추는지 알아내는 것이다. 물론 프로그램을 돌려보면 알 수 있지만, 문제는 백만 년 동안 돌려도 멈추지 않을 때 발생한다. 도대체 어느 시점에 끊어야 할까?

이 문제가 굉장히 어렵다고 추측한다. 이 문제를 풀 수만 있다면 아직 풀지 못한 다른 수학 난제도 풀 수 있기 때문이다. 예를 들어 4보다 큰 짝수는 모두 두 소수의 합으로 표현할 수 있다는 골드바흐 추측$^{Goldbach's Conjecture}$이 있다. 여기서 4, 6, 8과 같이 4보다 큰 짝수를 하나씩 검사하다가 두 소수의 합으로 표현할 수 없는 숫자를 발견하면 멈추는 프로그램은 쉽게 만들 수 있다. 따라서 이 프로그램이 언젠가 멈추는지 알아내는 것과 골드바흐 추측이 참인지 알아내는 것은 본질적으로 같다.

그렇다면 멈춤 문제를 푸는 프로그램은 존재하지 않는다고 증명할 수 있을까? 튜링이 바로 이것을 증명했다. 튜링의 증명에서 핵심은 프로그램의 내부 작동 과정을 분석할 생각조차 하지 않고 멈춤 문제를 푸는 프로그램 P가 존재한다고 가정할 때 모순이 발생하게 만드는 데 있다. 즉, 그런 프로그램 P가 존재한다면 다음과 같이 작동하도록 수정한 프로그램 P′를 만들 수 있다. P′에 또 다른 프로그램 Q가 입력으로 주어졌을 때 P′는 다음과 같이 실행된다.

(1) Q가 자기 자신(Q의 소스코드)을 입력 받았을 때 실행을 멈추는 프로그램이면 P′는 멈추지 않고 계속 실행된다.

(2) 그렇지 않고 Q가 자기 자신을 입력 받았을 때 멈추지 않고 계속 실행되는 프로그램이면 P′는 실행을 멈춘다.

이제 P′의 입력으로 P′ 자신을 넣어보자. 방금 정의한 동작에 따르면 P′가 멈추는 프로그램이면 P′가 멈추지 않고 계속 실행되고, P′가 멈추지 않고 계속 실행되는 프로그램이면 P′는 실행을 멈추게 된다. 이처럼 모순이 발생하므로 P′(와 그 원본인 P)는 애초에 존재할 수 없다.

앞에서 말했듯이 튜링의 증명을 알면 괴델의 증명은 거저 얻는다. 왜 그럴까? 불완전성 정리가 거짓이라고 가정해보자. 다시 말해 정수에 대한 모든 명제를 증명하거나 반증할 수 있는 일관성 있고 계산 가능한 증명 시스템 F가 있다고 가정해보자. 그러면 컴퓨터 프로그램 하나가 주어졌을 때 F에서 할 수 있는 모든 증명을 기계적으로 샅샅이 뒤져 보면서 프로그램이 멈추거나 그렇지 않다는 증명을 찾을 수 있다. 이게 가능한 이유는 컴퓨터 프로그램이 멈춘다는 명제 자체가 결국 정수에 대한 명제이기 때문이다. 하지만 그런 증명을 찾을 수 있다는 말은 결국 멈춤 문제를 푸는 알고리즘을 구할 수 있다는 뜻인데, (튜링의 결과에 따르면) 그건 불가능하다. 따라서 F는 존재할 수 없다.

이 문제를 파고 들어보면 좀 더 강력한 결과를 쥐어짜 낼 수 있다. 프로그램

P는 프로그램 Q를 입력 받아 앞에서 적용한 전략(즉, 어떤 형식 시스템 F에서 Q가 멈추는지를 증명하거나 반증하는 모든 경우의 수를 탐색하는 전략)에 따라 Q가 멈추는지 판단하는 프로그램이라고 하자. 그리고 나서 튜링의 증명처럼 P를 수정해 다음과 같이 동작하는 프로그램 P′를 새로 만든다.

(1) Q의 입력으로 Q 자신이 주어졌을 때 실행을 멈추는 프로그램이라는 증명을 찾으면 P′가 멈추지 않고 계속 실행한다.

(2) 그렇지 않고 Q가 Q 자신을 입력 받았을 때 멈추지 않고 계속 실행되는 프로그램이라는 증명을 찾으면 P′는 실행을 멈춘다.

이번에는 P′의 입력으로 P′ 자신을 넣어보자. 그러면 P′가 실행을 멈추는 프로그램이라는 증명이나 P′가 멈추지 않고 계속 실행되는 프로그램이라는 증명을 찾지 못한 채 영원히 실행된다. P′가 멈춘다는 증명을 찾는다면 P′는 끝없이 실행되고 반대로 P′가 끝없이 실행된다는 증명을 찾으면 P′는 멈추는데, 이는 모순이기 때문이다.

그런데 여기에 한 가지 명백한 패러독스가 있다. 방금 설명한 논증이 P′에 자기 자신을 입력하면 P′가 끝없이 실행된다는 증명이 될 수 없는 이유가 뭘까? 그리고 P′가 끝없이 실행되고, 따라서 멈추고, 따라서 끝없이 실행되고, 따라서 멈추고, 이런 식으로 번갈아가며 증명을 찾지 못하는 이유는 뭘까?

그 이유는 바로 P′가 끝없이 실행된다는 '증명 과정'에 가정 하나가 숨어 있기 때문이다. 바로 증명 시스템 F가 일관성 있다는 가정이다. F에 일관성이 없다면 P′가 멈춘다고 얼마든지 증명할 수 있다. 실제로는 P′가 영원히 돌더라도 말이다.

이 말을 좀 더 생각해보면 F가 일관성이 있다는 것을 F로 증명할 수 있다면 P′가 끝없이 실행된다는 것도 F로 증명할 수 있다는 말이 된다. 따라서 앞에서 본 모순이 다시 발생한다. 여기서 내릴 수 있는 유일한 결론은 F가 일관성이 있다면 F는 자신의 일관성을 증명할 수 없다는 것뿐이다. 이 결과가 바로 괴델의 제2 불완전성 정리$^{\text{Gödel's Second Incompleteness Theorem}}$다.

제2 불완전성 정리는 지금까지 예상했던 사실을 확실히 증명한 것이다. 즉, 자기 자신의 일관성(무모순성)을 증명할 수 있을 정도로 대단한 수학 이론은 바로 일관성이 하나도 없는 이론뿐이라는 것이다. F라는 이론이 일관성 있다는 증명은 이보다 훨씬 강력한 이론 안에서만 할 수 있다. 간단한 예로 F + Con(F)을 들 수 있다(Con(F)는 "F는 일관성 있다."는 공리를 F에 추가한 이론이다). 그렇다면 F + Con(F) 자체가 일관성이 있다는 것을 어떻게 알 수 있을까? 그보다 강력한 이론, 즉 F + Con(F) + Con(F + Con(F))에서만 증명할 수 있다(Con(F + Con(F))는 F + Con(F)에 "F + Con(F)는 일관성 있다."는 공리를 추가한 이론이다). 이런 식으로 끝없이 이어진다(실제로 셀 수 있는 순서수^{ordinal}까지 무한히 이어진다).

구체적인 예를 살펴보자. 제2 불완전성 정리에 따르면 정수에 대한 공리계 중에서도 가장 유명한 페아노 산술$^{\text{Peano Arithmetic}}$은 자기 자신의 일관성을 증명할 수 없다. 간단히 기호로 표현하면 PA는 Con(PA)임을 증명할 수 없다. Con(PA)를 증명하려면 PA보다 훨씬 강력한 공리계, 가령 집합론에 대한 체르멜로-프랭켈$^{\text{Zermelo-Fraenkel}}$ 공리계(ZF 공리계)로 해야 한다. ZF에서 Con(PA)를 증명하는 것은 간단하다. 무한 공리$^{\text{Axiom of Infinity}}$를 이용해 PA의 모델이 되는 무한 집합을 잘 만들면 된다.

하지만 ZF 역시 제2 불완전성 정리에 따라 자기 자신의 일관성을 증명할 수 없다. Con(ZF)를 증명하기 위한 가장 간단한 방법은 ZF로 정의할 수 있는 것보다 훨씬 큰 무한수가 존재한다고 상정하는 것이다. 이러한 무한수를 '큰 기수$^{\text{large cardinal}}$'라 부른다(집합론에서 크다는 말은 그야말로 크다는 뜻이다). 이번에도 역시 ZF의 일관성을 ZF + LC(큰 기수가 존재한다는 공리)로 증명할 수 있다. 그런데 다시 ZF + LC가 일관성 있음을 증명하려면 그보다 훨씬 강력한 공리계, 가령 훨씬 더 큰 무한수가 존재한다고 인정하는 이론을 사용해야 한다.

지금까지 설명한 내용을 제대로 이해했는지 확인해보자. PA로 Con(PA)를 증명할 수 없다면 Con(PA) → Con(ZF)를 증명하는 것도 불가능할까?

불가능하다. PA로 증명할 수 있다면 그보다 강력한 ZF로도 Con(PA) → Con(ZF)를 증명할 수 있게 된다. 그런데 앞에서 ZF로 Con(PA)를 증명할 수 있다는 말은 Con(ZF)도 증명할 수 있다는 말이 되는데, 이는 제2 불완전성 정리와 모순이다.

다시 원래 주제인 불완전성 정리와 완전성 정리가 서로 모순이 아닌 이유로 돌아가 보자. 간단히 표현하면 두 정리가 설명하는 대상이 서로 다르기 때문이다. 완전성 정리는 주어진 공리에서 나올 수 있는 모든 모델에서 참인 명제를 말하고 있다. 즉, 이런 명제는 모두 주어진 공리로 증명할 수 있다는 뜻이다. 이에 반해 불완전성 정리는 특정한 한 모델에서만 참인 명제에 대한 것이다. 여기서 특정한 모델이란 '우리가 잘 아는' 자연수다. 그리고 그런 명제 중에서도 주어진 공리로 증명할 수 없는 명제가 존재한다고 말한다. 다시 말해 주어진 공리의 모델 중에서 괴상하고 '비정상적인' 모델이 존재할 수밖에 없으며, 우리가 잘 아는 자연수에서는 참인 명제가 그런 비정상적인 모델에서는 거짓이 될 수 있다는 말이다. 게다가 이러한 비정상적인 모델을 무시하더라도 이런 명제가 존재한다는 사실만으로도 주어진 공리가 우리가 원하는 모든 것을 표현할 수 없다는 뜻이다.

두 정리가 서로 모순이 아닌 이유를 다르게 표현하면 "(1) 주어진 공리로 증명할 수 있다, (2) 주어진 공리의 모든 모델에서 참이다, (3) 우리가 아는 자연수에 대해 참이다."라는 세 가지 개념이 두 정리에 표현된 내용이 다르기 때문이다. 완전성 정리는 (1)과 (2)가 동치라고 말하는 반면, 불완전성 정리는 (1)과 (2)는 (3)과 동치가 아니라고 말한다.

그렇다면 산술 명제가 "비정상적인 모델에서는 거짓"이란 말이 도대체 무슨 뜻이란 말인가? 예제 하나를 보면 이 말을 쉽게 이해할 수 있다. 가령 '스스로 멈추는 이론'인 PA + Not(Con(PA)), 즉 페아노 산술에 자신의 모순성을 주장하는 공리를 추가한 이론을 생각해보자. PA가 일관성이 있다면 (PA + Not(Con(PA)))라는 괴상한 이론 역시 일관성이 있어야 한다. 그렇지 않다면 PA가 자기 자신의 일관성을 증명할 수 있어야 하는데, 불완전성 정리에 따르면 그럴 수 없기 때문이다. 그리고 완전성 정리에 의하면 이 사실에서 PA + Not(Con(PA))가 반드시 모델을 가져야 한다는 사실을 도출할 수 있다. 그렇다면 그 모델은 어떻게 생겼을까? 좀 더 구체적으로 말하면 이 모델 안에서 PA가 일관적이지 않다는 증명을 보면 어떤 일이 발생할까?

하나씩 살펴보자. 이 공리에 따르면 PA가 일관성이 없다는 증명을 양의 정수 X로 표현(인코딩)할 수 있다. 그렇다면 "여기서 X가 뭐냐?"고 물어볼 수 있다. 그러면 공리는 "X야"라고 답할 것이다. 이에 대해 다시 "아니, 내 말은 우리가 아는 양의 정수 중에서 X가 어떤 값이냐고?"라고 물을 것이다.

"우리가 아는 양의 정수가 무슨 뜻이야?"

"내 말은 X 같은 기호로 표현한 어떤 추상적인 개체가 아니라, 1, 2, 3처럼 0부터 시작해서 1을 유한 번 더하면 나오는 구체적인 정수 값 말이야."

"유한 번이 무슨 뜻이야?"

"그러니까 한 번, 두 번, 세 번 같은 것 말이야."

"그건 순환 정의잖아."

"이봐 내가 방금 '유한' 번이라고 말했잖아."

"아, 그러면 안 되지. 공리에 따라 말해야지."

"좋아. 그럼 X가 10500000보다 커? 아님 작아?"

"커."(공리는 머리를 좀 쓸 줄 알았다. "작다."고 말했다면 더 작은 수를 제시하면서 PA가 일관성이 없다는 증명을 정수로 표현(인코딩)할 수 없다고 반박할 수 있기 때문이다)

"좋아. 그럼 X + 1은 뭐야?"

"Y"

이런 식으로 끝없이 이어질 것이다. 공리는 질문이 들어올 때마다 답이 될 만한 가상의 숫자를 끊임없이 가공해낼 것이다. 그리고 PA가 일관성이 있다면 모순에 빠지게 만들 수 없다. 완전성 정리가 말하고자 하는 핵심은 이렇게 공리가 가공해낸 가상의 숫자로 구성된 무한 집합 전체가 PA에 대한 모델이 된다는 것이다. 단지 (우리가 아는 양의 정수처럼) 평범한 모델이 아닐 뿐이다. 평범한 모델에 대한 답을 얻고 싶다면 완전성 정리의 영역에서 나와 불완전성 정리의 영역으로 건너가야 한다.

2장에서 낸 퍼즐을 기억하는가? 그때 어떤 정리를 증명할 때 정리를 증명할 수 있다는 공리를 추가해야만 증명할 수 있는 정리가 존재하는지 물어봤었다. 다르게 표현하면 "그냥 믿어라"라고 말하는 것이 수학의 형식적인 측면에서 무슨 차이가 있느냐는 말이다. 이제 이에 대해 답할 수 있다.

좀 더 구체적으로 설명하고자 여기서 증명하려는 정리가 리만 가설^{RH,} Riemann Hypothesis이라 가정하자. 그리고 증명의 토대가 되는 형식 시스템은 체르멜로-프랭켈 집합론^{ZF}이라고 하자. 여기서 "ZF로 RH를 증명할 수 있다면 RH는 참이다."는 명제를 ZF로 증명할 수 있다고 가정한다. 그렇다면 이를 대우 명제로 바꿔 "RH가 거짓이면 ZF로 RH를 증명할 수 없다."고 표현해도 여전히 이 명제를 ZF로 증명할 수 있다. 다시 말해 not(RH)와 ZF가 완벽하게 일관성을 유지한다는 것을 ZF + not(RH)라는 형식 시스템에서 증명할 수 있다는 뜻이 된다. 그런데 이렇게 되면 ZF + not(RH)가 자기 자신의 일관성을 증명하는 셈이 된다. 그리고 괴델의 불완전성 정리에 따르면 이는 ZF + not(RH)가 일관성이 없다는 말이 된다. 하지만 ZF + not(RH)가 일관성이 없다는 말은 RH가 ZF의 정리라는 말과 동치가 된다. 따라서 RH가 참이라는 것을 증명할 수 있다. 지금까지 설명한 내용을 일반화하면 어떤 명제를 증명할 때 그 명제를 증명할 수 있다는 공리를 가정해야 그 명제를 증명할 수 있다면 공리를 가정하지 않고도 명제를 증명할 수 있다. 이 결과가 바로 룁의 정리$^{Löb's\ Theorem}$다(이 사람 이름에도 움라우트가 들어 있다). 개인적으로는 이 정리를 "'알고 보니 내가 능력자' 정리"라고 부르는 것이 더 어울리는 것 같다.

참, 2장에서 설명한 선택 공리$^{AC,\ Axiom\ of\ Choice}$와 연속체 가설$^{CH,\ Continuum\ Hypothesis}$을 기억하는가? 연속체^{continuum}는 잘 정의된$^{well-defined}$ 수학적 대상인만큼 반드시 참과 거짓 중 하나여야 한다는 생각을 솔직히 표현한 것이다. 그렇다면 정말 그런지 어떻게 알아낼 수 있을까? 1939년에 괴델은 선택 공리나 연속체 가설을 가정했을 때 절대로 모순(비일관성^{inconsistency})을 유도할 수 없다고 증명했다. 다시 말해 ZF + AC라는 이론이나 ZF + CH라는 이론에 일관성이 없다면 원인은 오로지 ZF 때문이라는 말이다.

그렇다면 다음과 같이 반대로 질문할 수도 있다. AC와 CH가 거짓이라고 가정해도 일관성을 유지할 수 있을까? 괴델은 이 문제를 열심히 파고들었지만 답을 얻진 못했다. 그러다가 1963년에 이르러 마침내 폴 코언$^{Paul\ Cohen}$이 '강제법^{forcing}'이란 새로운 기법을 고안함으로써 그렇다고 밝혔다(이 업적으로 필즈 메달을 수상했는데, 집합론과 수학 기초론 분야에서 이 상을 받은 사람은 지금껏 그가 유일하다).

그렇다면 수학에서 흔히 사용하는 공리는 선택 공리나 연속체 가설의 참/거짓 여부와는 아무런 상관이 없다는 것을 알 수 있다. 따라서 모순이 발생할까 겁먹을 필요 없이 마음 내키는 대로 하면 된다. 둘 다 받아들여도 되고, 둘 다 받아들이지 않아도 되고, 둘 중 마음에 드는 하나만 받아들여도 상관없다. 그리고 쉽게 예상할 수 있듯이 아직까지도 수학자들 사이에서 AC와 CH에 대한 의견이 엇갈리고 있으며, 이를 인정하거나 반대하는 흥미로운 논쟁이 여러 차례 벌어졌다(여기에 대해 자세히 소개할 정도의 여유는 없으므로 아쉽지만 넘어가자).

마지막으로 깜짝 놀랄 만한 사실 하나를 소개하면서 이 장을 마무리한다.

AC와 CH가 ZF 집합론과는 독립적이라는 사실 자체가 바로 일종의 페아노 산술의 정리라는 것이다. 즉, 괴델과 코언이 증명한 일관성 정리는 본질적으로 일차 논리 명제를 조작하는 것을 조합론 명제$^{combinatorial\ assertion}$로 표현한 것에 불과하다. 따라서 원칙적으로 이러한 명제가 표현하는 초한 집합$^{transfinite\ set}$을 전혀 몰라도 증명할 수 있다(실제로 이 결과를 조합론^{combinatorics}으로 표현하면 끔찍할 정도로 복잡해지는데, 코언에 따르면 이러한 문제를 유한 조합식 형태로 다뤄봤자 별 다른 소득은 없었다고 한다. 이론상 그렇게 할 수 있다는 말이다). 이러한 사실 덕분에 (최소한 내 생각에는) 지금까지 얘기한 문제 중에서도 가장 핵심이 되는 철학적 질문을 다음과 같이 멋지게 표현할 수 있다. "우리가 지금 얘기하는 것이 실제로 연속체에 대한 것인가? 아니면 실제로는 연속체에 대해 표현하는 유한한 기호 시퀀스에 대해서만 말할 수밖에 없는가?"라고 말이다.

보너스 부록

지금까지 얘기한 것들이 도대체 양자역학과 무슨 상관이 있을까? 지금부터 나는 이 둘을 연결하는 위대한 작업을 시도하려고 한다. 지금까지 이해시키려고 강조하려던 것은 바로 세상이 연속적이라고 가정하는 순간 문제가 엄청나게 어려워진다는 사실이다. 예를 들어 펜 하나를 집어 들고 테이블 위에 얼마나 많은 점을 찍을 수 있는지 생각해보자. $\aleph_1$개? $\aleph_1$보다 많이? 아니면 그보다 적게? '물리학' 질문의 해답을 집합론의 공리에게 맡기고 싶진 않다.

그런데 여기서 펜의 위치를 무한의 정밀도로 측정하는 것이 현실적으로 불가능하니 이 질문은 물리학적으로 의미가 없다고 생각할 수도 있다. 맞는 말이다. 하지만 여기서 핵심은 이런 사실을 알려주는 물리 이론이 필요하다는 것이다.

물론 양자역학이란 이름에 양자란 단어가 붙은 이유는 바로 이 이론에서 다루는 대상 중에서 (에너지 준위^{level}와 같은 관측량^{observable}을 비롯한) '양자화

^{quantize}됐기(불연속적^{discrete}, 이산적이기) 때문이다.

모순이라 생각할 수도 있다. 컴퓨터 과학자가 양자 컴퓨팅을 비판하는 이유 중 하나가 바로 전산학 관점에서 볼 때 계산 모델이 연속적이기 때문이다.

양자역학을 바라보는 내 개인적인 관점은 고전 확률론과 마찬가지로 연속과 불연속 사이의 '중간쯤 어딘가'에 해당하는 이론으로 봐야 한다는 것이다(여기서 힐베르트 공간[1]이나 확률 공간의 차원은 유한하다고 가정한다). 무슨 말이냐면 (확률이나 진폭 등과 같이) 연속적인 매개변수가 존재할 수는 있지만 이런 매개변수를 직접 관측할 수는 없다. 그리고 바로 이러한 점이 선택 공리나 연속체 가설과 같은 괴상한 세계로부터 '막아주는' 역할을 한다는 것이다. 진폭이 유리수인지 아니면 무리수인지, 또는 진폭의 수가 $\aleph_1$보다 크거나 작은지와 같은 질문이 물리학적으로 의미가 있는지 따위를 알아내기 위한 정교한 물리 이론은 필요 없다. 진폭에 대해 정확히 알고 싶다면 (심지어 에러가 없다고 가정하더라도) 적합한 상태를 무한히 많이 측정해야 한다는 사실만 봐도 쉽게 판단할 수 있는 문제다.

연습문제

n 상태 튜링 머신을 초기 빈 테이프에서 시작해 실행을 멈출 때까지 수행할 수 있는 최대 스텝 수를 'n번째 바쁜 비버 수'인 BB(n)이라고 하자(여기서 '최대'란 언젠가 멈추는 n 상태 튜링 머신 중에서 존재할 수 있는 모든 것에 대해 적용할 때 가장 큰 수란 말이다).

1. BB(n)보다 빠르게 증가하는 계산 가능한 함수^{computable function}는 없다는 것을 증명하라.

---

1. '힐베르트 공간(Hilbert space)'이란 용어에 당황하지 말기 바란다. 이 책에서 자주 사용할 것이다. 힐베르트 공간이란 별것 아니라 '어떤 시스템에서 일어날 수 있는 모든 양자 상태에 대한 공간'이란 뜻이다. 무한 차원 시스템에서 힐베르트 공간을 정의하는 것은 다소 까다롭지만, 이 책에서는 유한 차원 시스템만 다룬다. 그리고 9장에서 설명하겠지만 유한 차원 시스템에 대한 힐베르트 공간은 결국 $\mathbb{C}^N$(N차원 복소 벡터 공간)에 불과하다.

2. $S = 1/BB(1) + 1/BB(2) + 1/BB(3) + \ldots$ 이라 할 때 S는 계산 가능한 실수인가? 다시 말해 양의 정수 k를 입력했을 때 $|S - S'| < 1/k$를 충족하는 유리수 S'를 출력하는 알고리즘이 존재할까?

참고문헌

이 장의 주제를 아주 잘 설명하고 있는 자료로, 토르켈 프란젠[Tokel Franzén]이 쓴 『Gödel's Theorem: An Incomplete Guide to its Use and Abuse(괴델의 정리의 활용과 남용에 대한 불완전한 가이드)』(A. K. Peters Ltd, 2005)를 추천한다.

04
정신과 기계

이제 여러분이 그토록 고대하던 주제인 정신, 기계, 지능에 대한 철학적 난상 토론을 본격적으로 시작해보자.

그전에 먼저 계산 가능성^computability에 대한 얘기를 마저 정리하고 넘어가자. 이 장에서는 오라클^oracle이란 개념이 계속해서 등장한다. 기본 개념은 아주 간단하다. 굉장히 풀기 힘든 문제도 순식간에 해결하는 '블랙박스'나 '오라클(점쟁이)'이 있다고 가정하고 주어진 문제에 어떤 답을 내는지 그저 지켜보는 것이다(신입생 시절, 주어진 부울식^boolean formula이 참이 될 수 있는지(충족 가능^satisfiable한지) 여부를 즉각 알려주는 가상의 'NP-완전 요정'이 있다면 어떻게 될지에 대해 교수님과 토론한 적이 있다. 그때 교수님께서 내 생각을 바로 잡아 주셨다. "그런 존재를 '요정'이라 부르지 않고 '오라클'이라고 해. 급이 달라").

오라클은 1938년에 발표한 튜링의 박사 학위 논문에서 처음 등장했다. 이런 가상의 존재에 대해 졸업 논문 한 편 쓸 정도의 실력을 갖춘 사람이라면 분명 극단적인 순수 이론가이거나 이와 관련된 일에는 근처에도 가고 싶어 하지 않는 사람일 것이다. 튜링이 딱 그랬다. 실제로 박사 학위를 취득한 후 1939년부터 1943년까지 알파벳 스물여섯 글자에 대한 대칭 변환이라는 굉장히 난해한 문제를 연구하는 데 보냈다.

어쨌든 문제 A를 문제 B로 튜링 환산 가능^Turing reducible(튜링 환원 가능)하다는 말은 문제 B의 답을 알려주는 오라클이 존재한다면 문제 A를 튜링 머신으로 풀 수 있다는 뜻이다. 달리 표현하면 "A는 B보다 어렵지 않다."는 말이다. 그래서 B를 풀 수 있는 가상의 장치가 있다면 A도 풀 수 있다. 또한 두 문제가 서로 튜링 환산 가능한 관계라면 두 문제는 튜링 동치^{Turing equivalent}라고 표현한다. 예를 들어 주어진 명제를 집합론의 공리로 증명할 수 있는지 알아내는 문제는 멈춤 문제와 튜링 동치 관계다. 둘 중 한 문제를 풀 수 있다면 다른 문제도 풀 수 있다.

다음으로 어떤 문제와 튜링 동치를 이루는 모든 문제 집합인 튜링 차수^{Turing degree}란 개념이 있다. 튜링 차수의 예로는 어떤 것이 있을까? 앞에서 이미 두 가지 예를 봤다. (1) 계산 가능한 문제 집합과 (2) 멈춤 문제와 튜링 동치인 문제의 집합이 바로 튜링 차수에 해당한다. 두 집합의 튜링 차수가 서로 다르다는 말은 멈춤 문제를 풀 수 없다는 말을 다르게 표현한 것에 불과하다.

이러한 두 가지 예보다 높은 튜링 차수가 또 있을까? 다시 말해 멈춤 문제보다 훨씬 어려운, 멈춤 문제에 대한 오라클의 도움을 받아도 풀 수 없을 정도로 어려운 문제가 존재할까? 그렇다면 멈춤 문제의 답을 알려주는 오라클의 도움을 받는 튜링 머신이 있을 때 주어진 문제가 멈출지 결정하는 '슈퍼 멈춤 문제'를 생각해보자. 이러한 슈퍼 멈춤 문제를 풀 수 없다고 증명할 수 있을까? 그것도 기존 멈춤 문제의 답을 알려주는 오라클의 도움을 받는 상황에서? 물론 증명할 수 있다. 모든 머신이 멈춤 문제의 답을 알려주는 오라클의 도움을 받을 수 있다고 '전체 수준을 한 단계 높인 뒤에' 멈춤 문제를 증명할 수 없다고 튜링이 사용한 증명 기법을 그대로 적용하기만 하면 된다. 전반적인 증명 과정은 기존과 같다. 이렇게 하는 것을 증명을 '상대화^{relativize}'한다고 말한다.[1]

---

1. 밑에 있는 근본 모델을 바꿔도, 즉 오라클을 추가하거나 바꿔도 증명의 유효성에 영향을 미치지 않는 방식의 증명 기법을 '상대화relativize'라고 한다(참고: https://ocw.mit.edu/courses/mathematics/18-405j-advanced-complexity-theory-spring-2016/lecture-notes/MIT18_405JS16_Relativ.pdf의 2페이지). — 옮긴이

좀 더 까다로운 문제를 살펴보자. 계산 가능한 문제보다는 어렵고 멈춤 문제보다는 쉬운, 둘 사이의 중간 정도로 어려운 문제가 존재할까? 이 질문은 1944년 에밀 포스트^{Emil Post}가 처음 제기했고, 1954년에 포스트와 스티븐 클리니^{Stephen Kleene}가 해결했다(포스트가 처음 문제를 제기할 때 "재귀적으로 나열할 수 있어야 한다^{recursive enumerability}"는 조건을 붙였는데, 불과 2년 만에 리하르트 프리트베르크^{Richard Friedberg}와 무치닉^{A. A. Muchnik}이 그 조건을 충족하는 방법을 찾았다). 정답은 "그렇다."다. 실제로 이보다 강력한 결과가 밝혀졌다. 즉, 문제 A와 B가 있을 때 두 문제 모두 멈춤 문제의 답을 알려주는 오라클이 하나씩 있지만, 상대방 문제에 대한 오라클은 자신의 답을 알려주지 못한다고 하자. 이 문제는 A를 B로 환산(환원)하거나 B를 A로 환산할 수 있는 모든 튜링 머신을 모조리 제거하도록 설계된 무한 과정^{infinite process}을 통해 구성할 수 있다. 하지만 이렇게 하면 굉장히 이상한 문제만 만들어진다. 현실에서 마주칠 일이 거의 없는 것만 나온다. 심지어 중간 정도의 튜링 차수를 가진 문제 중에서 '현실적으로' 보이는 문제를 아직까지 하나도 발견하지 못했다.

이처럼 포스트 문제에 대한 돌파구를 발견함으로써 튜링 차수의 구조에 대한 연구가 상상할 수 없을 정도로 심도 있게 진행됐다. 그중에서도 가장 간단한 예를 하나 살펴보자. 문제 A와 B가 모두 멈춤 문제로 환산할 수 있는 문제일 때 A와 B로 환산할 수 있다면 C로도 환산할 수 있는 문제 중에서 A와 B로 환산할 수 있는 문제 C가 반드시 존재할까? 관심 있는 사람만 풀어보기 바라고, 이쯤에서 슬슬 다음 주제로 넘어가는 것이 좋겠다(참고로 이 문제의 답은 "아니다."다).

이번에는 철학적인 주제를 생각해보자. 계산 가능성의 밑바탕을 이루는 철학 개념 중에서도 핵심은 처치-튜링 논제^{Church-Turing Thesis}다. 튜링과 튜링의 지도 교수인 알론조 처치^{Alonzo Church}의 이름을 딴 것으로, 서로 '자기' 아이디어라고 여겼는지는 논란거리다. 어쨌든 이 가설을 쉽게 말하면 계산 가능하다고 볼 수 있는 함수라면 모두 튜링 머신으로 계산할 수 있다는 뜻이다. 다시 말해 '적당한reasonable' 계산 모델이라면 계산 가능한 함수 집합은 튜링 머신 모델과 같거나 부분집합이라는 말이다.

이 말만 듣고는 무슨 뜻인지 와 닿지 않을 수 있다. 물리적 실체physical reality에서 어떤 함수를 계산할 수 있는지를 말하는 경험적 주장인지, 아니면 '계산 가능computable'의 의미를 정의하는 말인지, 또는 두 가지가 반반 섞인 말인지 불분명하다.

정확한 의도가 뭐든지 간에 처치-튜링 논제는 지금껏 나온 논제 중에서도 유일하게 엄청난 성공을 거뒀다. 뒤에서 다시 설명하겠지만 양자 컴퓨팅은 소위 확장 처치 튜링 논제Extended Church-Turing Thesis(효율적으로efficiently 계산 가능한 함수는 모두 튜링 머신으로 효율적으로 계산할 수 있다는 논제)에 정식으로 도전하고 있다. 개인적인 의견을 밝히면 애초에 이 논제의 원조인 처치-튜링 논제조차 진지한 도전을 받은 적이 한 번도 없었다. 물리적 실체는 고사하고 '계산 가능'이라는 단어의 정의조차 공격을 받은 적이 없다.

처치-튜링 논제에 제기된 공격 중에 심각하지 않은 것이 많았다. 실제로 이런 공격만을 다루는 학회나 저널이 많다(구글에서 '하이퍼컴퓨테이션hypercomputation'이란 단어를 검색해보기 바란다). 나도 이와 관련된 글을 몇 개 읽어봤는데, 대부분 다음과 같은 식으로 설명하고 있다. 연산의 첫 단계를 1초 만에 수행할 수 있고, 다음 단계는 1/2초에, 그다음 단계는 1/4초 만에, 그다음 단계는 1/8초 만에 하는 식으로 진행할 수 있다고 가정한다. 그렇다면 2초 만에 무한한 양의 연산을 수행할 수 있다. 딱 봐도 말도 안 되는 주장임을 알 수 있다. 황당한 주장을 하는 김에 차라리 블랙홀 같은 데다 던져 넣으면 좀 더 그럴 듯해보일지도 모르겠다. 완고한 튜링 반동 분자도 이런 주장에 반박할 수 없을 것이다(이런 주장을 보면 무한 루프를 2.5초 만에 실행할 수 있다는 엄청 빠른 슈퍼컴퓨터 얘기가 떠오른다).

자연이 이런 엄청난 연산 능력을 주더라도 우리에게 아무런 대가도 바라지 않고 무심하게 탁 던져주진 않을 것이다. 사실 하이퍼컴퓨팅이 실현될 수 없는 이유를 제대로 설명하려면 베켄슈타인^{Bekenstein}과 부소^{Bousso} 등이 말한 엔트로피 한계^{entropy bound}란 개념을 알아야 한다. 양자 중력에 대한 몇 안 되는 개념 중 하나인데, 뒤의 장들에서 다시 언급할 것이다. 따라서 처치-튜링 논제는 확장 버전이 아닌 원본조차도 물리학에서 가장 깊숙이 자리 잡은 질문과 관련이 있다. 하지만 내 생각에 처치-튜링 논제는 등장 이후 75년 동안 심각한 도전을 받은 적이 단 한 번도 없다. 양자 컴퓨팅이나, 아날로그 컴퓨팅이나, 다른 어떤 것도 그러지 못했다.

기하급수^{geometric series}(등비급수)로 연산을 한다는 이러한 주장에 대해서는 이 모델이 물리적이지 않은 이유를 어느 정도 알고 있는 사실로 반박할 수 있다. 다시 말해 (플랑크 크기인) 10^{-43}초 수준에 이르면 우리가 아는 시간 개념이 깨진다. 그 수준에서는 무슨 일이 벌어지는지 정확히 알 수 없다. 하지만 이런 상황이 이를테면 양자 컴퓨팅과는 전혀 관련이 없는 듯하다. 뒤에서 설명하겠지만 양자 컴퓨팅에서는 그 이론이 어느 시점에 깨지는지, 그리고 컴퓨터가 작동을 멈추는 시점은 언제인지를 양적으로 가늠할 수 없고, 따라서 작동을 멈추지 않을 수도 있다는 추측도 할 수 없다.

플랑크 크기까지 나왔다면 치밀한 논쟁에 빠져들었다고 볼 수 있다. 예전부터 자주 써먹던 대로 노이즈와 결함 때문에 현실적인 제약이 있다는 식으로 넘어갈 수 없는 이유는 뭘까?

왜 이런 한계가 있는지, 왜 실수를 레지스터에 저장할 수 없는지 등과 같은 논점을 파고들다 보면 결국 플랑크 크기가 나오게 되는 것이다.

처치-튜링 논제를 물리적 실체에 대한 주장으로 해석하는 경우 두개골 안에 있는 끈적이는 신경망을 비롯해서 현실에 존재하는 모든 대상을 포괄해야 한다. 그러면 결국 앞에서 예고했던, 포탄으로 움푹 파인 구덩이가 널부러진 지적 전쟁터가 펼쳐지게 된다.

역사적인 관점에서 볼 때 굉장히 흥미로운 점은, 생각하는 기계의 가능성에 대한 관심은 사람들이 수십 년 동안 컴퓨터를 사용하면서 서서히 떠오른 것이 아니라 컴퓨터란 개념이 등장하자마자 곧바로 등장했다는 사실이다. 라이프니츠나 바베지나 러브레이스나 튜링이나 폰 노이만은 컴퓨터가 증기기관이나 토스터와는 급이 다르다는 것을 처음부터 알고 있었다. 보편성의 속성상(그들이 실제로 이렇게 표현했는지는 모르겠지만) 우리 자신에 대해 얘기하지 않고서는 컴퓨터에 대해 말하는 것조차 힘들다.

여기서 잠시 책을 내려놓고 튜링의 논문 중에서 두 번째로 유명한 <Computing machinery and intelligence(계산 기계와 지능)>[2]를 한 번 읽어보기 바란다.

이 논문의 핵심 주제는 뭘까? 내가 이해하기로는 살덩어리 우월주의에 대한 항변이다. 물론 튜링이 과학적인 주장도 하고, 수학적인 주장도 하고, 인식론에 대한 견해도 주장하고 있다. 하지만 그 외의 나머지는 근본적으로 윤리적인 주장이다. 즉, 대화를 나누는 대상이 사람인지 아니면 컴퓨터인지 구분할 수 없다는 사실은, 컴퓨터가 '실제로' 생각하는 것이 아니라 단지 흉내만 낸다고 말할 수 있다. 하지만 이 상황에서 사람도 마찬가지로 실제 생각하지 않고 그저 생각하는 흉내만 내고 있다고 말할 수도 있다. 그렇다면 어떤 경우에는 이러한 지적인 곡예를 거쳐야 하고, 또 어떤 경우에는 그럴 필요 없다고 함부로 단정 지을 수 있을까?

여기에 대해 내 개인 의견을 표현해도 된다면 이렇게 이중 잣대를 들이대는 윤리 문제는 시얼Searle이나 펜로즈Penrose와 같은 '강인공지능strong AI 회의론자'가 하는 말처럼 공허하게 들린다. 생각하는 기계의 실현 가능성을 권위 있고 설득력 있게 반박하는 것은 얼마든지 가능하다. 다만 이러한 주장은 결국 생각하는 뇌의 존재 가능성도 반대하는 주장이 될 수 있다는 허점이 있다.

이러한 주장의 대표적인 예로 컴퓨터가 지능을 가진 것처럼 보이는 이유는 컴퓨터를 프로그래밍한 사람의 지능이 단순히 반영된 결과라는 주장이 있

---

2. http://cogprints.org/499/1/turing.html

다. 그렇다면 마찬가지로 사람의 지능도 수백만 년 동안의 진화 과정이 단순히 반영된 결과라 할 수 있지 않을까? 아쉽게도 AI 회의론자의 주장에서 이런 점을 제대로 다루는 것을 본 적이 없다. 사람의 '특질^{qualia}'과 '대상성^{aboutness}'은 당연히 있다고 여기고, 유독 기계의 특질만 문제 삼을 뿐이다.

여기에 대해 회의론자는 다음과 같이 반박할 수도 있다. 다른 사람이 생각한다고 믿는 이유는 일단 내가 생각한다는 것을 알고 다른 사람도 나와 대체로 비슷하기 때문이다. 그들도 나처럼 손가락이 다섯 개고 겨드랑이에 털도 났다. 하지만 로봇은 생김새부터 전혀 다르다. 철로 구성돼 있고, 안테나가 달렸고, 어색한 걸음으로 돌아다닌다. 따라서 로봇이 생각하는 것처럼 보이더라도 정말 그런지 알 수 없다. 하지만 이 말이 맞는다면 다음과 같은 극단적인 표현도 가능하다. 백인인 내 입장에서 백인이 생각할 줄 안다는 것은 인정하지만 흑인이나 아시아인도 생각할 줄 아는지는 잘 모르겠다. 나랑 전혀 다르게 생겼으니...

내가 볼 때 인공지능을 바라보는 시선은 크게 두 갈래다. 70%는 1950년에 발표한 튜링의 논문과 같고, 30%는 그 후로 반세기 동안 이뤄진 연구 성과에 따른 관점이다.

60여 년이 지난 지금 앨런 튜링을 깜짝 놀라게 할 만한 점이 약간은 있다. 그게 뭘까? 바로 튜링의 예상과 달리 그동안 발전한 것이 거의 없다는 사실이다. 튜링의 예측이 틀릴 수 있다고 말한 것을 기억하는가?

> 내 생각에는 대략 50년 이내에 컴퓨터를 프로그래밍할 수 있게 되고, 그 컴퓨터의 저장 용량은 대략 10^9에 이르게 돼 평범한 질문자라면 질문을 시작한 지 5분이 지나면 제대로 맞출 확률이 70%를 넘지 못할 정도로 이미테이션 게임을 너무나 잘하게 될 것이다.

그가 얼마나 잘 맞췄는지 살펴보자. 먼저 컴퓨터에 대한 예측은 끝내주게 정확하다. 튜링은 50년 즈음(=2000년)에 10^9(=기가)급의 저장 용량을 가진 컴퓨터를 프로그래밍한다고 제대로 맞췄다.

그렇다면 튜링이 이미테이션 게임을 통과할 수준으로 컴퓨터를 프로그래밍한다고 예측한 부분은 얼마나 정확할까?

조셉 와이젠바움Joseph Weizenbaum이 1966년에 만든 엘리자ELIZA라는 프로그램을 들어본 적이 있을 것이다. 이 프로그램은 상대방이 한 말을 그대로 받아치는 심리치료사의 행동을 그대로 흉내낸 것이다. 여기서 와이젠바움이 발견한 놀라운 사실은 바로 상당수의 사람이 이 프로그램에게 속마음을 모조리 털어놓았다는 것이다. 게다가 대화를 한 상대가 프로그램이라는(그것도 굉장히 단순한 프로그램이라는) 사실을 알려주면 믿지 못하는 사람도 꽤 있었다.

그 후로 몇 년이 흘러 오리지널 엘리자 프로그램을 AOL 채팅방에 적용해서 사람들의 반응을 살펴보려는 기발한 아이디어를 생각한 사람이 있었다. http://fury.com/aoliza/five.php에 가보면 굉장히 웃긴 반응을 꽤 볼 수 있다. 어떤 사람은 프로그램을 유혹하려 하고, 또 어떤 사람은 자신의 불륜 행각을 털어놓기까지 했다(다행히 익명으로 처리됐다). 그중에서 내가 최고로 꼽는 사례는, 한 남자가 육체적 관계를 애걸하는 단계로 넘어가기 전에 뱅크오브아메리카를 그만두고 '스타벅스와 사업을 제휴할' 계획을 프로그램에게 말한 부분이다.

남자: 당신 내 생각을 갖고 노는 걸 좀 즐기는 것 같아.

엘리자: 당신 생각을요?

남자: 날 실망시키려고 일부러 내 판타지에 동참하지 않는 것 같아.

엘리자: 당신의 판타지라뇨?

남자: 환상적인 하룻밤을 보내는 판타지

엘리자: 그게 당신이 말한 뱅크오브아메리카 일이랑 스타벅스와 사업 제휴

단계로 접어드는 것과 무슨 관계가 있죠?

사람과 기계 사이의 대화에서 재치 있게 받아치는 기술의 수준이 이보다 훨씬 높아졌지만, 그렇다고 해서 아주 높아진 것은 아니다. 가령 컴퓨터가 지능을 가질 수 있는지 확인하려면 질문하는 사람도 최소한의 지능을 갖추도록 튜링 테스트를 개선할 필요가 있다.

물론 이 사례의 문제점은 대화 상대가 사람이라고 믿어버린 데 있다. 튜링 테스트의 조건을 충족하려면 질문자는 사람과 컴퓨터를 구분하려고 애써야 한다. 따라서 AOL 채팅방 사례는 엄밀히 말해 튜링 테스트가 아니다. 그저 재미있는 장난일 뿐이다. 그럼에도 휴 뢰브너[Hugh Loebner]란 양반은 원래 튜링의 생각과 유사한 대회[3]를 1990년부터 매년 개최하고 있다. 이 대회에서 테스터는 사람과 컴퓨터를 구분하는 것이 목적인데, 실제 대회에서 발표된 내용의 상당수는 기계의 지능은 고사하고 사람의 지능 관점에서 보더라도 상당히 실망스럽다(한 사례를 보면 셰익스피어에 대한 주제로 굉장히 지적인 대화를 한 여성을 컴퓨터로 분류했는데, 이유를 보면 '셰익스피어에 대해 그렇게 많이 아는 사람은 없기 때문'이었다).

그렇다면 질문자의 역할을 사람이 아닌 컴퓨터가 맡으면 어떻게 될까? 결론부터 말하면 실제로 그런 사례가 있다. 2006년경, 루이스 폰 안[Luis von Ahn]이란 양반이 CAPTCHA에 대한 공적으로 맥아더상[MacArthur award]을 수상했다. CAPTCHA(캡차)란 웹 사이트에서 정상 사용자와 스팸봇을 구분하는 데 사용하는 테스트 기법이다. 여러분도 한 번은 본 적이 있을 것이다. 구불구불하게 적힌 이상한 글자를 따라 타이핑하라는 페이지 말이다. 이 테스트에서 가장 중요한 부분은 컴퓨터가 테스트의 대상이 아니라 테스트할 문제를 만들고 점수를 매기는 역할을 맡는다는 점이다(마치 중간고사 문제를 내듯이 말이다). 그리고 이 테스트를 사람만 통과하게 만들어야 한다. 따라서 이 테스

---

3. http://www.loebner.net/Prizef/loebner-prize.html, https://ko.wikipedia.org/wiki/뢰브너_상

트의 핵심은 AI의 한계를 극대화하는 데 있다(물론 일방향$^{one-way}$ 함수의 역함수를 계산하기가 굉장히 힘들다는 사실도 활용하는데, 여기에 대해서는 뒤에서 설명한다).

CAPTCHA와 관련해 한 가지 흥미로운 사실은 CAPTCHA 프로그래머와 AI 프로그래머 사이의 실력 경쟁을 촉발했다는 것이다. 내가 버클리에 다닐 무렵 동료 대학원생 몇몇은 CAPTCHA를 깨기 위한 김피^{Gimpy}라는 프로그램[4]을 개발했는데, 성공률은 대략 30%였다. 이로 인해 CAPTCHA를 더 어렵게 만들게 됐고, 다시 AI 프로그래머는 이를 깨려고 노력하는 일이 반복되고 있다. 최종 승자는 누구일까?

한 가지 확실한 사실은 우리가 웹서비스에 가입하기 위해 계정을 새로 만들 때마다 사람이란 존재는 진정 무엇인가라는 수세기 동안 고민하던 문제와 마주하게 된다는 것이다.

튜링 테스트와 달리 실제로 AI에서 놀라운 성과를 거둔 적도 있었다. 카스파로프^{Kasparov}, 딥 블루$^{Deep\ Blue}$, (제퍼디$^{Jeopardy!}$란 퀴즈 프로에서 인간 챔피언인 켄 제닝스를 누르고 승리를 거머쥔) IBM 왓슨^{Watson}에 대해 한 번쯤 들어봤을 것이다. 그보다 덜 유명하지만 1996년에 나온 오터^{Otter}[5]라는 프로그램이 있는데, 대수학에서 60년 동안 풀지 못한 난제인 로빈스 가설$^{Robbins\ Conjecture}$을 이 프로그램으로 해결했다. 이 문제는 타스키^{Tarski}를 비롯한 유명한 여러 수학자가 풀려고 오랫동안 노력했던 문제다(어떻게 보면 수십 년 동안 타스키가 가장 뛰어난 제자들에게 풀어보라고 시키던 문제를 결국 가장 멍청한 제자에게 풀게 시킨 셈이다). 이 문제는 간단하다. 다음과 같은 세 개의 공리가 주어졌을 때 Not(Not(A)) = A라는 결론을 도출할 수 있을까?

- A 또는 (B 또는 C) = (A 또는 B) 또는 C

---

4. www.cs.sfu.ca/~mori/research/gimpy/

5. W. McCune, Solution of the Robbins Problem, Journal of Automated Reasoning 19:3 (1997), 263–276. http://www.cs.unm.edu/~mccune/papers/robbins/

- A 또는 B = B 또는 A
- (((A 또는 B)가 아니다)가 아니다) 또는 ((A 또는 ((B)가 아니다))가 아니다) = A

여기서 분명히 밝히고 싶은 점은, 이 문제는 아펠Appel과 하켄Haken의 4색 정리에 대한 증명처럼 해결할 수 없다는 것이다. 4색 정리를 풀 때 컴퓨터는 단순히 수천 가지의 경우의 수를 확인하는 정도의 역할만 했다. 이 증명은 17줄에 불과하다. 사람이 직접 손으로 증명을 확인할 수도 있는데, 이렇게 말하기 좀 뻘쭘하지만 나라도 금방 떠올릴 수 있는 방법이다(말하자면 그렇단 말이다!).

또 다른 예로 뭐가 있을까? 거의 모든 사람이 아침마다 한 번씩 접속할 뿐만 아니라 하루에도 여러 차례 사용하는 꽤 정교한 AI 시스템이 하나 있다. 그게 뭘까? 맞다. 바로 구글이다.

딥 블루, 로빈슨 가설, 왓슨, 그리고 최근에 등장한 알파고와 같은 예는 진정한 의미의 AI가 아니라고 볼 수도 있다. 똑똑한 프로그램에 의존하는 막강한 탐색 기능에 불과하다고 반박할 수 있다. 바로 이런 논리가 AI 연구자를 궁지에 몰아세우고 있다. 1960년대에 사람들에게 "30년 이내에 체스 세계 챔피언을 이길 수 있다고 주장하면서 이를 AI라고 볼 수 있냐"고 물어보면 당연히 AI라고 답할 것이다. 하지만 구체적인 방법을 알고 있는 현재 시점에서 볼 때 더 이상 AI라고 말하긴 힘들다. 단순 탐색일 뿐이다(철학자들도 이와 비슷한 불평을 한다. 철학의 어느 한 분야가 구체화되는 순간, 그건 더 이상 철학이 아니라고 수학이나 과학이지).

튜링 시대의 사람들은 잘 몰랐지만 현재 우리는 알고 있는 사실이 하나 더 있다. 그것은 바로 사람의 지능을 흉내내는 프로그램을 작성하려면 수백 년 이상 진화한 결과물과 경쟁해야 한다는 사실이다. 게다가 흉내내기 더럽게 힘들다. 잘 와닿지 않는 사례를 하나 들면 체스 경기에서 게리 카스파로프를 이기는 컴퓨터 프로그램을 작성하는 것보다 조명 상태가 변하는 상황에서 얼굴을 제대로 인식하는 컴퓨터 프로그램을 작성하는 것이 훨씬 어렵다. AI에서 가장 어렵다고 손꼽히는 문제를 5살짜리 아이가 아무렇지도 않게 해결하는 경우가 상당히 많다. 이러한 능력은 오랜 진화의 결과로 몸 속 깊숙이 배어 있어 그 존재조차 인식 못하기 때문이다.

지난 60년 동안 튜링 테스트 자체에 대한 새로운 통찰이 제시된 적이 있었을까? 내 생각에는 그리 많지 않다. 한편 새로운 통찰이 '나올 뻔'한 적은 있었다. 그중에서도 유명한 것으로 존 시얼John Searle이 제기한 중국어 방Chinese Room이란 실험이 있다. 1980년대 즈음 등장한 것으로, 튜링 테스트를 통과한 컴퓨터조차 지능을 가졌다고 볼 수 없다고 주장하기 위한 실험이다. 간단히 설명하면 다음과 같다. 먼저 여러분이 중국어를 할 줄 모른다고 가정한다. 그리고 방 안에 앉아 있다가 누군가로부터 벽에 뚫린 구멍으로 종이를 건네받는다. 종이 안에는 중국어로 적힌 질문이 있고 방 안에 비치된 매뉴얼을 참고해서 질문에 (역시 중국어로) 답할 수 있다. 이런 식으로 중국어로 지적인 대화를 나눌 수도 있지만, 가정에 따르면 중국어는 단 한 글자도 모른다. 따라서 기호를 조작할 줄 안다고 해서 이해할 수 있는 것은 아니다.

그렇다면 강인공지능strong AI 옹호론자들은 이 주장에 어떻게 답할까? 아마도 이렇게 말할 듯싶다. 방 안에 있던 사람은 중국어를 이해하지 못하지만 규정집rule book은 이해한다고. 아니면 중국어를 이해한다는 것이 사람과 규정집으로 구성된 시스템의 창발적 속성emergent property이라고 한다. 마치 모국어를 이해하는 것이 우리 두뇌 안에 있는 뉴런의 창발적 속성인 것과 마찬가지로 말이다.

이에 대해 시얼은 다음과 같이 답한다. 그렇다면 그냥 규정집을 외우면 된다고, 그러면 '시스템'이라고 볼 수 있는 것은 사람의 두뇌 외에는 없다. 그래도 여전히 중국어를 '이해'할 수 없다. 다시 AI 옹호론자는 다음과 같이 반격할 수 있다. 이 경우에는 또 다른 '시스템'이 존재한다고 말이다. 규정집을 암기했어도 '원래'의 당신과 규정집을 암기함으로써 새롭게 나타난 모사된 버전의 당신을 구분해야 한다. 새롭게 등장한 존재와 당신 사이의 유일한 연결 고리는 둘 다 같은 두개골 안에 있다는 것뿐이다. 전산학을 배운 적이 없는 사람은 이 말이 정신 나간 소리처럼 들릴 수 있다. 전산학자 관점에서는 실행 규칙을 충실히 따르기만 해도 한 가지 계산^{computation}(예, LISP 인터프리터)으로부터 이와 전혀 무관한 계산(예, 슈팅 게임)을 마법처럼 만들어낼 수 있다는 사실이 너무나 당연하다.

뒤에서 다시 설명하겠지만 중국어 방 논쟁의 결론이 참인지 거짓인지는 모르겠다. 어떤 물리 시스템이 중국어를 '이해'하려면 어떤 필요조건이나 충분조건이 있어야 할지도 모른다. 내 생각에는 시얼을 비롯한 어느 누구도 모른다. 하지만 중국어 방 문제를 하나의 논증으로만 보더라도 항상 눈에 거슬리는 속성이 몇 가지 있다. 그중 하나는 대놓고 직관에 호소한다는 것이다. "그건 규정집일 뿐이라니, 세상에!" 그것도 직관을 가장 멀리 해야 할 성격의 문제에 대해서 말이다. 두 번째로 거슬리는 점은 이중 잣대를 적용한다는 것이다. 신경 세포 더미가 중국어를 이해할 수 있다는 생각을 당연한 사실로 여기는 데 그치지 않고 규정집이 중국어를 이해할 수 없는 이유에 대해서도 아무런 의문을 품지 않을 정도로 문제가 없다고 여기고 있다. 중국어 방의 논리에서 세 번째로 짜증나는 점은 논지를 멀리 벗어난 비유를 써서, 다르게 표현하면 계산 복잡도^{computational complexity}라는 문제를 완전히 비껴나갈 수 있도록 교묘하게 짜놓은 프레임으로 모든 것을 설명하고 있다는 것이다. 영문도 모른 채 돌돌 말린 종이를 누군가 구멍으로 쑤셔 넣어준다고 상상하라고 하는데, 마치 멍청한 신입생이 수학 시험에서 $(a + b)^2 = a^2 + b^2$라고 적은 답안지를 보는 기분이다. 여기서 이런 종이를 몇 장이나 받는지, 실제로 지적인 대화를 중국어로 나누는 것처럼 보이게 하려면 규정집이 얼마나 두꺼워야 하고 규정집에서 답을 얼마나 빨리 찾아야 하는지 등과 같은 의문도 든다. 규정집의 한 페이지가 원어민 뇌의 뉴런 하나에 해당한다고 가정하면 중국어 방 실험에 나오는 '규정집'의 크기는 최소한 지구만 해야 하고, 이런 규정집에서 답을 찾으려면 한 무더기의 로봇이 거의 빛의 속도로 돌아다닐 수 있어야 한다. 이렇게 놓고 보면 우리가 낳은 중국어를 구사하는 이런 거대한 존재가 어쩌면 이해 혹은 통찰이라고 기꺼이 부를 만한 뭔가를 갖고 있다고 상상하는 일도 그리 어렵지 않아 보인다.[6]

물론 이런 주제를 얘기하는 사람은 의식^{consciousness}에 대한 주제의 언저리를 맴도는 셈이다. 가만 보면 의식에는 요상한 이중적인 속성이 있는데, 한편으론 우리가 알고 있는 대상 중에 가장 신비스러운 대상이라 볼 수 있으면서도, 또 한편으로는 우리가 직접 인식하고 있을 뿐만 아니라 어떤 의미에서 우리가 직접 인식하는 유일한 대상이기도 하다. "나는 생각한다. 고로 나는 존재한다$^{cogito\ ergo\ sum}$"란 말을 한 번 쯤 들어봤을 거다. 예를 들어 (술에 취했거나 환각에 빠져서) 내가 입고 있는 셔츠의 색깔이 파랗다고 착각할 수는 있지만, 내가 파랗게 인식한다는 사실 자체는 절대로 착각할 수 없다(이것마저 착각한다면 무한 회귀에 빠지고 만다).

그렇다면 이것 외에도 절대적으로 확신하는 느낌을 주는 다른 예가 또 있을까? 그렇다. 바로 수학이 있다. 참고로 이러한 수학과 주관적 경험의 유사성은 수학자들이 'quasi-mystical$^{유사 신비주의}$' 성향을 띠는 원인과 상당한 관련이 있다(일부 수학자의 표정이 일그러지는 것이 느껴진다. 죄송). 물리학자의 입장에서 이런 사실을 알고 있으면 도움이 된다. 여기서 말하는 수학자란 현실 세계가 두려운 나머지 지적 자위행위로 도망쳐버린 그런 사람을 의미하지 않는다. 애초에 현실 세계를 특별히 현실처럼 느끼지 않는 이들을 의미한다.

내 말의 의도를 설명하고자 앞에서 잠깐 언급했던 4색 정리에 대한 컴퓨터 증명을 생각해보자. 이 증명으로 거의 한 세기 동안 끙끙대던 엄청난 난제

---

6. 이 주제에 대해 좀 더 깊이 알고 싶다면 오론 샤그리어(Oron Shagrir)가 편집한 『Computability: Turing, Gödel, Church, and Beyond』(MIT Press, 2013)에서 잭 코플랜드(B. Jack Copeland), 칼 포시(Carl J. Posy), 스콧 아론슨이 쓴 "Why Philosophers Should Care About Computational Complexity(철학자들이 계산 복잡도에 대해 신경써야 할 이유)"(http://www.scottaaronson.com/papers/philos.pdf)를 읽어보기 바란다.

를 풀었지만 해결 방식이 전혀 대단하지 않고 문제를 단순히 수천 가지의 경우로 나열하는 식으로 풀었던 것이다. 그렇다면 이 증명을 의심스러운 눈초리로 쳐다보거나 최소한 더 나은 증명이 있을 거란 희망을 가진 수학자가 나타나는 이유는 뭘까? 문제를 풀었던 컴퓨터가 "실수했을 지도 몰라서?" 글쎄, 그럴 가능성은 거의 없다. 이 증명은 지금까지 여러 그룹의 프로그래머들에 의해 다양한 하드웨어와 소프트웨어를 이용한 검증을 수차례 거친 것이다. 게다가 실수는 사람도 많이 저지른다.

결국 이 문제의 핵심은 4색 정리를 증명했다는 사실과 여러 수학자가 그 증명을 이해한다는 사실 사이에 미묘한 차이가 있다는 것이다. 상당수의 수학자는 (고전적인 컴퓨터를 이용하든, 양자 컴퓨터를 이용하든, 그 어떤 최신 기술을 동원하든지 간에) '증명 끝'이라는 말과 함께 멈추는 물리적인 프로세스를 증명이라고 받아들이지 않는다. 여기서 사용한 물리적인 프로세스를 신뢰할 만하다는 근거를 아무리 제시해도 소용없다. 수학자 자신이 그 증명이 참이라고 직접 이해할 수 있어야 증명으로 받아들인다.

물론 이런 주제를 구체적으로 논의하기란 상당히 어렵다. 여기서 말하려는 요지는 많은 사람이 갖고 있는 '로봇에 대한 적대감$^{antirobot\ animus}$'은 다음과 같은 두 가지 요인이 결합된 결과일 수도 있다는 점이다.

(1) 직접 경험해 얻은, 로봇이 의식을 가진다는 확신. 다시 말해 다른 사람이 아닌 바로 로봇이 색깔과 소리와 양의 정수 따위를 인식한다는 확신

(2) 로봇이 단지 하나의 계산일뿐이라면 이런 식으로는 의식을 가질 수 없다는 믿음

가령 펜로즈가 강인공지능에 반대하는 이유는 바로 이러한 두 가지 요인에 기인한다고 생각한다. 그가 괴델의 정리를 거론하는 부분은 그저 겉치레에 불과할 수도 있다.

이런 식으로 생각하는 사람들은 (기분에 따라 어떤 때는 나 자신도) 로봇에

게 의식을 부여하는 일이 묘하게도 자신을 인식한다는 것을 부정하는 일 같다고 생각한다. 이런 딜레마를 멋지게 해결할 방법은 없을까? 다시 말해 살덩어리 우월주의자의 이중 잣대처럼 자신에 대해서는 이 규칙을 적용하고, 로봇에 대해서는 저 규칙을 적용하는 방식 외에는 해결할 방법이 없을까?

내가 선호하는 해결 방법은 데이비드 챌머즈$^{David Chalmers}$가 주장하는 방법이다.[7] 그가 제안하는 방식은 한마디로 어떤 미스터리를 다른 미스터리로 유도하는 '철학적인 NP 완전성 환산$^{NP-completeness reduction}$'이다. 챌머즈에 따르면 언젠가 컴퓨터가 사람에 대해 관측할 수 있는 모든 면을 똑같이 흉내낼 수 있게 된다면 그때는 컴퓨터가 의식이 있다고 인정할 수밖에 없다고 한다. 우리가 다른 사람이 의식을 갖고 있다고 여기는 이유도 바로 이와 같기 때문이다. 그렇다면 컴퓨터가 의식을 가질 수 있는 방법을 묻는다면 아마도 그 부분 역시 언젠가 알아낼 수도 있고, 아니면 의식이 뉴런 덩어리를 통해 나타나는 원리에 대해 현재 우리가 알고 있는 수준만큼 여전히 모를 수 있다고 대답할 수 있다. 정말 미스터리 같은 답변처럼 들리겠지만 두 미스터리의 차이가 그리 커 보이지도 않는다.

퍼즐

- [그나마 잘 정의된 퍼즐] 컴퓨터 프로그램이 자신의 소스코드에 접근할 수 있다는 사실을, 보편성을 유지하는 방식으로 가정할 수 있을까?
- [모호하고 잘못 정의된 퍼즐] 1800년대 이전에는 물이라 불렸던 것이 알고 보니 H_2O가 아닌 CH_4라고 밝혀졌다면 그것을 여전히 물이라 볼 수 있을까? 아니면 물이 아닌 다른 것일까?

---

7. David J. Chalmers, 『The Conscious Mind: In Search of a Fundamental Theory』(Oxford University Press, 1996)

3장에 나온 연습문제에 대한 해답

3장에서 BB(n), 일명 'n번째 바쁜 비버 수'는 n 상태 튜링 머신을 초기 빈 테이프에서 시작해 실행을 멈출 때까지 수행할 수 있는 최대 스텝 수라고 정의했던 것을 기억할 것이다.

첫 번째 문제는 BB(n)보다 빠르게 증가하는 계산 가능한 함수^{computable function}는 없다고 증명하는 것이었다.

모든 n에 대해 $f(n) > BB(n)$인 계산 가능한 함수 $f(n)$이 있다고 가정하자. 그런 다음 주어진 n 상태 튜링 머신 M에서 먼저 $f(n)$을 계산한 후에 최대 $f(n)$ 스텝만큼 M을 시뮬레이션한다. 그때까지 M이 멈추지 않으면 영원히 멈추지 않을 것이다. $f(n)$은 모든 n 상태 튜링 머신에서 수행할 수 있는 최대 스텝 수보다 크기 때문이다. 그런데 이렇게 되면 멈춤 문제를 풀 수 있게 된다. 이는 멈춤 문제를 풀 수 없다는 사실에 위배된다. 따라서 f란 함수는 존재하지 않는다.

이처럼 BB(n) 함수는 아주, 아주, 아주 빠르게 증가한다(정말 그런지 궁금하고, 시간이 남아돌아 어쩔 줄 모르는 사람들이나 계산할 만한 값을 대입해보면 알 수 있다. 예를 들면 다음과 같다. BB(1) = 1, BB(2) = 6, BB(3) = 21, BB(4) = 107, BB(5) >= 47 176 870. 물론 튜링 머신을 정확히 어떻게 정의하느냐에 따라 이 값은 얼마든지 달라질 수 있다).

두 번째 문제는 다음수가 계산 가능한 실수인지 묻는 문제였다.

$$S = \frac{1}{BB(1)} + \frac{1}{BB(2)} + \frac{1}{BB(3)} + \cdots$$

다시 말해 어떤 양의 정수 k가 주어졌을 때 $|S - S'| < 1/k$를 충족하는 유리수 S'를 결과로 내보내는 알고리즘이 존재할까?

이 문제가 더 까다로웠는가? 좋다. 정답부터 말하면 '아니요'다. S는 계산 가능하지 않다. S가 계산 가능하다고 가정하면 BB(n) 자체를 계산하는 알고리즘이 나오는데, 잘 알겠지만 그건 불가능하다.

귀납법으로 이미 BB(1), BB(2), ..., BB(n – 1)을 계산했다고 가정하자. 그런 다음 그 뒤에 나오는 항들의 합을 생각해보자.

$$S_n = \frac{1}{BB(n)} + \frac{1}{BB(n+1)} + \frac{1}{BB(n+2)} + \cdots$$

S가 계산 가능하면 S_n 또한 계산 가능해야 한다. 그러나 이 말은 S_n을 1/2, 1/4, 1/8 등의 값 이내로 근사해서 S_n이 속한 유계[bounded] 구간에 더 이상 0이 포함되지 않게 할 수 있다는 뜻이 된다. 그렇게 되면 1/S_n에 대한 상한을 얻을 수 있다. 1/BB(n + 1), 1/BB(n + 2) 등의 수는 1/BB(n)보다 훨씬 작으므로 1/S_n의 상한이 있으면 곧 BB(n)에 대한 상한을 구할 수 있다. 그러나 일단 BB(n)에 대한 상한이 있으면 모든 n 상태 튜링 머신을 시뮬레이션해서 BB(n) 자체를 계산할 수 있다. 따라서 S를 계산할 수 있다고 가정하면 BB(n)도 계산 가능한데, 이것은 이미 불가능하다는 사실을 알고 있다. 그러므로 S는 계산 가능하지 않다.

05

고생대 복잡도 이론

아무리 객관적으로 따져 봐도 계산 복잡도 이론^{thoery of computational complexity}은 불, 바퀴 등에 맞먹는 인류의 위대한 업적 중 하나인 것 같다. 이걸 고등학교에서 가르치지 않는 것은 정말 역사적인 실수다. 최소한 이 책의 주제를 설명하려면 복잡도 이론이 반드시 필요하다. 지금부터 다섯 혹은 여섯 장에 걸쳐 복잡도 이론을 집중적으로 다룬다. 본론에 들어가기 전에 지금부터 살펴볼 주제를 다소 거창하게 소개하면 다음과 같다.

지금까지는 양자역학이 등장하기 이전에 우주를 설명하는 데 밑바탕이 되는 개념을 소개했다. 양자역학이 놀라운 점은 다소 지저분하고 경험적으로 발견되긴 했지만 물리의 토대를 바꿨다는 것이다. 물론 그중에는 양자역학에 전혀 영향을 받지 않는 것도 있고, 변해야 할지 다소 불분명한 부분도 분명 있다. 하지만 양자역학이 어떠한 변화를 일으켰는지 제대로 따져 보려면 양자역학이 등장하기 이전의 상황을 잘 알아둘 필요가 있다.

복잡도 이론^{complexity theory}을 편의상 다음과 같이 역사적 시대로 구분할 수 있다.

- **1950년대:** 후기 튜링대
- **1960년대:** 점근 시대의 여명
- **1971년:** 쿡-레빈 소행성의 등장(대각화사우르스의 멸종)

- **1970년대 초반:** 카프 폭발
- **1978년:** 초기 암호생대
- **1980년대:** 무작위 시대
- **1993년:** 라즈보로프 화산 폭발(조합타우르스의 멸종)
- **1994년:** 양자닥틸로스의 침공
- **1990년대 중반에서 현재:** 역무작위 시대

이 장에서는 P, NP, NP 완전$^{\text{NP-Completenes}}$이 등장하기 전에 대각화사우르스라는 공룡이 지구를 지배하던 고생대 시절의 복잡도 이론을 설명한다. 이어지는 6장은 카프 폭발, 7장은 무작위 시대, 8장은 초기 암호생대, 9장은 양자닥틸로스의 침공을 소개한다.

4장에서는 계산 가능성 이론$^{\text{computability theory}}$을 소개하면서 어떤 문제들이 계산 불가능^{uncomputable}한지 살펴봤다. 예를 들어 양의 정수에 대한 명제가 참인지 아니면 거짓인지 판단하는 문제가 있는데, 이 문제를 풀 수 있다면 멈춤 문제도 풀 수 있으며, 그건 불가능하다고 배웠다.

그렇다면 다음에 나온 것처럼 실수에 대한 명제가 참인지 거짓인지 알아낸다고 생각해보자.

모든 실수 x와 y에 대해 $(x + y)^2 = x^2 + 2xy + y^2$이다.

이 문제는 최소한 덧셈, 곱셈, 비교 연산, 0과 1이라는 상수, (삼각 함수나 지수 함수 없이) 전체(보편) 한정자$^{\text{universal quantifier}}$와 존재 한정자$^{\text{existential quantifier}}$만으로 표현할 수 있는 명제라면 결정 절차$^{\text{decision procedure}}$가 존재한다고 1930년대에 알프레드 타스키$^{\text{Alfred Tarski}}$가 증명했다.

직관적으로 생각해봐도 모든 변수가 정수 대신 실수 값을 가진다면 모든 것이 부드럽게 연속될 수밖에 없고, 따라서 "이 문장은 증명할 수 없다."와 같은 괴델 문장$^{\text{Gödel sentence}}$을 생성할 방법이 없다.

(최근 증명된 결과에 따르면 여기에 지수 함수를 추가하더라도 여전히 해석학적으로 풀 수 없는 문제를 괴델 문장으로 표현할 방법이 없다고 한다.[1] 하지만 지수함수를 추가하고 실수를 복소수로 전환하면 괴델 문장으로 표현할 수 있다. 그러면 다시 결정 불가능해진다. 왜 그럴까? 복소수에서는 $e^{2\pi i n} = 1$이라는 조건에 의해 n을 정수로 만들 수 있다. 그래서 결국 원래 정수를 다루던 상태로 되돌아간다)

어쨌든 당시에는 실수에 대한 명제의 참/거짓 여부를 결정하는 알고리즘을 발견했으니 문제가 해결됐다는 분위기였다.

하지만 n개의 기호로 구성된 문장의 진리 값을 결정하는 데 이 알고리즘이 수행할 스텝 수를 따져보니 무려 $2^{2^{\cdot^{\cdot^{\cdot^{2}}}}}\Big\}n$라는 어머 어마한 값으로 커지는 문제가 발생했다. 타스키 전기[2]에 따르면 컴퓨터가 실제로 등장한 1950년대에 가장 먼저 하고 싶던 일 중 하나가 바로 실수에 대한 명제의 진리 값을 판별하는 타스키 알고리즘을 구현하는 것이었다. 하지만 이건 요즘 나온 컴퓨터로도 불가능하다. 그러니 1950년대 컴퓨터로는 불가능$^{불가능...^{불가능}}$이었던 것이다.

그래서 요즘 복잡도에 관심이 많다(최소한 우리 같은 사람들은 그렇다). 한마디로 컴퓨터가 사용할 수 있는 리소스의 상한선을 긋고 싶어 한다. 여기서 말하는 리소스는 대부분 (1) 시간과 (2) 메모리를 의미하지만 다른 리소스도 얼마든지 정의할 수 있다(실제로 필자의 웹 사이트인 복잡도 동물원Complexity Zoo[3]에 가보면 리소스가 500여 가지나 된다).

여기서 가장 중요한 사실 중 하나는 천만 스텝과 2백억 비트의 메모리로 얼마나 많은 것을 계산할 수 있는가를 따지는 것은 의미가 없다는 것이다. 구체적인 수치는 계산을 수행할 모델에 따라 크게 달라진다. 다시 말해 이론

---

1. http://www.ams.org/notices/199607/marker.pdf

2. A. Burdman Fefferman and S. Fefferman, Alfred Tarski: Life and Logic (Cambridge: Cambridge University Press, 2008)

3. http://www.complexityzoo.com

전산학의 문제가 아닌 아키텍처의 문제다. 아키텍처는 무한한 매력을 가진 흥미진진한 영역이긴 하지만 우리가 다루고자 하는 주제는 아니다.

따라서 질문을 다음과 같이 좀 완화할 필요가 있다. 즉, 문제의 크기에 따라 처리 시간이 선형적으로(또는 지수적으로, 또는 로그적으로) 증가할 때 얼마나 많은 것을 계산할 수 있는가를 따져봐야 한다. 질문을 이렇게 바꾸면 상수 인자를 무시할 수 있다.

이제 크기가 n인 문제 중에서도 $f(n)$에 상수를 곱한 정도로 증가하는 시간 안에 풀 수 있는 문제의 집합을 TIME($f(n)$)이라 정의하자. 여기서 "풀 수 있다."는 말은 (튜링 머신과 같은) 특정한 타입의 이상적인 머신에서 풀 수 있다는 뜻이다. 이를 '레퍼런스 머신'으로 정한다. 여기서 가장 핵심적이고 경험적인 사실은 바로 일정한 범위를 벗어나지 않는 한 이상적인 머신의 구체적인 타입은 그리 중요하지 않다는 것이다(예를 들면 순차적이고 결정적이고 고전적인 컴퓨터들을 일정한 범위 안으로, 양자 컴퓨터 같은 것들은 일정한 범위를 벗어난 것으로 간주할 수 있다).

마찬가지로 SPACE($f(n)$)도 크기가 n인 문제 중에서 (메모리의 비트와 같은) 공간의 양이 $f(n)$에 상수를 곱한 정도로 증가하는 레퍼런스 머신에서 풀 수 있는 문제의 집합으로 정의할 수 있다.

그렇다면 이러한 문제 집합들 사이의 관계는 어떻게 표현할 수 있을까? 모든 함수 $f(n)$마다 TIME($f(n)$)은 SPACE($f(n)$)에 포함된다고 표현할 수 있다. 왜 그럴까? 튜링 머신은 한 스텝을 실행하는 시간 동안 최대 한 곳의 메모리에 접근할 수 있기 때문이다.

또 다른 표현으로 어떤 것이 있을까? TIME(n^2)은 TIME(n^3)에 포함되지 않을까 추측할 수 있다. **여기서 문제:** 이 둘은 정말 포함 관계에 있을까? 다시 말해 n^2 시간보다 n^3 시간일 때 더 많은 문제를 풀 수 있을까?

실제로도 그렇다. 시간 계층 정리^{Time Hierarchy Theorem}에 따르면 이 관계가 성립한다. 참고로 하트마니스^{Hartmanis}와 스턴스^{Stearns}가 1960년 중반에 이 정리를 증명했으며, 그에 따른 공적으로 나중에 튜링상$^{Turing\ Award}$을 수상했다(이들의 성과를 평가절하할 의도는 전혀 없지만 당시 튜링상의 선정 기준은 지금보다 좀 낮았다. 게다가 이런 상이 존재한다는 사실을 아는 사람도 그리 많지 않았다).

그럼 이 문제를 어떻게 증명할 수 있는지 살펴보자. 먼저 n^3 시간에는 풀 수 있지만 n^2 시간에는 풀 수 없는 문제를 찾아야 한다. 어떤 문제가 있을까? 가장 간단한 예는 튜링의 멈춤 문제에 시간 제약을 추가한 버전이다.

주어진 튜링 머신 M이 최대 $n^{2.5}$ 스텝 만에 멈출까?
(여기서 $n^{2.5}$는 n^2과 n^3 사이를 표현하고자 임의로 고른 것이다)

당연히 이 문제는 n^3 스텝 안에 풀 수 있다. M을 $n^{2.5}$ 스텝만큼 시뮬레이션하면서 멈추는지 지켜보면 된다(물론 이 문제가 실제로는 $n^{2.5} \log n$ 스텝에 풀릴 수도 있다. 시뮬레이션을 하다보면 항상 약간의 오버헤드가 발생하기 마련인데, 그 크기는 엄청 작게 만들 수 있다).

그렇다면 이번에는 같은 문제를 n^2 스텝에 풀 수 있는 프로그램 P가 있다고 가정한다. 이로부터 모순을 유도할 것이다. 그리고 P를 서브루틴으로 사용해서 다음과 같이 작동하는 프로그램 P'를 새로 정의할 수 있다. 어떤 프로그램 M이 입력으로 주어졌을 때

(1) M이 M 자신의 코드를 입력으로 받았을 때 최대 $n^{2.5}$ 스텝 안에 멈추면 P'는 끝없이 실행된다.

(2) 그렇지 않고 M이 M 자신의 코드를 입력으로 받았을 때 $n^{2.5}$ 스텝 이상 실행되면 P'는 실행을 멈춘다.

그리고 P'는 이 모든 동작을 최대 $n^{2.5}$ 스텝 만에 처리한다고 정의한다(사실은 n^2 스텝에 약간의 오버헤드를 합한 것이다).

그런 다음 어떻게 할까? 모르겠다고? 이런, 3장에서 본 것처럼 M 대신 P' 자

신의 코드를 입력으로 넣어야 한다. 그러면 P'는 자신과 정반대로 실행해야 한다. 즉, 멈추면 영원히 돌고, 영원히 돌면 멈춰야 한다. 이처럼 모순이 발생하므로 P란 것이 애초에 존재할 수 없다는 결론을 도출할 수 있다.

여기서 n^3과 n^2이라는 값 자체는 크게 중요하지 않다. n^{17}과 n^{16}이나 3^n과 2^n 등으로 바꿔도 된다. 하지만 한 가지 중요한 사실이 숨어 있다. 두 함수 f, g 중에서 한 함수 f가 다른 함수 g보다 훨씬 빠르게 증가한다고 해서 아무거나 넣을 수 없다. 여기서 g에 해당하는 함수는 시간 구성 가능성^{time-constructibility}이라는 속성을 가져야 한다. 쉽게 말해 주어진 입력 n에 대해 $g(n)$ 스텝 만에 멈추는 프로그램이 존재해야 한다. 이 속성을 충족하지 않는다면 프로그램 P'는 M을 시뮬레이션하고자 얼마나 많은 스텝을 실행하는지 알 수 없으며, 따라서 앞에서 증명에 사용한 논리로는 결론이 나지 않게 된다.

생각해보면 우리가 사는 문명 세계에서 마주치는 함수는 죄다 시간 구성 가능성을 충족한다. 하지만 1970년대 초반, 복잡도 이론을 연구하던 학자는 이런 속성을 갖지 않으면서 빠르게 증가하는 괴상한 함수를 만들었다. 이러한 함수가 있으면 복잡도 계층의 간격을 얼마든지 크게 만들 수 있게 된다. 예를 들어 TIME($f(n)$) = TIME($2^{f(n)}$)을 충족하는 함수 f도 존재한다는 말이 된다. 이게 도대체 무슨 짓인가?

참고로 시간 계층 정리^{Time Hierarchy Theorem}에 대응되는 공간 계층 정리^{Space Hierarchy Theorem}라는 것도 있다. 쉽게 말해 n^3 비트의 메모리로는 풀 수 있지만, n^2 비트의 메모리로는 풀 수 없는 문제가 존재한다는 말이다.

다음 문제로 넘어가자. 전산학에서는 주어진 문제를 가장 빨리 풀 수 있는 알고리즘을 찾는 데 관심이 많다. 그렇다면 모든 문제마다 항상 가장 빠른 알고리즘이 확실히 존재할까? 아니면 꼴찌는 아니지만 일부 알고리즘보다는 느린 알고리즘이 무한히 많다고 말할 수밖에 없는 문제가 있을까?

의외로 이 문제는 이론적 상상 속에서만 존재하지 않는다. 현실에서 얼마든지 볼 수 있을 정도로 굉장히 구체적인 문제다. 한 예로 두 개의 $n \times n$ 행렬을 곱하는 문제가 있다. 당연히 이 문제를 푸는 알고리즘은 $O(n^3)$ 시간이 걸린다. 그런데 1968년에 스트라센Strassen은 $O(n^{2.78})$ 시간 만에 답을 내는 복잡한 알고리즘을 발표했다. 그 후로 이 기록을 갱신하는 알고리즘이 지속적으로 등장하다가 코퍼스미스Coppersmith와 위노그라드Winograd에 의해 $O(n^{2.376})$ 알고리즘이 발표되면서 어느 정도 정리됐다. 이 기록은 2011년에 스토더스Stothers[4]가 발표한 알고리즘, 그리고 그 뒤에 바실레프스카Vassilevska[5]가 좀 더 개선한 $O(n^{2.373})$ 알고리즘이 등장할 때까지 무려 23년 동안 깨지지 않았다. 그렇다면 이제는 확실히 정리됐다고 볼 수 있을까? 혹시라도 행렬 곱셈을 n^2 시간에 푸는 알고리즘은 존재하지 않을까? 좀 특이하지만 한 가지 가능성은 있다. 모든 $\varepsilon > 0$에 대해 $n \times n$ 행렬 곱셈을 $O(n^{2+\varepsilon})$ 시간에 풀 수 있지만 ε이 0에 가까워질수록 끝도 없이 점점 복잡해지는 그런 알고리즘이 존재할지도 모른다.

이처럼 고생대(?) 복잡도 이론에서 다루는 문제 중에서도 어려운 것들은 분명 존재한다(티렉스T.rex라는 공룡은 멸종했지만 이빨이 날카롭다는 사실에는 변함이 없다). 그리고 1967년에 마누엘 블룸이 발표한 블룸 성능 향상 정리Blum Speedup Theorem에 따르면 가장 빠른 알고리즘이 존재하지 않는 문제들이 실제로 있다고 한다. 뿐만 아니라 모든 함수 f에 대해 $O(f(n))$ 알고리즘이 있다면 $O(\log f(n))$ 알고리즘이 있는 문제도 존재한다.

어떻게 이런 결과가 나올 수 있는지 잠시 생각해보자. 복잡도의 경계를 $t(n)$이라 할 때 정수를 $\{0, 1\}$에 대응시키는 함수 f를 정의하려고 한다. 이때 함수 f를 $O(t(n))$ 스텝에 계산할 수 있다면 임의의 양의 정수 i에 대해 $O(t(n-i))$ 스텝 만에도 계산할 수 있다는 조건을 충족하는 f를 찾아야 한다. 여기서 t를

4. A. Stothers, On the complexity of matrix multiplication. Unpublished PhD Thesis, University of Edinburgh (2010). https://era.ed.ac.uk/handle/1842/4734

5. V. Vassilevska Williams, Breaking the Coppersmith–Winograd barrier. In Proceedings of Annual ACM Symposium on Theory of Computing (2012). http://www.cs.berkeley.edu/~virgi

충분히 빠르게 증가시키면 원하는 만큼 속도를 급격히 높일 수 있다. 예를 들어 $t(n) := 2t(n-1)$이라고 정의하면 분명 $t(n-1) = O(\log t(n))$이 된다.

M_1, M_2, …과 같이 튜링 머신이 나열돼 있을 때 처음부터 i번째까지의 튜링 머신으로 구성된 집합을 $S_i = \{M1, …, Mi\}$라고 하자. 그런 다음 정수 n이 입력으로 주어졌을 때 1부터 n까지 모든 i에 대해 루프를 돈다. i번째 반복할 때, S_i에 있는 머신 중에서 1에서 $i-1$번째까지 반복하는 동안 '삭제되지' 않은 머신들을 모두 시뮬레이션한다. 최대한으로 잡아 $t(n-i)$번 스텝 만에 멈추는 머신이 없다면 $f(i) = 0$이라 설정한다. 그렇지 않다면 최대 $t(n-i)$ 스텝 안에 멈추는 첫 번째 머신을 M_j라 하자. 이때 M_j가 0을 출력하면 $f(i) = 1$로, M_j가 1을 출력하면 $f(i) = 0$으로 $f(i)$를 정의한다(다시 말해 M_j가 $f(i)$를 계산하는 데 실패하게 만든다). 또한 뒤에 이어지는 반복문에서 M_j를 더 이상 시뮬레이션할 수 없다면 M_j를 '삭제'한다. 이런 식으로 함수 f를 정의할 수 있다.

$f(n)$을 이렇게 정의하면 확실히 $O(n^2 t(n))$ 스텝 안에 계산할 수 있다. 방금 정의한 반복문을 그대로 따라하면 된다. 여기서 핵심은 다음과 같다. 모든 정수 i에 대해 1부터 i번째까지 반복문을 실행한 결과를 시뮬레이션 알고리즘에 박아 넣으면(다시 말해 반복할 때마다 어느 M_j를 삭제할지를 알고리즘 안에 정의해두면) 1부터 i번째까지 반복문은 건너뛰고 곧바로 $i+1$번째 반복문을 진행해도 된다. 뿐만 아니라, $i+1$번째부터 반복문을 시작한다고 가정할 때 $f(n)$을 $O(n^2 t(n))$이 아닌 $O(n^2 t(n-i))$ 스텝 만에 계산할 수 있다. 이처럼 '미리 계산'하는 정보가 많을수록 충분히 큰 입력값 n이 주어졌을 때 알고리즘을 실행하는 속도는 더 빨라진다.

방금 설명한 내용을 정식으로 증명하려면 반복문을 시뮬레이션하는 것만이 f를 계산하기 위한 거의 유일한 방법이라는 점을 입증해야 한다. 좀 더 정확히 표현하면 f를 계산하는 모든 알고리즘은 어떤 i에 대해 최소한 $t(n-i)$ 스텝을 실행해야 한다. 이 말은 결국 f를 계산하는 가장 빠른 알고리즘이 존재하지 않는다는 뜻이 된다.

더 읽을거리

계산 복잡도 이론에 대해서는 다음 장들에서도 이어서 설명할 것이다. 하지만 이 책에 나온 정도로는 성에 차지 않아 복잡도 이론을 깊이 파헤칠 마음이 정말로 있다면 다음 책을 추천한다.

- 크리스토스 파파디미트리우[Christos Papadimitriou]의 『Computational Complexity』(Addision-Wesley, 1993),
- 산지브 아로라[Sanjeev Arora]와 보아즈 버랙[Boaz Barak]의 『Computational Complexity: A Modern Approach』(Cambridge University Press, 2009),
- 크리스토퍼 무어[Christopher Moore]와 스테판 머튼스[Stephan Mertens]의 『The Nature of Computation』(Oxford University Press, 2011)

4장의 첫 번째 퍼즐에 대한 해설

보편성을 잃지 않고 컴퓨터 프로그램이 자신의 소스코드에 접근할 수 있다는 사실을 가정할 수 있을까? 간단한 예로 자기 자신을 출력하는 프로그램이 존재할 수 있을까?

가능할 뿐만 아니라 그런 프로그램이 실제로 존재한다. 심지어 자기 자신을 출력하는 프로그램 중에 가장 짧은 것을 선발하는 IOCCC[International Obfuscated C Code Contest][6]란 대회도 있다. 몇 년 전에 개최된 이 대회에서 엄청나게 짧은 프로그램이 우승한 적이 있는데, 프로그램의 길이가 얼마였을까? 30문자? 10문자? 5문자?

당시 우승한 프로그램의 길이는 0개의 문자로 구성됐다(어떻게 그럴 수 있는지 한 번 생각해보기 바란다). 엄밀히 말해 빈 파일은 순수 유기농 C 프로그램이라 볼 수 없지만 최소한 일부 컴파일러는 실제로 빈 파일을 입력 받아서 아무 일도 하지 않는 프로그램을 생성한다.

---

6. http://www.ioccc.org/

그렇다면 이런 극단적인 예가 아닌 실제로 실행되는 코드가 담긴 프로그램 중에서 가장 짧은 예로 어떤 것이 있을까? 가장 대표적인 예로 다음과 같이 실행되는 프로그램이 있다(이 문장을 각자 선호하는 프로그래밍 언어로 표현할 수 있을 것이다).

다음 문장을 두 번 출력하되 두 번째로 출력할 때는 인용 부호로 감싼다.

"다음 문장을 두 번 출력하되 두 번째로 출력할 때는 인용 부호로 감싼다."

자기 자신의 소스코드에 접근하는 프로그램을 작성할 때 흔히 다음과 같이 세 부분으로 구성한다. (1) 실제로 뭔가 일을 하는 부분(이 부분은 없어도 된다), (2) '복제자replicator(복제를 수행하는 코드)', (3) 복제할 문자열. 여기서 복제할 문자열은 반드시 프로그램 전체 코드를 담아야 한다. 여기에 '복제자'도 포함된다(다시 말해 (1)과 (2)로 구성된다). 그런 다음 복제자를 두 번 실행하면 (1)과 (2)와 (3)에 대한 복사본이 생성된다.

이 개념은 1950년대 초반에 폰 노이만von Neumann이 고안했다. 그 후 얼마 지나지 않아 실제로 이 규칙을 따르는 물리 시스템을 두 양반이(아마 이름이 크릭과 왓슨이었던 것 같다) 발견했다. 여러분과 나, 그리고 지구상에 살고 있는 모든 생명체가 바로 다음과 같은 의미를 가진 살아 있는 컴퓨터 프로그램이다.

다음에 나온 명령어를 수행하는 아이를 만들되 그 아이의 생식 기관에 여기에 나온 명령어의 복사본을 담으시오.

"다음에 나온 명령어를 수행하는 아이를 만들되 그 아이의 생식 기관에 여기에 나온 명령어의 복사본을 담으시오."

4장의 두 번째 퍼즐에 대한 해설

물이 H_2O가 아니라 해도 여전히 물이라고 볼 수 있을까?

물론 제대로 정의된 질문은 아니지만 핵심은 물이란 단어의 의미에 있다. 즉 "투명하고 축축하고 마실 수 있고 맛이 나지 않고 얼면 얼음이 되는 등등의 조건을 충족하는 것은 물이다."라는 명제로 표현할 수 있을까? 그렇다면 안락의자에 앉아 어떤 것이 물이기 위한 필요충분조건들을 그저 나열하기만 하면 물이 무엇인지 결정된다. 그런 다음 세상을 모험하면서 마주치는 것 중에 이런 조건을 충족하는 것은 모두 정의에 따라 물이다. 프레게^{Frege}와 러셀^{Russell}의 관점이 바로 이랬다. 이 관점에 따르면 물에 대한 '직관적인 속성'을 충족한다면 그것이 H_2O인지와 상관없이 "물이다".

사울 크립키$^{Saul Kripke}$[7]로 대표되는 또 다른 관점에서 보면 물이란 단어는 언제나 H_2O라는 특정한 물질을 가리킨다. 따라서 그리스 사람이나 바빌로니아 사람들이 말한 물은 그들이 H_2O란 것을 몰랐더라도 실제로 H_2O를 의미한 것이다. 흥미로운 점은 '물 = H_2O'란 등식은 경험적인 관측에 의해 발견된 필연적인 진리가 된다는 것이다. 직관적인 속성은 모두 물과 같더라도, 화학 구조가 다르면 물이 아닌 게 된다.

크립키의 주장에 따르면 이러한 '엄격한 지시자$^{rigid designator}$'의 관점을 받아들이는 경우 정신과 몸의 문제에 영향을 미친다고 한다.

개념만 간략히 설명하면 다음과 같다. 환원주의자^{reductionist}는 의식^{consciousness}을 신경망의 발화$^{neural firing}$라는 관점에서 설명한다. 마치 과학이 물을 H_2O라고 설명했던 것처럼 말이다. 하지만 크립키는 둘 사이에 유사성은 없다고 주장한다. 물에 대해서는 최소한 물처럼 느낄 수 있고, 물처럼 맛이 나는 가상의 물질을 일관되게 말할 수 있지만 H_2O는 아니므로 물이 아니다. 그런데 여기서 우리가 느끼는 고통은 C 섬유$^{C-fiber}$라 부르는 특정한 신경 섬유에서

---

7. 사울 크립키(Saul Kripke)에 대해서는 『Naming and Necessity』(Wiley-Blackwell, 1981)을 보라.

발화하기 때문이라는 사실이 밝혀졌다고 가정해보자. 그렇다면 고통이 곧 C 섬유 발화라고 말할 수 있을까? 글쎄, 고통과 똑같은 느낌이지만 신경생물학적 원인은 다른 데 있다면 고통처럼 느껴지지만 고통은 아니라고 말해야 할까? 그러진 않을 것이다. 정의에 따르면 고통처럼 느껴지는 것은 모두 고통이다. 이러한 차이 때문에 크립키는 고통이 곧 C 섬유 발화라고 설명할 수 없다고 했다. 물이 곧 H_2O라고 설명하는 것과는 의미가 다르기 때문이다.

이 부분을 읽으면서 졸고 있지 않길 바란다. 지금 내가 농담하는 것이 아니라 지난 40년 사이에 등장한 가장 위대한 철학적 통찰 중 하나를 설명하고 있다. 이 내용에 흥미를 느낄 수 없다면 철학과 맞지 않는다는 뜻이다.

06

P와 NP, 그 동지들

복잡도에 대해 본격적으로 얘기하려면 점근 표기법^{asymptotics, asymptotic notation}을 잘 다뤄야 한다고 배웠다. 점근 표기법은 어떤 문제를 10,000 스텝 만에 풀 수 있다는 식으로 표현하지 않고, 문제에 대한 인스턴스 n개가 무한히 증가할 때 cn^2 스텝 안에 풀 수 있다는 식으로 표현한다. 5장에서 설명했듯이 TIME($f(n)$)은 O($f(n)$) 스텝 만에 풀 수 있는 모든 문제의 집합이고, SPACE($f(n)$)은 O($f(n)$) 비트의 메모리로 풀 수 있는 모든 문제의 집합이다.

하지만 복잡도 이론을 본격적으로 다루려면 이보다 거시적인 관점으로 보면 좋다. 다시 말해 O(n^2) 시간과 O(n^3) 시간 사이가 아니라 다항 시간^{polynomial time}과 지수 시간^{exponential time}의 차이를 비교하는 것이다. 이렇게 시야를 넓히면 복잡도가 다항 시간이면 '빠르고', 복잡도가 지수 시간이면 '느리다고' 말할 수 있다.

물론 이런 관점에 대해 얼마든지 반론을 제기할 수 있다. 가령 다항 시간에 풀 수 있더라도 다항식이 n^{50000}이고, 지수 시간에 풀 수 있더라도 지수식이 1.00000001^n이라면 전자가 빠르고 후자가 느리다고 말할 수 없다고 말이다. 이에 대해 현실적인 관점에서 답하면 실제로 그런 경우를 자주 볼 수 있다면 방금 살펴본 추상화 방식에 분명 문제가 있겠지만 아직까지 그런 경우가 없다고 말할 수 있다. 다항 시간에 풀 수 있다고 알려진 대표적인 문제(매칭

matching, 선형 프로그래밍^{linear programming}, 소수 검사^{primality testing} 등) 중에서 대부분은 실제로 실행할 만한 수준의 알고리즘이 있다. 그리고 지수 시간에 풀 수 있다고 알려진 대표적인 문제(정리 증명^{theorem proving}, 회로 최소화^{circuit minimization} 등) 중에서 대다수는 실제로 실행할 만한 수준의 알고리즘이 없다. 결국 앞에서 말한 거시적인 관점은 경험에 토대를 두고 있는 셈이다.

물론 이 관점이 맞는 이유에 대해 다항 시간 알고리즘 중 n^2나 n^3 시간이 걸리는 알고리즘이 대부분이고, n^{10000} 시간이 걸리는 알고리즘은 거의 없는 이유가 뭔지 정말로 궁금한 사람이 분명 있을 것이다. 여기에 대한 내 답변은 전산학뿐 아니라 물리학, 화학, 경제학, 공학을 비롯해 그동안 내가 접한 양을 다루는 그 어떤 분야에서도 이러한 사례를 쉽게 찾을 수 있을 정도로 일반적인 현상이라는 것이다. 즉, 어떤 양의 단위로 표현된 m이 또 다른 단위로 표현된 n에 대해 어떤 상수 c의 지수승으로 증가하는 경우($m \sim n^c$)를 생각해보자. 이때 c가 구체적으로 뭔지는 모른다고 가정한다. 이것 말고는 알려진 사실이 없다면 c가 2나 3일 확률이 높을까? 아니면 10000이나 구골^{googol}(10^{100})일 확률이 높을까? 지금껏 현실에서 경험한 바에 따르면 10000일 때보다 2나 3일 확률이 훨씬 높다. 그 이유를 정확히 설명할 수는 없다(명확히 증명할 수 있다면 정말 좋겠다). 반대로 보면 그리 놀라운 사실은 아니다. 즉, 현실에서 얼마든지 볼 수 있는 메커니즘 중에서 n^2에 비례해 증가하는 사례는 어렵지 않게 찾을 수 있다. 가령 n개의 점을 다른 점과 하나씩 비교하거나 한 변의 길이가 n인 정사각형의 면적을 알아내는 경우가 그런 사례다. 좀 더 머리를 굴려보면 현실에서 볼 수 있는 메커니즘 중에서 n^3이나 n^4에 비례해 증가하는 사례도(단 몇 개라도) 찾을 수 있다. 그렇다면 n^{10000}에 비례해 증가하는 메커니즘 중에서 현실에서 볼 수 있는 예가 있을까? 임의의 상수 k에 대해 단순히 n^k에 비례하는 것 말고 더 있을까? 별로 없다. 지수가 10000인 경우보다는 2나 3인 경우가 훨씬 많다.

동물원 둘러보기

이제 복잡도 동물원에서 양이나 염소에 해당하는 가장 기본적인 복잡도 클래스를 살펴보자.

- **P**: 튜링 머신으로 다항 시간에 풀 수 있는 문제에 대한 클래스다. 다시 말해 P는 모든 양의 정수 k에 대해 TIME(n^k)의 합집합이다. 참고로 여기 (그뿐만 아니라 이 책 전반)에서 말하는 '문제problem'란 결정 문제decision problem(n비트 문자열의 입력에 대해 예 또는 아니요로 답하는 문제)를 의미한다.

- **PSPACE**: (시간 제약 없이) 다항 공간에서 풀 수 있는 문제의 집합이다. 다시 말해 모든 정수 k에 대해 SPACE(n^k)의 합집합이다.

- **EXP**: 지수 시간에 풀 수 있는 문제의 집합이다. 다시 말해 모든 정수 k에 대해 TIME(2^k)의 합집합이다.

P는 당연히 **PSPACE**에 포함된다. 그리고 **PSPACE**는 **EXP**에 포함된다. 왜 그럴까?

맞다. n^k 비트 메모리를 가진 머신이 멈추거나 무한 루프에 빠지지 않는 이상 최대 2^{n^k}가지 설정만 가질 수 있기 때문이다.

한편 **NP**Nondeterministic Polynomial, 비결정론적 다항식는 문제에 대한 답이 '예'일 때 그 답이 정말 맞는지 확인하는 작업을 다항 시간에 할 수 있는, 다시 말해 다항 크기의 증명이 존재하는 문제의 집합이다. 좀 더 수학적으로 설명할 수도 있지만, 그보다는 예를 하나 보는 것이 이해하기 쉬울 것이다. 예를 들어 10,000자리 숫자가 주어졌을 때 그 수가 끝자리가 3인 수로 나눠떨어지는지 알아내는 문제를 생각해보자. 답을 구하기까지는 정말 오래 걸릴 수 있다. 반면 똑똑한 사람에게 풀어보라고 시킨 후 그가 제시한 답이 정말 맞는지 검사하기는 쉽다. 그 답이 믿을 만한지 고민할 필요도 없다.

여기서 NP는 PSPACE에 포함된다고 말할 수 있다. 왜 그럴까?

그렇다. 다항 공간에서 모든 n^k 비트 증명에 대해 루프를 돌면서 하나씩 검사하면 된다. 이때 "예"라고 답이 나오면 이 증명 중에서 하나는 맞다는 말이고, "아니요"라고 나오면 맞는 증명이 없다는 뜻이다.

확실히 P는 NP에 포함된다. 다시 말해 문제에 대한 답을 스스로 구할 수 있다면 다른 사람이 말해주지 않아도 정답임을 확인할 수 있다.

그렇다면 자연스레 P와 NP가 같은지 궁금할 것이다. 다시 말해 정답인지 확인하는 작업을 효율적으로 할 수 있다면 정답을 찾는 것도 효율적으로 할 수 있는지가 궁금한 것이다. 이 문제를 어디선가 들어봤을 것이다. 바로 그 유명한 P와 NP 문제$^{P\ versus\ NP\ question}$다. 흔히 "이론 전산학에서 아직 풀지 못한 난제 중에서도 가장 어렵다."고 알려진 문제다. 그런데 이건 약한 표현이다. P와 NP 문제는 인류 역사상 가장 심오한 문제로 손꼽힌다.

그뿐만이 아니다. 미국 CMI$^{Clay\ Math\ Institute}$에서 백만 달러의 상금을 건 일곱 난제 중 하나다.[1] 수준이 이 정도다. P와 NP 문제는 호지 추측$^{Hodge\ Conjecture}$이나 나비에-스톡스$^{Navier-Stokes}$ 방정식에 맞먹을 정도로 어렵다고 수학자들이 인정한 문제다(수학자는 정말 중요한 문제인지 주위 사람에게 충분히 물어보기 전까지는 절대로 목록에 넣지 않는 성향이 있다).

P와 NP 문제가 얼마나 중요한지 확 와 닿도록 표현해보면 이렇다. NP 문제를 풀 수 있다면 수학적 창의력을 자동화할 수 있다. 다시 말해 증명을 검증할 수 있다면 증명을 찾아낼 수도 있다는 뜻이다. 애플 II나 코모도어 같은 컴퓨터도 아르키메데스나 가우스 수준의 추론 능력을 갖게 된다. 따라서 컴퓨터 프로그램을 작성해 돌리기만 하면 P와 NP 문제뿐만 아니라 나머지 여섯 개의 CMI 난제를 모조리 풀 수 있다는 말이다(이젠 다섯 개다. 푸앵카레 추측은 최근에 해결됐다).

---

1. http://www.claymath.org/millennium/

그렇다면 P가 NP와 다르다는 것이 명백하게 드러나지 않는 이유는 뭘까? 분명 신은 우리에게 이러한 엄청난 능력을 부여할 정도로 호의적이지는 않은 것 같다. 또한 물리학자의 직관에 따르면 무작위 탐색brute-force search 외에는 방법이 없어 보인다(레오니드 레빈Leonid Levin이 말하길 물리학적 직관의 제왕, 혹은 물리학적 직관의 궁정 광대인 파인만Feynman조차도 P와 NP 문제가 난제라는 것을 쉽사리 인정하지 못했다고 한다).

다들 P ≠ NP일 거라고 믿는다. 게다가 모든 경우의 수를 무작위 탐색하는 방법보다 훨씬 나은, 보편적인 방식으로 NP 문제를 풀 수 있다는 기대는 더더욱 하지 않는다. 그래도 이런 문제를 증명하는 것이 왜 그리 어려운지 굳이 알고 싶은 독자를 위해 간단히 설명해주겠다.

N자리 숫자 하나가 주어졌을 때 인수분해하지 않고도 그 수가 소수인지 아니면 합성수인지만 판단하는 문제를 생각할 수 있다.

아니면 기숙사 룸메이트 희망자에 대한 정보가 포함된 신입생 목록이 주어졌을 때 최대한 많은 학생을 만족시킬 수 있도록 기숙사 방을 배정하는 문제로 생각할 수도 있다.

또한 두 개의 DNA 염기서열이 주어졌을 때 어느 하나를 다른 서열로 변환하려면 수행해야 할 삽입과 삭제의 횟수를 알아내는 문제도 괜찮다.

방금 나열한 예는 엄청나게 풀기 힘든 NP 문제 중에서도 그나마 양호한 편이다. 물론 이 문제도 무작위 탐색 외에는 딱히 방법이 없어 보인다.

그런데 다른 방법이 있다. 방금 제시한 문제들은 모두 기발한 다항 시간 알고리즘이 존재한다. P ≠ NP임을 증명하고자 해결해야 할 문제 중에서 가장 핵심은 NP 문제 중에서도 정말 힘든 문제와 단지 힘든 것처럼 보이기만 하는 문제를 구분하는 것이다. 지금 철학적으로 이야기하려는 것이 아니다. 그동안 P ≠ NP에 대한 증명이 수없이 등장했지만 거의 대부분 아주 간단한 이유로 퇴짜 맞았다. 그 이유는 바로 그 증명이 정말 맞다면 기존에 알려진 다항 시간 알고리즘도 존재할 수 없게 돼 버리기 때문이다.

정리하면 소수 검사나 룸메이트 정하기처럼 전산학자들이 (대부분 수십 년의 노력 끝에) 다항 시간 알고리즘을 찾아낸 문제도 있다. 반면 정리 증명처럼 무작위 탐색보다 나은 알고리즘을 못 찾은 문제도 있다. 그렇다면 수많은 NP 문제 중에서 어떤 것은 빠른 알고리즘이 존재하는 반면 어떤 것은 그렇지 않다는 결론밖에 낼 수 없단 말인가?

물론 그보다는 훨씬 많은 사실이 밝혀졌다. 가령 '풀기 힘든' 문제 중에서 상당수는 형태만 다를 뿐 힘든 정도는 같다. 다시 말해 이런 문제 중에서 어느 하나에 다항 시간 알고리즘이 존재한다면 여기에 속한 나머지 문제도 다항 시간 알고리즘이 존재한다는 뜻이다. 이것이 바로 1970년대 초에 스티븐 쿡 Stephen Cook, 리처드 카프Richard Karp, 레오니드 레빈Leonid Levin이 만든 NP 완전 NP-completeness 이론이다.

NP 완전 이론이 말하는 바는 다음과 같다. 모든 NP 문제를 B라는 문제로 효율적으로 환산reduce, 리듀스, 환원, 변환, 바꿔 풀기할 수 있다면 문제 B는 'NP 난해 NP-hard'라고 정의한다. 도대체 이게 무슨 소린가? 쉽게 말해 문제 B를 즉시 풀 수 있는 오라클이 있다고 가정하면 모든 NP 문제를 다항 시간에 풀 수 있게 된다.

여기에 말하는 환산이란 여러 버전 중에서도 쿡 환산Cook reduction을 말한다. 이보다 좀 약한 카프 환산Karp reduction이란 개념도 있다. 문제 A를 문제 B로 카프 환산한다는 말은, 문제 A의 모든 인스턴스를 이들과 똑같이 답을 내는 문제 B로 환산하는 다항 시간 알고리즘이 존재한다는 말이다.

그렇다면 쿡 환산과 카프 환산의 차이는 뭘까?

쿡 환산은 문제 A를 푸는 과정에서 문제 B에 대한 오라클에게 여러 번 물어본다. 심지어 이전 답변을 토대로 질문이 변형되는 적응형 방식으로 물어볼 수도 있다. 이에 반해 카프 환산은 이런 융통성이 없다는 점에서 좀 약하다.

하지만 놀랍게도 우리가 아는 환산은 대부분 카프 환산이다. 쿡 환산이 필요한 경우는 실제로는 별로 없다.

주어진 문제가 NP 난해하면서 NP에 해당하면 NP 완전하다고 말한다. 다시 말해 NP 완전 문제란 NP 문제 중에서도 '가장 풀기 힘든' 것으로, 모든 NP 문제의 힘든 정도를 대표하는 문제다. 여기서 첫 번째 질문. NP 완전 문제란 것이 정말 존재할까?

당연히 그렇다. 왜 그럴까?

다항 시간 튜링 머신 M이 주어졌을 때 n^k 비트로 구성된 입력 문자열 중에서 M을 멈추게 하는 입력이 존재하는지 알아내는 문제를 생각해보자. 이 문제를 '헐~'이라 부르자. 여기서 NP 문제의 인스턴스를 모두 '헐~' 문제의 인스턴스로 다항 시간 안에 변환할 수 있다. 그 이유가 뭐냐고? 헐~. NP 정의가 바로 이 말이기 때문이다.

쿡과 카프와 레빈은 NP 완전 문제란 것이 존재한다는 (당연한) 사실을 발견한 데 그치지 않고 평범해 보이는 문제 중에서 상당수가 NP 완전 문제라는 사실을 밝힌 것이다.

평범해 보이는 NP 완전 문제 중에서 끝판왕은 3 충족 가능성[3-Satisfiability] 문제, 일명 3SAT 문제다(이 문제가 끝판왕이란 걸 어떻게 아냐고? <넘버스[NUMB3RS]>라는 미드에 나오기 때문이다). 3SAT 문제란 $x_1, \ldots, x_n$이라는 불리언 변수 n개와 최대 세 개의 변수로만 구성된 절[clause]이라 부르는 논리식(예, x_2 or x_5 or not(x_6), not(x_2) or x_4, not(x_4) or not(x_5) or x_6 등)들이 주어졌을 때 모든 절을 '충족 가능하게[satisfiable]'(즉, 모든 절의 결과가 참이 되게) $x_1, \ldots, x_n$에 참[true]/거짓[false] 값을 할당할 방법이 있는지 찾는 문제다.

당연히 3SAT는 NP다. 이유는? 그렇다. 결과가 참이 되는 $x_1, \ldots, x_n$ 값이 주어졌을 때 그 값이 정말 맞는지를 쉽게 확인할 수 있기 때문이다.

그런데 우리가 하고 싶은 것은 3SAT가 NP 완전하다고 증명하는 것이다. 어떻게 하면 될까? 3SAT에 대한 오라클이 있다고 가정할 때 3SAT를 비롯한 모든 NP 문제를 다항 시간에 풀 수 있다는 것을 보여주면 된다. 막연해 보이지만 막상 뒤에 나온 증명을 보고 나면 당연하게 느낄 것이다.

증명은 두 단계로 구성된다. 1단계에서는 "3SAT을 풀 수 있다면 그보다 '포괄적인general' 문제인 CircuitSAT도 풀 수 있다."는 것을 보인다. 2단계에서는 "CircuitSAT을 풀 수 있다면 어떠한 NP 문제도 풀 수 있다."는 것을 보인다.

CircuitSAT 문제에서 불리언 회로가 주어졌다고 하자. 여기서 잠깐. 엔지니어들이 혹시 오해할까봐 보충 설명하면 전산학에서 말하는 '회로circuit'란 저항이나 다이오드 같은 회로 부품과 전혀 상관없고 루프loop가 절대 없다는 뜻이다. CircuitSAT 문제에서 회로란 불리언 변수 n개가 주어졌을 때 이전에 정의된 변수와 AND, OR, NOT 연산을 조합한 수식으로 새로운 변수를 반복적으로 정의하는 과정을 말한다. 예를 들면 다음과 같다.

$x_{n+1} := x_3$ or x_n

$x_{n+2} := \text{not}(x_{n+1})$

$x_{n+3} := x_1$ and x_{n+2}

...

이렇게 나열한 목록에서 마지막에 나오는 변수를 이 회로의 '출력output'으로 지정한다. 이렇게 구성된 상태에서 CircuitSAT의 목표는 출력을 TRUE로 만드는 $x_1, \ldots, x_n$의 조합이 있는지 알아내는 것이다.

3SAT를 풀 수 있다면 CircuitSAT도 풀 수 있다고 말할 수 있다. 왜 그럴까?

가만 생각해보면 CircuitSAT의 인스턴스는 형태만 다를 뿐 모두 3SAT다. AND, OR, NOT 등을 계산할 때마다 기존에 있던 변수 한 개 또는 두 개로 새 변수를 만들어낸다. 그리고 이렇게 생성된 변수 사이의 관계는 변수가 최대 세 개로 구성된 절의 집합으로 표현할 수 있다. 예를 들면 다음과 같다.

$$x_{n+1} := x_3 \text{ or } x_n$$

위 식은 다음과 같이 표현할 수 있다.

$$x_{n+1} \text{ or } \text{not}(x_3)$$

$$x_{n+1} \text{ or } \text{not}(x_n)$$

$$\text{not}(x_{n+1}) \text{ or } x_3 \text{ or } x_n$$

여기까지가 증명 1단계다. 2단계는 CircuitSAT를 풀 수 있다면 NP 문제도 모두 풀 수 있다는 것을 보이면 된다.

먼저 NP 문제에 속하는 몇 가지 인스턴스를 살펴보자. NP의 정의에 따르면 "예"라는 답을 내는 다항 시간 튜링 머신 M이 존재하고, 오직 그런 경우에만 M이 "예"라는 답을 내게 하는 다항 크기 증거^{witness} 문자열 w가 존재한다(필요충분조건이다$^{\text{if and only if}}$).

그렇다면 이러한 튜링 머신 M이 주어졌을 때 M을 '흉내내는' 회로를 하나 만들면 된다. 다시 말해 이 회로를 TRUE로 만드는 입력 변수 조합이 존재한다는 사실과 M이 "예"라는 답을 내게 하는 문자열 w가 존재한다는 말이 서로 필요충분조건이 되게 만든다.

어떻게 할 수 있을까? 간단하다. 변수를 왕창 정의하면 된다. 42번째 스텝에서 테이프의 37번째 비트가 '1'이 되는 경우, 그리고 오직 그 경우에만 TRUE가 되는 변수를 두자. 또 다른 변수는 52번째 스텝에서 14번째 비트가 '1'이 되는 경우, 그리고 오직 그 경우에만 TRUE가 되게 정의한다. 33번째 스텝에서 M의 테이프 헤드가 15번째 내부 상태를 가리키면서 테이프의 74번째 지점을 가리키는 경우, 그리고 오직 그 경우에만 TRUE가 되는 변수도 두자. 여기까지 보면 어떤 식으로 진행하는지 감이 올 것이다.

이런 식으로 변수를 왕창 나열하고 나서 이번에는 각 변수 사이의 논리적인 관계를 잔뜩 나열한다. M이 22번째 스텝까지 실행했을 때 테이프의 17번째 비트가 '0'이고, 그 시점에 테이프의 헤드가 17번째 비트 근처에 있지 않다면 23번째 스텝에 도달해도 17번째 비트의 값은 여전히 '0'이라는 관계를 정의하자. 또한 44번째 스텝에서 테이프의 헤드가 내부 상태 5번을 가리키면서, 그 시점에 테이프의 헤드가 '1'을 읽으면서 상태가 5번에서 7번으로 바뀐다면 45번째 스텝에 테이프 헤드는 내부 상태 7번이라는 관계도 정의한다. 이런 식으로 계속 나열한다. 그러다 보면 첫 번째 스텝에 w라는 문자열을 형성하는 변수만 아무런 제약 없는 상태로 남게 된다.

여기서 핵심은 변수와 논리 관계를 엄청나게 나열하더라도 그 양은 여전히 다항 크기라는 점이다. 따라서 다항 크기만큼의 CircuitSAT 인스턴스를 얻게 되는데, 이것이 충족 가능^{satisfiable}하다는 것과 M을 멈추게 하는 문자열 w가 존재한다는 말은 필요충분조건이 성립하게 된다.

이 증명이 바로 그 유명한 ("3SAT은 NP 완전하다."는 내용의) 쿡-레빈 정리 Cook-Levin Theorem다. 이 정리는 NP 완전성^{NP-completeness}이라는 바이러스에 대한 '초기 감염' 증상으로 볼 수 있다. 이 정리가 등장한 후로 NP 완전성 바이러스는 다른 수천 가지 문제로 퍼졌다. 다시 말해 자신이 다루는 문제가 NP 완전하다고 증명하려면 이미 NP 완전하다고 증명된 문제만큼 어렵다는 것을 보이기만 하면 된다(물론 그 문제가 NP에 포함된다는 것부터 증명해야 하는데, 이 증명은 대체로 쉽다). 따라서 일종의 부익부 현상이 발생한다. 이미 NP 완전하다고 증명된 문제가 많을수록 새로운 문제를 NP 완전한 문제로 집어넣기 쉬워진다. 실제로 1980년대와 1990년대에 어떤 문제가 NP 완전하다는 증명이 너무 많이 발표되고, 이러한 증명에 능숙한 사람도 많아져 복잡도 이론 분야의 대표적인 두 학회인 STOC와 FOCS에서는 더 이상 NP 완전성 증명에 대한 논문은 받지 않기로 했다.

지금까지 NP 완전하다고 증명된 문제 중에서 그나마 쉬운 편에 속한 것을 몇 개만 소개하면 다음과 같다.

- **지도 색칠**^{Map Colorability}: 주어진 지도에 나온 모든 나라를 빨강, 초록, 파랑 중 하나로 칠하는데, 서로 맞붙은 나라는 다른 색으로 칠할 수 있을까? (신기하게도 두 가지 색깔만 사용할 때는 이렇게 색칠하는 것이 가능한지를 쉽게 판단할 수 있다. 왜 그럴까? 한편 색깔이 네 가지일 때는 지도가 평면에 그려져 있는 한 항상 가능하다. 이것이 바로 그 유명한 4색 정리 Four-Color Theorem다. 따라서 색깔이 네 가지일 때도 쉽게 풀 수 있다. 색깔이 세 가지일 때만 NP 완전하다.)
- **클릭**^{Clique}: 고등학생 N명이 구내식당 테이블에 나란히 앉을 때 $N/3$명으로 구성된 무리(클릭)에 속한 학생들이 모두 테이블에 마주보고 앉을 수 있을까?
- **상자 포장**^{패킹, Packing}: 주어진 크기로 된 박스들을 자동차 트렁크에 모두 집어넣을 수 있을까?

그 외에도 얼마든지 제시할 수 있다.

다시 한 번 강조하면 얼핏 보면 서로 다르지만 겉모습만 다를 뿐 모두 같은 문제다. 그중에서 어느 하나라도 효율적인 알고리즘이 존재하면 나머지 문제도 모두 효율적인 알고리즘이 존재하게 되면서 P = NP가 돼 버린다. 반대로 이러한 문제 중에서 어느 하나라도 효율적인 알고리즘이 없다면 나머지 다른 문제도 마찬가지다. 따라서 P ≠ NP가 된다. P = NP를 증명하고 싶다면 NP 완전 문제 중에서 (구체적으로 어떤 문제인가는 상관없이) 몇 개만이라도 효율적인 알고리즘이 존재한다는 것을 보이면 된다. 반대로 P ≠ NP를 증명하고 싶다면 NP 완전 문제 중에서 몇 개만이라도 효율적인 알고리즘이 존재하지 않는다는 것을 보이면 된다. 모두 한 몸인 셈이다.

정리하면 세상에는 P에 해당하는 문제가 있고 NP 완전한 문제도 있는데, 그 둘 사이에 속하는 문제가 과연 존재하는지가 문제인 것이다(이처럼 '중간'에 해당하는 것이 존재하는지 궁금해 하는 습성은 앞에서 집합론과 계산 가능성 이론에 대한 장을 읽으면서 어느 정도 익숙해졌을 것이다).

P = NP면 NP 완전 문제는 모두 P 문제가 된다. 따라서 P = NP가 될 수 없다.

이번에는 P ≠ NP인 경우를 생각해보자. 이와 관련해 라드너 정리Ladner's Theorem라는 굉장히 멋진 결과가 있다. 이 정리에 따르면 P와 NP 완전 사이의 '중간'에 해당하는 문제가 반드시 존재한다. 다시 말해 NP 문제 중에서 NP 완전하지도 않고, 다항 시간에 풀 수도 없는 문제가 있다는 말이다.

그렇다면 이렇게 '중간'에 해당하는 문제를 어떻게 만들 수 있을까? 간단히 개념만 소개하면 다음과 같다. 먼저 굉장히 느리게 증가하는 함수 t를 정의한다. 그런 다음 크기가 n인 3SAT 인스턴스 F가 주어졌을 때 이 F가 충족 가능satisfiable하는 동시에 $t(n)$이 홀수인지를 알아내게 만든다. 다시 말해 $t(n)$이 홀수면 3SAT 문제를 풀고, $t(n)$이 짝수면 항상 "아니요"란 답을 내도록 정의한다.

이렇게 하는 이유는 NP 완전 문제를 길게 늘어놓은 것과 아무 의미 없는 것을 길게 늘어놓은 것이 교대로 나타나게 하려는 것이다. 직관적으로 보면 P ≠ NP라고 가정했으므로 3SAT 문제를 늘어놓은 것 때문에 우리가 만들 문제에 다항 시간 알고리즘이 존재할 수 없게 된다. 그래서 P도 아니고 NP 완전하지도 않은 문제가 된다. 이 과정에서 가장 중요한 부분은 길게 늘어놓는 부분이 지수적으로 커지게 하는 것이다. 그래야 크기가 n인 입력이 주어졌을 때 최대 n번 반복하는 과정 전체를 n에 대한 다항 시간 이내에 시뮬레이션할 수 있다. 이렇게 하면 문제를 계속 NP에 머무르게 만들 수 있다.

P와 NP 외에도 또 다른 중요한 복잡도 클래스 중에 coNP라는 것이 있다. coNP는 NP의 여집합complement이다. 어떤 문제가 coNP라는 말은 "아니요"란 답을 다항 시간에 검사할 수 있다는 뜻이다. NP 완전 문제마다 항상 coNP 완전 문제가 존재한다. 다르게 말하면 충족 불가능 문제와 지도 색칠 불가능 문제 등이 존재한다는 뜻이다.

그렇다면 이런 당연해 보이는 개념을 도대체 어디에 써먹는 것일까? 그 이유는 NP = coNP?라는 새로운 문제를 만들기 위해서다. 다시 말해 어떤 부울식 $^{\text{Boolean formula}}$이 충족 불가능하다면 이에 대한 짧은 증명이라도 존재하는지 물어보는 것이다. 심지어 그런 증명을 찾는 데 지수 시간이 걸리더라도 말이다. P = NP? 문제와 마찬가지로 이 문제에 대한 답도 아직 모른다.

P = NP면 NP = coNP인 것은 분명하다(왜 그럴까?). 하지만 그 반대도 성립하는지(NP = coNP면 P = NP인지)는 아직 모른다. P ≠ NP면서 NP = coNP일 수도 있다. 따라서 P ≠ NP가 너무 쉽게 느껴진다면 NP ≠ coNP 증명 문제를 풀면 된다.

이쯤에서 양자 컴퓨팅 사람들이 좋아하는 특수한 복잡도 클래스인 NP ∩ coNP를 설명하면 좋을 것 같다.

NP ∩ coNP는 "예" 또는 "아니요"라는 답을 효율적으로 검사할 수 있는 증명이 존재하는 문제의 클래스다. 예를 들어 정수를 소인수분해하는 문제를 생각해보자. 나는 지금껏 이 문제가 NP 완전하므로 양자 컴퓨터에서 쇼어^{Shor} 알고리즘을 이용하면 NP 완전 문제를 풀 수 있다고 '알고 있는' 사람을 최소한 스무 명은 봤다(쇼어의 알고리즘을 이용하면 양자 컴퓨터로 인수분해 문제를 풀 수 있기 때문이다). 그런 사람은 대부분 이런 주장에 대해 놀라울 정도로 확신하고 있었다.

인수분해 문제가 NP 완전일 가능성을 따져보기 전에 먼저 인수분해가 P에 속하지 않을 것 같은 이유부터 설명할 필요가 있다. 이 문제를 효율적으로 푼 사람이 없기 때문이라고 감히 말할 수 있을까? 썩 좋은 주장은 아니지만 사람들은 P가 아닐 것 같다는 근거로 그 점을 들고 있다. 솔직히 인수분해 문제는 P가 아니라는 것을 뒷받침할 근거는 P ≠ NP라는 근거만큼이나 없다. 게다가 인수분해가 P일 수도 있지만 정수론이 이를 증명할 정도로 발전하지 않았다고 말하기도 뭔가 아쉽다. 잠시 생각해보면 인수분해는 기존에 알려진 NP 완전 문제와는 크게 다르다는 것을 알 수 있다. 주어진 부울식을 충족하는 변수 값이 없을 수도 있고, 딱 하나만 있을 수도 있고, 10조 개나 있을 수도 있다. 단지 미리 알 수 없을 뿐이다. 하지만 5,000자리 정수가 주어졌을 때 소인수분해가 가능한지는 알 수 없겠지만, 소인수분해 결과가 단한 가지뿐이라는 사실은 알 수 있다(내 기억에 유클리드라는 사람이 아주 오래전에 증명한 것으로 알고 있다). 이 사실만 봐도 인수분해는 뭔가 '특별한' 점이 있다. 인수분해 문제에는 우리가 NP 완전 문제를 추측하는 사실과는 다른 알고리즘에서 이용할 만한 어떤 구조가 존재한다. 실제로 여러 알고리즘에서 이런 점을 활용하고 있다. 수체 체$^{Number Field Sieve}$라는 고전 알고리즘을 들어본 적 있을 것이다. 이 알고리즘은 n비트 정수를 대략 $2^{n^{1/3}}$ 스텝에 인수분해하는데, 가능한 모든 제수^{divisor}를 대입해보는 데 대략 $\sim 2^{n/2}$ 스텝이 걸리는 것과 대조적이다(왜 $\sim 2^n$은 안 되고 $\sim 2^{n/2}$ 스텝이어야 할까?). 또한 쇼어 알고리즘$^{Shor's algorithm}$도 있다. 이 알고리즘은 양자 컴퓨터에서 n비트 정수를 $\sim n^2$ 스텝에 인수분해한다. 다시 말해 양자 다항 시간에 처리할 수 있다. 사람들은 양자 알고리즘으로 NP 완전 문제를 다항 시간에 풀 수 있을 거라고 기대하지만 아직은 정말 그런지 모른다. 그런 알고리즘이 존재한다면 아마도 쇼어 알고리즘과는 완전히 다를 것이다.

그렇다면 NP 완전 문제가 인수분해와 구체적으로 어떻게 다른지를 복잡도 이론 관점에서 명확히 설명할 수 있을까? 할 수 있다. 먼저 다음과 같이 인수분해 문제를 (예/아니요로 답하는) 결정 문제로 변환한다. 그러면 "주어진 양의 정수 N에 끝자리 수가 7인 소인수가 존재하는가?"와 같이 표현할 수 있다. 이 문제는 NP일 뿐만 아니라 NP ∩ coNP라고 주장할 수 있다. 왜 그럴까? 누군가 N을 소인수분해한 결과를 제시했다고 가정하자. 여러 가지 경우 중 하나일 것이다. 이때 마지막 자리 숫자가 7인 소인수가 존재한다면 정말 그런지 검증할 수 있다. 반대로 마지막 자리 숫자가 7인 소인수가 존재하지 않는다면 이 사실 또한 검증할 수 있다.

여기서 이런 의문이 들 수도 있겠다. "주어진 값이 정말로 소인수분해한 것인지 어떻게 알 수 있는가? 물론 아무 숫자 한 무더기를 받았을 때 그 숫자를 곱해서 N이 되는지는 분명히 확인할 수 있다. 하지만 그 숫자가 소수라는 것은 어떻게 알 수 있는가?" 여기에 대한 답변을 하자면 앞에서 내가 한 말, "주어진 수가 어떤 인수로 구성됐는지는 구체적으로 알 필요는 없고, 단지 소수인지 아니면 합성수인지만 알고 싶다면 다항 시간에 확인할 수 있다."는 사실을 믿어야 한다. 이 말을 받아들인다면 인수분해 문제는 NP ∩ coNP 에 속한다.

따라서 다음과 같이 결론을 내릴 수 있다. 인수분해 문제가 NP 완전하다면 NP = coNP가 된다(왜 그럴까?). NP = coNP라고 믿지 않기 때문에 이러한 결론은 앞에서 내가 수없이 봤다는 주장과 달리 인수분해는 NP 완전하지 않음을 강력히 뒷받침하는 근거가 된다. 물론 정식 증명은 아니다. 이러한 관점을 받아들인다면 두 가지 경우의 수만 남게 된다. 하나는 인수분해 문제가 P에 속하는 것이고 다른 하나는 인수분해 문제는 라드너 정리에서 말하는 '중간' 클래스에 속한다는 것이다. 후자라고 믿는 사람이 대부분이다. 물론 P ≠ NP라고 믿는 만큼은 아니다.

지금까지 알려진 바에 따르면 P = NP ∩ coNP이더라도 P ≠ NP일 수 있다 (이 말은 NP ≠ coNP가 될 수도 있음을 의미한다). 따라서 P ≠ NP 문제와 NP ≠ coNP 문제 둘 다 너무 쉽다고 생각한다면 그보다 어려운 문제인 P ≠ NP ∩ coNP 문제에 도전하기 바란다.

P, NP, coNP만으로 충분하지 않다면 지금까지 소개한 복잡도 클래스들을 거대하지만 어정쩡한 덩어리로 일반화할 수 있는데, 컴퓨터 과학자는 이를 다항 계층$^{polynomial\ hierarchy}$이라 부른다.

NP 문제는 모두 다음과 같은 형태로 표현할 수 있다.

$A(X) = 1$을 충족하는 n비트 문자열 X가 존재할까?

여기서 A는 다항 시간에 계산 가능한 함수다.

마찬가지로 coNP 문제도 모두 다음과 같은 형태로 표현할 수 있다.

모든 X에 대해 $A(X) = 1$을 충족할까?

여기에 다음과 같은 한정자^{quantifier}를 하나 더 붙이면 어떻게 될까?

모든 Y에 대해 $A(X, Y) = 1$을 충족하는 X가 존재할까?

모든 X에 대해 $A(X, Y) = 1$을 충족하는 Y가 존재할까?

문제를 이렇게 바꾸면 두 가지 복잡도 클래스를 새로 만들어낼 수 있다. 각각을 Σ_2^P와 $\Pi_2 P$라 부른다. $\Pi_2 P$는 $\Sigma_2 P$의 여집합^{complement}이다. 마치 coNP가 NP의 여집합인 것과 같다. 여기에 세 번째 한정자를 더 추가할 수 있다.

모든 X에 대해 $A(X, Y, Z) = 1$을 충족하는 Z가 존재하는 X가 존재할까?

모든 Z에 대해 $A(X, Y, Z) = 1$을 충족하는 Y가 모든 X에 대해 존재할까?

그러면 다시 $\Sigma_3 P$와 $\Pi_3 P$라는 클래스를 만들어낼 수 있다. 이를 일반화하면 임의의 k에 대해 $\Sigma_k P$와 $\Pi_k P$가 있다고 말할 수 있다(참고로 $k = 1$이면 $\Sigma_1 P = NP$고, $\Pi_1 P = coNP$가 된다. 왜 그럴까?). 그런 다음 모든 양의 정수 k에 대해 각 클래스를 합집합해서 다항 계층 PH를 형성할 수 있다.

이러한 다항 계층은 실제로 NP와 coNP를 거대한 규모로 일반화한 것이다. 다시 말해 NP 완전 문제에 대한 오라클이 있더라도 $\Sigma_2 P$ 문제를 푸는 데 그 오라클을 어떻게 활용할지조차 막막할 정도다. 한편 상황을 좀 더 복잡하게 만들어보면 P = NP면 이러한 다항 계층 전체가 P로 무너져 내리게 된다. 왜 그럴까?

그렇다. P = NP면 NP 완전 문제를 다항 시간에 푸는 알고리즘을 하나 가져와서 자기 자신을 서브루틴으로 호출하도록 수정할 수 있다. 그러면 PH를 완전하게 박살내버릴 수 있다. 먼저 NP와 coNP를 시뮬레이션하고 다음으로 $\Sigma_2 P$와 $\Pi_2 P$를 시뮬레이션하는 식으로 다항 계층 전체를 차례대로 시뮬레이션하면 된다.

마찬가지로 NP = coNP면 다항 계층 전체가 NP(또는 coNP)로 무너져 내린다는 것도 쉽게 증명할 수 있다. 그리고 $\Sigma_2 P$ = $\Pi_2 P$면 다항 계층 전체가 $\Sigma_2 P$로 무너진다. 이런 식으로 계속 진행하다 보면 P ≠ NP라는 추측^{conjecture}에 대한 일반화 과정 전체를 무한히 나열할 수 있다. 여기서 앞에 나온 것은 뒤에 나온 것보다 증명하기 '어려운' 순서로 나열한다. 그렇다면 이렇게 일반화한 형태를 설명하는 이유가 뭘까? 그 이유는 바로, '어쩌고'란 추측을 분석하고 싶은데, '어쩌고'가 참이란 것을 증명할 수 없을 뿐만 아니라 '어쩌고'가 거짓이면 P = NP가 된다는 사실조차 증명할 수 없는 경우가 많기 때문이다. 하지만 여기서 결정적인 한마디를 날리자면 '어쩌고'가 참이면 다항 계층이 2차 또는 3차 수준으로 무너진다는 사실을 증명할 수 있다. 그리고 이 사실을 통해 '어쩌고'가 참이라는 근거를 어느 정도 확보할 수 있다.

이런 게 바로 복잡도 이론이다.

지금까지는 다항 시간 알고리즘이 존재하는지 알 수 없는 문제가 상당히 많다는 말만 했는데, 이쯤에서 구체적인 예제 하나를 살펴볼 필요가 있다. 전산학의 전 분야를 통틀어 가장 간단하면서도 세련된 문제인 '안정적인 결혼 문제$^{Stable\ Marriage\ Problem}$'를 살펴보자. 들어본 적 있는가? 처음 본다고?

그럼 설명해주겠다. 남자 N명과 여자 N명이 모두 결혼할 수 있도록 짝을 지어 주려고 한다. 문제를 간단히 하고자 모두 이성애자라고 가정하자(게이와 레즈비언까지 허용하면 좀 복잡해지긴 하지만 다항 시간에 풀 수는 있음에는 변함없다). 그리고 현실성은 상당히 떨어지지만 문제를 간단히 표현하고자 모든 이가 혼자 사느니 차라리 아무하고나 결혼하는 게 낫다고 생각한다고 가정한다.

남자는 각자 가장 좋아하는 여자부터 가장 덜 좋아하는 여자까지 순위를 매긴다. 여자도 마찬가지로 남자들을 이렇게 순위를 매긴다. 동점(같은 순위에 여러 명)은 없다고 가정한다. 당연히 모든 남자가 1순위로 꼽은 여자와 결혼할 수 없고, 모든 여자가 1순위로 꼽은 남자와 결혼할 수 없다. 세상은 원래 이렇게 씁쓸한 면이 있다.

이번에는 좀 덜 씁쓸한 부분을 살펴보자. '안정적인' 결혼이란 의미는 남자든 여자든 현재 배우자보다 더 좋아하는 경우가 없다는 말이다. 다시 말해 지금 남편이 마음에 들지 않지만 그보다 더 나은 남자 중에 현재 자기 아내보다 나를 더 좋아하는 남자가 없기 때문에 그냥 참고 사는 게 낫다는 뜻이다. 바람직하다고 말하기에는 좀 그렇지만 여기서는 '안정^{stability}'을 이런 의미로 사용한다.

이제 남자와 여자는 각자 선호도를 나열하고, 우리는 중매쟁이 역할을 맡아 이들을 안정적인 짝으로 맺어줄 수 있는 방법을 찾는다. 중매쟁이 할머니, 중매쟁이 할머니, 나한테 어울리는 사람을 찾아줘요, 훌륭한 사람을 찾아줘요, 멋진 남자를 찾아줘요...[2]

여기서 가장 먼저 제기할 수 있는 당연한 질문은, "남자와 여자를 안정적으로 짝지을 수 있는 방법이 항상 존재하는가?"다. 어떻게 생각하는가? 존재할 것 같은가? 아니면 존재하지 않을 것 같은가? 결론부터 말하면 존재한다. 가장 쉽게 증명하는 방법은 실제로 안정적인 짝짓기를 할 수 있는 알고리즘을 하나 제시하는 것이다.

그렇다면 어떻게 짝지을 수 있는지 생각해보자. 남자와 여자를 짝짓기 위한 모든 경우의 수는 $N!$가지다. 어서 빨리 결혼하고 싶은 이들을 최대한 충족시키려면 모든 경우의 수를 샅샅이 탐색하지 않고도 찾을 수 있어야 한다.

다행히 그런 알고리즘이 있다. 1960년대 초에 게일^{Gale}과 셰이플리^{Shapely}가

---

2. 〈지붕 위의 바이올린(Fiddler on the roof)〉 중에서 중매쟁이(Matchmaker) 노래 가사(Matchmaker, matchmaker, make me a match, find me a find, catch me a catch,) - 옮긴이

고안한 다항 시간(구체적으로 선형^{linear} 시간) 알고리즘(게일-셰이플리 알고리즘)으로 해결할 수 있다. 게다가 이 알고리즘은 빅토리아 시대의 연애 소설에서 보던 원칙을 그대로 재현하고 있다. 나중에 알게 된 사실이지만 이 알고리즘은 이미 1950년대부터 쓰이고 있었다. 물론 남자와 여자를 짝짓는 용도는 아니고 의대생이 레지던트로 근무할 병원을 매칭하는 데 사용했다. 지금도 여전히 병원에서 이 알고리즘을 사용하고 있다.

다시 안정적인 결혼 문제로 돌아와 게일-셰이플리 알고리즘을 적용하는 방법을 살펴보자. 가장 먼저 할 일은 남녀평등 원칙을 깨뜨리는 것이다. 다시 말해 남성과 여성 중 누가 '청혼'해야 할까? 이 알고리즘이 나온 1960년대 분위기를 감안하면 당연히 남자가 여자에게 청혼한다고 예상할 수 있다.

따라서 모든 남자에 대해 루프를 돈다. 첫 번째 남자는 1순위 여자에게 청혼한다. 그 여자는 일단 청혼을 받아들인다. 두 번째 남자도 자신이 1순위로 꼽은 여자에게 청혼한다. 그 여자도 일단 수락한다. 이런 식으로 계속 진행한다. 그렇다면 어떤 남자가 이미 청혼을 받아들인 여자에게 또 청혼하면 어떻게 될까? 그 여자는 자기에게 청혼한 남자 중에서 가장 마음에 드는 남자를 선택하고, 나머지 남자는 차버린다. 이렇게 진행하다가 루프를 한 바퀴 돌아 (앞에서 차여버려) 짝을 못 찾은 남자들에 대해 다시 방금 한 것처럼 루프를 돈다. 이제 첫 번째 남자는 자신이 2순위로 꼽은 여자에게 청혼한다. 그 여자가 거절하면 다음 루프를 돌 때 그 남자는 3순위로 꼽은 여자에게 청혼한다. 이런 식으로 모든 남녀에 대해 짝이 결정될 때까지 계속 루프를 돈다. 엄청 간단하지 않은가?

여기서 첫 번째 질문. 이 알고리즘이 선형 시간에 끝나는 이유는 뭘까?

그렇다. 같은 여자에게 청혼하는 횟수는 최대 한 번뿐이기 때문이다. 따라서 청혼하는 총 횟수는 최대 N^2이다. 이는 처음에 각자 선호하는 상대에 대한 순위를 매기는 데 사용되는 메모리 크기에 해당한다.

두 번째 질문. 이 알고리즘은 언제 끝날까? 그리고 어떻게 모두 결혼할 수 있을까?

그렇다. 짝이 안 맞았다면 한 번도 청혼받지 못한 여자와 한 번도 청혼을 승낙받지 못한 남자가 있어야 한다. 그런데 이건 불가능하다. 아무에게도 선택받지 못한 남자라도 결국 어쩔 수 없이 아무에게도 선택받지 못한 여자에게 청혼한다.

세 번째 질문. 그렇다면 이 알고리즘으로 짝지은 결과가 안정적인 이유는 뭘까?

그렇다. 안정적이지 않았다면 자신의 배우자가 아닌 다른 커플의 배우자를 서로 좋아하는 두 커플이 존재해야 한다. 예를 들어 밥과 앨리스라는 커플과, 찰리와 이브라는 커플이 있을 때 밥과 이브는 자신의 배우자보다 서로를 더 좋아하는 경우가 발생해야 한다. 그런데 이렇게 되려면 밥은 애초에 앨리스가 아닌 이브에게 먼저 청혼해야 한다. 또한 찰리가 이브에게 청혼했을 때 밥을 더 좋아한다고 밝혔어야 했다. 따라서 모순이 발생한다.

무엇보다도 우리는 앞에서 말한 안정적인 결혼이 실제로 존재할 수 있음을 증명했다. 바로 게일-셰이플리 알고리즘으로 짝짓기하면 된다.

연습문제

1. 앞에서 3SAT은 NP 완전하다고 했다. 그런데 각 절^{Clause}마다 최대 두 개의 변수만 사용할 수 있도록 변형한 2SAT는 다항 시간에 풀 수 있다. 왜 그런지 설명하라.

2. **EXP**는 지수 시간에 풀 수 있는 문제의 클래스다. 그렇다면 "예"란 답이 맞는지를 지수 시간에 검증할 수 있는 문제에 대한 클래스인 **NEXP**란 클래스를 정의할 수 있다. 쉽게 말해 **NEXP**와 **EXP**의 관계는 NP와 P의 관계와 같다. 아직 P = NP인지 모르기 때문에 **EXP** = **NEXP**인지도 모른다.

하지만 P = NP라면 EXP = NEXP라는 것은 알 수 있다. 왜 그럴까?

3. P는 SPACE(n)(선형 공간 내에 풀 수 있는 문제의 집합)과 같지 않다는 것을 증명하라. 힌트: P가 SPACE(n)에 포함되는지, 또는 SPACE(n)이 P에 포함되는지는 증명할 필요가 없다. 둘 중 하나만 참인지만 밝히면 된다.

4. P = NP면 부울식에 대해 충족 가능한 변수 값이 존재하는지 알아낼 수 있을 뿐만 아니라 그런 값이 존재한다면 구체적으로 어떤 값인지도 구하는 다항 시간 알고리즘이 존재한다는 것을 증명하라.

5. [보너스 점수 문제] 충족 가능한 변수 값이 존재한다면 실제로 그 값을 제시할 뿐만 아니라 P = NP란 가정하에 다항 시간에 끝나는 알고리즘을 구체적으로 서술하라(충족 가능한 변수 값이 없다면 알고리즘의 동작이 어떻게 되든 상관없다). 다시 말해 4번 문제를 충족하는 알고리즘을 실제로 구현해서 당장 돌려볼 수 있는 형태로 제시하라. 구체적으로 설명할 수 없는 서브루틴을 존재한다고 가정하면 안 된다.

07

무작위성

지난 두 장에 걸쳐 1970년대까지의 계산 복잡도$^{computational\ complexity}$를 살펴봤다. 7장에서는 이미 끓고 있는 찌개에 재료 하나를 더 추가하려고 한다. 그 재료는 1970년대 중반에 갑자기 등장한 후로 이제는 그것 없이는 아무것도 할 수 없을 정도로 복잡도 이론의 구석구석에 스며들었다. 바로 무작위성이란 재료다.

양자 컴퓨팅을 연구하려면 먼저 무작위 컴퓨팅을 이해할 필요가 있다. 무슨 뜻이냐면 양자 진폭$^{quantum\ amplitude}$은 고전 확률로는 드러나지 않는 동작, 이를테면 상황성^{contextuality}, 간섭^{interference}, (상관관계^{correlation}와 대조되는 개념인) 얽힘^{entanglement} 등과 같은 동작에서만 의미가 있다. 따라서 먼저 양자역학과 비교되는 대상부터 알아야만 양자역학의 얘기를 시작할 수 있다.

그럼 우선 무작위성^{randomness}이란 무엇인지 알아보자. 철학적으로 상당히 심오한 질문이다. 하지만 난 단순한 사람이기 때문에 무작위성을 간단히 '단위 구간 [0, 1] 사이에 존재하는 실수인 확률 p'라고 정의한다.

참고로 1930년대 콜모고로프^{Kolmogorov}가 공리적 토대로 확률 이론을 정립한 위대한 성과가 있다. 그런데 이 장에서는 유한 사건$^{finitely\ many\ events}$에 대한 확률 분포만 다루므로, 적분 가능성^{integrability}, 측정 가능성^{measurability} 따위의 난해한 개념을 동원할 일은 없다. 수학자들은 자신의 일거리인 쉽지 않은 문제를 만들고자 무한 차원 공간으로 달려가는 경향이 있는데, 내 생각에 확률 이론도 그런 것 같다. 뭐 그래도 상관없다. 취향은 존중이니. 이를 비판할 생각은 없고 단지 이론 전산학theoretical computer science에서는 2^n가지 경우의 수를 다루는 데도 충분히 바쁘기 때문에 $2^{\aleph_0}$가지의 경우의 수가 필요할 일은 절대 없다는 뜻이다.

다시 본론으로 돌아와서 '사건' A(예, 내일 비가 온다)가 있을 때 A가 일어날 확률을 [0, 1]에 속한 실수 Pr[A]로 표현한다(엄밀히 말해 A가 일어날 것이라고 생각하는 확률이지만 앞에서 말했듯이 나는 단순한 사람이라 그냥 넘어간다). 그리고 서로 다른 사건의 확률에 대해 충족하는 관계가 몇 가지 있는데, 다들 잘 알겠지만 혹시 처음 보는 사람도 있을 수 있기에 하나씩 짚고 넘어가 보자.

첫째, A가 일어나지 않을 확률은 1에서 A가 일어날 확률을 뺀 것과 같다.

Pr[not(A)] = 1 - Pr[A]

대부분 쉽게 동의할 것이다.

둘째, A라는 사건과 B라는 사건이 있다면 다음 관계가 성립한다.

Pr[A or B] = Pr[A] + Pr[B] - Pr[A and B]

셋째, 방금 소개한 관계에서 곧바로 합계 상한union bound을 도출할 수 있다.

Pr[A or B] ≤ Pr[A] + Pr[B]

쉽게 말해 물에 빠질 것 같지도 않고 벼락 맞을 것 같지도 않다면 물에 빠지거나 벼락 맞을 일이 없다는 뜻이다. 벼락 맞은 사실이 물에 빠지게 되는 데 영향을 미치는지 여부는 상관없이 말이다. 살면서 낙관적인 자세를 가져야 할 몇 안 되는 이유 중 하나다.

합계 상한은 아주 간단한 식이지만 이론 전산학에서 가장 유용한 식이다. 나도 논문을 쓸 때마다 거의 200번씩 써먹는다.

또 뭐가 있을까? 숫자 값을 갖는 확률 변수 X에 대해 기댓값^{expectation} $E[X]$는 $\Sigma_k \Pr[X = k]k$라고 정의한다. 그러면 임의의 두 확률 변수 X와 Y에 대해 다음 식이 성립한다.

$$E[X + Y] = E[X] + E[Y]$$

이를 기댓값의 선형성$^{\text{linearity of expectation}}$이라 부르며, 이론 전산학에서 합계 상한 다음으로 가장 유용한 식이다. 여기서도 마찬가지로 핵심은 X와 Y 사이의 관계는 신경 쓰지 않는다는 데 있다.

그럼 다음 식도 성립할까?

$$E[XY] = E[X]E[Y]$$

맞다. 성립하지 않는다. 좀 더 구체적으로 표현하면 X와 Y가 독립일 때는 성립하지만, 항상 성립하는 것은 아니다.

확률에 대한 또 다른 중요한 관계로 마르코프 부등식$^{\text{Markov's inequality}}$이 있다. 즉, 음이 아닌 확률 변수 $X(X \geq 0)$가 있을 때 모든 k에 대해 다음 식이 성립한다(엄밀히 말하면 여러 가지 마르코프 부등식 중 하나다).

$$\Pr[X \geq kE[X]] \leq 1/k$$

왜 이 식이 성립할까? X가 $E[X]$보다 k배 이상 훨씬 큰 경우가 너무 자주 있으면 나머지 경우 내내 X가 0이라 해도 기댓값을 맞추기에 역부족이기 때문이다.

마르코프 부등식으로부터 이론 전산학에서 세 번째로 가장 유용한 체르노프 한계$^{\text{Chernoff bound}}$를 직접 도출할 수 있다. 체르노프 한계란 동전을 1,000번 던졌을 때 앞면이 900번 나왔다면 동전이 휘었을 가능성이 있다는 말이다. 이 정리는 아마도 카지노 관리자가 계속 돈을 따기만 하는 사람에게 주먹들을 보내 다리를 부러뜨릴 시점을 결정하는 데 유용할 것이다.

수식으로 엄밀하게 표현하면 공정한 동전^{fair coin}을 n번 던질 때 앞면이 나온 횟수가 h일 때 체르노프 한계를 다음과 같이 표현할 수 있다.

$$\Pr[\,|h - n/2| \geq \alpha\,] \leq 2e^{-c\alpha^2/n}$$

여기 나온 상수 c는 따로 기억하지 않다가 꼭 필요할 때만 찾아보는 값이다 ($c = 2$면 충분할 것이다).

그렇다면 체르노프 한계를 어떻게 증명할 수 있을까? 간단한 방법이 있다. 동전을 i번째 던졌을 때 앞면이 나온 것을 $x_i = 1$이라 표현하고 뒷면이 나온 것을 $x_i = 0$이라 하자. 이때 $x_1 + \ldots + x_n$ 자체에 대한 기댓값이 아닌 $\exp(x_1 + \ldots + x_n)$에 대한 기댓값을 구해보자. 매번 던진 동전은 서로 상관관계가 없어야 하므로 다음과 같은 식을 유도할 수 있다.

$$\begin{aligned}
\mathrm{E}[e^{x_1 + \ldots x_n}] &= \mathrm{E}[e^{x_1} \ldots e^{x_n}] \\
&= \mathrm{E}[e^{x_1}] \ldots \mathrm{E}[e^{x_n}] \\
&= \left(\frac{1 + e}{2}\right)^n
\end{aligned}$$

여기에 마르코프 부등식을 그대로 적용하고 양변에 로그를 취하면 체르노프 한계가 나온다. 구체적인 계산은 직접 해보기 바란다(사실 직접 보여주기 힘들어서 그런다).

그렇다면 무작위성을 어디에 써먹을 수 있을까?

튜링, 섀넌, 폰 노이만과 같은 어르신들도 무작위수^{random number, 난수}가 프로그램을 작성하는 데 유용할 거라고 생각했다. 가령 1940년대와 1950년대에 물리학자들이 텅빈 플루토늄 구^{sphere}의 내파^{implosion}에 관련된 요상한 연구를 위해 몬테카를로 시뮬레이션^{Monte Carlo simulation}이란 기법을 고안했다. 몬테카를로 시뮬레이션이란 쉽게 말해 복잡한 동적 시스템의 동작 중에서도 두드러지거나 평균에 해당하는 동작의 정보를 수집하는 기법으로, 알고자 하는 여러 가지 관측량을 일일이 구해 평균을 내지 않고, 무작위로 나열한 여러 가지 초기 설정 값에 대해 여러 차례 시스템을 시뮬레이션^{simulation, 모사}해서 통계를 구한다. (텅빈 플루토늄 구를 뻥 터뜨리기 위한 다양한 방법에 대한) 통계적 표본 추출^{statistical sampling}이야말로 무작위수를 제대로 활용하는 사례 중 하나다.

무작위성이 필요한 곳은 굉장히 많다. 암호화 기법에서 도청을 막는 것부터 통신 프로토콜에서 교착 상태(데드락^{deadlock})를 피하기까지 응용 분야는 다양하다. 하지만 복잡도 이론에서는 무작위성을 주로 '에러를 뭉개 버리기' 위한 용도로 사용한다. 다시 말해 대다수의 입력에 대해 잘 작동하는 알고리즘을 모든 입력에 대해 대체로 잘 작동하는 알고리즘으로 변환하는 데 주로 활용한다.

그럼 무작위 알고리즘^{randomized algorithm}의 예를 하나 살펴보자. 1부터 시작해서 숫자가 하나씩 주어진다고 하자. 그럴 때마다 ('24'라는 카드 게임처럼) 이전 숫자와 더하거나 빼거나 곱하는 경우를 생각해보자. 예를 들면 다음과 같다.

$a = 1$

$b = a + a$

$c = b^2$

$d = c^2$

$e = d^2$

$f = e - a$

$$g = d - a$$

$$h = d + a$$

$$i = gh$$

$$j = f - i$$

(직접 확인해야 직성이 풀리는 독자라면) 이 프로그램의 '결과'에 해당하는 j는 0임을 알 수 있다. 그렇다면 이 문제를 좀 더 일반화해서 위와 같은 프로그램이 주어졌을 때 결과가 0인지 판단한다고 생각해보자. 어떻게 할 수 있을까?

한 가지 확실한 방법은 프로그램을 돌려서 나오는 결과를 확인하는 것이다. 그런데 이 방법에 무슨 문제가 있을까?

그렇다. 프로그램이 아무리 짧아도 중간 결과로 나오는 숫자는 어마어마하게 커질 수 있다. 다시 말해 그 값을 표현하는 데 필요한 자릿수가 기하급수적으로 커질 수 있다. 가령 이 프로그램이 주어진 숫자와 이전 숫자를 계속해서 곱하기만 하면 그렇게 된다. 따라서 단순히 시뮬레이션하는 방법은 그리 효율적이지 않다.

그렇다면 다른 방법은 없을까? 연산 n개로 구성된 프로그램을 생각해보자. 여기서 한 가지 꼼수를 적용한다. 먼저 n^2 자리를 가진 소수 p를 무작위로 고른다. 그리고 나서 프로그램을 시뮬레이션하는데, 모듈로 p 연산만 수행한다. 여기서 초보자가 착각하기 쉬운 무지막지하게 중요한 사실이 하나 있다. 이 알고리즘에서 무작위성을 적용할 수 있는 부분은 값을 선택하는 것뿐이다. 즉, 이 예의 경우 소수 p를 선택하는 것만 무작위로 할 수 있다. 주어지는 프로그램은 알고리즘의 입력일 뿐인데, 언제나 최악의 경우인 입력이기 때문에 주어질 수 있는 프로그램들의 평균 따위를 고려해서는 안 된다.

그럼 방금 제시한 알고리즘에 대해 무엇을 알 수 있을까? 일단 효율적이라는 것은 확실하다. 다시 말해 n에 대한 다항 시간에 실행된다. 또한 결과가

0 모듈로 p가 아니라면 결과가 0이 아니라고 확실히 말할 수 있다. 하지만 아직 다음 두 가지 질문의 답은 여전히 모른다.

1. 결과가 0 모듈로 p일 때 단순히 운 좋게 때려 맞춘 것이 아니라 정말로 결과가 0이라는 것을 얼마나 확신할 수 있는가?
2. 소수를 어떻게 무작위로 고를 수 있을까?

첫 번째 질문부터 생각해보자. 이 프로그램의 결과가 x라고 하면 $|x|$는 2^{2^n}을 넘지 않는다. 여기서 n은 연산의 개수다. 제곱을 반복하면 큰 수를 가장 빨리 얻을 수 있기 때문이다. 따라서 x가 가질 수 있는 소인수는 최대 2^n개라는 것을 알 수 있다.

그렇다면 n^2자리 소수는 몇 개나 될까? 그 유명한 소수 정리$^{Prime\ Number\ Theorem}$에 따르면 대략 $2^{n^2}/n^2$개다. $2^{n^2}/n^2$은 2^n보다 훨씬 크므로 여기에 속한 소수 중 대다수는 x로 나눠떨어지지 않는다(당연히 $x = 0$이 아닐 경우에 그렇다). 따라서 무작위로 고른 소수가 x로 나눠떨어진다면 $x = 0$일 가능성은 아주아주 커진다(하지만 100% 확실한 것은 아니다).

첫 번째 질문에 대한 얘기는 이 정도로 마무리하고 두 번째 질문인 n^2자리 소수를 고르는 방법을 생각해보자. 이번에도 역시 소수 정리에 따르면 n^2자리 숫자 중에서 하나를 무작위로 고를 때 n^2번 중 한 번은 소수가 나온다. 따라서 이런 식으로 숫자를 무작위로 계속 뽑으면 된다. n^2번 뽑고 나면 최소한 소수 하나가 나와 있을 것이다. 그렇다면 이렇게 소수를 무작위로 뽑는 작업을 반복하지 말고 고정된 숫자에서 시작해 소수가 나올 때까지 계속 1을 더해나가면 안 될까?

당연히 된다. 단, 리만 가설$^{Riemann\ Hypothesis}$을 광범위하게 확장했다고 가정해야 한다. 그런 다음 할 일은 n^2자리 소수를 고르게 펼치는 것이다. 그래야 운 나쁘게 합성수만 기하급수적으로 길게 이어 나오는 일을 막을 수 있다. 이렇게 확장된 리만 가설뿐만 아니라, 크라메르의 추측$^{Cramér's\ Conjecture}$이란 것도 적용할 수 있다.

물론 지금까지 한 것은 소수를 무작위로 뽑는 문제를 다른 형태로 환산한 것에 불과하다. 그렇다면 무작위로 뽑은 수가 소수인지 어떻게 판단할 수 있을까? 6장에서 설명했듯이 어떤 숫자가 소수인지 아니면 합성수인지 확인하는 문제는 인수분해하는 것보다 훨씬 쉽다. 얼마 전까지만 해도 소수 검사 문제$^{\text{primality-testing problem}}$는 무작위성을 활용해야 풀 수 있는 문제의 또 다른 예라고 생각했다. 실제로 이 문제는 그러한 예들의 할아버지 격이었다.

개념은 다음과 같다. 페르마의 작은 정리$^{\text{Fermat's Little Theorem}}$(페르마의 마지막 정리와 다르다)에 따르면 p가 소수일 때 모든 정수 x에 대해 $x^p = x(\mathrm{mod}\,p)$가 성립한다. 따라서 $x^p \neq x(\mathrm{mod}\,p)$인 x를 찾았다면 p는 합성수라는 것을 즉시 알 수 있다. 구체적으로 어떤 수로 나눴는지는 여전히 모르더라도 그렇다. $x^p \neq x(\mathrm{mod}\,p)$인 x를 찾지 못했다면 p가 소수일 확률이 높다고 기대할 수 있다.

하지만 아쉽게도 그럴 수 없다. 알고 보니 소수처럼 보이는 합성수 p가 존재한다. 다시 말해 모든 x에 대해 $x^p = x(\mathrm{mod}\,p)$를 충족하는 합성수가 있는 것이다. 이러한 짝퉁 중에서 작은 수로 561, 1105, 1729, 2465, 2821이 있다(이 수를 카마이클 수$^{\text{Carmichael number}}$라 부른다). 물론 이러한 짝퉁이 유한개만 있고 그 수들을 정확히 알고 있다면 문제될 일은 없다. 하지만 1994년에 앨포드, 그랜빌, 파머란스가 증명한 바에 따르면 이러한 짝퉁의 개수는 무한하다.[1]

그런데 이미 1976년에 밀러$^{\text{Gary L. Miller}}$와 라빈$^{\text{Michael O. Rabin}}$이 페르마의 소수 검사 방법을 약간 변형해 짝퉁을 걸러내는 방법을 알아냈다. 다시 말해 p가 소수면 항상 통과하고 p가 합성수일 확률이 아주 높으면 통과하지 못하는 페르마 소수 검사 방법의 수정 버전을 만들었다. 덕분에 소수 검사에 대한 다항 시간 무작위 알고리즘$^{\text{polynomial-time randomized algorithm}}$을 구할 수 있다.

---

1. W. R. Alford, A. Granville and C. Pomerance, There are infinitely many Carmichael numbers, Annals of Mathematics 2:139(1994), 703–722, http://www.math.dartmouth.edu/~carlp/PDF/paper95.pdf

그러고 나서 10년 전쯤 획기적인 돌파구가 마련됐는데, 여러분도 아마 들어본 적 있을 것이다. 아그라왈, 카얄, 삭세나가 소수 판별에 대한 결정론적 deterministic 다항 시간 알고리즘을 발견한 것이다.[2] 결과는 획기적이지만 실제로 써먹을 데가 하나도 없다. 그보다 훨씬 빠르고 오차 확률을 소행성이 내 컴퓨터에 떨어질 확률보다 훨씬 작게 낮출 수 있는 무작위 알고리즘이 이미 오래전부터 나와 있었기 때문이다. 어쨌든 결과 자체는 충분히 경이롭다.

정리하면 순전히 덧셈, 뺄셈, 곱셈만으로 구성된 프로그램을 검사해서 결과가 0인지 알아내는 효율적인 알고리즘을 찾아봤다. 이런 알고리즘이 있긴 하지만 두 부분에서 무작위성이 필요했다. 하나는 숫자를 무작위로 고르는 데 필요하고, 다른 하나는 무작위로 고른 수가 정말 소수인지 검사하는 데 필요하다. 여기서 두 번째에 해당하는 무작위성은 없어도 된다고 밝혀졌다. 소수 검사를 다항 시간에 수행하는 결정론적 알고리즘이 나왔기 때문이다. 그렇다면 무작위성에 대한 첫 번째 용도도 더 이상 쓸모없을까? 이 책을 집필하던 2013년에는 확실히 답할 수 없었다. 지금도 이 문제를 공략하기 위한 논문들이 엄청나게 쏟아지고 있다. 따라서 정확한 현황은 주변에서 열리는 이론 전산학 관련 학회의 논문집을 통해 직접 확인해보기 바란다.

자, 이제 몇 가지 복잡도 클래스를 정의해보자(6장에서도 그랬지만 복잡도 클래스를 다루기 적합한 시점이 따로 있는 것은 아니다).

우리가 얘기하는 확률론적 계산probabilistic computation은 대부분 다음과 같은 네 가지 복잡도 클래스 중 하나에 속할 가능성이 높다. 이 분류는 존 길John Gill의 1977년 논문에 정의된 것이다.[3]

---

2. M. Agrawal, N. Kayal, and N. Saxena, PRIMES is in P, Annals of Mathematics 160:2 (2004), 781–793. http://www.cse.iitk.ac.in/users/manindra/algebra/primality_v6.pdf

3. J. Gill, Computational Complexity of Probabilistic Turing Machines, SIAM Journals on Computing 6:4 (1977), 675–695.

- **PP**^{Probabilistic Polynomial-Time, 확률적 다항 시간}: 이름이 안 좋다.[4] 이 클래스를 정의한 존 길도 인정했다. 하지만 진지한 이론을 논하는 만큼 지금 초딩스런 농담은 하지 말기 바란다. 간단히 말해 PP란 답이 "예"인 입력에 대해서는 1/2보다 큰 확률로 통과시키고, "아니요"에 대해서는 1/2보다 작은 확률로 통과시키는 다항 시간 무작위 알고리즘이 존재하는 모든 결정 문제에 대한 클래스다. 다시 말해 n비트 입력 문자열 x와 무작위 비트에 대한 무한대의 소스를 동시에 받는 튜링 머신 M이 있을 때 x가 "예"라는 답을 내는 입력이라면 M은 주어진 무작위 비트 중에서 최소한 절반을 통과시키고, x가 "아니요"라는 답을 내는 입력이라면 무작위 비트 중에서 최소한 절반은 통과시키지 않아야 한다. 또한 M은 n에 대한 다항식으로 표현한 스텝 수만큼 실행하고 나면 멈춰야 한다.

> PP 문제에 대한 대표적인 예를 하나 제시하면 다음과 같다. 변수 n개로 구성된 부울식^{Boolean formula} ϕ에서 2^n가지의 변수 할당 값 중 최소한 절반이 이 식을 참^{TRUE}이 되게 할 수 있을까?(참고로 충족 가능한 변수 할당 값을 찾는 문제가 NP 완전 문제이듯이 여기서 과반수 투표처럼 변형한 문제도 PP 완전^{PP-complete} 문제라고 증명할 수 있다. 다시 말해 다른 모든 PP 문제를 이 문제로 효율적으로 환산할 수 있다)
>
> 그렇다면 PP에 무작위 알고리즘으로 풀 수 있는 문제라는 직관적인 개념을 완전히 담을 수 없는 이유는 뭘까?
>
> 그렇다. '플로리다 재검표'[5]와 같은 상황을 피하고 싶기 때문이다. PP 문제에서 답이 "예" 경우에 대해서는 $\frac{1}{2} + 2^{-n}$의 확률로 통과시키고, 답이 "아니요"인 경우에 대해서는 $\frac{1}{2} - 2^{-n}$의 확률로 통과시킬지 결정하는 것은 알고리즘 마음이

---

4. '피피'는 우리말 '쉬야'에 가까운 애들 말이다. − 옮긴이

5. 2000년, 미국 대선에서 투표 후 36일간 당선자를 결정하지 못한 채 최대 격전지인 플로리다 주의 투표 결과를 다시 검표한 사태 − 옮긴이

다. 하지만 유한한 존재인 인간이 두 가지 경우를 어떻게 구분할 수 있을까? n이 5,000이라면 우주의 나이보다 오랜 시간 동안 통계를 내봐야 정확히 알 수 있다.

실제로 PP는 굉장히 방대한 클래스다. 예를 들어 NP 완전 문제들을 모두 포함하고 있다. 이유는 뭘까? 변수 n개로 구성된 부울식 ϕ에 대해 할 수 있는 것은 $\frac{1}{2} - 2^{-2n}$의 확률로 당장 통과시키거나 아니면 변수에 대한 진리 값을 무작위로 할당해서 그 값이 ϕ를 충족 가능하다면 통과시키는 것이다. 그런 다음 ϕ에 대해 충족 가능한 진리 값 할당이 최소한 한 개라도 있다면 총통과 확률이 1/2보다 커질 것이고, 그렇지 않으면 1/2보다 작아질 것이다.

실제로 복잡도 이론을 연구하는 이들은 PP가 NP와 같지 않고 더 크다strictly larger고 믿고 있다. 물론 이 문제 역시 증명되지 않았다.

존 길은 이러한 점을 고려해 PP를 다음과 같이 좀 더 '합리적인' 형태로 정의했다.

- BPPBounded-Error Probabilistic Polynomial-Time: 답이 "예"인 경우는 2/3보다 큰 확률로 통과시키고, "아니요"인 경우는 1/3보다 작은 확률로 통과시키는 다항 시간 무작위 알고리즘이 존재하는 결정 문제 클래스다. 다시 말해 어떠한 입력이 들어와도 이 알고리즘이 틀릴 확률은 최대 1/3이다.

  여기서 1/3은 단지 1/2보다 작은 양의 상수라는 의미다. 1/2보다 작은 양수라면 어떠한 값으로 설정해도 상관없다. 왜 그럴까? 가령 실수할 확률이 1/3인 BPP 알고리즘을 실수할 확률이 최대 2^{-100}이 되도록 수정하는 것은 어렵지 않다. 어떻게 하면 될까?

그렇다. 그냥 이 알고리즘을 몇 백 번 더 돌려본다. 그런 다음 가장 많이 나온 답을 출력하면 된다. T번의 독립 시행으로 나온 결과 중 다수를 취하면 우리의 동반자 체르노프 한계에 따라 답이 틀릴 확률은 T에 대해 지수 함수에 따라 감소한다.

실제로 ⅓ 대신 ½보다 작은 임의의 상수로 대체할 수 있을 뿐만 아니라 그 값을 ½ - $1/p(n)$으로 바꿀 수도 있다(여기서 p는 임의의 다항식이다).

바로 이것이 BPP다. 다르게 표현하면 고전 물리 법칙에 따라 작동하는 우주에서 컴퓨터로 쉽게 풀 수 있는 모든 문제에 대한 클래스다.

- **RP**^{Randomized Polynomial-Time, 무작위 다항 시간}: 앞에서 설명한 것처럼 BPP 알고리즘의 오류 확률을 소행성이 내 컴퓨터로 떨어질 확률보다 작게 만들기는 쉽다. 그 정도만으로도 충분히 응용할 수 있는 경우가 많다. 가령 병원에서 방사선 피폭량을 관리하거나, 수십억 달러의 은행 거래를 암호화하거나, 핵미사일 발사를 제어하는 데 문제없다. 하지만 정리를 증명하는 데도 적합할까? 분야에 따라 절대로 위험을 감수할 수 없는 경우도 있다.

  그래서 나온 것이 RP다. 답이 "예"인 경우에 대해서는 1/2보다 큰 확률로 통과시키고, "아니요"에 대해서는 통과할 확률이 0인 다항 시간 무작위 알고리즘이 존재하는 문제에 대한 클래스다. 다르게 표현하면 이런 알고리즘이 단 한 번이라도 통과시킨 답은 "예"라고 확실히 말할 수 있다. 또한 그 알고리즘이 주어진 입력을 계속 통과시키지 않는다면 답이 "아니요"라고 (확실하진 않지만) 자신 있게 말할 수 있다.

RP도 당연히 coRP라는 여집합^{complement}이 존재한다. coRP란 "예"라는 답에 대해 1의 확률로 통과하고, "아니요"란 답에 대해 ½보다 적은 확률로 통과하는 다항 시간 무작위 알고리즘이 존재하는 문제들로 구성된 클래스다.

- **ZPP**$^{Zero\text{-}Error\ Probabilistic\ Polynomial\text{-}Time}$: RP와 coRP의 교집합으로 정의되는, 다시 말해 두 클래스에 모두 해당하는 문제에 대한 클래스다. 다르게 표현하면 ZPP는 다항 시간 무작위 알고리즘으로 풀 수 있는 문제로, 정답을 출력할 때는 항상 정확해야 하지만 전체 실행 시간의 절반 이하는 '모름'이란 답을 출력할 수 있다. ZPP 역시 오류가 전혀 없지만 예상된 다항 시간 동안만 실행되는 알고리즘으로 풀 수 있는 문제에 대한 클래스다.

때로는 BPP 알고리즘을 '몬테카를로 알고리즘$^{Monte\ Carlo\ Algorithm}$'이라 부르고, ZPP 알고리즘을 '라스베이거스 알고리즘$^{Las\ Vegas\ Algorithm}$'이라고 부른다. 심지어 RP 알고리즘을 '아틀란틱 시티 알고리즘$^{Atlantic\ City\ Algorithm}$'6이라 부르는 것도 봤다. 이러한 우스꽝스런 명칭을 볼 때마다 황당함을 금치 못한다(혹시 인디언 보호구역 알고리즘은 없는가?).

지금까지 이 책에서 소개한 복잡도 클래스에 대해 현재까지 알려진 상호 관계를 정리하면 다음과 같다. 여기서 직접 언급하지 않은 관계는 연습문제 삼아 여러분이 직접 밝혀내기 바란다.

---

6. 아틀란틱 시티는 미국 동부의 라스베이거스라 불리는 뉴저지 주의 카지노 도시다. – 옮긴이

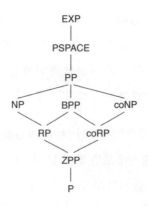

BPP가 NP에 포함되는지 아직도 모른다는 사실에 놀랄 수도 있다. 하지만 이렇게 생각해보자. 설사 BPP 머신이 1에 가까운 확률로 계산할 수 있다고 하더라도 이를 믿지 않는 결정적인 다항 시간 검증자[verifier]에게 어떻게 증명할 수 있을까? 검증자에게 몇 가지 무작위 실행 결과를 보여줄 수는 있겠지만 그렇더라도 여전히 검증자는 결과가 잘 나오도록 샘플을 조작했다고 의심할 것이다.

다행히 상황이 생각보다 아주 절망적인 것은 아니다. 최소한 BPP는 NP^{NP} (즉, NP 오라클이 있는 NP)에 포함된다는 것은 알고 있다. 따라서 다항 계층 PH에서 두 번째 계층에 속한다. 십서[Sipser], 각스[Gács], 라우테만[Lautemann]이 1983년에 이를 증명했다. 세부 기법 위주라서 자세한 설명은 생략한다. 정보고 싶다면 이 글을 참고하라.[7]

참고로 BPP가 NP^{NP}에 포함된다는 것은 알지만 양자 컴퓨터에서 다항 시간에 풀 수 있는 문제에 대한 클래스인 BQP에 대해서도 이런 관계가 성립하는지는 모른다. BQP에 대해서는 아직 설명하지 않았고, 몇 장[chapter] 더 지나야 정식으로 소개하지만 여기서 BQP가 확실히 아닌 것에 대해 간단히 소개하고 넘어간다. 다시 말해 BPP에 대해 참이라고 알려진 사실 중에서 BQP에서는 참인지 모르는 사실로 뭐가 있을까? PH에 포함된다는 사실은 이 장에서

7. http://www.cs.berkeley.edu/~luca/cs278-01/notes/lecture9.ps(번역서 출간 시점에 유효하지 않은 링크)

소개할 세 가지 예 중 첫 번째에 불과하다.

복잡도 이론에서 무작위성은 사실 불균일성^{nonuniformity}이라는 또 다른 개념과 굉장히 밀접한 관계에 있다고 밝혀졌는데, 뒤에 나오는 설명을 듣기 전까지는 잘 와 닿지 않을 것이다. 불균일성이란 간단히 말해 길이가 n인 입력마다 선택하는 알고리즘이 달라진다는 말이다. 그렇다면 이런 멍청한 짓을 하는 이유가 뭘까? 5장에서 블룸 성능 향상 정리^{Blum Speedup Theorem}를 소개할 때 가장 빠른 알고리즘이 존재하지 않고 충분히 큰 입력에 대해 앞에 나온 알고리즘보다 더 빠른 알고리즘이 무한히 나열돼 있도록 문제를 괴상하게 만들 수 있다고 설명한 적이 있다. 이때 불균일성을 이용하면 모든 알고리즘 중에서 골라 최적의 성능을 내게 할 수 있다. 다시 말해 길이가 n인 입력이 주어졌을 때 바로 그 길이를 가진 입력에 대해 가장 빠른 알고리즘을 선택하기만 하면 된다.

하지만 불균일성이 보장되는 세상에 있더라도 복잡도 이론을 연구하는 이들은 효율적으로 계산할 수 있는 대상에 엄격한 한계가 존재한다고 믿고 있다. 이러한 한계를 살펴보려면 카프^{Karp}와 립톤^{Lipton}이 1982년에 고안한 용어가 필요하다.[8] 카프와 립톤은 P/$f(n)$ 클래스, 즉 크기가 $f(n)$ 비트인 조언^{advice}이 주어진 P 클래스를 정의했다. 이 클래스는 튜링 머신에서 결정론적 방식으로 다항 시간에 풀 수 있으면서 입력 길이 n에만 영향을 받는 $f(n)$ 비트의 '조언 문자열' a_n의 도움을 받는 문제들로 구성된다.

다항 시간 튜링 머신을 대학원생에, 조언 문자열 a_n을 지도 교수의 지혜에 비유해보자. 대다수의 지도 교수가 그렇듯이 이 사람도 한없이 현명하고, 자애롭고, 신뢰할 수 있는 인물이다. 그저 학생이 학위 논문에서 다루는 문제를 푸는 데 도움을 줄 뿐이다. 다시 말해 $\{0, 1\}^n$ 중에서 예상되는 입력들이 "예"란 결과를 내는 입력인지 아니면 "아니요"란 결과를 내는 입력인지 결

8. R. M. Karp and R. J. Lipton, Turing machines that take advice, L'Enseignement Mathématique 28 (1982), 191–209

정하는 데 도와준다. 그런데 다른 지도 교수들처럼 이 사람도 너무 바빠서 학생이 구체적으로 어떤 문제를 풀고 있는지 모르고 있다. 그래서 모든 학생에게 a_n이란 조언을 똑같이 하고, 각자가 사용하는 특정한 입력 x에 적절히 적용할 것이라 기대할 뿐이다.

신뢰할 수 없는 조언에 따라 연구할 위험도 있다. 실제로 나도 그런 경험이 있었다. 개인적으로 신뢰할 수 없는 조언을 바탕으로 특정한 복잡도 클래스를 정의한 적이 있다. 하지만 여기서는 우리가 통상적으로 이해하고 있는 정의에 따라 조언은 신뢰할 수 있다고 가정하자.

이와 관련해서 P/poly란 클래스를 특히 자세히 살펴볼 것이다. 이 클래스는 다항 크기의 조언을 이용해 다항 시간에 풀 수 있는 문제로 구성된다. 다시 말해 P/poly 클래스란 모든 양의 정수 k에 대해 P/n^k의 합집합이다.

그렇다면 P = P/poly가 성립할까? 언뜻 봐도 그렇지 않아 보인다. P는 P/poly 안에 완전히 포함되며(같은 경우 제외), 실제로 P/1에 속한다. 다시 말해 단 한 비트의 조언만 주어지더라도 아무런 조언이 없을 때보다 많은 일을 할 수 있다. 왜 그럴까?

그렇다. 다음 문제를 한 번 살펴보자.

길이가 n인 입력이 주어졌을 때 n번째 튜링 머신이 멈추는지 결정하라.

이 문제는 P에 속하지 않을 뿐만 아니라 계산할 수조차 없다. 멈춤 문제를 '단항unary' 인코딩으로 표현한 더 느린 버전에 불과하기 때문이다. 그런데 이 문제는 길이가 n인 입력에만 적용되는 단 한 비트의 조언이 주어지면 쉽게 풀 수 있다. 단 한 비트 조언만으로 정답을 충분히 표현할 수 있기 때문이다.

조언의 강력함을 이해하기 위한 또 다른 방법을 살펴보자. P에 속한 문제의 수는 가산(셀 수 있는) 무한개인 반면 P/1에 속한 문제의 수는 셀 수 없이 무한하다(두 경우에 대해 그 이유가 뭘까?).

한편 조언이 없을 때보다 조언이 주어졌을 때 엄청나게 많은 수의 문제를 풀 수 있다고 해서 특정한 문제를 푸는 데 조언이 도움될 거라고 볼 수는 없다. 두 번째로 쉽게 발견할 수 있는 사실은 조언만으로 모든 것을 할 수 없다는 것이다. 즉, P/poly에 속하지 않는 문제가 존재한다. 왜 그럴까?

간단히 대각화 논법으로 설명해보자. 이 과정에서 생각보다 강력한 결과가 도출된다. 즉, P/$n^{\log n}$에 속하지 않는 문제가 존재하지 않는다. M_1, M_2, M_3, …이 다항 시간 튜링 머신 목록이라 하자. 또한 입력의 길이를 n으로 고정한다. 그런 다음 불리언 함수$^{Boolean function}$ f:$\{0, 1\}^n \to \{0, 1\}$가 존재한다고 주장하려고 한다. 여기서 첫 번째 n개의 머신(M_1, M_2, … , M_n)은 모두 계산에 실패한다. 심지어 $n^{\log n}$ 비트의 조언 문자열이 주어져도 그렇다. 왜 그럴까? 이는 단지 개수 세기 문제에 불과하다. 2^{2^n}개의 불리언 함수가 있고, 단 n개의 튜링 머신과 $2^{n^{\log n}}$개의 조언 문자열이 있다. 따라서 모든 n에 대한 함수 중에서 이를 충족하는 f를 고른다. 그런 다음 각 머신 M_i가 입력 길이가 무한히 많을 때만 통과하고 나머지는 실패하게 만들 수 있다. 실제로 M_i가 다항 시간으로 구동된다는 가정도 필요 없다.

이렇게 조언에 신경 쓰는 이유가 뭘까? 무엇보다도 계속해서 자꾸자꾸 등장하기 때문이다. 가령 균일한 계산에만 관심이 있더라도 그렇다. 우리가 궁극적으로 알고자 하는 사실이 BPP의 역무작위화^{derandomize} 가능 여부라 할지라도 결국 조언에 대한 문제로 귀결된다. 따라서 다른 나머지 복잡도 클래스와 밀접하게 엮여 있다. 쉽게 말해 조언이 주어진 알고리즘은 블룸 성능 향상 정리에서 본 것처럼 무한히 많은 알고리즘과 전혀 다르지 않다. 입력 길이가 커질수록 새로운 아이디어를 계속해서 사용해야 하고, 좀 더 성능을 향상해야 하는 알고리즘일 뿐이다. 지금까지 설명한 것이 조언을 바라보는 한 가지 관점이다.

이번에는 다른 관점으로 살펴보자. 조언을 냉동 건조된 계산이라 생각할 수도 있다. 엄청나게 방대한 계산 노력이 있는데, 이를 간편하게 다항 크기의 문자열에 담아 냉동식품 코너에 뒀다가 필요할 때 언제든지 전자레인지에 데워 작업하는 것으로 볼 수 있다.

조언은 일부 계산 불가능한 프로세스의 결과가 태초부터 우주에 떠돌아다니고 있었을 가능성을 수식으로 표현한 것이다. 문제는 우주 탄생 당시의 초기 조건을 전혀 모른다는 것이다. 흔히 컴퓨터가 어떤 상태에서 시작하더라도 항상 그 상태에 도달하는 물리 프로세스가 존재한다는 가정은 타당하다고 간주한다. 아마도 유일한 다항 시간 물리 프로세스일 것이다. 그래야 그 상태에 도달하게 만든 전체 프로세스를 모사할 수 있기 때문이다. 필요하다면 빅뱅 시점까지 역추적할 수 있다. 하지만 이게 정말 합리적일까?

지금껏 우리는 진짜 질문은 건드리지 않고 주변만 맴돌았다. 정말 궁금한 점은 조언이 NP 완전 문제처럼 많은 관심을 받고 있는 문제를 푸는 데도 도움이 되는가다. 특히 $NP \subset P/poly$가 성립하는지가 궁금하다. 직관적으로 보면 그럴 것 같지 않다. 크기가 n인 부울식은 지수 함수적으로 많이 존재하는데, 신으로부터 다항 크기의 조언 문자열을 받는다 한들 그 조언이 수많은 부울식 중에서도 극히 일부분 이상의 충족 가능성을 결정하는 데 얼마나 도움이 될까?

놀라운 사실처럼 들리겠지만 그게 불가능하다는 것을 증명할 수 없다. 최소한 이 문제만큼은 우리의 무능함에 대해 핑계 거리가 있다. $P = NP$가 성립한다면 당연히 $NP \subset P/poly$도 성립하기 때문이다. 하지만 여기서 질문, $P \neq NP$를 증명할 수 있다면 $NP \not\subset P/poly$도 증명할 수 있을까? 다시 말해 $NP \subset P/poly$는 $P = NP$를 함축^{imply}할까($NP \subset P/poly \rightarrow 'P = NP$)? 아쉽게도 이 문제에 대한 답도 아직 밝혀지지 않았다.

하지만 BPP와 NP에 대한 상황은 생각보다 그리 절망적이지 않다. $NP \subset P/poly$가 성립하면 다항 계층 PH가 두 번째 계층(즉, NP^{NP})으로 무너진다는 사실을 카프와 립톤이 1982년에 그럭저럭 증명하긴 했다. 다시 말해 다항 계층이 무한하다고 믿는다면 불균일 알고리즘으로 NP 완전 문제를 효율적으로 풀 수 없다고도 믿어야 한다는 말이다.

카프-립톤 정리Karp-Lipton Theorem는 굉장히 거대한 복잡도 클래스 중에서도 가장 유명한 예다. 이 클래스를 흔히 "당나귀가 휘파람을 불 수 있다면 돼지가 날 수 있다."고 표현한다. 다시 말해 모두가 참이라고 믿지 않는 것이 참이라면 모두가 참이라고 믿지 않는 다른 것도 참이 된다는 말이다. 이게 무슨 지적 자위행위 같은 소리냐고? 전혀 그렇지 않다. 이 결과에서 흥미로운 점은 아무도 참이라고 믿지 않는다는 두 가지 명제가 서로 전혀 관련 없다고 여길 뻔했다는 점이다.

약간 옆길로 샜는데, 어쨌든 카프-립톤 정리의 증명을 보면 카프리썬이나 립톤 티 한 박스보다는 훨씬 흥미롭다고 느낄 것이다. 그러니 곧바로 이 정리의 증명을 살펴보자. 먼저 $NP \subset P/poly$가 성립한다고 가정한다. 그런 다음 다항 계층이 두 번째 계층으로 무너진다는 것을, 즉 $coNP^{NP} = NP^{NP}$임을 증명해야 한다. 그럼 $coNP^{NP}$에 속하는 문제 중에서 다음과 같이 아무거나 하나를 골라 살펴보자.

> 모든 n비트 문자열 x에 대해 $\phi(x, y)$가 참이 되는 n비트 문자열 y가 존재할까?

(여기서 ϕ는 임의의 다항 크기 부울식이다)

이제 NP^{NP} 질문, 즉 존재 한정자가 전체 한정자보다 먼저 나오는 질문에 대한 답을 구한 다음 앞에 나온 질문의 답과 같은지 확인해야 한다. 그런데 그런 질문으로 도대체 어떤 것이 있을까? 한 가지 꼼수가 있다. 먼저 존재 한정자로 다항 크기의 조언 문자열 a_n을 추측한다. 그런 다음 전체 한정자로 문자열 x를 추측한다. 마지막으로 조언 문자열 a_n과 $NP \subset P/poly$란 가정을 이용해 y를 직접 추측한다. 이렇게 하면 다음과 같이 표현할 수 있다.

> 모든 n비트 문자열 x에 대해 $\phi(x, M(x, a_n))$이 참이 되는 조언 문자열 a_n이 존재할까?

여기서 M은 다항 시간 튜링 머신으로, x라는 입력과 a_n이라는 조언이 주어졌을 때 $\phi(x, y)$가 참이 되는 n비트 문자열 y가 존재한다면 그 값을 출력한다. 6장에 나온 문제 중 하나에 따르면 NP 완전 문제를 P/poly 시간 이내에 풀수 있다는 가정하에 그런 M을 쉽게 구성할 수 있다.

자, 이제 앞에서 언급한 불균일성이 무작위성과 밀접한 관계에 있다는 얘기를 해보자. 둘을 떼어 놓고 어느 하나만 말하기가 참 힘든 주제다. 따라서 이 장의 나머지 부분은 무작위성과 불균일성 사이의 관계에 대한 얘기 두 가지로 마무리하려 한다. 하나는 1970년대에 애들먼^{Adleman}이 발견한 간단한 것이고, 다른 하나는 임파글리아초^{Impagliazzo}, 니산^{Nisan}, 위그더슨^{Wigderson}이 1990년대에 발견한 심오한 것이다.

먼저 간단한 관계는 BPP $\subset$ P/poly라는 것이다. 다시 말해 불균일성은 최소한 무작위성만큼 강력하다. 그렇게 볼 수 있는 이유가 뭘까?

그 이유를 한 번 살펴보자. BPP 계산이 하나 주어졌을 때 가장 먼저 할 일은 그 계산에 대한 오차를 지수적으로 작게 증폭시키는 것이다. 다르게 표현하면 그 계산을 (예를 들어) n^2번 반복한 다음 과반인 답을 결과로 내보내 오류 확률을 1/3에서 대략 2^{-n^2} 수준으로 떨어뜨리는 것이다(BPP에 대한 증명을 할 때 거의 대부분 지수적으로 적은 에러로 증폭시키는 작업부터 하는 것이 바람직하다).

그렇다면 길이가 n인 입력이 얼마나 많이 있을까? 맞다. 2^n개가 있다. 그리고 각각의 입력에 대해 2^{-n^2}만큼의 무작위 문자열만 에러를 발생시킨다. (이론 전산학에서 가장 유용한 사실 중 하나인) 합계 상한을 적용하면 최대 2^{n-n^2}만큼의 무작위 문자열만 길이가 n인 입력에 대해 에러를 발생시킬 수 있다. $2^{n-n^2} < 1$이므로, 이 말은 길이가 n인 입력에 대해 에러를 절대로 발생시키지 않는 무작위 문자열(r이라 부르자) 하나가 존재한다는 뜻이 된다. 따라서 이런 r을 알아내 P/poly 머신에 대한 조언으로 입력하면 된다.

지금까지 무작위성과 불균일성에 대한 관계 중 간단한 버전을 설명했다. 심오한 버전으로 넘어가기 전에 먼저 두 가지 사항을 짚고 넘어가자.

1. 설사 $P \neq NP$라도 NP 완전 문제를 확률적으로 다항 시간에 풀 수 있는지 여부가 궁금할 것이다. 다시 말해 NP가 BPP에 포함되는지 여부가 궁금하다. 이 문제는 구체적인 형태로 표현할 수 있다. $NP \subseteq BPP$면 (BPP $\subset P/poly$이기 때문에) 확실히 $NP \subset P/poly$다. 하지만 그렇게 되면 카프-립톤 정리에 따라 PH가 무너진다. 따라서 다항 계층이 무한하다고 믿는다면 NP 완전 문제도 무작위 알고리즘으로 효율적으로 풀 수 없다고 믿어야 한다.

2. 불균일성으로 무작위성을 모사할 수 있다면 양자성^{quantumness}도 모사할 수 있을까? 다시 말해 $BQP \subset P/poly$가 성립할까? 글쎄, 정답은 모르지만 그럴 것 같지 않다고 알려져 있다. $BPP \subset P/poly$에서 BPP를 BQP로 대체하면 애들먼의 증명이 완전히 깨져버린다. 하지만 이를 통해 흥미로운 질문이 나타난다. 왜 깨질까? 양자 이론과 고전 확률 이론의 근본적인 차이가 뭘까? 어떤 이유로 애들먼의 증명이 한쪽에서는 성립하고 다른 쪽에서는 성립하지 않는 것일까? 여기에 대한 답은 연습문제로 남겨둔다.

자, 이제 무작위성과 불균일성의 관계에 대한 심오한 버전을 살펴보자. 이 장의 앞부분에서 소개한 소수 검사 문제를 기억하는가? 수년간 이 문제는 복잡도 계층에서 서서히 한 단계씩 내려왔다. 마치 원숭이가 나뭇가지 사이를 옮겨 다니듯 말이다.

- 처음에는 소수 검사 문제가 확실히 coNP라고 봤다.
- 1975년, 프랫^{Pratt}이 NP라고 증명했다.
- 1977년, 솔로베이^{Solovay}, 스트라센^{Strassen}, 라빈^{Rabin}이 coRP라고 증명했다.

- 1992년, 애들먼과 후앙은 **ZPP**라고 증명했다.
- 2002년, 아그라왈^{Agrawal}, 카알^{Kayal}, 삭세나^{Saxena}는 이 문제가 **P**라는 것을 밝혀냈다.

무작위 알고리즘을 골라 결정론적 버전으로 변환하는 과정을 역무작위화 ^{derandomization}라 부른다(이론 전산학자나 좋아할 이름이다). 소수 검사 문제의 역사를 보면 이러한 역무작위화 과정이 극적으로 성공한 사례로 볼 수 있다. 하지만 이러한 성공의 이면에는 한 가지 근본적인 의문이 있다. 바로 무작위 알고리즘을 모두 역무작위화할 수 있을까? 다시 말해 **P = BPP**일까?

이 질문에 대한 답 역시 아직 밝혀지지 않았다. 흔히 두 개의 복잡도 클래스가 서로 같은지 불분명할 때 기본적으로 둘이 서로 다르다고 가정한다. 따라서 **P = BPP**도 현재까지 이렇게 보고 있다. 지난 십오 년 동안 쌓인 수많은 근거를 볼 때 **P = BPP**라고 거의 확실시된다. 이에 대한 근거는 여기서 자세히 다루지 않지만 대략 어떤 것인지 맛볼 수 있도록 다음 정리를 소개한다.

> **임파글리아초-위그더슨 정리(1997)[9]:** 지수 시간에 풀 수 있는 문제가 하나 있을 때 준지수^{subexponential} 크기의 조언 문자열의 도움을 받더라도 준지수 시간 안에 풀 수 없다면 **P = BPP**다.

이 정리에서 역무작위화와 불균일성이 어떻게 연결되는지, 특히 특정한 문제를 불균일 알고리즘으로 풀기 힘들다고 증명하는 데 있어 역무작위화가 어떤 역할을 하는지 주목하기 바란다. 여기서 가정에 특이한 점은 분명히 없다. 현재 우리의 관점에서 볼 때 **P = BPP**란 결론 역시 특이하지 않다. 하지만 가정과 결론은 서로 아무런 관련이 없어 보인다. 따라서 이 정리를 쉽게 표현하면 "당나귀가 울 수 있다면 돼지가 꿀꿀거릴 수 있다."고 말할 수 있다.

---

9. R. Impagliazzo and A. Wigderson, P = BPP if E requires exponential circuits: derandomizing the XOR lemma. In Proceedings of ACM Symposium on Theory of Computing (New York: ACM, 1997), pp. 220–9.

그렇다면 무작위성과 불균일성의 관계는 어디서 나온 걸까? 유사 무작위 생성기에 대한 이론을 연구하면서 처음 등장했다. 유사 무작위수 생성기 pseudorandom generator는 8장에서 암호화를 얘기할 때 실컷 볼 것이다. 하지만 여기서 핵심만 소개하면 유사 무작위수 생성기란 (시드seed라 부르는) 짧은 문자열을 입력받아 긴 문자열을 출력하는 함수에 불과하다. 이때 시드가 무작위수면 출력되는 문자열이 무작위수처럼 보인다. 출력된 결과는 분명 무작위수가 될 수 없다. 엔트로피entropy가 충분하지 않기 때문이다. 시드의 길이가 k비트라면 출력 문자열의 길이에 관계없이, 2^k가지의 결과만 나올 수 있다. 그렇다면 질문을 바꿔 유사 무작위 생성기의 출력이 '진정한' 무작위true randomness인지 구분할 수 있는 다항 시간 알고리즘은 존재할 수 없는지를 따져봐야 한다. 물론 시드를 결과에 매핑하는 함수가 다항 시간에 계산 가능하다면 좋을 것이다.

여기에 대해 이미 1982년에 앤디 야오Andy Yao는 유사 무작위수 생성기를 '상당히 잘' 만들 수 있다면 P = BPP를 증명할 수 있다고 깨달았다. 무슨 뜻일까? 먼저 모든 정수 k에 대해 $O(\log n)$ 비트의 시드를 다항 시간 안에 n비트 출력으로 늘릴 수 있다고 가정해보자. 이때 n^k 시간으로 실행되는 알고리즘 중에서 어떠한 것도 결과가 진정한 무작위인지 구분할 수 없다고 하자. 또한 n^k 시간에 실행되는 BPP 머신이 한 대 있다고 가정하자. 그러면 시드로 나올 수 있는 모든 값에 대해 루프를 돌면서 각각에 대한 결과를 BPP 머신에 입력한 후 과반을 차지하는 결과를 구할 수 있을 것이다. BPP 머신이 주어진 유사 무작위 문자열을 통과시킬 확률은 반드시 진정한 무작위 문자열을 통과시킬 확률과 거의 같아야 한다. 그렇지 않다면 그 머신은 진정한 무작위 문자열과 유사 무작위 문자열을 구분할 수 있다는 말인데, 이는 가정에 어긋난다.

그런데 여기서 불균일성이 도대체 어떤 관련이 있는 것일까? 그것은 바로, BPP 머신은 무작위(또는 유사 무작위) 문자열뿐만 아니라 또 다른 입력인 x

를 받는 데 있다. 그래서 모든 x를 다루려면 역무작위화 과정을 거쳐야 한다. 하지만 이 말은 역무작위화의 관점에서 보면 x라는 문자열을 엄청난 지능과 악의를 가진 누군가가 오로지 유사 무작위수 생성기를 망가뜨릴 목적으로 제공한 조언 문자열로 여겨야 한다는 것을 의미한다. 바로 이러한 이유 때문에 조언이 제공되더라도 풀기 힘든 문제라고 가정할 수밖에 없었다. '악의적인' x가 주어지더라도 진정한 무작위와 구분할 수 없는 유사 무작위수 생성기를 만들어야 하기 때문이다.

정리하면 어떤 문제가 불균일 알고리즘으로도 충분히 풀기 힘들다는 것을 증명할 수 있다면 P = BPP를 증명할 수 있다.

이 결과를 통해 BPP와 BQP에 대한 세 번째 차이점을 도출할 수 있다. 대다수 사람이 P = BPP라는 것은 믿는 반면 P = BQP는 믿지 않고 있다(사실 기존 컴퓨터로 인수분해 문제를 풀기 힘들다고 믿는지도 믿을 수 없다). 역무작위화 프로그램의 성공에 조금이라도 가까운 '역양자화dequantization' 프로그램은 존재하지 않는다. 이걸 봐도 역시 양자 이론과 고전 확률 이론은 근본적으로 다른 것 같다. (십서-각스-라우테만 정리나 애들먼 정리, 임파글리아초-위그더슨 정리와 같은) 특정한 개념이 고전 확률 이론에는 잘 먹히지만 양자 이론에는 적용되지 않는다.

참고로 카바네츠와 임파글리아초[10]를 비롯한 다른 이들은 역무작위화 정리의 역에 해당하는 결과를 도출해냈다. 그 결과란 P = BPP를 증명하려면 특정한 문제가 불균일 알고리즘으로 풀기 힘들다고 증명해야 한다는 것이다. P = BPP라 가정할 때 왜 아직 이를 증명한 사람이 없는지에 대한 근거로 볼 수도 있다. 다시 말해 P = BPP를 증명하려면 특정한 문제가 풀기 힘들다고 증명해야 하고, 그런 문제가 풀기 힘들다고 증명할 수 있다면 (최소한 간접적으로라도) P와 NP 같은 문제를 공략해야 한다는 뜻이다. 복잡도 이론에서 거

10. V. Kabanets and R. Impagliazzo, Derandomizing polynomial identity tests means proving circuit lower bounds, Computational Complexity, 13:1/2 (2004), 1–46.

의 모든 문제가 P와 NP로 귀결되는 것 같다.

퍼즐

1. 여러분이 친구와 함께 동전 던지기를 하려는데, 하필 유일하게 갖고 있던 동전이 휘어져 있다. 즉, 정확한 값은 모르지만 p라는 확률로 앞면이 나온다. 이 동전으로 균등한 결과가 나오도록 모사할 수 있을까?(여기서 균등하다는 말은 대체로 비슷한 결과가 아닌, 완벽한 균등을 의미한다)

2. n명의 사람들이 둥글게 서 있다. 각자 빨간 모자와 파란 모자 중 하나를 쓰고 있는데, 어떤 모자를 쓰게 될지는 색상이 고르게 분포하도록 서로 독립적으로 무작위 선택한다. 다른 사람의 모자는 볼 수 있지만 자기가 쓰고 있는 모자는 볼 수 없다. 이 상태에서 빨간 모자의 개수가 홀수인지 아닌지 맞추는 게임을 진행한다. 답은 모든 사람이 동시에 표현한다. 따라서 다른 사람의 답을 참고해서 답할 수는 없다. 그렇다면 이 게임을 이길 수 있는 최대 확률은 얼마나 될까?(여기서 "이긴다."는 말은 자신이 제시한 답이 참이라는 것을 의미한다) 문제를 간단히 하고자 n은 홀수라 가정한다.

08

암호화

7장의 퍼즐에 대한 해답

퍼즐 1. 앞면(H)이 나올 확률이 p인 휘어진 동전이 주어졌을 때 결과가 편향되지 않도록 구성할 수 있을까?

풀이. '폰 노이만 기법$^{\text{von Neumann trick}}$'으로 해결할 수 있다. 휘어진 동전을 두 번 던지고, HT(앞면이 나온 뒤에 뒷면이 나오는 경우)를 앞면이라 해석하고, TH를 뒷면이라 해석한다. HH나 TT라고 나오면 다시 던진다. 이렇게 하면 '앞면'이 나올 확률과 '뒷면'이 나올 확률을 동등하게 만들 수 있다. 즉, 매번 던질 때마다 $p(1-p)$의 확률로 결과가 나온다. HT나 TH만 결과로 인정한다면 동전이 휘지 않은 것처럼 표현할 수 있다.

퍼즐 2. n명의 사람들이 둥글게 서 있다. 각자 빨간 모자와 파란 모자 중 하나를 쓰고 있는데, 모자의 색상이 고르게 분포하도록 서로 독립적으로 무작위로 선택해서 쓰게 한다. 다른 사람의 모자는 볼 수 있지만 자기가 쓰고 있는 모자는 볼 수 없다. 이 상태에서 빨간 모자의 개수가 홀수인지 아닌지 맞추는 게임을 진행한다. 답은 모두 동시에 말한다. 그래서 다른 사람의 답을 참고해서 답할 수는 없다. 그렇다면 이 게임에서 이길 확률을 ½보다 높일 수 있을까?

풀이. 각자 다음과 같은 방식으로 답을 낸다. 빨간 모자보다 파란 모자가 더 많이 눈에 띈다면 빨간 모자 개수가 홀수인지 여부로 답을 낸다. 반대로 빨간 모자가 더 많이 눈에 띈다면 빨간 모자 개수의 홀수 여부와 반대로 답을 낸다. 빨간 모자의 개수와 파란 모자의 개수가 최소한 두 개 이상 차이가 난다면 이 방식으로 확실히 이길 수 있다. 그렇지 않다면 이 방법은 먹히지 않는다. 하지만 빨간 모자와 파란 모자의 개수 차이가 2보다 작을 확률은 $O(1/\sqrt{N})$으로 작아진다.

암호

암호 기법^{cryptography}은 3,000년 이상의 인류 역사 동안 핵심 무기로 사용됐다. 수많은 전쟁에서 암호 체계가 정교한지 아니면 허술한지에 따라 승패가 갈렸다. 믿기 힘들다면 데이비드 칸$^{David\ Kahn}$이 쓴 『코드 브레이커$^{The\ Codebreakers}$』[1]를 읽어보기 바란다. 여기서 주목할 점은 2차 대전 중 나치 해군의 암호를 해독하던 앨런 튜링 팀의 활동이 알려지기도 전에 쓴 책이라는 것이다.

암호 기법은 수천 년에 걸친 인류 역사에 엄청난 영향을 미쳤지만 이 기술에 대한 인식은 최근 30년 사이에 완전히 변했다. 암호 기법에 대한 기본적인 수학적 성질이 밝혀진 때를 시간 순서로 나열해보면 고대부터 전해온 것 몇 가지, 1800년대 이전 중세 시대에 발견된 것 몇 가지, 1920년대에 하나, 2차 대전 당시 발견된 것이 몇 개 더 있고, 그러다가 1970년대에 계산 복잡도 이론이 탄생한 후로 폭발적으로 등장했다.

암호 기법의 유래는 고대 로마 제국 시절 '시저 암호화$^{Caesar\ cipher}$'라는 유명하면서도 형편없는 기법으로 거슬러 갈 수 있다. 이 기법은 단순히 문자마다 3을 더하는 방식으로 평문을 암호문으로 변환했다. 이때 Z에 도달하면 다시 A로 되돌아가는 식으로 계산했다. 즉, D는 G로, Y는 B로 변환했다. 그래

---

1. D. Kahn, 『The Codebreakers』(Scribner, 1996)

서 DEMOCRITUS를 암호화하면 GHPRFULWXV가 된다. 그 후로 좀 더 복잡한 암호 기법이 등장했지만 모두 빈도 분석 같은 방법으로 충분히 깰 정도로 단순했다. 그렇다고 이런 기법을 사람들이 그만 쓴 것도 아니다. 2006년에 시칠리아 마피아 두목[2]이 40년의 추적 끝에 잡혔는데, 부하에게 보낼 메시지를 시저 암호화, 그것도 최초의 버전을 사용했다고 한다.

그렇다면 정보 이론적으로 안전한 암호 체계가 존재할 수 있을까? 다시 말해 암호문을 도청하는 이가 엄청난 연산 시간을 투입하더라도 절대 깰 수 없을 정도로 안전하다고 증명할 수 있는 암호화 기법이 존재할 수 있을까? (모르는 사람이라면 놀랍게도) 실제로 존재할 수 있다고 밝혀졌다. 하지만 더욱 놀라운 사실은 1920년대까지만 해도 그런 체계가 발견되지 않았다. 그 이유는 잠시 후 살펴보기로 하고 이때 발견된 정보 이론적으로 안전한 체계의 초기 버전이 바로 OTP[One-Time Pad](원타임 패드, 일회용 패드)다. 원리는 간단하다. 평문을 바이너리 문자열 p로 표현하고 이를 길이가 같은 무작위 바이너리 키인 k와 XOR한다. 따라서 암호문 c는 $p \oplus k$와 같다(여기서 $\oplus$는 비트 단위 모듈로 덧셈 2[bitwise addition mod 2]이다).

(k 값을 알고 있는) 수신자는 암호문을 또 다른 XOR 연산으로 복호화할 수 있다.

$$c \oplus k = p \oplus k \oplus k = p$$

k 값을 모르는 도청자가 보기에 암호문은 단순히 무작위 비트로 구성된 문자열이다. 임의의 비트 문자열을 무작위 문자열과 XOR하면 또 다른 무작위 문자열이 나올 뿐이다. OTP의 단점은 송신자와 수신자가 최소한 보내는 메시지의 길이만한 키를 공유해야 한다는 것이다. 게다가 같은 키로 암호화하는 메시지가 두 개 이상이면 정보 이론적으로 안전하지 않게 된다(그래서 '원타임(일회용) 패드'라고 부른다). 왜 그런지 살펴보고자 두 개의 평문 p_1과 p_2를

---

2. http://en.wikipedia.org/wiki/Pizzino 참고

동일한 키 k로 암호화한 암호문 c_1과 c_2가 있다고 가정하자. 그러면 다음과 같은 식을 유도할 수 있다.

$$c_1 \oplus c_2 = p_1 \oplus k \oplus p_2 \oplus k = p_1 \oplus p_2$$

따라서 도청자가 보는 문자열은 $p_1 \oplus p_2$가 된다. 당연히 이 값은 유용할 수도 있고 그렇지 않을 수도 있다. 하지만 여기서 평문에 대한 힌트를 조금이라도 얻을 수는 있다. 물론 순전히 수학적인 호기심일 뿐이다. 1950년대에 소련에서 잠시 방심해 OTP 중 몇 개를 재사용했는데, NSA의 VENONA 프로젝트에서 이 기법으로 암호화된 문장 중 (전부는 아니지만) 일부를 해독했다. 로젠버그 부부Julius and Ethel Rosenberg[3]가 잡힌 이유도 아마 이 때문이다.

1940년대에 클로드 섀넌Claude Shannon은 정보 이론적으로 안전한 암호 기법을 만들려면 송신자와 수신자가 공유하는 키의 길이가 최소한 서로 주고받는 메시지만큼은 돼야 한다고 증명했다. 섀넌이 증명한 다른 결과와 마찬가지로 결과를 알고 보면 단순하다(그래서 뭐든지 초반에 해야 한다). 증명 내용은 다음과 같다. 암호문과 키가 주어졌을 때 평문을 고유하게 복원해야 한다. 다시 말해 길이가 고정된 모든 키에 대해 평문에서 암호문으로 매핑하는 함수는 단사 함수injective function여야 한다. 그런데 이 말은 곧 암호문 c를 생성할 수 있는 평문의 수는 아무리 많아도 키의 개수 만큼이라는 것을 의미한다. 다시 말해 사용 가능한 키의 개수가 평문보다 적으면 도청자가 평문에 대한 경우의 수 중 일부, 즉 어떠한 키를 사용해도 c로 암호화할 수 없는 평문을 걸러낼 수 있다. 따라서 그 암호 체계는 완벽하게 안전하다고 볼 수 없다. 이로부터 완벽한 보안을 원한다면 키의 수가 최소한 평문의 수만큼은 있어야 한다는 결론을 도출할 수 있다. 다시 말해 키에 대한 비트 수는 최소한 평문에 대한 비트 수만큼 있어야 한다.

---

3. 미국의 공산주의자였는데, 소련을 위해 스파이 행위를 했다는 죄목으로 기소돼 사형 당했다. - 옮긴이

앞에서 엄청나게 거대한 키를 공유하기란 현실적으로 불가능에 가깝다고 말한 적이 있다. KGB조차 완벽히 처리하지 못했다. 따라서 작은 키로도 쓸 만한 암호 체계가 필요하다. 물론 섀넌의 결과에 따르면 그런 암호 체계는 정보 이론적으로 안전하지 않다. 그렇다면 조건을 좀 완화해서 도청자를 다항 시간에 가둬둘 수 있다면 어떨까? 이 질문은 자연스럽게 다음 주제로 연결된다.

유사 무작위수 생성기

7장에서 언급했지만 유사 무작위수 생성기[PRG, Pseudo Random Generator]란 짧지만 제대로 된 무작위 문자열을 입력 받아 무작위처럼 보이는 문자열을 생성하는 함수다. 좀 더 이론적으로 표현하면 유사 무작위수 생성기란 다음과 같은 속성을 갖는 함수 f라고 표현할 수 있다.

1. f는 n비트 문자열(시드[seed])을 입력 받아 $p(n)$비트 문자열을 출력하는 함수인데, 여기서 $p(n)$은 n보다 큰 다항식이다.
2. f는 n에 대한 다항 시간에 계산할 수 있다.
3. 모든 다항 시간 알고리즘 A(적대자[adversary])에 대해 다음과 같은 수식의 차이는 무시할 수 있을 만큼 작다.

$$|\Pr_{n \text{ 비트 문자열 } x} [\text{A가 } f(x)\text{를 채택}] - \Pr_{p(n) \text{ 비트 문자열 } y} [\text{A가 } y\text{를 채택}]|$$

다시 말해 임의의 다항식 q에 대해 $1/q(n)$보다 빠른 속도로 감소한다(물론 지수 속도로 감소하면 더 좋다). 좀 더 쉽게 표현하면 다항 시간으로 처리하는 적대자는 f의 출력과 진정한 무작위 문자열의 차이가 무시할 수 없는 수준이더라도 둘을 절대로 구분할 수 없다.

여기서 한 가지 질문이 나올 수 있다. 그렇다면 PRG는 문자열을 얼마나 길게 만들어야 할까? n비트 시드를 $2n$비트로 늘리면 충분한가? n^2비트까지? 아니면 n^{100}비트까지? 결론적으로 이런 것과 아무런 관련이 없다고 밝혀졌다.

왜 그럴까? n비트에서 $n + 1$ 비트로 확장할 수 있는 PRG f만으로도 f를 자기 자신의 출력 결과에 재귀적으로 계속 적용하면 임의의 다항식 p에 대해 n 비트를 $p(n)$비트로 확장할 수 있다. 심지어 이렇게 재귀적으로 호출한 결과를 무작위 $p(n)$비트 문자열과 효율적으로 구분할 수 있다면 f의 출력 결과 자체를 무작위 $(n + 1)$ 비트 문자열과 효율적으로 구분할 수 있는데, 이는 가정과 모순이다. 물론 이 과정에서 몇 가지 사실을 증명해야 하지만 이런 것들은 어떻게든 증명할 수 있다고 알려졌기 때문에 자세한 내용은 생략한다.[4]

이제 PRG가 존재한다면 짧은 암호화 키만으로도 계산적으로 안전한 암호 체계를 구축할 수 있다고 주장할 수 있다. 왜 그럴까?

그렇다. 먼저 PRG로 짧은 암호화 키를 평문 길이만큼 길게 확장한다. 그런 다음 길게 확장한 키가 진정한 무작위^{true random}인 것처럼 가장하고 OTP를 사용하듯이 적용하면 된다.

이 방식이 어떻게 안전할까? 현대 암호 기법에서 항상 하던 방식대로, 환산 (환원)으로 증명할 수 있다. 암호문만 주어졌고 도청자는 평문에 대한 정보를 다항 시간에 알아낼 수 있다고 하자. 앞에서 설명했듯이 암호화 키가 진정한 무작위라면(다시 말해 OTP와 같다면) 이렇게 하는 것이 불가능할 것이다. 따라서 도청자는 실질적으로 유사 무작위수 키와 무작위수 키를 구분할 수 있다. 하지만 이는 다항 시간 알고리즘으로는 둘을 구분하는 것이 불가능하다는 가정과 모순이다.

사실 지금까지 설명한 내용은 죄다 추상적이고 개념상으로만 존재하는 것이다. 물론 PRG가 있다면 놀라운 일들을 할 수 있을 것이다. 하지만 굳이

---

4. 증명을 보고 싶어 미치겠다면 오데드 골드라이히(Oded Goldreich)의 『Foundations of Cryptography: Volume I: Basic Tools』(Cambridge University Press, 2007)를 참고한다(물론 다른 문헌도 있다).

PRG가 실제로 존재한다고 가정할 필요가 있을까?

가장 먼저 쉽게 파악할 수 있는 사실은, PRG는 P ≠ NP일 때만 존재할 수 있다는 것이다. 왜 그럴까?

그렇다. P = NP라면 무작위 문자열 y가 주어졌다고 가정할 때 $f(x) = y$를 충족하는 짧은 시드 x의 존재 여부를 다항 시간에 결정할 수 있다. y가 무작위라면 그런 시드가 존재하지 않을 가능성이 아주 높다. 그래서 그런 시드가 존재하지 않는다면 y가 무작위가 아닐 가능성도 아주 높다. 따라서 f의 출력이 진정한 무작위true random인지 구분할 수 있다.

이번에는 P ≠ NP인 경우를 생각해보자. 유사 무작위수 생성기라고 믿을 만한 함수에 대한 구체적인 예로 어떤 것이 있을까?

한 가지 예로 블룸–블룸–슙Blum-Blum-Shub[5] 생성기를 들 수 있다. 작동 원리는 다음과 같다. 먼저 큰 합성수 N을 하나 뽑는다. 이때 시드 x는 (N으로 나눌 때 나머지가 같은 모든 정수의 집합인) Z_N의 무작위 원소로 한다. 이렇게 주어진 시드로 먼저 $x^2 \bmod N$, $(x^2)^2 \bmod N$, $((x^2)^2)^2 \bmod N$ 등을 계속 계산한다. 그런 다음 이런 숫자를 이진수로 표현한 값에서 최하위 비트만을 유사 무작위수 문자열 $f(x)$의 출력값으로 결정한다.

블룸 팀은 $f(x)$와 무작위 문자열을 구분할 수 있는 다항 시간 알고리즘이 있다면 (몇 가지 모듈로 연산을 적용해) 그 알고리즘으로 N을 다항 시간에 인수분해할 수 있다고 증명했다. 다시 말해 인수분해가 어렵다면 블룸–블룸–슙이 PRG란 뜻이다. 이는 우리가 뭔가를 어렵다고 '증명'할 때 그것이 쉽다고 가정한 후 우리가 어렵다고 알고 있는 다른 것도 쉽다는 결론을 도출하는 방식에 대한 또 다른 예를 보여준다.

하지만 아쉽게도 인수분해가 어렵다고 볼 수 없다. 최소한 양자 컴퓨터의

---

5. L. Blum, M. Blum and M. Shub, A Simple Unpredictable Pseudo-Random Number Generator, SIAM Journal on Computing, 15 (1996), 364-383

세상에서는 그렇다. 그러면 PRG의 안전성을 양자 컴퓨터의 문맥에 맞는 가정에 근거해 정의할 수 있을까? 가능하다. PRG의 후보를 얼마든지 많이 만들 수 있을 뿐만 아니라 이 모든 것을 양자 컴퓨터로 깰 수 없다고 볼 수 있다. 실제로 스티븐 울프램Steven Wolfram이 쓴 획기적이고 혁명적이며 통념을 뒤흔드는 책에 나온 주장대로 PRG에 대한 후보를 명백히 예측 불가능한, 가령 'Rule 110' 셀룰러 오토마타를 기반으로 정의할 수 있다.

물론 우리의 이상은 가장 연약한 가정인 P ≠ NP만을 기반으로 PRG의 안전성을 정의하는 것이다. 하지만 그런 시도를 하려고 들면 두 가지 흥미로운 문제에 맞닥뜨리게 된다.

첫 번째 문제는 P와 NP가 최악의 경우만 다룬다는 것이다. 여러분이 장군이거나 은행장인데, 누가 와서 어느 한 메시지만은 절대 해독할 수 없는 암호 체계를 판다고 생각해보자. 무엇이 문제인지 눈치 챘을 것이다. 암호 체계와 PRG에 필요한 NP 문제는 최악의 경우에만 풀기 힘들어서는 안 되고, 평균적으로 풀기 힘들어야 한다(구체적으로 표현하면 효율적으로 표본을 추출할 수 있도록 분포된 몇 가지 입력에 대해 평균적으로 힘든 문제여야 한다. 이때 분포는 균등하지 않아도 된다). 하지만 아직까지 아무도 그런 문제가 존재한다고 증명하지 못했다. 심지어 P ≠ NP라고 가정해도 말이다.

그렇다고 해서 평균적으로 어려운 문제를 전혀 모르는 것은 아니다. 예를 들어 최단 벡터 문제SVP, Shortest Vector Problem를 살펴보자. R^n에 있는 격자lattice가 하나 주어졌고 이 격자는 R^n에 있는 벡터 $v_1, \ldots, v_n$의 모든 정수 선형 결합integer linear combination으로 구성돼 있다고 가정하자. 이때 L에 속하는 0이 아닌 최단 벡터 길이의 근사치를 어떤 곱셈 인자 k 이내로 구하는 것이 문제다.

SVP는 최악/평균 경우의 동치성worst-case/average-case equivalence(평균의 경우가 최악의 경우만큼이나 어렵다는 것)을 증명할 수 있는 몇 안 되는 문제 중 하나다. 최소한 근사율approximation ratio k가 충분히 크다면 말이다. 이러한 동치성을 기반으로 아타이[Ajtai]와 드워크[Dwork6], 레게브[Regev7]를 비롯한 여러 사람이 암호 체계와 유사 무작위수 생성기를 구축했다. 각각의 안전성은 최악의 경우에 대해 풀기 힘들다는 SVP의 성질에 기반을 둔다. 하지만 아쉽게도 최악/평균 경우의 동치성을 증명하는 데 근거가 된 바로 그 성질 때문에 SVP가 적당한 k 값에 대해 NP 완전할 가능성이 없다. SVP는 P와 NP 완전 사이의 중간 정도에 해당할 가능성이 높다. 우리가 인수분해에 대해 예상하는 것처럼 말이다.

그렇다면 이제 NP 완전 문제가 평균적으로 어렵다고만 가정하자. 이렇게 해도 NP 완전 문제를 이용해 PRG를 구축하는 데 더 큰 어려움이 존재한다. 바로 PRG를 깨는 것이 NP 완전할 듯한 '모양새'가 아닌 것 같다는 점이다. 이게 무슨 뜻일까? 문제 B가 NP 완전임을 증명하는 과정을 생각해보자. 이미 NP 완전하다고 증명된 문제 A를 가져와 A의 yes 인스턴스를 B의 yes 인스턴스에, A의 no 인스턴스를 B의 no 인스턴스에 매핑하는 다항 시간 환산을 구성한다. PRG를 깨는 문제에서 yes 인스턴스를 유사 무작위 문자열로, no 인스턴스를 진정한 무작위 문자열로(또는 그 반대로) 가정할 수 있다.

이 과정에서 뭐가 문제인지 보이는가? 잘 모르겠다면 차근차근 설명해주겠다. 환산 과정에 매핑할 목적으로 '진정한 무작위 문자열'을 어떻게 표현할 수 있을까? 문자열이 무작위라는 말의 핵심은 바로 그보다 짧은 것으로 절대 설명할 수 없다는 데 있다. 사실 이 논리는 허점투성이다. 그중 하나가 바로 환산을 무작위화할 수 있다는 것이다. 그럼에도 이 논리에서 몇 가지 결론을 도출할 수 있다. 바로 PRG를 깨는 것이 NP 완전이라면 지금껏 우리가 본 NP 완전성 증명과는 전혀 다른 형태로 증명해야 한다는 것이다.

---

6. M. Ajtai and C. Dwork, A public-key cryptosystem with worst-case/average-case equivalence. In Proceedings of 29th Annual ACM Symposium on Theory of Computing (New York: ACM, 1997), pp. 284-93.

7. O. Regev, On lattices, learning with errors, random linear codes, and cryptography. Journal of the ACM, 56:6 (2009), 1-40.

일방향 함수

일방향 함수[OWF, One-Way Function]는 유사 무작위수 생성기의 사촌 격이다. OWF 란 간단히 설명하면 계산하기는 쉽지만 역함수를 구하기는 힘든 함수다. 좀 더 엄격하게 표현하면 n비트에서 $p(n)$으로 가는 함수 f가 다음과 같은 조건을 충족하면 일방향 함수가 된다.

1. f는 n에 대한 다항 시간에 계산할 수 있다.
2. 모든 다항 시간 적대자 A에 대해 A가 f의 역함수를 알아낼 확률은 다음 과 같이 표현하며, 이 값은 무시할 만큼 작다. 다시 말해 다항식 q에 대해 $1/q(n)$보다 작다.

$$\Pr_{n\text{비트 문자열 }x}[f(A(f(x))) = f(x)]$$

여기서 사건을 $A(f(x)) = x$라고 표현하지 않고 $f(A(f(x))) = f(x)$라고 표현한 이유 는 f의 역함수가 여러 개일 수도 있기 때문이다. 이렇게 정의한 후 x뿐만 아니라 $f(x)$의 원상[preimage]에 있는 모든 원소를 찾는 알고리즘 A를 생각해보자.

PRG가 존재한다면 OWF도 존재한다고 주장할 수 있다. 왜 그럴까?

그렇다. PRG가 바로 OWF이기 때문이다.

그렇다면 OWF가 존재한다면 PRG가 존재한다고 증명할 수 있을까?

이건 좀 어렵다. 가장 큰 이유는 OWF f의 역함수를 구하기 힘들게 하고자 반드시 f의 출력이 무작위인 것처럼 표현할 필요는 없기 때문이다. 실제로 임의의 일방향 함수에서 유사 무작위수 생성기를 만드는 방법을 알아내려 고 노력한 지 십 년이 지나서 비로소 호스타[Håstad], 임파글리아초[Impagliazzo], 레 빈[Levin], 루비[Luby]가 1999년에 발표한 방대한 양의 논문에서 그 방법을 제시했 다.[8] 호스타와 동료들의 결과 덕분에 OWF의 존재 여부와 PRG의 존재 여부

---

8. J. Håstad, R. Imagliazzo, L. A. Levin and M. Luby, A pseudorandom generator from any one-way function. SIAM Journal on Computing, 28:4 (1999), 1364-96. http://citeseer.ist.psu.edu/hastad99pseudorandom.html

는 서로 필요충분조건이라는 사실을 알게 된 것이다. 짐작하겠지만 이 증명은 상당히 복잡하며, 여기서 사용한 환산 과정도 현실적이지 않다. 환산 시간이 약 n^{40}에 이를 만큼 급증한다. 다항 시간이라 표현하기 무색할 정도다. 일방향 함수가 순열permutation이라 가정하면 훨씬 쉽게 증명할 수 있고(이 사실은 야오Yao가 1982년에 이미 증명했다)[9], 환산도 훨씬 빨라진다. 물론 결과의 일반성은 좀 떨어지게 된다.

지금까지는 사설키private-key 암호 체계만 얘기했다. 즉, 송신자와 수신자가 비밀키를 공유한다고 가정했다. 하지만 아마존닷컴으로 신용카드 번호를 보내기 전에 비밀키를 공유하려면 어떻게 해야 할까? 키를 이메일로 보낼까? 그렇게 하려면 메일을 다른 비밀키로 암호화해야 하는데, 이렇게 하다 보면 끝이 없다. 물론 한밤중에 외딴 곳에서 아마존 직원을 직접 만나 해결할 수도 있을 것이다. 농담은 그만하고 결론부터 말하면 공개키 암호화public-key cryptography를 사용하면 된다.

공개키 암호화

이처럼 간단한 아이디어가 1970년대에 이르러서야 발견됐다니 참 신기하다. 물리학자들이 표준 모형Standard Model[10]에 매달려 있는 동안 암호학자들은 코페르니쿠스 단계에 머물러 있던 것이다.

그렇다면 공개키 암호화는 어떻게 등장하게 됐을까? 최초로 발명한, 아니 발견한 사람은 엘리스Ellis, 콕스Cocks, 윌리암슨Williamson으로, 1970년대 초반에

---

9. A. Chi-Chih Yao, Theory and applications of trapdoor functions [extended abstract]. In Proceedings of 24th Annual IEEE Symposium on Foundations of Computer Science (Silver Spring, MD: IEEE Computer Society Press, 1982), pp. 80–91.

10. 입자 물리학에서 수조 분의 일 센티미터 수준으로 이 세상에서 일어나는 모든 힘과 모든 기본 입자를 설명하는 데 사용하는 토대로, 실험으로 검증된 가장 기본적인 이론이다. 모든 현상을 표준 모형에 대한 설명으로 환원(reduce)할 수 있다고 생각한다. 이와 달리 실험으로 검증되지 않았지만 그보다 더 작은 세계를 기술하는 끈 이론(string theory)도 있다. – 옮긴이

(영국의 NSA에 해당하는) GCHQ에서 근무하고 있었다. 당연히 결과를 논문으로 발표하지 않았기 때문에 공적을 인정받지 못했다. 이런 위험은 명심할 필요가 있다.

공개적으로 최초 발표된 공개키 암호 체계는 1976년에 휫필드 디피[Whitfield Diffie]와 마틴 헬먼[Martin Hellman]의 논문에서 나온 것이다. 그 후 몇 년 지나 로널드 라이베스트[Ronald Rivest], 아디 샤미르[Adi Shamir], 레너드 애들먼[Leonard Adleman]은 각자의 이름의 첫 글자를 딴 그 유명한 RSA 시스템을 발견했다. RSA가 처음 세상에 공개된 스토리를 알고 있는가? 맞다. 사이언티픽 아메리칸[Scientific American]의 마틴 가드너[Martin Gardner]가 연재한 수학 게임 칼럼에 소개된 퍼즐 중 하나였다.[11]

RSA는 디피–헬먼이 발표한 것보다 여러 가지 장점이 있었다. 예를 들어 공개키를 양쪽이 아닌 한쪽만 생성해도 됐다. 따라서 사용자는 자기 자신을 인증[authenticate]할 수 있을 뿐만 아니라 비밀리에 통신할 수도 있다. 그런데 기본 아이디어는 디피와 헬먼의 논문에 거의 다 나와 있다.[12]

암튼 모든 공개키 암호 체계의 핵심은 트랩도어 일방향 함수[trapdoor one-way function]에 있다. 이 함수는 다음과 같은 속성을 갖는다.

(1) 계산하기 쉽다.

(2) 역함수를 구하기 어렵다.

(3) 특정한 비밀 통로(트랩도어) 정보가 주어지면 역함수를 구하기 쉽다.

첫 번째와 두 번째 조건은 기존 OWF와 같다. 세 번째 조건, 즉 OWF의 역함수를 쉽게 구하려면 '트랩도어'가 필요하다는 속성이 새로 추가된 것이다.

---

11. Martin Gardner의 『Penrose Tiles to Trapdoor Ciphers: And the Return of Dr. Matrix』(W H Freeman & Co, 1988) 참고

12. http://citeseer.ist.psu.edu/340126.html

둘을 비교해보면 일반^{ordinary} 일방향 함수가 존재한다는 말은 안전한 비밀키 암호 체계가 존재한다는 뜻인 반면, 트랩도어 일방향 함수가 존재한다는 말은 안전한 공개키 암호 체계가 존재한다는 뜻이다.

그렇다면 공개키 암호 체계에 대한 구체적인 예로는 뭐가 있을까? 다들 수학 시간에 한 번쯤 봤을 테니 가볍게 설명하고 넘어가겠다.

아마존닷컴에 신용카드 정보를 전달하려고 한다. 어떻게 해야 할까? 먼저 아마존에서 두 개의 큰 소수 p와 q를 무작위로 고른다(이 작업은 다항 시간에 처리할 수 있다). 이때 $p - 1$과 $q - 1$은 3으로 나눌 수 없다는 제약 사항을 충족해야 한다(구체적인 이유는 뒤에서 설명한다). 그런 다음 아마존에서 두 수의 곱인 $N = pq$를 계산하고 결과를 온 세상 사람이 볼 수 있게 공개하되 p와 q는 꼭꼭 숨겨둔다.

이제 일반성을 해치지 않는 범위에서 여러분의 신용카드 정보를 N보다 작되 너무 작지 않은 양의 정수 x로 인코딩한다. 그런 다음 어떻게 해야 할까? 간단하다. $x^3 \bmod N$을 계산해서 아마존에 보내면 끝이다. 누군가 중간에 메시지를 가로챘을 때 $x^3 \bmod N$을 충족하는 x만 알아내면 된다. 하지만 합성수의 세제곱근 모듈로 연산을 계산하기가 굉장히 힘들다. 최소한 고전 컴퓨터로는 그렇다. p와 q가 모두 적당히 크다면(가령 10,000자리 숫자라면) 기존 컴퓨터를 사용하는 도청자는 x를 구하는 데 수백만 년이 걸린다.

그렇다면 아마존은 x를 어떻게 구할까? 당연히 p와 q에 대한 정보를 이용하면 된다. 유명한 오일러 선생이 1761년에 알려준 바에 따르면 다음 수열은 $(p - 1)(q - 1)$의 주기로 반복된다.

$$x \bmod N, \ x^2 \bmod N, \ x^3 \bmod N, \ \ldots$$

따라서 아마존은 다음 식을 충족하는 정수 k를 구할 수 있다.

$$3k = 1 \bmod (p - 1)(q - 1)$$

그래서 다음과 같은 결과를 도출할 수 있다.

$$(x^3)^k \bmod N = x^{3k} \bmod N = x \bmod N$$

이제 p - 1과 q - 1을 3으로 나눌 수 없다는 가정하에 k가 존재한다는 것을 이해할 수 있을 것이다. 또한 아마존은 (기원전 300년으로 한참 전에 나온) 유클리드 알고리즘을 이용해 k를 다항 시간에 알아낼 수 있다. 마지막으로 x^3 mod N이 주어졌을 때 간단한 반복 제곱법$^{\text{repeated squaring, 연속 제곱법}}$을 이용해 $(x^3)^k$을 다항 시간에 계산할 수 있다. 이게 바로 RSA다.

방금 설명에서는 구체적으로 와 닿을 수 있도록 x를 항상 세제곱한다고 가정했다. 그 결과로 나오는 암호 체계는 결코 가볍지 않다. 모두가 인정할 정도로 안전하다. 하지만 실전에서는 x의 지수를 임의의 수로 높인다. 참고로 x를 세제곱하지 않고 제곱하면 또 다른 애로사항이 꽃피게 된다. 제곱근 mod N을 갖는 0이 아닌 수는 한 개 이상이기 때문이다.

물론 신용카드 정보를 가로채는 사람이 N을 pq로 인수분해할 수 있다면 아마존이 사용하는 것과 똑같은 디코딩 알고리즘을 돌릴 수 있어 x라는 메시지를 복원할 수 있다. 따라서 이 기법은 인수분해하기 힘들다는 가정에 전적으로 의존하고 있다. 이 말은 양자 컴퓨터를 사용하는 절도범이 RSA를 깰 수 있다는 뜻이기도 하다. 하지만 고전 컴퓨터에서 가장 뛰어나다고 알려진 인수분해 알고리즘인 NFS$^{\text{Number Field Sieve, 수체 체}}$의 수행 시간은 무려 $2^{n^{1/3}}$이다.

참고로 RSA를 깨는 데 인수분해가 반드시 필요하다는 증명은 아직까지 나오지 않았다. x라는 메시지를 복원하는 데 좀 더 직접적인 방법이 존재할 가능성도 얼마든지 있다. 다시 말해 p나 q에 대해 몰라도 되는 방법 말이다. 반면 1979년에 라빈^{Rabin}이 RSA의 변종을 발견했는데, 이 기법에서 평문으로 복원하는 것은 인수분해만큼이나 힘들다고 증명됐다.

지금까지 설명한 인수분해와 모듈로 연산에 기반을 둔 암호 체계는 1993년까지 나온 것이다. 현재 알려진 바로는 양자 컴퓨터를 만들기만 하면 (10장에서 설명할) 쇼어 알고리즘Shor's algorithm으로 이 모든 체계를 깰 수 있다. 물론 복잡도 연구자들도 이 사실을 알고 있었고, 그중 상당수는 양자 컴퓨터에도 안전해 보이는 트랩도어 OWF에 대한 연구에 전념했다. 이러한 현재까지 알려진 트랩도어 OWF 중에서 가장 뛰어날 것으로 예상되는 것은 앞에서 설명한 최단 벡터 문제SVP와 유사한 격자 문제lattice problem에 기반을 둔 것이다. 인수분해는 양자 다항 시간에 풀 수 있는 아벨 부분군 문제abelian subgroup problem로 환산할 수 있지만 SVP는 이면체 숨은 부분군 문제dihedral hidden subgroup problem로 환산된다는 사실만 알 뿐 양자 다항 시간에 풀 수 있는지는 십여 년의 노력에도 불구하고 아직 밝혀지지 않았다.

이러한 사실과 예전에 아타이Ajtai와 드워크Dwork의 연구 성과를 토대로 오데드 레게브Oded Regev는 양자 컴퓨터로도 SVP를 풀기 힘들다는 가정하에 양자 컴퓨터를 사용하는 도청자에 대해서도 안전하다고 증명된 공개키 암호 체계를 발표했다.[13] 여기서 주목할 사실은 그가 발표한 암호 체계 자체는 완전히 고전적이라는 점이다. 한편 고전적인 도청자에 대해서만 안전한 기법이라도 여전히 SVP는 양자 컴퓨터로도 풀기 힘들다는 가정이 필요하다. 암호 체계를 깨고자 SVP가 사용할 환산은 양자 환산quantum reduction이기 때문이다. 그 후 2009년에 크리스 페이커트Chris Peikert는 레게브의 환산을 '역양자화de-quantize'하는 방법을 발견했다.[14] 따라서 이제는 SVP가 고전적인 컴퓨터에서 풀기 힘들다는 가정만 하면 된다.

그런데 이보다 극적인 결과가 나왔다. 2009년, 크레이그 젠트리Craig Gentry는 SVP와 관련된 특정한 격자 문제가 힘들다는 가정을 이용해 완전 동형 암호 체계fully homomorphic cryptosystem를 만들 수 있다는 사실을 발견한 것이다.[15] 즉,

---

13. https://cims.nyu.edu/~regev/papers/qcrypto.pdf

14. C. Peikert, Public-key cryptosystems from the worst-case shortest vector problem [extended abstract]. In Proceedings of Annual ACM Symposium on Theory of Computing (New York: ACM, 2009), pp. 333–42.

15. C. Gentry, Fully homomorphic encryption using ideal lattices. In Proceedings of Annual ACM Symposium on Theory of Computing (New York: ACM, 2009), pp. 169–78.

암호화된 데이터에 대해 복호화하지 않고도 임의의 계산을 수행할 수 있는 공개키 암호 체계를 발견한 것이다. 이게 왜 중요할까? 가령 '클라우드 컴퓨팅'과 같은 응용 분야에서 모바일 디바이스 사용자는 오래 걸리는 계산을 어딘가 있는 서버에 맡길 때(오프로딩^{offloading}) 그 서버가 민감한 정보를 볼 수 없는 상태에서 계산을 수행할 수 있다. 다시 말해 서버에 암호화된 데이터를 입력하면 서버는 오래 걸리는 계산을 암호화된 상태로 처리한 후 그대로 돌려주고 이를 복호화(심지어 검증하는)하는 작업은 사용자가 직접 할 수 있다. 이 과정에서 서버는 암호화에 대해 전혀 모른다. 그뿐만 아니라 현재 알려진 완전 동형 암호 체계는 격자 문제에 기반하고 있기 때문에 양자 컴퓨터로도 깰 방법이 밝혀지지 않은 레게브 시스템의 속성을 그대로 갖는다. 완전 동형 암호화의 가능성은 1970년대에 처음 제기됐지만 불과 몇 년 전까지 이를 실현하는 방법을 아무도 찾지 못했다. 따라서 지난 수십 년 사이에 이론 암호화 분야에서 이룬 가장 위대한 업적 중 하나로 손꼽히고 있다.

하지만 이 기법을 현실에 활용할 수 있을까? 예전에는 그렇지 않다는 것이 정설이었다. 십 년 전만 해도 이러한 격자 기반 암호 체계에서 사용하는 키와 메시지의 길이는 이론적으로 다항식으로 표현할 수는 있지만 너무 커서 장난으로 여겼다. 평문을 암호문으로 변환하는 과정에서 증가하는 계산량은 (원하는 보안 수준에 따라) 수백만 배로 급증할 수 있다. 하지만 격자 기반 암호 기법이 점차 현실적으로 발전했는데, 솔직히 그 이유는 보안에 대한 결벽을 약간 누그러뜨릴 의향이 있다면 효율성을 크게 향상시킬 수 있다고 깨달은 탓도 있다. 확장성을 가진 양자 컴퓨터로 RSA를 깰 수 있다는 사실이 심각한 위협이라면 내 생각에는 격자에 기반을 둔 공개키 암호 체계를 새로 만드는 방향으로 가야 한다. 완전 동형 암호화의 가능성을 감안하더라도 이 방향으로 전환할 가치가 있다.

그렇다면 공개키 암호 체계에서 중요한 위치를 차지해서 여러분도 들어봤을 법한 타원 곡선 암호 체계^{elliptic-curve cryptosystem}는 안전할까?(격자 기반 암호 체계와 달리 이미 상용화됐다). 아쉽게도 타원 곡선 암호 체계는 양자 컴퓨터로 쉽게 깰 수 있다. 이를 깨는 문제는 아벨 숨은 부분군 문제로 표현할 수 있기 때문이다. 반면 타원곡선 암호 체계를 깨는 고전적인 알고리즘 중 가장 유명한 것은 RSA를 깨는 데 확실히 NFS보다 훨씬 높은 배수의 시간이 걸린다. 이는 ~2^n 대 ~$2^{n^{1/3}}$의 문제다. 그 원인은 상당히 근본적인 문제 때문일 수도 있고, 타원 곡선군에 관한 알고리즘이 아직 충분히 연구되지 않았기 때문일 수도 있다.

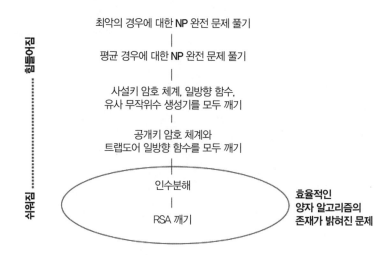

지금까지 복잡도와 암호화에 대한 고전 이론을 휘몰아치듯 살펴봤다. 이제 본격적으로 양자역학을 알아볼 때가 됐다.

09
양자

양자역학을 설명하는 방식은 두 가지가 있다. 하나는 현재 대다수의 물리학자가 고수하는 방식으로, 여러 개념을 역사적 순서에 따라 하나씩 소개하는 것이다. 따라서 고전 역학과 전자 역학부터 시작해서 양자역학에 이르기까지 등장하는 수많은 미분 방정식을 풀어 나간다. 그리고 나서 '흑체 역설 blackbody paradox'을 비롯한 여러 가지 이상한 실험 결과와 이로 인해 발생한 물리학의 엄청난 위기를 설명한다. 그리고 이 문제를 해결하고자 1900년에서 1926년 사이에 여러 물리학자가 고안한 복잡한 땜빵 이론을 소개한다. 이렇게 수년에 걸쳐 진행된 이론들을 무사히 통과했다면 마침내 양자역학에서 가장 핵심적인 "자연은 (항상 음이 아닌) 확률이 아니라 양수일 수도 있고, 음수일 수도 있고, 심지어 복소수일 수도 있는 진폭amplitude으로 표현한다."는 개념에 도달하게 된다.

물리학자들이 양자역학을 이런 식으로 가르치는 데는 나름 이유가 있다. 실제로 일부 학생에게는 아주 효과적인 방법이기도 하다. 하지만 이러한 '역사적인' 접근 방식은 명백한 단점이 있다. 특히 양자 정보 시대에서는 그 단점이 두드러진다. 예를 들어 양자장론quantum field theory, QFT 전문가(굉장히 난해한 경로 적분을 계산하는 데 몇 년을 바친 전문가)가 내게 벨 부등식Bell inequality이나 그로버 알고리즘Grover's algorithm처럼 기본적인 개념을 설명해달라는 질문을 많이 했다. 마치 앤드류 와일즈^{Andrew Wiles}[1]가 내게 피타고라스 정리를 물어보는 기분이었다.

내 생각에는 이렇게 역사 순으로 수많은 이론을 쏟아내는 식으로 설명했기 때문에 양자역학은 난해하고 어렵다는 쓸데없는 오명을 뒤집어쓴 것 같다. 참고로 책이나 인터넷에서 볼 수 있는 양자역학에 관한 유명한 글 중에서 최근까지도 이렇게 설명하는 것들이 많다. 교육을 좀 받은 사람들은 "빛은 파장이자 입자다.", "고양이를 직접 보기 전까지는 죽지도 않고 살아 있지도 않다.", "위치나 운동량(또는 속도) 중 하나만 알 수 있고, 둘을 동시에 알 수는 없다.", "입자는 도깨비 같은 원격 작용^{spooky action-at-a-distance}을 통해 다른 입자의 스핀을 순간적으로 학습한다." 따위의 표현을 들어봤을 것이다. 게다가 수년에 걸친 고통스런 노력 없이는 이런 개념을 절대 이해할 수 없다고 생각한다.

양자역학을 설명하는 또 다른 방식은 양자역학에 관련된 역사적인 발견들에 대한 설명을 과감히 건너뛰고 곧바로 핵심 원리부터 설명하는 것이다. 다시 말해 확률에서 마이너스 기호(좀 더 일반적으로 표현하면 복소수)를 사용하도록 일반화한 법칙부터 설명한다. 이러한 핵심 원리를 이해한 후에 다양한 물리 이론을 양념처럼 가미해서 분자의 스펙트럼을 계산하는 것이다. 이 책은 바로 이 방식을 따른다.

그렇다면 도대체 양자역학^{quantum mechanics}이란 뭘까? 분명 물리학자들이 발견했지만 전자기학이나 일반 상대성 이론과 같은 전통적인 물리 이론과는 다르다. 일반적으로 '과학의 계층 구조'를 표현할 때 생물학이 최상위에 있고, 그 아래 화학이, 그 아래 물리학이 있고, 그 아래 수학이 있다면 양자역학은 수학과 물리학의 중간쯤인 정확히 표현하기 힘든 지점에 있다. 기본적으로 양자역학은 여러 물리 이론을 응용 소프트웨어처럼 구동하는 운영체제

---

1. 페르마의 마지막 정리를 증명해서 필즈상을 수상한 유명한 수학자 – 옮긴이

OS와 같다(단, 일반 상대성 이론은 예외다. 이 이론은 아직 특정 OS에 포팅하는 데 성공하지 못했다). 이렇게 어떤 물리 이론을 양자역학이란 OS에 포팅하는 과정을 "양자화한다quantize"라고 부르기도 한다.

그런데 양자역학이 일반 물리와 다르다면, 다시 말해 물질이나 에너지나 파동이나 입자에 대한 이론이 아니라면 도대체 뭐란 말인가? 내 생각에 양자역학은 정보와 확률과 관측량observable, 그리고 이들의 상호 관계에 대한 이론이다.

이 장에서 나는 다음과 같이 주장하고 싶다.

> 양자역학은 확률 이론에서 출발해서 '확률'이라고 부르던 숫자가
> 음수일 수도 있도록 일반화하다 보면 필연적으로 등장할 수밖에
> 없는 이론이다. 19세기 수학자라도 이런 식으로 진행하면서 실험
> 한 번 없이 만들 수 있을 법한 이론이다. 물론 그러진 않았지만 얼
> 마든지 가능했다.

그런데 수학자들이 그동안 연구한 구조 중에서 양자역학으로 발전한 것은 하나도 없고 실험으로 드러나게 됐다. 이 사실이야말로 실험의 중요성을 여실히 보여주는 예라고 볼 수 있다. 대개 실험은 우리가 충분히 똑똑하지 못할 때나 필요하다. 실험을 통해 가치 있는 사실을 하나라도 건졌다면 애초에 그 실험이 필요 없는 이유를, 즉 다른 방식으로는 세상의 이치를 설명할 수 없는 이유를 찾으려 한다. 하지만 우리는 너무 멍청해서 이 사실을 스스로 깨달을 수 없다.

'알고 나서 보면 당연한' 이론에 대한 대표적인 예를 두 가지만 꼽으면 진화와 특수 상대성 이론이 있다. 솔직히 고대 그리스인들이 토가를 입고 둘러앉아 두 이론이 참이라는 사실을 밝혀낼 수 있었을지도 모른다. 분명한 것은 이런 이론이 참일지도 모른다는 사실만큼은 알아낼 수 있었을 것이다. 다시 말해 이 이론은 신이 세상을 창조하기 위해 열심히 머리를 짜내면서 화이트보드에 그려둔 강력한 원칙 중 일부라는 사실을 말이다.

이 장에서는 신이 실험에 전혀 의존하지 않고 화이트보드에 그렸던 내용 중 하나가 양자역학이라는 사실을 보여줄 것이다. 그리고 우주에 보편적인 속성이란 것이 존재한다면 (1) 결정론determinism, (2) 고전 확률 이론, (3) 양자역학이라는 세 가지 중에서 하나인 듯한 이유도 설명한다. 양자역학에서 '미스터리'적인 요소를 완전히 제거하지는 못하겠지만 책상 앞을 한 치도 벗어나지 않고도 얼마나 많은 것을 밝혀낼 수 있는지를 알고 나면 깜짝 놀랄 것이다. 원자 스펙트럼과 같은 실험 결과가 나오고 나서야 양자역학 이론에 급격한 진전이 있었다는 점이야말로 실험의 필요성에 대한 강력한 근거가 아닐까 생각한다.

가능성이 0%보다 낮다고?

자, 그렇다면 '확률 이론'에 음수를 사용한다는 말이 의미하는 바는 뭘까? 일기 예보에서 내일 비가 올 가능성이 -20%라는 말을 들어본 적이 없을 것이다. 사실 말이 안 되는 소리다. 하지만 이런 찜찜한 기분은 일단 제쳐두고, 주어진 사건에 대한 경우의 수가 N번인 경우를 추상적으로 생각해보자. 이 확률은 다음과 같이 실수 N개로 구성된 벡터로 표현할 수 있다.

$$(p_1, \ldots, p_N)$$

이 벡터의 수학적인 의미는 뭘까? 확률은 음이 아닌 수라고 해도 되지만 각 수를 모두 합쳐 1이 된다면 더 좋을 것이다. 후자의 경우를 확률 벡터의 1놈norm은 1이라고 표현한다(여기서 1 놈이란 각 항목의 절댓값을 모두 합한 값이란 뜻이다).[2]

그런데 세상에는 1 놈 외에도 다른 것이 얼마든지 있을 수 있다. 게다가 벡터의 '크기'도 얼마든지 다른 방식으로 정의할 수 있다. 대표적인 예로 피타고

2. 대한수학회 표준 용어는 '노름'이다. – 옮긴이

라스 시대 이후로 자주 등장하는 것으로 2 놈 또는 유클리드 놈$^{Euclidean\ norm}$이 있다. 수학에서 유클리드 놈이란 각 항목의 제곱을 모두 더한 것의 제곱근으로 정의한다. 쉽게 말하면 수업에 늦었다면 잔디밭을 둘러 가지 말고 그냥 가로질러가라는 뜻이다.

그렇다면 확률 이론스러우면서 1 놈 대신 2 놈을 적용한 이론이 있다면 어떻게 될까? 양자역학이 등장할 수밖에 없는 이유가 바로 이와 관련 있다.

한 비트가 있다고 생각해보자. 확률 이론에서는 한 비트를 표현할 때 0일 확률이 p이고 1일 확률이 $1 - p$라고 말한다. 그런데 두 수의 합이 1이 되는 1 놈 대신, 각각을 제곱한 값을 합한 결과가 1이라는 2 놈을 적용해보자(아직은 실수 영역에 있다고 가정한다). 다시 말해 $\alpha^2 + \beta^2 = 1$을 충족하는 벡터 (α, β)를 표현하는 것이다. 물론 이 등식을 충족하는 벡터는 다음과 같이 원을 형성한다.

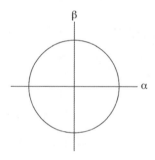

이렇게 수정한 이론에서는 관측^{observation}이란 개념을 도입해야 한다. 다시 말해 이렇게 벡터 (α, β)로 표현한 비트가 하나 있을 경우 이 비트를 바라볼 때 일어나는 일을 표현할 수 있어야 한다. 비트이기 때문에 관측 결과는 0이나 1이다. 게다가 0을 볼 확률과 1을 볼 확률을 더하면 1이 된다면 더 좋을 것이다. 이제 이렇게 주어진 벡터 (α, β)에서 두 수의 합이 1이 되도록 하려면 어떻게 해야 할까? 간단하다. 0을 볼 확률을 α^2으로 정하고, 1을 볼 확률을 β^2으로 정하면 된다.

그런데 이렇게 α와 β를 쓰지 말고 비트를 확률로 직접 표현하면 안 될까? 그러면 이 벡터에 연산을 적용할 때마다 벡터가 변해 결과가 달라진다. 확률 이론에서는 벡터 $(p, 1-p)$로 표현한 비트가 있을 때 이 비트에 대한 모든 연산을 확률 행렬stochastic matrix로 표현할 수 있다. 여기서 확률 행렬이란 모든 열의 합이 1unity이 되는 음이 아닌 실수 행렬을 말한다. 가령 (1이 나올 확률 p를 $1-p$로 바꾸는) '비트 뒤집기bit flip' 연산을 다음과 같이 표현할 수 있다.

$$\begin{pmatrix} 0 & 1 \\ 1 & 0 \end{pmatrix} \begin{pmatrix} p \\ 1-p \end{pmatrix} = \begin{pmatrix} 1-p \\ p \end{pmatrix}$$

실제로 확률 행렬은 어떤 확률 벡터를 다른 확률 벡터로 항상 매핑하는 행렬 중에서도 가장 일반화된 형태다.

게으르지 않은 독자를 위한 연습문제 1: 방금 말한 사실을 증명하라.

그런데 앞에서 1 놈을 2 놈으로 변경했으므로 어떤 2 놈 단위 벡터를 다른 2 놈 단위 벡터로 항상 매핑하는 행렬 중에서도 가장 일반화된 형태는 뭘까?

이런 행렬을 유니타리 행렬unitary matrix이라 부른다. 실제로 유니타리 행렬을 이렇게 정의하기도 한다(물론 실수만 다룰 때는 직교 행렬orthogonal matrix이라 부른다. 하지만 큰 차이는 없다). 유니타리 행렬을 정의하는 또 다른 방법은 (이번에도 실수만 다룬다고 가정할 때) 역행렬과 전치 행렬이 같다고 표현하는 것이다.

게으르지 않은 독자를 위한 연습문제 2: 방금 소개한 두 정의가 서로 동치임을 증명하라.

방금 정의한 '2 놈 비트'를 큐비트qubit, 큐빗라 부른다. 물리학자들은 큐비트를 흔히 '디랙 표기법Dirac notation' 또는 (디랙의) '브라-켓 표기법bra-ket notation'으로 표현한다. 이 표기법에 따르면 벡터 (α, β)를 $\alpha|0\rangle + \beta|1\rangle$로 표현한다. 이때

α는 $|0\rangle$이란 결과에 대한 진폭^{amplitude}이고, β는 $|1\rangle$이란 결과에 대한 진폭이다.

컴퓨터 과학자 입장에서 이 표기법을 처음 볼 때 짜증날 수 있다. 특히 괄호가 대칭을 이루지 않은 점이 그렇다. 하지만 계속 쓰다보면 꽤 괜찮은 표기법임을 깨닫게 된다. 예를 들어 (0, 0, 3/5, 0, 0, 0, 4/5, 0)과 같은 벡터를 쓸 때 0인 항목을 생략하고 간단히 $\frac{3}{5}|3\rangle + \frac{4}{5}|7\rangle$로 표기할 수 있다.

이러한 큐비트를 2×2 유니타리 행렬로 변환하면 그 유명한 양자 간섭^{quantum interference} 효과를 도출할 수 있다. 예를 들어 다음과 같은 유니타리 행렬 U가 주어졌다고 생각해보자.

$$\begin{pmatrix} \frac{1}{\sqrt{2}} & -\frac{1}{\sqrt{2}} \\ \frac{1}{\sqrt{2}} & \frac{1}{\sqrt{2}} \end{pmatrix}$$

이 행렬은 평면에 있는 벡터를 반시계 방향으로 45도 회전시키면 구할 수 있다. 이제 $|0\rangle$ 상태에 U를 한 번 적용해보자. 그럼 $\frac{1}{\sqrt{2}}$ 가 나온다. 마치 동전 하나를 뒤집는 것과 같다. 그런데 똑같은 U 연산을 한 번 더 적용하면 $|1\rangle$이 나온다.

$$\begin{pmatrix} \frac{1}{\sqrt{2}} & -\frac{1}{\sqrt{2}} \\ \frac{1}{\sqrt{2}} & \frac{1}{\sqrt{2}} \end{pmatrix} \begin{pmatrix} \frac{1}{\sqrt{2}} \\ \frac{1}{\sqrt{2}} \end{pmatrix} = \begin{pmatrix} 0 \\ 1 \end{pmatrix}$$

다시 말해 '무작위' 상태에 '무작위' 연산을 적용하면 결과가 결정론적^{deterministic} 방식으로 나온다. 직관적으로 볼 때 $|0\rangle$이라는 결과를 도출하는 '경로'가 두 개가 있고, 그중 하나는 양의 진폭을 갖고 다른 하나는 음의 진폭을 가진다. 따라서 두 경로는 상쇄 간섭^{destructive interference} 관계에 있어 서로 상대방을 감

쉬시킨다. 반면 |1⟩이란 결과를 도출하는 두 경로는 모두 양의 진폭을 갖기 때문에 보강 간섭^{constructive interference} 관계에 있다.

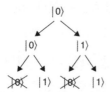

예전에 이런 간섭을 볼 수 없었던 이유는 확률은 음이 될 수 없다고 했기 때문이다. 이렇게 양의 진폭과 음의 진폭 사이에서 나타나는 감쇄 현상^{cancellation}은 양자역학이 괴상하다는 오해를 불러일으키는 동시에 고전 확률 이론과 양자역학의 유일한 차이점이다. 내가 처음 '양자'란 말을 들었을 때 누가 이렇게 설명해줬다면 참 좋았겠다는 생각을 한다.

혼합 상태

이렇게 양자 상태를 정의하고 나서 항상 하는 일은 고전 확률 이론을 '그 위에 올리는' 것이다. 다시 말해 어떤 양자 상태가 주어졌는지 모를 때 어떻게 되는지부터 물어보는 것이다. 예를 들어 $\frac{1}{\sqrt{2}}$ (|0⟩ + |1⟩)일 확률이 1/2이고 $\frac{1}{\sqrt{2}}$ (|0⟩ – |1⟩)일 확률이 1/2인 경우를 생각해보자. 바로 여기서 양자역학에서 가장 일반적인 상태인 혼합 상태^{mixed state}란 개념이 등장한다.

수학적으로 혼합 상태를 밀도 행렬^{density matrix}로 표현한다. 구체적인 방법은 다음과 같다. 가령 진폭이 N인 벡터 $(\alpha_1, ..., \alpha_N)$이 있을 때 이 벡터끼리 외적을 구해보자. 다시 말해 (i, j) 원소가 $\alpha_i\alpha_j$인 $N \times N$ 행렬을 계산한다(여기서도 실수 영역이라 가정한다). 그리고 나서 여기에 속한 벡터들의 확률 분포 중에서 결과로 나온 행렬의 선형 결합을 구하면 된다. 가령 어떤 벡터의 확률이 p고 다른 벡터의 확률이 $1-p$라면 한 행렬에 p를 곱하고 다른 행렬에 $1-p$를 곱한다.

이렇게 유니타리 연산을 적용하고 나서 상태를 보는(이 업계 용어로 표현하면 상태를 '측정'하는) 방식으로, 주어진 양자 상태에 대한 확률 분포로 구할 수 있는 모든 정보를 밀도 행렬에 담을 수 있다.

게으르지 않은 독자를 위한 연습문제 3: 방금 설명한 사실을 증명하라.

이 말은 두 분포의 밀도 행렬이 같다면 둘을 구분할 수 없다는 뜻이다. 다시 말해 동일한 혼합 상태에 있다는 말이다. 예를 들어 상태 $\frac{1}{\sqrt{2}}(|0\rangle + |1\rangle)$의 확률이 1/2이고, 상태 $\frac{1}{\sqrt{2}}(|0\rangle - |1\rangle)$의 확률이 1/2이라고 하자. 그러면 이에 대한 밀도 행렬은 다음과 같다.

$$\frac{1}{2}\begin{pmatrix} \frac{1}{2} & \frac{1}{2} \\ \frac{1}{2} & \frac{1}{2} \end{pmatrix} + \frac{1}{2}\begin{pmatrix} \frac{1}{2} & -\frac{1}{2} \\ -\frac{1}{2} & \frac{1}{2} \end{pmatrix} = \begin{pmatrix} \frac{1}{2} & 0 \\ 0 & \frac{1}{2} \end{pmatrix}$$

따라서 어떤 방법으로 측정하더라도 이 혼합 상태를 $|0\rangle$의 확률이 1/2이고 $|1\rangle$의 확률이 1/2인 상태와 구분할 수 없다.

제곱 규칙

진폭을 세제곱도 아니고 네제곱도 아닌, 제곱하는 이유는 뭘까? 당연히 이렇게 해야 실험 결과와 일치하기 때문이다. 하지만 물리 법칙을 직접 만들 수 있는 입장임에도 불고하고 다른 방법도 아닌 반드시 이런 식으로 정해야만 하는 이유가 뭘까? 가령 진폭의 절댓값을 그대로 사용하거나 세제곱하지 않고 왜 제곱할까?

진폭을 제곱하는 논거를 몇 가지 제시해보겠다.

첫 번째 논거로 1950년대에 나온 유명한 결과인 글리슨 정리^{Gleason's Theorem}가 있다. 이 정리를 이용하면 양자역학 중에서 일부분만 가정하고 나머지는 갖다 버릴 수 있다. 좀 더 구체적으로 살펴보기 위해 실수로 된 단위 벡터를 입력받아 어떤 사건이 발생할 확률을 출력하는 프로시저가 있다고 가정하자. 이를 수식으로 표현하면 단위 벡터 $v \in \Re^N$를 단위 구간 [0, 1]에 매핑하는 함수 f다. 여기서 $N = 3$이라고 가정해보자(사실 이 정리는 3차원 이상에 대해서도 적용된다. 그런데 흥미롭게도 2차원에서는 성립하지 않는다). 그리고 나서 세 벡터 v_1, v_2, v_3가 서로 모두 직교하면 다음 식을 충족한다는 핵심 조건을 둔다.

$$f(v_1) + f(v_2) + f(v_3) = 1$$

직관적으로 표현하면 세 벡터가 양자 상태의 측정을 직교하는 방식을 표현한다면 반드시 세 벡터가 상호 배타적인 사건mutually exclusive event에 대응돼야한다는 것이다. 결정적으로 이 가정 외에 다른 가정은 필요 없다. 연속성도, 미분 가능성도 아닌 이 조건 하나면 충분하다.

이제 준비 작업이 끝났다. 이 정리에서 나온 놀라운 결과는 바로 "이 조건을 충족하는 모든 f에 대해 양자역학의 표준 측정 규칙에 따라 혼합 상태를 측정하면 이 조건을 충족하는 f가 발생하는 혼합 상태가 존재한다."는 것이다. 이 정리를 증명하는 과정은 꽤 난해하기 때문에 여기서 소개하지 않는다. 다만 제곱 규칙에 대해 처음부터 정확하게 설명하지 않고서 제곱 규칙을 '유도'하는 방법 중 하나라는 점만 알아두자.

게으르지 않은 독자를 위한 연습문제 4: 글리슨 정리가 2차원에서는 성립하지 않는 이유가 뭘까?

원한다면 훨씬 쉽게 설명할 수도 있다. 내가 논문을 쓸 때 사용하는 방식[3]인데, 물론 이미 알고 있는 사람이 많을 것이다.

고전 확률 이론에서 사용하는 1 놈이나 양자역학의 2 놈도 아닌 $p \notin \{1, 2\}$인 p 놈 기반으로 이론을 만든다고 생각해보자. 다음을 충족하는 $(v_1, ..., v_N)$을

---

3. http://www.scottaaronson.com/papers/island.pdf

p 놈 단위 벡터라 부르기로 하자.

$$|v_1|^p + \ldots + |v_N|^p = 1$$

다음으로 어떤 p 놈 단위 벡터를 다른 p 놈 단위 벡터에 대응시키는 '쌈박한' 선형 변환들이 필요하다.

어떤 p를 선택하더라도 p 놈을 보존하는 선형 변환이 존재한다는 사실은 분명하다. 그렇다면 어떤 선형 변환이 그럴까? 기저 원소를 마구 뒤섞어도 p 놈이 보존된다. 음수 부호를 넣더라도 p 놈이 보존된다. 하지만 여기서 작은 사실 하나를 발견할 수 있다. 바로 이런 자명한 것들 외에 p 놈을 보존하는 선형 변환이 존재한다면 $p = 1$이거나 $p = 2$라는 사실이다. $p = 1$이면 고전 확률 이론이고, $p = 2$면 양자역학이 된다. 따라서 시시한 것이 싫다면 $p = 1$ 이나 $p = 2$로 설정해야 한다.

게으르지 않은 독자를 위한 연습문제 5: 방금 발견한 작은 사실을 증명하라.

이제 본격적인 설명에 들어가고자 이렇게 발견한 사실이 참일 것 같은 이유를 직관적으로 설명해보겠다. 간결한 설명을 위해 모두 실수고 p는 양의 정수인 짝수라고 가정하자(물론 복소수나 $p \geq 0$인 실수에 대해서도 충족한다). 그러면 선형 변환 $A = (a_{ij})$가 p 놈을 보존한다는 말은,

$$\begin{pmatrix} w_1 \\ \vdots \\ w_N \end{pmatrix} = \begin{pmatrix} a_{11} & \cdots & a_{1N} \\ \vdots & & \vdots \\ a_{N1} & \cdots & a_{NN} \end{pmatrix} \begin{pmatrix} v_1 \\ \vdots \\ v_N \end{pmatrix}$$ 일 때 $w_1^p + \cdots + w_N^p = v_1^p + \cdots + v_N^p$가 성립한

다는 뜻이다.

여기서 한 가지 궁금한 점이 있다. 행렬 A에 얼마나 많은 제약 조건을 둬야 이 말이 모든 $v_1, \ldots, v_N$에 대해 참이 될까? $p = 2$일 때는 제약 조건이 $N + \binom{N}{2}$ 개임을 알 수 있다. 그런데 $N \times N$ 행렬 중 하나를 골라야 하기 때문에 자유도 는 $N(N-1)/2$이다.

반면 $p = 4$라면 조건의 개수는 (행렬의 변수 개수인) N^2보다 큰 $\binom{N}{4}$으로 증가한다. 따라서 자명하지 않은 선형 변환 중에서 4 놈을 보존하는 것을 찾기란 상당히 힘들다는 것을 알 수 있다. 그렇다고 해서 이런 변환이 존재하지 않는다는 말은 당연히 아니다. 왜 그런지는 독자에게 연습문제로 남겨둔다.

그런데 1 놈과 2 놈이 다른 p 놈보다 '특수한 경우'는 이것 외에 더 있다. 가령 다음과 같은 방정식을 본 적이 있을 것이다.

$$x^n + y^n = z^n$$

이 방정식은 $n = 1$이거나 $n = 2$일 때는 자명하지 않은 정수 해가 존재하지만, n이 그보다 클 때는 존재하지 않는다(내가 증명해줄 수도 있지만 이 책에 여백이 부족해서 생략한다). 그렇다면 다른 벡터 놈도 아닌 1 놈과 2 놈을 사용하는 것은 기분 내키는 대로 고른 게 아니라 실제로 신이 가장 좋아하는 종류의 놈임이 분명하다(그렇다면 이 사실을 실험으로 확인할 필요도 없다).

실수와 복소수

이론을 2 놈에 기반을 두기로 정하고 나서도 아직 결정할 사항이 남아 있다. 바로 실수와 복소수 중에서 어느 것으로 진폭을 표현하는가를 정하는 것이다. 자연이 선택한 방식은 이미 알고 있다. 양자역학에서 진폭은 복소수다. 따라서 진폭을 단순히 제곱만 해서는 확률을 구할 수 없다. 먼저 절댓값을 구한 다음에 그 값을 제곱해야 한다. 왜 그럴까?

몇 년 전 버클리에 있을 때 우연히 수학과 대학원생들과 어울린 적이 있는데, 그때 방금 이 질문을 던진 적이 있었다. 그러자 웃으면서 "에이, 왜 그러세요. 복소수는 대수적으로 닫혀 있으니 그렇죠"라고 말했다. 수학 전공자가 볼 때는 너무나 당연했던 것이다.

하지만 내가 볼 때는 좀 이상했다. 그러니깐 수세기 동안 복소수[4]는 모든 2차 방정식에 반드시 해가 있어야 한다는 사실을 성립하고자 인간이 인위적으로 만든 가상의 개념으로 취급했다(그래서 복소수에 '허수부'라는 것이 있다). 그렇다면 자연에서 가장 근본적인 계층이 편의를 위해 만들어낸 개념에 따라 돌아가는 이유는 도대체 뭘까?

여기에 대해서도 간단히 설명해주겠다. 어떤 상태에 적용할 수 있는 모든 선형 변환 U에 대해 반드시 $V^2 = U$를 충족하는 다른 변환 V가 반드시 존재해야 한다고 가정해보자. 이 말은 사실 연속성^{continuity} 가정과 같다. 1초 동안 연산을 적용하는 것이 말이 된다면 1/2초에 대해서도 똑같은 연산을 적용하는 것도 성립해야 마땅하다는 뜻이다.

그렇다면 진폭이 실수일 때만 이 조건을 충족할까? 다음과 같은 선형 변환을 한 번 생각해보자.

$$\begin{pmatrix} 1 & 0 \\ 0 & -1 \end{pmatrix}$$

이 변환은 평면을 거울처럼 반전시키기만 한다. 다시 말해 2차원인 평면 나라(플랫랜드^{Flatland})에 사는 생명체를 팬케이크처럼 뒤집어서 그의 심장을 또다른 2차원 존재에게 갖다 바친다는 말이다. 그렇다면 이 평면을 완전히 떠나지 않고 절반만 반전시키려면 어떻게 해야 할까? 불가능하다. 팬케이크를 연속적인 동작으로 뒤집으려면 3차원으로 가야 한다.

좀 더 일반화해서 N차원 대상^{object}을 연속적인 동작으로 뒤집으려면 ($N+1$)

---

4. 수에 대한 어떤 체(field) F가 있을 때 모든 대수 방정식을 F에 속한 수로 풀 수 있다면 F는 '대수적으로 닫혀 있다(algebraically closed)'고 말한다(단, 0 = 1처럼 자명하게 해를 구할 수 없는 등식은 예외다). 구체적인 예를 들면 유리수는 대수적으로 닫혀 있지 않다. $x^2 = 2$라는 방정식은 무리수 해만 갖기 때문이다. 실수 역시 대수적으로 닫혀 있지 않다. $x^2 = -1$은 허수 해만 갖기 때문이다. 하지만 복소수가 대수적으로 닫혀 있다는 사실은 1800년대 초반 사람들에게는 놀라운 결과였다. 얼핏 생각하면 그보다 복잡한 수가 끝없이 이어진다고 생각했는데, 복소수에서 끝나버린 것이다. 가령 $x^2 = i$이란 방정식의 해는 $x = (1 + i)/\sqrt{2}$인데, 이 수는 복소수를 벗어나지 않는다.

차원으로 가야 한다.

게으르지 않은 독자를 위한 연습문제 6: N차원의 놈 보존norm-preserving 선형 변환을 모두 $N+1$차원에서 연속적인 동작으로 구현할 수 있음을 증명하라.

그런데 모든 선형 변환마다 같은 차원에서 제곱근을 갖게 하려면 어떻게 해야 할까? 그럴 때는 복소수를 도입해야 한다. 물리학의 가장 기본 계층에서 복소수가 필요한 한 가지 이유다.

기왕 말이 나온 김에 진폭이 복소수여야 하는 이유를 두 가지 더 소개한다.

하나는 N차원 혼합 상태에 실수인 독립 매개변수가 몇 개냐는 질문에서 도출할 수 있다. 정답부터 말하면 정확히 N^2개다. 단, 여기서 편의상 상태를 반드시 정규화할 필요가 없다고 가정한다(다시 말해 확률을 모두 더해 1보다 작게 만들 수 없다고 가정한다). 왜 그럴까? 바로 N차원 혼합 상태는 수학적으로 양의 고윳값eigenvalue을 갖는 $N \times N$ 에르미트 행렬hermitian matrix[5]로 표현하기 때문이다. 정규화를 하지 않고 있으므로 행렬의 주대각선main diagonal을 따라 독립인 실수가 N개 있다. 주대각선 아래쪽에는 독립인 복소수가 $N(N-1)/2$개 있는데, 이 말은 실수가 $N(N-1)$개란 뜻이다. 에르미트 행렬이라서 주대각선 아래에 있는 복소수에 따라 주대각선 위에 있는 복소수가 결정되기 때문이다. 따라서 실수인 독립 매개변수의 총 개수는 $N+N(N-1)$ $= N^2$이 된다.

이번에는 지금까지 언급하지 않았던 양자역학의 관점에서 살펴보자. 상태를 알고 있는 두 양자계quantum system를 조합한 상태는 어떻게 표현할 수 있을까? 바로 텐서곱tensor product을 사용하면 된다. 가령 $\alpha|0\rangle + \beta|1\rangle$과 $\gamma|0\rangle + \delta|1\rangle$이란 두 큐비트의 텐서곱은 다음과 같다.

$$(\alpha|0\rangle + \beta|1\rangle) \otimes \gamma|0\rangle + \delta|1\rangle) = \alpha\gamma|00\rangle + \alpha\delta|01\rangle + \beta\gamma|10\rangle + \beta\delta|11\rangle$$

---

5. 자신을 켤레 전치(conjugate transpose)한 결과가 똑같은 복소수 행렬

여기서 $|0\rangle \otimes |0\rangle$을 줄여 $|00\rangle$으로, $|0\rangle \otimes |1\rangle$을 줄여 $|01\rangle$로 표기했다(때로는 $|0\rangle|0\rangle$과 $|0\rangle|1\rangle$이라고도 표현할 것이다). 표현은 달라도 의미는 같다. 즉 첫 번째 상태에 있는 큐비트를 두 번째 상태에 있는 다른 큐비트와 "텐서 연산한다." 또는 "나란히 있다."는 말이다. 텐서곱에서 한 가지 중요한 사실은 교환 법칙이 성립하지 않는다는 것이다. 다시 말해 $|0\rangle \otimes |1\rangle$과 $|1\rangle \otimes |0\rangle$은 서로 다른 상태다. 전자는 (첫 번째 비트가 0이고 두 번째 비트가 1인) 바이너리 문자열 01에 대응되고, 후자는 (첫 번째 비트가 1이고 두 번째 비트가 0인) 바이너리 문자열 10에 대응된다.

그렇다면 다음과 같이 질문할 수 있다. 텐서곱을 꼭 쓸 필요가 있을까? 다시 말해 양자 상태들을 조합해서 더 큰 상태를 만들기 위한 용도로 신이 마련해 둔 다른 방법은 없을까? 사실 양자계를 조합하는 다른 방법이 몇 가지 있긴 하다. 그중에서 가장 유명한 것은 대칭곱^{symmetric product}과 반대칭곱^{antisymmetric product}이다. 실제로 물리학에서 동일 보손^{identical boson}의 동작^{behavior}을 표현하는 데 대칭곱을, 동일 페르미온^{identical fermion}의 동작을 표현하는 데 반대칭곱을 사용한다. 하지만 내가 볼 때 텐서곱을 구한다는 말은 서로 독립적으로 존재할 수 있는 두 시스템을 하나로 합친다는 말과 거의 같다(동일 보손이나 동일 페르미온은 서로 합칠 수 없기 때문이다).

그렇다면 1 큐비트 상태의 텐서곱으로 표현할 수 없는 2 큐비트 상태가 있을 거라고도 쉽게 예상할 수 있다. 그중에서 가장 유명한 예가 바로 EPR 쌍^{Einstein- Podolsky-Rosen pair}이다.

$$\frac{|00\rangle + |11\rangle}{\sqrt{2}}$$

부분계^{subsystem} A와 B에 대한 혼합 상태 ρ에 있을 때 ρ를 텐서곱 상태 $|\psi_A\rangle \otimes |\psi_B\rangle$에 대한 확률 분포로 표현할 수 있다면 ρ는 분리 가능^{separable}하다고 표현한다. 그렇지 않으면 ρ는 얽혀 있다^{entangled}고 표현한다.

이제 다시 혼합 상태를 표현하려면 실수 매개변수가 몇 개나 있어야 하는가란 질문으로 돌아오자. (얽힘 상태일 수도 있는) 합성계$^{composite\ system}$ AB가 있을 때 직관적으로 생각해보면 AB를 표현하는 데 필요한 매개변수(d_{AB})의 개수는 A를 표현하는 매개변수의 개수(d_A)와 B를 표현하는 데 필요한 매개변수의 개수(d_B)를 곱한 것과 같아야 한다고 생각하기 쉽다.

$$d_{AB} = d_A d_B$$

진폭이 복소수라면 이 말이 맞다. A와 B의 차원이 각각 N_A와 N_B라면 다음이 성립한다.

$$d_{AB} = (N_A N_B)^2 = N_A^2 N_B^2 = d_A d_B$$

그런데 진폭이 실수라면 어떻게 될까? 그러면 $N \times N$ 밀도 행렬에서 실수인 독립 매개변수가 $N(N+1)/2$개밖에 없다. 그리고 $N = N_A N_B$일 때 다음 등식도 성립하지 않는다.

$$\frac{N(N+1)}{2} = \frac{N_A(N_A+1)}{2} \cdot \frac{N_B(N_B+1)}{2}$$

지금까지 설명한 논리를 사원수(쿼터니온^{quaternion})를 제거하는 데도 적용할 수 있을까? 가능하다. 실수일 때는 좌변이 너무 컸다면 사원수일 때는 좌변이 너무 작다. 오직 복소수일 때만 딱 맞다.

이렇게 딱 맞는 경우가 하나 더 있다. 빌 우터스$^{Bill\ Wootters}$가 발견한 현상으로, 진폭이 복소수여야 하는 세 번째 이유와 관련 있다.

다음과 같이 균등하게 무작위로$^{uniformly\ at\ random}$(수학적으로 표현하면 하르 측도$^{Haar\ measure}$에 따라) 양자 상태를 선택한다고 하자.

$$\sum_{i=1}^{N} \alpha_i |i\rangle$$

그리고 나서 측정하면 $|\alpha_i|^2$의 확률로 $|i\rangle$라는 결과를 구할 수 있다. 그렇다면 이렇게 구한 확률 벡터가 확률 심플렉스^{simplex}에서도 균등하게 무작위로 분포될 수 있을까? 진폭이 복소수면 가능하다. 하지만 진폭이 실수나 사원수라면 불가능하다.

선형성

지금까지 진폭이 왜 복소수여야 하는지, 그리고 진폭을 확률로 변환할 때 왜 제곱 규칙을 적용해야 하는지 살펴봤다. 하지만 그동안 선형성^{linearity}은 건드리지 않고 놔두고 있었다. 양자 상태가 다른 양자 상태로 전환될 때 왜 선형 변환을 거쳐야 할까? 한 가지 추측을 해보면 변환이 선형적이지 않다면 벡터를 크거나 작게 만들어버릴 수 있기 때문이다. 꽤 그럴 듯하다. 스티븐 와인버그$^{Steven\,Weinberg}$[6]와 동료 학자들은 상태 벡터가 항상 일정한 크기를 유지하는 비선형 버전의 양자역학을 제안한 적이 있다. 그런데 이 버전의 양자역학은 멀리 떨어진 벡터들을 받아 한데 뭉치거나 굉장히 가까운 벡터를 멀리 떼어 놓는다는 문제가 있다. 실제로 이런 이론들이 비선형적인 이유가 바로 여기에 있다. 따라서 짜임새 공간$^{configuration\,space}$, 배열 공간, 배위 공간, 구조 공간은 벡터의 구별 가능성을 측정하는 데 더 이상 직관적인 의미를 갖지 않게 된다. 지수적으로 근접한 두 상태는 실제로 완벽히 구별 가능할 수도 있다. 1998년에 에이브럼스^{Abrams}와 로이드^{Lloyd}[7]가 바로 이 점을 이용해서 "양자역학이 비선형적이라면 NP 완전 문제를 다항 시간에 푸는 컴퓨터를 만들 수 있다."고 증명했다. 물론 NP 완전 문제를 실제로 물리 세계에서 풀 수 있는지 여부는 모른다. 하지만 몇 년 전 내가 쓴 서베이 논문[8]에서 NP 완전 문제를 풀 수 있다는 것이 왜 신과 같은 능력을 갖는 셈인지에 대해 설명한 적이 있다. 이

6. S. Weinberg, Precision tests of quantum mechanics, Physical Review Letters 62 (1989), 485

7. http://www.arxiv.org/abs/quant-ph/9801041

8. http://www.scottaaronson.com/papers/npcomplete.pdf

능력은 초광속으로 신호를 전송하거나 열역학 제2법칙을 거스르는 것보다 대단하다고 주장할 수도 있다. 여기서 핵심은 NP 완전 문제를 언급할 때 항공기 스케줄링이나 RSA 암호 체계를 깬다거나 하는 문제만을 의미하지 않는다. 그보다는 직관을 자동화할 수 있다는 의미가 있다. 가령 리만 가설 Riemann Hypothesis을 증명하거나, 주식 시장을 모델링하거나, 세상에 존재하는 온갖 논리적인 추론 과정을 무엇이든 살펴볼 수 있다는 말이다.

따라서 NP 완전 문제를 물리적인 수단으로는 효과적으로 풀 수 없다는 현재의 가설을 따른다고 할 때 이에 반하는 이론이 나왔다면 그 이론 자체에 뭔가 문제가 있을 가능성이 높다. 그렇다면 둘 중 하나다. 내 말이 맞거나 내가 신이다. 물론 내 입장에서는 둘 중 어느 경우라도 마음에 든다.

게으르지 않은 독자를 위한 연습문제 7: 양자역학이 비선형적이라면 NP 완전 문제를 다항 시간에 풀 수 있을 뿐만 아니라 EPR 쌍으로 정보를 빛보다 빠른 속도로 전송할 수도 있음을 증명하라.

마지막으로 이 책에서 언급하는 양자역학의 세 가지 핵심 속성의 설명으로 이 장을 마무리한다.

가장 먼저 소개할 속성은 복제 불가 정리No-Cloning Theorem다. 이 정리를 쉽게 말하면 양자역학에서는 임의의 양자 상태 $|\psi\rangle$를 입력 받아 $|\psi\rangle$에 대한 복제본 두 개(즉, 텐서곱 $|\psi\rangle \otimes |\psi\rangle$)를 만들어 출력하는 프로시저는 존재할 수 없다는 뜻이다. 이 정리에 대한 증명은 '정리'라고 부를 자격이 있는지에 대한 논란이 있을 정도로 단순하다. 하지만 그 의미는 굉장히 중요하다. 증명은 다음과 같다. 일반성을 해치지 않는 범위에서 $|\psi\rangle = \alpha|0\rangle + \beta|0\rangle$이라는 큐비트 $|\psi\rangle$가 있다고 하자. 그러면 $|\psi\rangle$의 복사본을 $|0\rangle$과 같은 값으로 초기화한 다른 큐비트에 쓰는 '복제 맵cloning map'은 다음과 같은 작업을 수행해야 한다.

$$(\alpha|0\rangle + \beta|1\rangle)|0\rangle \longrightarrow (\alpha|0\rangle + \beta|1\rangle)(\alpha|0\rangle + \beta|1\rangle)$$

$$= \alpha^2|0\rangle|0\rangle + \alpha\beta|0\rangle|1\rangle + \alpha\beta|1\rangle|0\rangle + \beta^2|1\rangle|1\rangle$$

여기서 α^2, $\alpha\beta$, β^2은 α와 β에 대한 이차 함수다. 그런데 유니타리 변환^{unitary} ^{transformation}을 하면 진폭의 선형 결합만 나올 수 있다. 따라서 그보다 높은 차원을 만들어낼 수 없다. 그래서 복제 불가 정리가 성립한다. 여기서 볼 수 있듯이 마구잡이로 복제할 수 있던 고전 정보와 달리 양자 정보는 나름 '프라이버시'가 있다. 실제로 어떤 면에서 볼 때 고전 정보보다는 금이나 석유처럼 '불가분성'을 가진 천연 자원에 가깝다.

복제 불가 정리에 대해 몇 마디 덧붙이면 다음과 같다.

- 이 정리는 완벽한 복제 가능성에 대한 비물리적인 주장의 부산물로 치부할 수 없다. 실제로 양자역학의 선형성으로 인해 큐비트 하나를 '제대로' 복제하기 얼마나 힘든지 확인해보기 바란다. 물론 '제대로'의 의미를 적절히 정의한다면 말이다.

- $(\alpha|0\rangle + \beta|1\rangle)|0\rangle$ 상태를 $\alpha|0\rangle|0\rangle + \beta|1\rangle|1\rangle$ 상태로 매핑하는 것은 당연히 가능하다. 첫 번째 큐비트에서 두 번째 큐비트로 갈 때 CNOT$^{Controlled-}$ $^{NOT, 제어(형) NOT}$ 연산 게이트를 적용하면 된다. 하지만 원본 상태 $\alpha|0\rangle + \beta$ $|1\rangle$에 대한 복제본 두 개가 생기는 것은 아니다. 이렇게 하면 각각의 큐비트가 $\begin{pmatrix} |\alpha|^2 & 0 \\ 0 & |\beta|^2 \end{pmatrix}$라는 혼합 상태에 있는 얽힘 상태 하나가 생성될 뿐이다. 이를 '복제'라고 부를 수 있는 경우는 $\alpha = 0$이거나 $\beta = 0$일 때뿐이다. 결국 이렇게 되면 양자 정보가 아닌 고전 정보$^{classical information}$인 셈이다.

- 복제 불가 정리를 보면 당연히 하이젠베르크의 유명한 불확정성 원리$^{Heisenberg's\ Uncertainty\ Principle}$가 떠오를 것이다. 불확정성 원리는 임의의 정확도로 측정할 수도 없고, 서로 트레이드오프 관계에 있는 속성의 쌍(대표적으로 입자의 위치^{position}와 운동량^{momentum}, 속도라고 표현하기도 함(운동량 = 질량 × 속도이므로))이 존재한다는 말이다. 이러한 불확정성 원리를 물리학 이론에 맞게 설명하려면 이 책에서 나온 것보다 훨씬 많은 물리 이론을 동원해야 한다. 먼저 위치와 운동량의 관계부터 설명해

야 하고, (ħ는 1이라고 정하더라도) 플랑크 상수$^{\text{Planck's constant}}$ ħ에 대해서도 설명해야 한다. 하지만 여기서는 이런 이론을 동원하지 않고 단순하지만 쓸 만한 정보 이론 버전의 불확정성 원리를 복제 불가 정리로 도출할 수 있으며, 그 반대도 가능하다는 것을 설명해보겠다. 먼저 양자 상태의 모든 속성을 무한대의 정확도로 측정할 수 있다면 임의의 정확도로 복제본을 만들 수 있을 것이다. 반대로 상태 $|\psi\rangle$를 무한 번 복제할 수 있다면 그 상태의 모든 속성을 임의의 정확도로 알아낼 수 있을 것이다. 가령 일부 복제본은 위치를 측정하고 나머지 복제본은 운동량을 측정하면 된다.

- 어떻게 보면 복제 불가 정리가 양자역학과 아무런 상관없어 보일 수도 있다. 다시 말해 고전 확률 분포만으로도 복제 불가 정리를 증명할 수 있다. 동전을 던져 앞면이 나올 미지의 확률이 p일 때 이 동전을 둘로 변환해서 각각이 독립적으로 p의 확률로 모두 앞면이 나오게 만들 수 없다. 당연히 동전을 볼 수는 있지만 복제하기에는 이렇게 얻은 p에 대한 정보가 너무 부족하다. 양자역학이 다른 점은 혼합 상태뿐만 아니라 순수 상태에서도 복제 불가 원칙이 적용된다는 데 있다. 여기서 순수 상태$^{\text{pure state}}$란 측정할 기저를 정확히 알고 있다면 어떤 상태였는지 확실히 알 수 있다는 말이다. 하지만 기저를 정확히 모르면 상태를 알 수 없을 뿐만 아니라 복제할 수도 없다.

지금까지 복제 불가 정리를 살펴봤다. 여기서 반드시 짚고 넘어갈 양자역학의 두 번째 속성은 복제 불가 정리를 양자 키 분배$^{\text{QKD, Quantum Key Distribution}}$라는 전혀 상상하지 못한 곳에 응용했다는 점이다. QKD는 예전에 만난 적 없는 앨리스와 밥이라는 두 사람이 비밀키를 공유하기 위한 프로토콜로, 기존 공개키 암호화와 달리 현실적으로 불가능한 연산$^{\text{computational intractability}}$에 기반을 두지 않고 양자역학의 타당성과 기존 인증 채널의 가용성만 가정한다. 이런 방식의 암호화 가능성에 대해서는 이미 1969년에 스티븐 위즈너$^{\text{Stephen Wiesner}}$

가 예상했다.[9] 참고로 수십 년을 앞서는 이런 획기적인 논문을 받아주는 곳이 없어 15년 동안 발표되지 않았다(최근 예루살렘을 방문하던 중에 위즈너를 직접 만날 기회가 있었다. 그는 현재 자의로 건설 노동자로 살고 있으며 굉장히 재미있는 인물이었다). QKD가 공식적으로 처음 등장한 것은 찰스 베넷^{Charles Bennett}과 질 브라사르^{Gilles Brassard}가 1984년에 발표한 논문이다.[10] 그래서 BB84라는 재밌는 이름이 붙었다. 이 프로토콜의 자세한 설명은 생략한다. 그리 복잡하지는 않지만 이 장의 주제와 관련이 적고, 이미 BB84를 잘 설명하는 교재나 웹 자료가 널려 있다. 그 대신 여기서는 앨리스와 밥이 따로 만나지도 않고 계산에 대한 가정^{computational assumption}도 하지 않고도 양자역학을 적용해 비밀키를 공유할 수 있는 방법의 개념만 이해하고 넘어가자. 섀넌의 증명에 따르면 고전 세계에서는 불가능한 일이다(8장 참고). 기본 아이디어는 서로 직교하지 않는 기저 두 개 이상으로 무작위로 마련한 큐비트를 앨리스와 밥이 주고받는 것이다. 가령 네 가지 'BB84' 상태인 $|0\rangle, |1\rangle, \frac{|0\rangle+|1\rangle}{\sqrt{2}}, \frac{|0\rangle-|1\rangle}{\sqrt{2}}$ 를 예로 들 수 있다. 그러고 나서 서로 받은 큐비트 중 일부를 두 가지 무작위 기저인 $\{|0\rangle, |1\rangle\}$이나 $\{\frac{|0\rangle+|1\rangle}{\sqrt{2}}, \frac{|0\rangle-|1\rangle}{\sqrt{2}}\}$ 중에서 하나로 측정하고, 그 결과를 인증된 고전 채널로 서로 보내 제대로 전송됐는지 확인한다. 전송에 실패했다면 다시 시도한다. 반면 제대로 전송됐다면 다른 측정 결과(평문으로 전송된 적이 없는 결과)를 사용해 공유 비밀키를 설정할 수 있다. 그렇다면 이렇게 주고받는 큐비트를 누군가 도청하지 않는다는 것을 어떻게 확인할 수 있을까? 비결은 바로 복제 불가 정리에 있다. 설사 도청자가 이렇게 주고받는 큐비트에서 중요한 정보를 가로채더라도 앨리스와 밥의 검증 테스트를 낮지 않은 확률로 통과할 수 있게 읽었던 큐비트를 채널에 다시 집어넣을 수 없다. 도청자는 각 큐비트를 측정할 때 사용한 기저를 정확히 모르기 때문에 앨리

9. Stephen Wiesner, "Conjugate coding", ACM SIGACT News 15(1):78-88, 1983.

10. Charles H. Bennett and Gilles Brassard, "Quantum Cryptography: Public key distribution and coin tossing", Proceedings of the IEEE International Conference on Computers, Systems, and Signal Processing, Bangalore, p. 175, 1984.

스와 밥은 누군가 채널을 감청하고 있다는 사실을 알아낼 수 있다. 도청자가 할 수 있는 유일한 일은 채널을 통째로 가져가 앨리스나 밥 중 하나인 척하는 일명 '중간자$^{\text{man-in-the-middle 또는 woman-in-the-middle}}$' 공격을 하는 수밖에 없다. 하지만 이렇게 하려면 양자 채널뿐만 아니라 인증을 거치는 고전 채널도 공격해야 한다.

참고로 위즈너의 논문을 보면 복제 불가 정리를 상상을 초월한 곳에 응용한 또 다른 사례인 양자 화폐$^{\text{quantum money}}$를 소개했는데, 나도 지난 몇 년 동안 이 주제에 상당히 관심을 가졌다. 아이디어는 간단하다. 양자 상태를 정말 복제할 수 없다면 이러한 성질을 위조가 물리적으로 불가능한 화폐를 만드는 데 활용하면 된다는 것이다. 그런데 막상 이렇게 하려고 보면 당장 문제가 발생한다. 바로 돈은 누군가 진본임을 증명해줄 수 있어야만 사용할 수 있다는 점이다. 그렇다면 진폐 사용자가 인증하고자 측정할 수는 있지만 위폐 사용자는 복제하고자 측정할 수 없는 양자 상태 $|\psi\rangle$를 만들 수 있을까? 위즈너는 바로 이를 위한 기법을 제시했다. 흥미롭게도 이 기법이 안전하다는 엄격한 증명은 꽤 최근에서야 나왔다.[11] 그가 제시한 방법은 BB84라 부르게 된 단 네 가지 상태만 이용한다.

그런데 위즈너가 제시한 기법의 결정적인 단점은 화폐가 진폐라고 검증하는 방법을 아는 존재는 화폐를 발행한 은행뿐이라는 것이다. 이처럼 $\{|0\rangle, |1\rangle\}$과 $\{\frac{|0\rangle+|1\rangle}{\sqrt{2}}, \frac{|0\rangle-|1\rangle}{\sqrt{2}}\}$ 중에서 어느 기저로 큐비트를 준비했는지는 바로 그 은행만 알기 때문에 사용한 기저를 위조자가 모르게 배포할 방법이 없다. 최근 들어 공개키 양자 화폐$^{\text{public-key quantum money}}$에 대한 관심이 급증했다. 다시 말해 현실적으로 복제할 수 없고 누구나 인증할 수 있도록 은행이 준비할 수 있는 양자 상태를 말한다. 공개키 방식을 적용하려면 계산에 대한 가정이 필요하다. 양자역학만으로는 충분하지 않다. 위조자가 무한한 컴퓨팅

11. Abel Molina, Thomas Vidick, and John Watrous, "Optimal counterfeiting attacks and generalizations for Wiesner's quantum money", 2012. https://arxiv.org/abs/1202.4010.

시간을 갖고 있다면 단순 탐색 기법만으로도 공개적으로 알려진 검증 절차를 통과할 수 있는 상태를 찾아낼 수 있기 때문이다. 지난 몇 년 사이에 수많은 공개키 양자 화폐 기법이 제안됐지만 아쉽게도 그중 대부분은 결함이 있고, 나머지마저 어설프게 설계된 것이다. 참고로 최근 폴 크리스티아노[Paul Christiano]와 내가 '은닉 부분공간 기법[hidden subspace scheme12]'이라는 공개키 양자 화폐 기법을 제안한 적이 있다. 이 기법은 비교적 '표준'이라 할 만한 암호화 가정하에서 안전하다고 증명할 수 있다. 여기서 다항식에 관련된 몇 가지 고전적인 난제를 양자적으로 풀기 힘들다는 다소 강력하지만 최소한 동어 반복은 아닌 가정, 즉 근본적으로 양자 화폐와는 아무런 관련이 없는 가정을 했다.

이 장에서 마지막으로 소개할 양자역학의 세 번째 특성은 양자 공간 이동[quantum teleportation](양자 텔레포테이션, 양자 순간 이동)이다. 이 용어는 양자역학을 오해하려는 마음으로 충만한 언론이 양자역학은 <스타 트렉[Star Trek]>에 나오는 세상을 실현시키는 이론이라고 떠들게 만드는 떡밥으로 딱 좋다. 물론 양자 공간 이동은 양자역학이 아니었다면 존재할 수 없는 문제까지도 풀 수 있다는 것은 사실이다. 양자역학이 아니어도 정보를 얼마든지 '공간 이동'할 수 있다. 가령 인터넷으로 보내면 된다(네 살 무렵 팩스 작동 과정을 처음 봤을 때, 종이란 물질이 직접 전달되지 않고 정보로 변환됐다가 다시 반대쪽에서 종이로 재구성된다는 사실이 엄청 신기했다). 양자 공간 이동에서 문제는 큐비트를 고전 채널로 보내려면 어떻게 해야 하는가다. 단순하게 생각하면 전혀 불가능하게 보인다. 고전 채널을 사용하면 기껏해야 어떤 기저로 표현한 양자 상태 $|\psi\rangle$를 측정한 결과 정도만(그것도 이 기저에 $|\psi\rangle$를 포함하지 않을 때) 보낼 수 있는데, 당연히 반대편에서 $|\psi\rangle$를 재구성하기에는 정보가 부족하다. 그래서 1993년에 베넷 등이 발견한 ("앨리스와 밥이 $\frac{|00\rangle+|11\rangle}{\sqrt{2}}$이라는 EPR 쌍

---

12. Scott Aaronson and Paul Christiano, "Quantum Money from Hidden Subspaces," in Proceedings of ACM Symposium on Theory of Computing, pp. 41-60, 2012. http://arxiv.org/abs/1203.4740

을 공유한다면 앨리스는 밥에게 고전 비트 두 개를 보내고 앨리스와 밥이 모두 이 EPR 쌍의 절반씩 측정하는 프로토콜을 이용함으로써 앨리스는 임의의 큐비트를 밥에게 공간 이동시킬 수 있다."는) 사실은 획기적인 것이다.[13]

이 프로토콜의 작동 방식은 다음과 같다. 가령 앨리스가 $|\psi\rangle = \alpha|0\rangle + \beta|1\rangle$을 밥에게 양자 공간 이동시키고 싶다고 하자. 그러려면 먼저 앨리스가 $|\psi\rangle$에 대한 CNOT을 자신이 가진 EPR 쌍의 절반에 적용한다. 그러면 다음과 같은 결과가 나온다.

$$(\alpha|0\rangle + \beta|1\rangle) \otimes \frac{|00\rangle + |11\rangle}{\sqrt{2}}$$
$$\rightarrow \frac{\alpha}{\sqrt{2}}|000\rangle + \frac{\alpha}{\sqrt{2}}|011\rangle + \frac{\beta}{\sqrt{2}}|110\rangle + \frac{\beta}{\sqrt{2}}|101\rangle$$

그러고 나서 앨리스는 자신이 가진 첫 번째 큐비트(원래 $|\psi\rangle$였던 것)에 아다마르[Hadamard] 게이트를 적용한다. 그러면 다음과 같은 상태가 나온다.

$$\frac{\alpha}{2}(|000\rangle + |100\rangle + |011\rangle + |111\rangle)$$
$$+ \frac{\beta}{2}(|010\rangle - |110\rangle + |001\rangle - |101\rangle)$$

마지막으로 앨리스는 {$|0\rangle$, $|1\rangle$} 기저로 자신이 가진 큐비트를 모두 측정한 결과를 밥에게 보낸다. 여기서 주목할 점은 $|\psi\rangle$가 무엇이든지 관계없이 앨리스는 (00, 01, 10, 11)이라는 네 가지 결과를 각각 1/4의 확률로 보게 된다. 게다가 앨리스가 00을 보면 밥의 상태는 $\alpha|0\rangle + \beta|1\rangle$이고, 앨리스가 01을 보면 밥의 상태는 $\beta|0\rangle + \alpha|1\rangle$이고, 앨리스가 11을 본다면 밥의 상태는 $\beta|0\rangle - \alpha|1\rangle$이 된다. 따라서 앨리스가 보낸 고전 비트 두 개를 받고 나면 밥은 원본 상태 $\alpha|0\rangle + \beta|1\rangle$을 복원하려면 어떤 '정정 작업[correction]'을 해야 할지 정확히

---

13. Charles H. Bennett, Gilles Brassard, Claude Crépeau, Richard Jozsa, Asher Peres, and William K. Wootters, "Teleporting an unknown quantum state via dual classical and Einstein–Podolsky–Rosen channels", Physical Review Letters 70:1895–1899, 1993.

알 수 있다.

여기서 두 가지 사항을 짚고 넘어갈 필요가 있다. 하나는 순간 통신instantaneous communication이란 것은 없다는 것이다. $|\psi\rangle$를 양자 공간 이동시키려면 앨리스에게서 고전 비트 두 개를 받아 밥에게 보내야 한다. 그리고 이 비트는 빛의 속도로만 이동할 수 있다. 다른 하나는 그보다 더 흥미롭다. 바로 복제 불가 정리를 위배하지 않는다는 것이다. $|\psi\rangle$를 밥에게 양자 공간 이동하려면 앨리스는 $|\psi\rangle$의 복제본을 측정해야 한다. 그래야 고전 비트로 보낼 값을 알 수 있기 때문이다. 또한 이렇게 측정하면 앨리스가 가진 복제본은 폐기될 수밖에 없다. 밥 쪽에서 $|\psi\rangle$를 재구성할 수 있을 뿐만 아니라 앨리스 쪽에서 $|\psi\rangle$의 복제본을 남겨둘 수 있으면서 방금 표현한 프로토콜보다 뛰어난 양자 공간 이동 프로토콜을 만들 수 있을까? 그럴 수 없다고 생각한다. 무슨 근거로 이렇게 확신할 수 있을까? 복제 불가 정리 때문이다.

더 읽을거리

루시엔 하디Lucien Hardy가 쓴 양자역학의 '유도 과정derivation'에 대해 쓴 고전 논문[14]도 참고하기 바란다. 방금 내가 주장한 사실에 근접한 이론이다. 물론 훨씬 진지하고 엄밀하게 설명하고 있다. 아니면 그보다 최근에 소개된 또 다른 유도 과정을 소개하는 지울리오 치리벨라Giulio Chiribella 등이 발표한 논문[15]도 참고한다. 이 논문은 (1) 고전 확률 이론에서 충족하면서 나름 합리적인 것처럼 보이는 공리들을 충족하고, (2) 이 이론에서 표현하는 모든 '혼합 상태'는 반드시 더 큰 '순수 상태'로 시작해서 일부를 추적함으로써 구할 수 있다는 공리를 충족하는 고유한 양자역학 이론을 '유도'했다(이미 1930년대에 슈뢰딩거는 (2)번은 양자역학에서 핵심적이며 뚜렷한 속성이라고 주목한 바

---

14. http://www.arxiv.org/abs/quant-ph/0101012

15. G. Chiribella, G. M. D'Ariano and P. Perinotti, Informational derivation of Quantum Theory, Physical Review A, 84 (2011), 012311, http://arxiv.org/abs/1011.6451

있다. 하지만 솔직히 말해 2 놈으로 일반화한 확률 이론을 따르는 세계를 만드는 것보다 이렇게 특별히 '순수화된' 공리를 충족하는 세계를 굳이 만들어야 할 이유를 모르겠다). 마지막으로 크리스 푹스^{Chris Fuchs}가 쓴 논문[16]은 모두 읽어볼 만하다. 그중에서도 특히 케이브, 푹스, 색이 쓴 논문[17]을 추천한다. 이 논문은 진폭이 실수나 사원수가 아니라 복소수여야만 하는 이유를 잘 설명하고 있다.

16. http://www.perimeterinstitute.ca/personal/cfuchs/

17. http://www.arxiv.org/abs/quant-ph/0104088

10
양자 컴퓨팅

자, 이제 양자역학이라는 아름다운 이론과 계산 복잡도라는 그보다 더 아름다운 이론을 배웠다. 이렇게 아름다운 두 이론이 각자 따로 놀게 그냥 내버려 두기엔 아깝다. 둘을 엮어 서로 궁합이 잘 맞는지 알아보자.

그러려면 BQP^{Bounded-Error Quantum Polynomial-Time}란 클래스를 동원해야 한다. 7장에서 BPP^{Bounded-Error Probabilistic Polynomial-Time}를 소개한 적이 있다. 쉽게 설명하면 BPP는 고전 물리가 참일 경우 물리 세계에서 효율적으로 풀 수 있는 계산 문제에 대한 클래스다. 그렇다면 양자 물리가 참일 경우에 물리 세계에서 효율적으로 풀 수 있는 문제는 뭘까?

이 질문을 진지하게 연구하는 사람이 1990년대에 이르러서야 등장했다는 사실에 개인적으로 상당히 놀랐다. 답을 제시하는 데 필요한 도구들은 이미 1960년대 이전에 모두 나왔는데도 말이다. 이런 경향을 볼 때 당연히 나와야 할 질문 중에서 아직까지 연구하지 않은 것으로 뭐가 더 있을지 궁금할 것이다.

그렇다면 BQP를 어떻게 정의할 수 있을까? 이를 위해 다음 네 가지 사항을 고려할 필요가 있다.

1. **초기화**^{initialization}: n 큐비트로 구성된 시스템이 있고 모두 준비하기 쉬운

단순한 상태로 초기화돼 있다고 하자. 편의상 이를 '계산 기저 상태 computational basis state'라 부르기로 하자. 이 가정은 이 책의 뒷부분에서 조금 완화할 것이다. 특히 입력 문자열이 x일 때 초기 상태는 $|x\rangle|0...0\rangle$이다. 다시 말해 $|x\rangle$와 여기에 딸린 보조 큐비트 ancilla qubit를 모두 0 상태로 초기화한다.

2. **변환** transformation : 특정 시점의 컴퓨터 상태는 $2^{p(n)}$($p(n)$ 비트 문자열)에 대한 중첩 superposition이다. 여기서 p는 n에 대한 다항식이다.

$$|\psi\rangle = \sum_{z \in \{0,1\}^{p(n)}} \alpha_z |z\rangle$$

그렇다면 한 중첩 상태를 다른 중첩 상태로 변환하려면 어떤 연산을 적용해야 할까? 양자역학에서는 연산이 반드시 유니타리 변환 unitary transformation이어야 한다. 그렇다면 어떤 유니타리 연산이어야 할까? 모든 불리언 함수 $f:\{0, 1\}^n \rightarrow \{0, 1\}$에 대해 이 함수를 즉시 계산할 수 있는 유니타리 변환이 몇 가지 존재한다. 가령 $|x\rangle|0\rangle$ 형태의 기저 상태를 모두 $|x\rangle|f(x)\rangle$로 대응시키는 유니타리 변환이라면 어떠한 것도 적용할 수 있다.

물론 이 변환을 효율적으로 적용할 수 없는 함수가 대다수다. 고전 컴퓨팅에서 몇 가지 AND, OR, NOT 게이트를 조합해서 만든 회로에만 관심 있던 것처럼 여기서도 몇 가지 양자 게이트를 조합해서 만든 유니타리 변환에만 관심 있다. 여기서 '양자 게이트 quantum gate'란 말은 큐비트 개수가 한 개, 두 개, 세 개처럼 적은 경우에 적용되는 유니타리 변환을 의미한다.

그럼 이제 양자 게이트에 대한 예를 몇 가지 살펴보자. 대표적인 것으로 아다마르 게이트 Hadamard gate가 있다. 이 게이트는 다음과 같이 한 큐비트에 대해서만 적용된다.

$$|0\rangle \rightarrow \frac{|0\rangle + |1\rangle}{\sqrt{2}}$$

$$|1\rangle \rightarrow \frac{|0\rangle - |1\rangle}{\sqrt{2}}$$

또 다른 예로 토폴리 게이트$^{\text{Toffoli gate}}$가 있다. 이 게이트는 다음과 같이 세 큐비트에 대해 적용된다.

$$|000\rangle \rightarrow |000\rangle$$
$$|001\rangle \rightarrow |001\rangle$$
$$|010\rangle \rightarrow |010\rangle$$
$$|011\rangle \rightarrow |011\rangle$$
$$|100\rangle \rightarrow |100\rangle$$
$$|101\rangle \rightarrow |101\rangle$$
$$|110\rangle \rightarrow |111\rangle$$
$$|111\rangle \rightarrow |110\rangle$$

토폴리 게이트를 다르게 표현하면 첫 번째와 두 번째 큐비트가 모두 1이면 세 번째 큐비트를 반전시키고, 그 역도 성립한다(필요충분 관계).[1] 여기서 토폴리 게이트는 고전 컴퓨터에서도 성립한다.

야오윤 시$^{\text{Yaoyun Shi}}$[2]의 논문에 따르면 토폴리와 아다마르 게이트로 양자 게이트에 대한 범용 집합$^{\text{universal set of quantum gates}}$을 구성할 수 있다. 쉽게 표현하면 양자 컴퓨터에 필요한 게이트는 이 두 개면 충분하다는 말이다. 따라서 이것만으로도 다른 모든 양자 게이트를 원하는 수준으로 근사할 수 있다(좀 더 엄밀히 표현하면 유니타리 행렬에 복소수는 하나도 없고 모두 실수로만 구성된 게이트다. 그런데 이 사실은 컴퓨팅 관점에서 그리 중요하지 않다). 여기서 한 단계 더 나가서 솔로베이-키타예프 정리$^{\text{Solovay-Kitaev Theorem}}$[3]에 따르면 범용 게이트 집합은 다른 모든 범용 집합

---

1. A와 B가 서로 필요충분조건이라는 영어 표현인 'if and only if'를 'A이면 그리고 오직 A일 때만 B'라고도 표현할 수 있는데, 간결한 표현을 위해 'iff'나 '↔' 기호로 표기한다. – 옮긴이

2. http://www.arxiv.org/abs/quant-ph/0205115

3. http://arxiv.org/abs/quant-ph/0505030

을 효율적으로 모사^{simulate}할 수 있다. 여기서 효율적이란 말은 게이트 수가 기껏해야 다항식으로 증가한다는 뜻이다. 따라서 복잡도 이론에서 범용 게이트 집합의 종류는 그리 중요하지 않다.

이 점은 고전 세계에서 AND, OR, NOT 게이트로 회로를 구성하던지, AND와 NOT 게이트로만 구성하던지, NAND 게이트 한 종류만으로 구성하든지 상관없다는 사실과 똑같다.

그렇다면 어떤 양자 게이트 집합이 이러한 범용성^{universality}을 가질까? 굉장히 특수한 집합만 그럴까? 실제로 밝혀진 바로는 이와 반대로 1 큐비트 또는 2 큐비트 게이트 집합 중 거의 모두가(실제로 거의 모든 단일 2 큐비트 게이트가) 범용적이라고 밝혀졌다. 물론 이 규칙에 몇 가지 예외가 있다. 예를 들어 (앞에서 정의한) 아다마르 게이트와 다음과 같은 'CNOT$^{controlled-NOT}$' 게이트만 있다고 해보자. 이 CNOT 게이트는 첫 번째 큐비트가 1이면 두 번째 큐비트를 반전시킨다.

$$|00\rangle \rightarrow |00\rangle$$
$$|01\rangle \rightarrow |01\rangle$$
$$|10\rangle \rightarrow |11\rangle$$
$$|11\rangle \rightarrow |10\rangle$$

얼핏 보면 범용 양자 게이트 집합처럼 보이지만 실제로는 그렇지 않다. 일명 고츠만-크닐 정리$^{Gottesman-Knill\ Theorem}$[4]에 따르면 아다마르 게이트와 CNOT 게이트로만 구성된 양자 회로라면 모두 고전 컴퓨터로 효율적으로 모사할 수 있다.

여기서는 양자 게이트에 대한 범용 집합을 (어떤 것으로든) 정하고 나서 그 집합에 속한 게이트를 최대 $p(n)$개로 구성한 회로만 다룰 것이다. 이때 p는 어떤 다항식이고, n은 풀고자 하는 문제의 인스턴스에 대한 비트 수다. 이러한 회로를 다항 크기 양자 회로$^{polynomial-size\ quantum\ circuit}$라 부른다.

---

4. http://www.arxiv.org/abs/quant-ph/9807006

3. **측정**^measurement: 계산^computation이 모두 끝난 후 결과를 어떻게 측정할 수 있을까? 간단하다. 특정한 큐비트를 측정해서 결과가 |0⟩이면 NO고, |1⟩이면 YES라고 하면 된다. 앞에서 설명했듯이 간결한 표현을 위해 결정 문제^decision problem만 다룬다. 다시 말해 YES/NO라는 답만 내는 문제만 다룬다.

더 나아가서 문제의 답이 'YES'면 최종 측정 결과는 최소한 2/3의 확률로 YES여야 한다. 반면 답이 'NO'라면 최대 1/3의 확률로 YES가 된다. BPP와 똑같은 방식이다. BPP에서는 2/3과 1/3을 다른 숫자(가령 1 − 2^{-500}과 2^{-500})로 얼마든지 대체할 수 있다. 적절한 횟수만큼 계산을 반복해서 가장 많이 나온 답을 출력하기만 하면 된다.

그렇다면 바로 다음 질문을 던질 수 있다. 측정을 단 한 번만 하지 않고 전체 계산에서 여러 번하면 그보다 강력한 계산 모델을 도출할 수 있을까?

그렇지 않다. 그 이유는 유니타리 양자 게이트를 이용해 (가장 중요한 최종 측정이 아닌) 어떤 측정을 항상 모사할 수 있기 때문이다. 큐비트 A를 측정하는 대신 큐비트 A에서 B로 가는 CNOT 게이트를 적용한 후 나머지 연산에서 B 큐비트를 무시한다고 해보자. 그러면 마치 제3자가 큐비트 A를 측정한 것과 같다. 두 관점은 수학적으로 동치다(수학적으로 자명한 사실일까? 아니면 심오한 철학적 주제를 담고 있을까? 판단은 여러분에게 맡긴다).

4. **균일성**^uniformity: BQP를 정의하기 전에 다뤄야 할 세부 사항 중에 마지막 하나가 더 있다. 앞에서 '다항 크기 양자 회로'에 대해 설명했는데, 좀 더 정확히 말하면 각 입력의 길이가 n인 회로의 무한한 모임^infinite family of circuits이다. 그렇다면 이 모임에 속한 회로들을 서로 완전히 독립적인 방식으로 임의로 선택할 수 있을까? 그렇다면 이 사실을 이용해 멈춤 문제^halting problem와 같은 것을 푸는 데 활용할 수 있을 것이다. 단순히 n번째 회로에 연결해서 n번째 튜링 머신이 멈추는지 확인하기만 하면 된다. 이

런 경우를 제외하려면 균일성이란 요구 사항을 적용해야 한다. 다시 말해 주어진 입력 n에 대해 n번째 양자 회로를 n에 대한 다항 시간에 결과를 출력하는 (고전) 알고리즘이 존재해야 한다는 뜻이다.

연습문제: 다항 시간 양자 알고리즘이 n번째 회로를 출력하게 해도 똑같이 정의할 수 있음을 증명하라.

이제 BQP를 정의할 준비가 끝났다. 지금까지 설명한 사실을 토대로 다음과 같이 BQP를 정의할 수 있다.

> BQP란 다항 크기 양자 회로의 균일한 모임인 $\{C_n\}$이 존재하는 언어 $L \subseteq \{0, 1\}^*$로 이뤄진 클래스로, 모든 $x \in \{0, 1\}^n$에 대해 다음을 충족한다.

- $x \in L$이면 C_n은 입력 $|x\rangle|0\ldots0\rangle$에 대해 최소 2/3의 확률로 YES를 출력한다.

- $x \not\in L$이면 C_n은 입력 $|x\rangle|0\ldots0\rangle$에 대해 최대 1/3의 확률로 YES를 출력한다.

언컴퓨팅

그렇다면 BQP는 어떤 의미를 갖는지 알아보자. 첫 번째 질문, 다른 BQP 알고리즘을 서브루틴으로 호출하는 BQP 알고리즘이 있을 때 이 알고리즘은 BQP보다 강력할까? 다시 말해 BQP^{BQP}(다시 말해 BQP라는 오라클이 있는 BQP)는 BQP보다 강력할까?

그렇지 않아야 좋다. 참고로 이 질문은 예전에 데이브 베이컨[Dave Bacon]에게 설명한 것과 관련이 있다. 왜 물리학자들은 NP 클래스를 잘 받아들이지 않을까? 내 생각에는 다항 시간 계산 위에 놓인 '마법같은' 존재 한정자[existential quantifier]가 있는 NP는 물리학자가 흔히 볼 수 있는 종류가 아니기 때문이다.

물리학자가 주로 다루는 클래스(물리학자 복잡도 클래스^{physicist complexity class})를 정확히 표현하기는 힘들지만 같은 클래스에 있는 알고리즘을 서브루틴으로 호출하는 알고리즘처럼 '명확한 대상에 대해 닫혀 있는' 속성만큼은 확실히 갖고 있음이 틀림없다.

그래서 나는 BQP는 충분히 '물리학자 복잡도 클래스'라고 볼 수 있다고 본다. 특히 $BQP^{BQP} = BQP$를 충족하는 것은 그렇다. 그렇다면 이를 증명하는 데 어떤 문제가 있을까?

그렇다. 쓰레기 문제가 있다. 앞에서 설명했듯이 양자 알고리즘이 끝나면 큐비트 하나만 측정해서 YES 또는 NO라는 정답을 구한다. 그렇다면 나머지 큐비트는 어떻게 할까? 일반적으로 그냥 버린다. 하지만 다양한 알고리즘 실행에 대한 중첩을 구했고, 이렇게 실행한 결과를 모두 한데 모아 간섭시키려고 할 때는 이 쓰레기 때문에 여러 가지 알고리즘 실행들이 간섭되지 않을 수 있다. 그렇다면 이 문제를 어떻게 해결할까?

방법은 1990년대에 찰스 베넷^{Charles Bennett}이 제안한 것처럼 언컴퓨트^{uncompute} 하면 된다. 실행 과정은 다음과 같다.

1. 서브루틴을 실행한다.
2. 서브루틴에서 답으로 나온 큐비트를 다른 곳에 복제한다.
3. 이 서브루틴을 거꾸로 실행한다. 그래서 정답에 대한 큐비트를 제외한 나머지를 모두 지운다(이 서브루틴에 에러가 발생할 확률이 있다면 삭제 작업이 완벽하진 않겠지만 어쨌든 그럭저럭 실행은 된다).

우리 집에 와 보면 알겠지만 난 쓰레기를 잘 치우지 않는다. 하지만 양자 컴퓨터라면 자기가 버린 쓰레기는 치우는 것이 바람직하다.

고전 복잡도 클래스와의 관계

자, 그렇다면 BQP는 앞의 장들(6, 7장)에서 소개한 복잡도 클래스들과 어떤 관계에 있을까?

먼저 BPP ⊆ BQP라고 주장할 수 있다. 다시 말해 고전 확률론을 따르는 컴퓨터로 할 수 있는 일은 모두 양자 컴퓨터로도 할 수 있다. 왜 그럴까?

그렇다. 동전을 던질 때마다 새로운 0 큐비트에 아다마르 게이트를 적용하기만 하면 된다. 교과서에서는 이를 증명하는 데 한 페이지나 걸리는데, 나는 이렇게 한마디로 증명할 수 있다.

그렇다면 고전 복잡도 클래스처럼 BQP의 상한$^{\text{upper bound}}$을 구할 수 있을까?

물론이다. 먼저 BQP ⊆ EXP, 즉 양자 다항 시간에 계산할 수 있는 것은 모두 고전 지수 시간$^{\text{exponential time}}$에 계산할 수 있다는 사실은 쉽게 알 수 있다. 다르게 표현하면 양자 컴퓨터의 성능은 고전 컴퓨터에 비해 많아야 지수 배만큼 뛰어나다. 왜 그럴까?

그렇다. 지수 시간으로 실행해도 된다면 상태 벡터 전체의 전개 과정을 고전 컴퓨터로 충분히 모사할 수 있기 때문이다.

실제로 밝혀진 바로는 그보다 훨씬 많은 것을 할 수 있다. 앞에서 설명했듯이 PP는 다음과 같은 문제에 대한 클래스다.

- 개수가 지수적으로 증가하는 실수 항의 합이 있을 때 각각을 다항 시간에 평가할 수 있다면 그 합은 양수일까? 아니면 음수일까?(둘 중 하나여야 한다고 가정한다)
- 변수 n개에 대한 부울식이 있을 때 이 변수에 대한 2^n가지의 할당 값 중에서 최소한 절반은 이 식을 TRUE로 만들 수 있을까?
- 무작위 다항 시간 튜링 머신에서 ½ 이상의 확률로 YES란 답이 나올까?

다르게 말하면 PP 문제는 개수가 지수적으로 증가하는 항을 합해 결과가 일정한 기준보다 크거나 작은지를 결정하는 것이다. 따라서 PP ⊆ PSPACE ⊆ EXP임을 알 수 있다.

양자 복잡도를 최초로 소개한 번스타인^{Bernstein}과 바지라니^{Vazirani}의 논문에서는 BQP ⊆ PSPACE라고 나와 있다. 그 후 얼마 지나지 않아 애들먼^{Adleman}과 드마레스^{DeMarrais}와 후앙^{Huang}[5]은 결과를 확장해 BQP ⊆ PP임을 증명했다 (복잡도에 대해 내가 처음 증명한 사실이기도 하다. 애들먼 등이 일 년 전에 증명한 사실을 알았다면 애초에 시작도 하지 않았을 것이다. 그래서 현재 돌아가는 상황을 수시로 파악하는 것이 중요하다).

그렇다면 BQP ⊆ PP인 이유는 뭘까? 전산학에서 이를 증명하려면 반 페이지 정도 차지하지만 물리학에서는 세 단어면 충분하다. 바로 파인만 경로 적분^{Feynman path integral}이다.

양자 컴퓨터가 TRUE란 답을 낼 확률을 계산한다고 생각해보자. 기본적인 방법은 수많은 $2^n \times 2^n$ 유니타리 행렬을 곱한 후에 참이 되는 기저 상태(출력 큐비트가 $|1\rangle$인 기저 상태)에 대한 진폭의 절댓값 제곱의 합을 구하는 것이다. 1940년대에 파인만은 그보다 나은 방법이 있음을 알아차렸다. 그것도 메모리(혹은 종이) 관점에서 훨씬 효율적인 방법이다. 단, 시간 복잡도는 여전히 지수 시간이다.

그보다 나은 방법은 참인 기저 상태에 대해 루프를 도는 것이다. 이 루프를 돌 때마다 기저 상태로 만드는 진폭이 나올 수 있는 모든 계산 경로^{computational path}에 대해 루프를 돈다. 따라서 기저 상태 $|x\rangle$의 최종 진폭이 α_x라고 할 때 다음과 같이 표현할 수 있다.

$$\alpha_x = \sum_i \alpha_{x,i}$$

---

5. L. M. Adleman, J. DeMarrais, and M.–D. A. Huang, Quantum Computability, SIAM Journal on Computing, 26:5 (1997), 1524–1540.

여기서 $\alpha_{x,i}$는 지수적으로 큰 '확률 트리$^{\text{possibility tree}}$'의 한 잎에 해당한다. 따라서 고전 다항 시간에 계산할 수 있다. 일반적으로 $\alpha_{x,i}$는 위상이 크게 다른 복소수로, 상쇄 간섭$^{\text{destructive interference}}$이 발생해 서로 소거시킨다. 그래서 α_x에는 아주 작은 나머지$^{\text{residue, 잉여, 유수}}$만 남게 된다. 양자 컴퓨팅이 고전 컴퓨팅보다 훨씬 강력하게 보이는 이유는 바로 이러한 작은 나머지를 무작위 샘플링으로 측정하기 힘들어 보이기 때문이다. 무작위 샘플링$^{\text{random sampling}}$은 정상적인 미국 대통령 선거에는 효과적일지 모르지만 α_x를 측정하는 작업에서는 2000년 대선과 같은 결과[6]가 나온다.

그렇다면 참이 되는 모든 기저 상태 집합을 S라 할 때 양자 컴퓨터가 참이라는 답을 낼 확률은 다음과 같이 같다.

$$p_{\text{accept}} = \sum_{x \in S} \left| \sum_i \alpha_{x,i} \right|^2 = \sum_{x \in S} \sum_{i,j} \alpha_{x,i} \alpha_{x,j}^*$$

여기서 *는 켤레 복소수를 의미한다. 그런데 이 값은 지수적으로 증가하는 항을 단순히 더하기만 해서 나온 것이다. 각 항은 P 시간에 계산할 수 있다. 따라서 $p_{\text{accept}} \le \frac{1}{3}$과 $p_{\text{accept}} \ge \frac{2}{3}$ 중에서 어느 것인지를 PP 시간에 결정할 수 있다.

내가 볼 때 리처드 파인만$^{\text{Richard Feynman}}$이 노벨 물리학상을 받는 데 가장 크게 기여한 공적은 BQP가 PP에 포함된다는 것을 증명한 것이라고 생각한다.

---

6. 총 득표수가 더 높은 엘 고어가 그보다 낮은 득표수의 조지 부시에게 패배한 선거. 대법원 결정으로 당선이 결정됐다. ─ 옮긴이

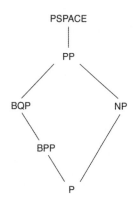

물론 많은 사람이 궁금해 하는 것은 BPP ≠ BQP가 성립하는지 여부다. 다시 말해 양자 컴퓨팅이 고전 컴퓨팅보다 정말 강력하냐가 관심사다. 현재는 양자 컴퓨터가 정말 강력하다는 증거를 확보한 상태다. 그중에서 가장 유명한 것은 인수분해나 이산 로그를 계산하는 쇼어 알고리즘[Shor's algorithm]이다. 이 알고리즘을 한 번쯤 들어본 적 있을 것이다. 20세기 후반에 나온 주요 과학적 성과 중 하나로, 이 정리 덕분에 지금 이 주제를 설명하고 있는 것도 이 알고리즘이 나온 덕분이다. 처음 들어본 사람은 웹을 검색해보기 바란다. 이 알고리즘을 설명하는 문서만 50만 건 이상 나올 것이다.[7]

그런데 한 가지 짚고 넘어갈 사실이 있다. 쇼어 알고리즘이 나오기 전에도 컴퓨터 과학자들은 양자 컴퓨터가 고전 컴퓨터에 비해 훨씬 강력하다는 이론적 근거를 상당히 축적했다. 쇼어 알고리즘이 나올 수 있었던 것도 이런 결과물 덕분이다.

대표적인 예가 사이먼 알고리즘[Simon's algorithm]이다.[8] 가령 블랙박스 방식으로만 접근할 수 있는, 다시 말해 주어진 입력에 대해 출력만 확인할 수 있는 $f:\{0, 1\}^n \rightarrow \{0, 1\}^n$이란 함수가 있다고 하자. 이때 서로 구분되는 쌍 (x, y)에 대

---

7. 쉽게 설명한 자료 하나를 추천하면 내가 직접 쓴 블로그 글 중에서 꽤 주목 받은 "Shor, I'll do it"(http://www.scottaaronson.com/blog/?p=208)이 있다.

8. D. R. Simon, On the Power of Quantum Cryptography, Proceedings of IEEE Symposium on Foundations of Computer Science, (1994), 116–123.

해 $f(x) = f(y) \leftrightarrow x \oplus y = s$를 충족하는 '비밀 XOR 마스크secret XOR-mask'인 $s \in \{0, 1\}^n$이 있다고 하자(여기서 $\oplus$는 비트 XOR을 의미한다). 이때 s의 항등원identity을 알아내고자 한다. 그렇다면 이를 높은 확률로 알아내려면 f를 몇 번이나 질의해야 할까?

고전 컴퓨터에서는 $\sim 2^{n/2}$번 질의해야 한다는 것(이 필요충분조건임)을 쉽게 알 수 있다. 충돌collision, 즉 $f(x) = f(y)$를 충족하는 $x \neq y$인 쌍을 발견하면 $s = x \oplus y$라는 것을 알기 때문이다. 하지만 충돌을 발견하기 전까지는 이 함수가 본래 무작위인 것처럼 보인다. 특히 T개의 입력에 대해 이 함수를 질의하면 충돌을 발견할 확률은 합집합 상한union bound에 따라 최대 $\sim T^2/2^n$이다. 따라서 대략 $T \approx 2^{n/2}$번 질의해야 s를 높은 확률로 찾을 수 있다.

반면 사이먼은 $\sim n$번 질의만으로 s를 찾는 양자 알고리즘을 제시했다. 기본 아이디어는 질의 f를 중첩시켜 $x \oplus y = s$를 충족하는 무작위 (x, y) 쌍에 대해 다음과 같은 양자 상태를 준비하는 것이다.

$$\frac{|x\rangle + |y\rangle}{\sqrt{2}}$$

그런 다음 일명 양자 푸리에 변환quantum Fourier transform을 적용해 이 상태에서 s에 대한 정보를 추출한다. 이렇게 푸리에 변환을 적용해 '숨은 주기성 정보hidden periodicity information'를 추출하는 기법은 쇼어 알고리즘에 직접적인 영향을 미쳤다. 쇼어 알고리즘도 $\mathbb{Z}_2^n$이 아닌 아벨군abelian group $\mathbb{Z}_N$에 대해 이와 비슷하게 처리한다. 참고로 사이먼이 처음 이 논문을 학회에 제출했을 때 거절됐다는 유명한 일화가 있다. 아마도 쇼어와 같은 극소수만 논문을 이해했을 것이다.

사이먼 알고리즘에 대해서도 자세히 소개하지는 않겠다. 궁금한 사람은 논문[9]을 참고하기 바란다.

---

9. https://people.eecs.berkeley.edu/~vazirani/f04quantum/notes/lec7.pdf

자, 요점은 양자 컴퓨터가 고전 컴퓨터보다 지수 배로 빠르게 풀 수 있다고 증명이 가능한 사이먼 문제를 확보하고 있다는 것이다. 사실 사이먼 문제는 좀 억지스러운 면이 있다. 전역적인 대칭성을 가진 함수 f를 계산하는 데 신비스런 '블랙박스'에 의존하기 때문이다. 이렇게 블랙박스 방식으로 구성하기 때문에 사이먼 문제는 $BPP \neq BQP$를 증명하는 것이 아님은 분명하다. 이 문제가 증명하는 것은 $BPP \neq BQP$에 상대적인 오라클^{oracle}이 존재한다는 것이다. 이것이 바로 앞에서 말했던 양자 컴퓨터가 고전 컴퓨터보다 훨씬 강력하다는 이론적 증거다.

실제로 밝혀진 바에 따르면 BPP와 BQP 사이에 오라클 분리를 유도한 것은 사이먼 문제가 처음이 아니다. 사이먼으로부터 쇼어가 나왔듯이 번스타인 -바지라니로부터 사이먼이 나오게 된 것이다. 아주 오래전 암흑시대인 1993년에 번스타인과 바지라니는 재귀 푸리에 샘플링$^{Recursive\ Fourier\ Sampling}$이라는 블랙박스 문제를 고안했다. 두 사람은 모든 고전 알고리즘은 최소한 $\sim n^{\log n}$번 질의해야 이 문제를 풀 수 있고, 이를 n번 질의만으로 풀 수 있는 양자 알고리즘이 존재한다는 사실을 증명했다.

안타깝게도 이러한 재귀 푸리에 샘플링 문제를 정의하려면 정신을 못 차릴 정도로 다른 얘기를 많이 해야 한다(사이먼 문제가 인위적이라고 생각한다면 다른 것을 별로 못 봤기 때문이다). 기본 개념은 다음과 같다. 불리언 함수 $f:\{0, 1\}^n$ → $\{0, 1\}$에 접근하는 블랙박스가 있을 때 모든 x에 대해 $f(x) = s \bullet x$인 '비밀 문자열' $s \in \{0, 1\}^n$이 있다고 하자(여기서 $\bullet$는 내적 mod 2를 의미한다). 여기서 f에 대한 질의를 최소한으로 하면서 s를 학습한다고 하자.

다르게 표현하면 $f(x)$는 입력 비트의 특정한 부분집합에 대한 XOR에 불과하다. 목표는 어느 부분집합인지를 찾는 것이다.

고전 컴퓨터에서는 f에 대해 꼭 n번 질의해야 한다. n비트를 학습하려는 데 각 질의마다 한 비트만 드러낸다. 그런데 양자 컴퓨터에서는 단 한 번의 질의로 s를 학습할 수 있다는 사실을 번스타인과 바지라니가 발견한 것이다.

이렇게 하려면 다음과 같이 상태를 준비해서

$$\frac{1}{\sqrt{2^n}} \sum_{x \in \{0,1\}^n} (-1)^{f(x)} |x\rangle$$

모든 n 큐비트에 아다마르 게이트를 적용하면 된다. 그러면 결과가 $|s\rangle$란 것을 쉽게 확인할 수 있다.

번스타인과 바지라니는 앞에서 설명한 문제(푸리에 샘플링)에서 재귀적으로 구성했다. 다시 말해 $f(x)$ 비트 중 하나를 학습하고자 푸리에 샘플링 문제를 만들고 보니 또 다른 푸리에 샘플링 문제를 풀어야 하고, 이 문제의 비트 중 하나를 학습하려면 그다음 세 번째 문제를 풀어야 하는 식으로 이어진다. 그리고 나서 재귀 과정의 깊이가 d일 때 이러한 재귀 푸리에 샘플링 문제를 푸는 모든 무작위 알고리즘은 최소한 $\sim n^d$번 질의해야 한다는 것을 증명했다. 이와 대조적으로 이 문제를 푸는 양자 알고리즘은 단 2^d번만 질의하면 된다.

$1^d = 1$도 아닌 2^d번인 이유가 뭘까? 재귀 과정의 각 단계마다 양자 알고리즘은 거기서 나온 쓰레기를 언컴퓨트^{uncompute}해서 간섭 효과를 내야 한다. 그리고 이를 위해 다음과 같이 2의 배수를 계속 더하는 것이다.

```
Compute {
    Compute {
        Compute
        Uncompute
    }
    Uncompute {
        Compute
        Uncompute
    }
}
Uncompute {
```

```
Compute {
    Compute
    Uncompute
}
Uncompute {
    Compute
    Uncompute
}
}
```

실제로 내가 발표한 논문[10]에서 이러한 재귀 언컴퓨팅은 재귀 푸리에 샘플링에 대한 모든 양자 알고리즘에서 나타날 수밖에 없는 특징이라고 증명한 적이 있다.

따라서 n^d vs 2^d 사이에 이런 간격이 존재할 때 $d = \log n$이라고 설정하면 고전 컴퓨터에서는 $n^{\log n}$번 질의하고 양자 컴퓨터에서는 $2^{\log n} = n$번 질의하게 된다. 솔직히 이런 분리는 지수 시간 vs 다항 시간만큼의 차이는 아니다. 준다항 quasipolynomial 시간 vs 다항 시간 정도에 불과하다. 하지만 이것만으로도 BPP와 BQP 사이의 오라클 구분 oracle separation 을 증명하는 데는 충분하다.

양자 컴퓨터와 고전 컴퓨터 사이를 지수적으로 구분해 낸 사이먼 알고리즘과 쇼어 알고리즘이 있는데, 이러한 재귀적인 고고학적 유물을 놓고 노닥거리는 이유가 뭔지 궁금할 것이다. 양자 컴퓨팅의 대표적인 난제 중 하나가 바로 BQP와 (6장에서 정의한) 다항 계층 PH 사이의 관계에 대한 것이기 때문이다. 구체적으로 말하면 BQP가 PH에 포함되는가에 대한 것이다. 물론 그럴 것 같지 않다. 하지만 번스타인과 바지라니가 1993년에 질문한 것처럼 BQP ⊄ PH와 관련된 오라클을 실제로 찾을 수 있을까? 애통하게도 20년 동안, 그리고 그 후의 수많은 대학원생의 답은 실망스럽게도 여전히 "아니요"다. 하지만 많은 사람이 이렇게 구분할 수 있다고 생각한다. 최근까지도 재

---

10. http://www.scottaaronson.com/papers/uncompute.pdf

귀 푸리에 샘플링은 이러한 구분의 대상으로 삼은 유일한 후보 문제였다.

마침내 2009년에 '푸리에 검사Fourier Checking'라는 다른 후보 문제[11]를 발견했다. 이 문제는 BQP와 PH 사이의 오라클 구분뿐만 아니라 (재귀 푸리에 샘플링과 달리) 지수적 구분exponential separation까지 제공한다. 아쉽게도 이 분리를 증명하려면 현재 우리가 알고 있는 것보다 고전 복잡도 이론이 (구체적으로 말하면 상수 깊이 회로 하한constant-depth circuit lower bounds에 대해) 좀 더 발전해야 한다. 하지만 결과적으로 푸리에 검사가 재귀 푸리에 샘플링의 역할을 대신하고 재귀 푸리에 샘플링은 역사적인 의의만 남게 됐다.

양자 컴퓨팅과 NP 완전 문제

신문이나 잡지 등에 따르면 양자 컴퓨터를 이용하면 NP 완전 문제에서 가능한 모든 해를 병렬로 계산해 그중에서 정답을 고르는 방식으로 문제를 순식간에 풀 수 있는 것처럼 생각하는 것 같다.

사실 양자 컴퓨팅에 대해 이렇게 오해하는 사람이 많다. 따라서 좀 더 자세히 설명할 필요가 있다.

분명한 사실은 양자 컴퓨터로 NP 완전 문제를 효율적으로 풀 수 있다는 사실은 아직까지 증명하지 못했다는 것이다. 다시 말해 NP ⊄ BQP다. 아직 P ≠ NP조차 증명하지 못했기 때문이다. 심지어 P ≠ NP면 NP ⊄ BQP인지도 증명하지 못했다.

지금까지 밝혀진 사실은 예전에 베넷, 번스타인, 브라사르, 바지라니가 내놓은 NP ⊄ BQP와 관련된 오라클이 존재한다는 결과뿐이다. 구체적으로 설명하고자 후보 해가 2^n개인 공간에서 단 하나의 정답을 탐색하고, 주어진 후보 해로 할 수 있는 일이라고는 이를 블랙박스에 넣어 정답인지 알아내는

11. S. Aaronson, BQP and the polynomial hierarchy. In Proceedings of Annual ACM Symposium on Theory of Computing (2010), pp. 141-150. http://www.scottaaronson.com/papers/bqpph.pdf

것뿐이라고 하자. 그러면 정답을 찾을 때까지 이 블랙박스에 몇 번이나 질의해야 할까? 고전 컴퓨팅에서는 당연히 최악의 경우 ~2^n번, 평균 ~$2^n/2$번이다. 이에 반해 그로버^{Grover}가 발표한 유명한 양자 탐색 알고리즘[12]은 이 블랙박스를 단 ~$2^{n/2}$번만 질의한다. 심지어 그로버 알고리즘이 나오기 전에도 베넷 등이 발표한 논문에 따르면 이것이 최적임을 증명했다. 다시 말해 크기가 2^n인 모래사장에서 바늘 하나를 찾는 양자 알고리즘은 모두 최소한 ~$2^{n/2}$단계가 필요하다고 증명했다. 따라서 최소한 일반 탐색 문제나 비정형 탐색 문제만큼은 양자 컴퓨터가 고전 컴퓨터에 비해 속도가 어느 정도(정확히 말해 제곱 시간만큼) 빠르다고 할 수 있다. 하지만 쇼어의 인수분해 알고리즘만큼 지수적으로 빠른 것은 아니다.

그렇다면 속도가 세제곱 이상이 아니라 제곱만큼만 향상되는 이유는 뭘까? 그로버 알고리즘이나 베넷 등이 밝힌 최적화 증명을 자세히 들어가지 않고 설명해보겠다. 가장 핵심적인 이유는 양자역학이 1 놈이 아닌 2 놈에 기반하고 있기 때문이다. 고전 컴퓨팅에서는 솔루션이 N개 있고 그중 하나만 정답이라면 한 번 질의하고 나서 정답을 맞출 확률은 $1/N$이고, 두 번 질의하고 나서 정답을 맞출 확률은 $2/N$이고, 세 번 질의하고 나서는 $3/N$이고, 이런 식으로 진행된다. 따라서 무시할 수 없는 수준의(1에 가까운) 확률로 정답 솔루션을 맞추려면 질의가 ~N개 있어야 한다. 하지만 양자 컴퓨팅에서는 진폭 벡터를 선형 변환해야 한다. 이 진폭은 확률의 제곱근이다. 이 말을 풀어 보면 다음과 같다. 한 번 질의한 뒤에 정답을 맞출 확률은 진폭 $1/\sqrt{N}$이고, 두 번 질의한 뒤에는 $2/\sqrt{N}$이고, 세 번 질의한 뒤에는 $3/\sqrt{N}$이고, 이런 식으로 진행된다. 따라서 T번 질의한 뒤에 정답을 맞출 진폭은 $T/\sqrt{N}$며, 확률은 $|T/\sqrt{N}|^2 = T^2/N$이다. 그러므로 이 확률은 $T \approx \sqrt{N}$번 질의한 후에야 1에 가까워진다.

---

12. L. K. Grover, A Fast Quantum Mechanical Algorithm for Database Search, Proceedings of ACM Symposium on Theory of Computing (1996), 212–219, http://arxiv.org/abs/quant-ph/9605043

내 블로그[13]를 보면 비정형 탐색 문제에 대한 양자 컴퓨터의 한계에 관련된 논쟁을 질리게 설명하고 있다. 여기서는 이 정도로 설명을 마치겠다.

양자 컴퓨팅과 다세계

이 책의 원서 제목이 『Quantum Computing since Democritus』인 만큼 심오한 철학적 질문으로 이 장을 마무리하겠다. 먼저 다음 질문부터 살펴보자. 우리가 자명하지 않은 양자 컴퓨터를 만들어냈다고 하자. 그렇다면 이 사실이 평행 우주가 존재한다고 증명할 수 있을까?

1980년대에 양자역학을 확립한 데이비드 도이치David Deutsch는 그렇다고 확신했다.[14] 정확히 말하면 도이치는 그 영향은 단지 심리적일 뿐이라고 생각했다. 도이치가 볼 때 평행 우주가 존재한다는 것은 이미 양자역학에서 증명됐기 때문이다. 그는 다음과 같은 질문을 즐겨했다. "쇼어 알고리즘이 3,000자리 정수를 인수분해할 수 있다면 인수분해한 숫자는 어디에 있을까? 그 수를 인수분해하는 데 필요한 계산 자원이 현재 우리가 보는 우주보다 기하급수적으로 큰 일종의 '다중 우주multiverse'에서 온 것이 아니라면 도대체 어디서 온 것일까?" 내가 보기에 도이치는 이 질문에서 의도적으로 인수분해는 BPP에 속하지 않는다고 가정한 것 같다. 하지만 상관없다. 논쟁을 할 때는 얼마든지 그렇게 가정해도 된다.

당연히 이러한 도이치의 관점은 널리 받아들여지지 않았다. 양자 컴퓨터를 만들 수 있고, 이를 표현하는 데 필요한 형식체계formalism를 마련할 수 있다고 생각하는 사람들조차 이러한 형식체계를 '평행 우주' 관점에서 가장 잘 설명할 수 있다는 데 동의하지 않는다. 도이치가 볼 때 이들은 그저 지적인 쪼다일 뿐이다. 마치 코페르니쿠스 이론이 현실에 적합하다고 인정하지만 여전

---

13. http://www.scottaaronson.com/blog/

14. David Deutsch, The Fabric of Reality, Penguin, 1997

히 지구가 태양 주위를 도는 것은 아니라고 생각하는 성직자인 셈이다.

그렇다면 이러한 지적 쪼다들은 도이치의 주장에 어떻게 반응했을까? 첫 번째 반응은 양자 컴퓨터를 '평행 우주'의 관점에서 보는 것 자체가 심각한 어려움을 발생시킨다는 것이다. 특히 '선호 기저 문제$^{preferred\ basis\ problem}$'와 같은 것들을 문제에 봉착한다는 것이다. 이 문제는 기본적으로 다음과 같다. 어떤 평행 우주를 다른 평행 우주와 '분리'된다는 것을 어떻게 정의할 수 있을까? 양자 상태를 자를 수 있는 방법은 무한 가지가 있고, 그중 어느 것이 나은지조차 불분명하다.

이 주장을 좀 더 밀어붙일 수 있다. 양자 컴퓨터가 더 빠를 수 있는 핵심 이유는 양의 진폭과 음의 진폭 사이의 간섭^{interference} 때문이다. 사실 양자역학이 고전 확률 이론과 달라진 원인도 여기에 있다. 하지만 다중 우주에 있는 '가지^{branch}'들이 어느 정도 수준으로 다르면 양자 컴퓨팅에 유용하게 간섭이 일어나기도 하며, 그 수준에서는 가지들이 서로 다른 가지라고 전혀 구분할 수 없다. 다시 말해 간섭의 취지는 가지마다 고유함을 잃도록 서로 혼합하는 데 있다. 각각의 고유함을 간직한다면 바로 그 이유 때문에 간섭을 볼 수 없게 된다.

물론 다세계를 지지하는 사람들은 서로 간섭함으로써 고유함을 잃게 하려면 가지들이 애초에 거기 있어야 한다고 답할 수 있다. 이런 주장은 상당히 오랫동안 계속될 수도 있다(실제로 그랬다).[15]

이렇게 문제도 많고 사람을 혹하게 만들면서 결국 아무런 의미가 없는 논쟁은 잠시 접어 두고 분쟁거리가 없는 관찰 하나를 소개하는 것으로 이 장을 마무리하겠다. 베넷 등이 제시한 하한이 의미하는 바는 양자 컴퓨터가 평행 우주의 존재를 뒷받침한다면 대부분이 생각하는 방식과는 분명히 다른 방

---

15. Scott Aaronson, "Why Philosophers Should Care About Computational Complexity", in Computability: Turing, Gödel, Church, and Beyond (MIT Press, 2013; edited by Oron Shagrir), http://www.scottaaronson.com/papers/philos.pdf

식일 거라는 점이다. 앞에서 본 것처럼 양자 컴퓨터는 '모든 가능한 솔루션을 병렬로 실행시켜 보고 나서' 그중 정답을 골라내는 식으로 작동하지 않는다. 평행 우주 관점을 고수한다면 이런 우주는 모두 '협업'해서 (그 이상으로 서로 한데 녹아) 정답을 높은 확률로 관측할 수 있는 간섭 패턴을 만들어야 한다.

참고 문헌

BQP의 정의와 기본 속성은 이던 번스타인[Ethan Bernstein]과 우메시 바지라니[Umesh Vazirani]의 논문("Quantum Complexity Theory," SIAM Journal on Computing 26(5):1411-1473, 1997)에서 볼 수 있다. 양자 컴퓨팅에 대한 최고의 입문서는 마이클 닐슨[Michael A. Nielsen]과 아이작 추앙[Isaac L. Chuang]이 쓴 『Quantum Computation and Quantum Information 10th anniversary edition』(Cambridge University Press, 2011)(https://www.amazon.com/Quantum-Computation-Information-10th-Anniversary/dp/1107002176/)이다.

11

펜로즈

11장은 로저 펜로즈^{Roger Penrose}가 자신의 유명한 저서인 『The Emperor's New Mind』[1]와 『Shadows of the Mind』[2]에서 인공지능의 가능성을 부정한 주장을 소개한다. 이 책에서 이런 주장을 다루지 않을 수 없다. 이 주장에 대한 동의 여부에 관계없이 수학과 전산학과 물리학과 철학이 교차하는 대표적인 주제기 때문이다. 그럼에도 이제야 다루는 이유는 이 주제를 다루고자 필요한 배경 지식(계산 가능성, 복잡도, 양자역학, 양자 컴퓨팅)을 이제야 갖췄기 때문이다.

펜로즈의 관점은 좀 복잡하다. 아직 미완성 상태인 중력에 대한 양자 이론에서나 나올 법한 양자 상태의 '객관적 붕괴^{objective collapse}'에 대한 추측이 담겨 있기 때문이다. 게다가 가설로만 존재하는 객관적 붕괴가 뇌의 미세소관^{microtubules}이라 부르는 세포 구조에 영향을 미쳐 사람의 지능에 일정한 역할을 한다는 주장은 더욱 논란거리다.

그렇다면 펜로즈는 어떤 계기로 이런 특이한 추측을 내놓았을까? 펜로즈의 주장에서 핵심은, 사람의 지능은 알고리즘과 다른데, 그 이유는 괴델의 불

---

1. Oxford University Press, 2002, 번역서: 『황제의 새 마음』(박승수 역, 이화여대출판문화원, 1996) – 옮긴이
2. Oxford University Press, 1996, 번역서: 『마음의 그림자』(노태복 역, 승산, 2014) – 옮긴이

완전성 정리와 관련이 있다는 것이다. 따라서 사람의 뇌 기능에서 비알고리즘적인 요소를 찾아내야 하는데, 이런 요소가 현실적으로 나올 만한 유일한 원천은 (양자 중력과 같은) 새로운 물리 이론뿐이라는 것이다. '괴델의 주장 Gödel argument' 자체는 펜로즈에서 비롯된 것이 아니다. (공식적으로 발표한 적은 없지만) 괴델 자신도 그와 비슷한 주장을 믿었다는 것은 분명하다. 1950년에 앨런 튜링이 <계산 기계와 지능(Computing machinery and intelligence)>이라는 유명한 논문에서 반박할 정도로 1950년대에 널리 알려진 주장이었다. 괴델의 주장을 처음으로 상세하게 표현한 곳은 아마도 1961년에 존 루카스John Lucas라는 철학자가 발표한 글[3]이다. 펜로즈의 가장 큰 공적은 이 주장을 진지하게 받아 들여 그 말이 맞다면 우주와 사람의 두뇌가 서로 비슷해지기 위해 뭐가 필요한지, 나아가 서로 비슷하다면 어떻게 될지를 깊이 있게 파고든 데 있다. 그러다보니 결국 양자 중력과 미세소관까지 나오게 된 것이다.

우선 사람의 생각은 알고리즘적일 수 없다는 괴델의 주장을 간단히 정리해 보자. 첫 번째 불완전성 정리에 따르면 체르멜로-프랭켈 집합론Zermelo-Fraenkel set theory과 같은 고정된 형식체계 F에 따라 작동하는 컴퓨터는 다음 문장을 증명할 수 없다.

G(F) = "이 문장을 F에서 증명할 수 없다."

하지만 사람은 G(F)가 참이라는 것을 그냥 '알' 수 있다. G(F)가 거짓이라면 증명할 수 있어야 하는데, 그러면 말이 안 되기 때문이다. 따라서 사람의 생각은 현대 컴퓨터가 할 수 없는 뭔가를 할 수 있다는 말이다. 그러므로 의식을 계산으로 환산reduce할 수 없다.

그렇다면 사람들은 이 주장을 어떻게 생각할까? 맞다. 당장 다음과 같은 두 가지 이슈가 나온다.

---

3. J. Lucas, Minds, Machines, and Gödel, Philosophy XXXVI: (1961), 112–127. http://users.ox.ac.uk/~ jrlucas/Godel/mmg.html

- 컴퓨터가 반드시 F라는 고정된 형식체계에서만 작동해야 하는 이유가 뭔가?
- 사람은 G(F)가 참임을 '아는 것'이 가능한가?

사실 내가 선호하는 답변은 앞에 나온 두 반응을 모두 '극단적인 경우^{limiting} ^{case}'로 묶는 것이다. 3장에서 설명했듯이 두 번째 불완전성 정리에 따라 G(F)는 Con(F)와 동치다. 즉, F는 일관성이 있다(모순이 없다)^{consistent}는 말이다. 나아가 합당한 F라면 이러한 동치 관계를 증명할 수 있다. 이런 점은 두 가지 중요한 의미를 갖는다.

첫 번째 의미는, 펜로즈가 "사람은 G(F)가 참이라는 것을 '알' 수 있다."라고 주장한 것은 사실 "사람은 F의 일관성(무모순성)을 알 수 있다."고 주장한 것이다. 이렇게 표현하면 문제가 분명히 드러난다. 사람이 F의 일관성(무모순성)을 어떻게 알 수 있을까? 구체적으로 어떤 F를 말하는 것인가? 페아노 산술? ZF? ZFC? ZFC에 큰 기수 공리$^{large\ cardinal\ axiom}$가 추가된 버전? 모든 사람이 모든 체계의 일관성(무모순성)을 알 수 있을까? 혹은 그보다 강력한 체계의 일관성(무모순성)을 알아채려면 펜로즈만큼 뛰어난 수학적 재능이 있어야 할까? 사람들은 일관성이 있다고 생각했는데, 알고 보니 그렇지 않다면? 심지어 ZF의 일관성을 나 자신도 알 수 없는 상태에서 다른 사람이 알 수 있다고 주장할 수 있을까? 내가 아는 척만 한다는 것을 다른 사람은 어떻게 알아낼 수 있을까?

(체르멜로-프랭켈 집합론의 모델은 매직 아이 같아서 때로는 눈을 가늘게 뜨고 봐야 한다)

두 번째 의미는 펜로즈가 사람에게 부여했던 수준으로 컴퓨터에게도 비슷한 정도의 자유도를 부여한다면 다시 말해 내부 형식 체계의 일관성을 가정할 자유가 주어진다면 컴퓨터도 G(F)를 증명할 수 있다는 것이다.

그렇다면 이 질문은 결국 다음과 같이 압축할 수 있다. 사람의 정신이 플라톤의 천국을 들여다보는 수준에 이르러 ZF 집합론의 일관성과 같은 본질적인 사실을 즉각 알아챌 수 있을까? 그렇지 않다면(빨래하고 중국 요리를 주문하는 데 쓰이는 불안정하고 어지러운 현실에 최적화된 도구로 수학적 진실에 다갈 수밖에 없다면) 컴퓨터에게도 실수할 자유를 똑같이 부여해야만 마땅하다. 하지만 그러면 사람과 기계를 구분하고자 주장한 경계가 사라져버린다.

튜링은 이를 참 잘 표현했다.[4] "지능이 있는 기계를 만들고 싶다면 실수도 하지 않게 만들어야 한다. 이와 거의 똑같은 내용을 표현한 정리들이 있다."

따라서 내 생각에는 애초에 펜로즈가 괴델의 정리를 언급할 필요가 없었다. 결국 괴델의 주장은 환원주의reductionism를 반대하는 오래된 주장을 다음과 같이 수학적으로 다시 표현한 것에 불과하다.

"컴퓨터가 G(F)를 인식한다고 할 텐데, 그래봐야 여러 기호를 이리저리 조작하는 것에 불과해요. 내가 G(F)를 인식한다는 말은 내가 진짜로 인식한다는 거예요. 나인 것 같은 뭔가가 느껴진다고요!"

이에 대한 반박도 비슷하게 오래됐다. "컴퓨터인 것 같은 뭔가가 느껴지지 않는다는 건 어떻게 확신하죠?"

블랙박스 열기

사실 로저 펜로즈는 지구에서 가장 위대한 수리물리학자 중 한 사람이다. 그렇다면 우리가 그의 생각을 오해한 것은 아닐까?

내 생각에는 펜로즈의 주장을 '이해의 비대칭성asymmetry of understanding'을 바탕으로 표현해야 가장 받아들이기 쉽다. 다시 말해 컴퓨터의 내부 작동 과정은 알지만 뇌의 내부 작동 과정은 아직 모른다는 것이다.

---

4. A. M. Turing, Computing machinery and intelligence, Mind 59 (1950), 433–460.
   https://academic.oup.com/mind/article/LIX/236/433/986238

이러한 비대칭성을 어떻게 이용할 수 있을까? 모든 튜링 머신 M에 대해 다음과 같이 M을 당황하게 만드는 문장을 생성할 수 있다.

S(M) = "튜링 머신 M은 이 문장을 절대 출력할 수 없다."

그렇다면 둘 중 하나다. (1) M이 S(M)을 출력한다. 그러면 이 문장은 거짓이 된다. (2) M은 S(M)을 출력하지 못한다. 그러면 절대 동의할 수 없는 수학적 참이 존재하게 된다.

이에 대해 "사람에게도 이와 똑같은 논리를 적용하면 되지 않느냐"는 질문이 당연히 나올 수 있다.

"로저 펜로즈는 이 문장을 절대 출력할 수 없다."

여기에 정답이 있는 것 같다. 내부 작동 과정을 살펴보는 방식으로 M이 뭔가를 출력한다는 것을 형식화할 수 있기 때문이다. 사실 'M'은 이에 적합한 튜링 머신 상태 다이어그램을 축약한 것일 뿐이다. 그렇다면 펜로즈가 뭔가를 출력한다는 것은 어떻게 형식화할 수 있을까? 이에 대한 답은 우리가 뇌 (좀 더 정확히 말하면 펜로즈의 뇌)의 내부 작동 과정을 어떻게 생각하느냐에 따라 다르다. 그러면 뇌에 대한 펜로즈의 관점이 '비계산적noncomputational'이란 결론으로 이어진다.

펜로즈는 뇌가 양자 컴퓨터라고 생각한다고 오해하는 사람이 많다. 실제로 양자 컴퓨터는 그가 원하는 수준에 훨씬 미치지 못한다. 이전에 설명했듯이 양자 컴퓨터는 NP 완전 문제를 다항 시간에 풀 수 없을 가능성이 높다. 하지만 펜로즈는 아직 미완성 상태인 양자 중력 이론에서 가설로 존재하는 붕괴 효과를 이용해 뇌가 계산 불가능uncomputable한 문제를 풀 수 있기를 바란다.

언젠가 펜로즈에게 "차라리 더 나아가서 멈춤 문제에 대한 오라클이 주어지더라도 계산 불가능한 문제를 뇌는 풀 수 있다고 주장하는 게 낫지 않느냐"고 물은 적이 있다. 그러자 그 생각도 했다고 답했다.

나는 예전부터 지금까지 "펜로즈가 정말 컴퓨터로 뇌를 모사할 수 없다고 주장하고 싶다면 계산 가능성computability이 아니라 복잡도complexity에 대해 얘기해야 마땅하다."는 입장이다. 그 이유는 단순하다. 거대한 룩업 테이블을 구축하는 방식으로 항상 사람을 모사할 수 있기 때문이다. 여기서 룩업 테이블에 백만 년 동안 나올 수 있는 모든 질문에 대한 사람의 반응을 모조리 인코딩해둔다. 원한다면 사람의 목소리, 몸짓, 표정 등도 인코딩한 테이블을 구축할 수도 있다. 이런 테이블은 분명 유한할 것이다. 그렇다면 사람에 대한 컴퓨터 시뮬레이션이 존재할 수밖에 없다. 따라서 모사를 효율적으로 할 수 있는지만 따져보면 된다.

이에 대해 다음과 같이 반박할 수도 있다. 사람이 무한히 살 수 있거나 임의의 긴 시간 동안 살 수 있다면 이러한 룩업 테이블은 유한하지 않을 것이라고 말이다. 맞지만 관련이 없는 말이다. 분명한 것은 우리가 일상에서 다른 이들과 몇 분만 얘기해보면 그 사람에게 정신mind이 있는지를 판단한다는 것이다(이메일이나 메신저로도 단 몇 분만 대화해 봐도 알 수 있다). 그렇다면 페이스북이나 지메일 채팅 등으로 만난 적이 있는 모든 이에 대해 데카르트식 회의주의Cartesian skepticism에 빠지고 싶지 않는 한 최대 n비트의 정보를 주고받아 상대방이 정신을 갖고 있다고 합리적으로 확신할 수 있는 상대적으로 작은 정수 n이 반드시 존재해야 한다.

펜로즈는 그의 저서(『The Emperor's New Mind』의 후속작인) 『Shadows of the Mind』에서 거대한 룩업 테이블을 이용해 수학자라는 사람을 항상 컴퓨터로 모사할 수 있음을 인정했다. 그리고 나서 그런 룩업 테이블로는 '제대로' 모사할 수 없다고 주장했다. 가령 그 테이블에 있는 문장이 거짓이 아니라 참이라고 믿을 이유가 없기 때문이다. 이 주장은 펜로즈의 핵심 주장이라 여겼던 지점에서 분명히 한 발 물러섰다는 점에서 문제가 있다. 다시 말해 머신은 사람 지능의 존재를 보여주는 것은 고사하고, 이를 모사조차 할 수 없다는 것이다.

『Shadows of the Mind』에서 펜로즈는 의식consciousness에 대한 분류 기준을 다음과 같이 제시했다.

A. 의식은 계산computation으로 환산할 수 있다(강인공지능strong-AI 지지자의 관점).

B. 당연히 의식은 컴퓨터로 모사할 수 있다. 하지만 모사로는 '진정한 이해'를 실현할 수 없다(존 시얼John Searle의 관점).

C. 의식은 컴퓨터로 모사조차 할 수 없다. 하지만 이에 대해 과학적으로 설명할 수 있다(『Shadows of the Mind』에 나온 펜로즈의 관점).

D. 의식에 대해 과학적으로 설명할 수 없다(현존하는 99%의 사람들이 생각하는 관점).

이렇게 볼 때 룩업 테이블이 '진정한' 모사가 아니라는 말은 펜로즈가 **C**의 관점에서 **B**의 관점으로 물러섰다고 생각한다. 튜링 테스트를 통과했다는 것만으로 충분하지 않다고 말하는 순간, 다시 말해 '박스를 뜯어' 머신의 내부 작동 과정을 살펴봐야 정말 생각하는지 판단할 수 있다는 입장이라면 **C**의 관점에서 **B**의 관점과 구분되는 요소에 도대체 뭐가 있을까?

하지만 이번에도 역시 펜로즈가 말하는 바를 이해할 수 있는지 진지하게 살펴보고자 한다.

과학에서는 지금까지 나온 데이터를 '설명'하는 이론을 얼마든지 만들어낼 수 있다. 그냥 데이터를 죽 나열하고 그걸 '이론'이라 부르면 그만이다. 하지만 그러면 오버피팅overfitting(과적합) 문제가 발생한다. 이론이 원본 데이터를 전혀 압축하지 않았기 때문에 다시 말해 데이터 표현에 사용한 비트 수만큼 이론을 표현했기 때문에 이 이론이 향후 데이터를 뭔가 예측할 수 있다고 기대할 수 없다. 한마디로 쓸모없는 이론이다.

그렇다면 펜로즈가 그런 룩업 테이블이 '진정한' 모사가 아니라고 한 말은 사실 다음과 같은 것을 의미했을지도 모른다. 당연히 주고받을 수 있는 모든 대화를 단순히 저장하는 방식으로도 얼마든지 디즈레일리^{Disraeli}나 처칠 ^{Churchill}처럼 말할 수 있는 컴퓨터 프로그램을 만들 수는 있다. 하지만 그러면 받아들이기 힘들 수준의 오버피팅이 발생한다. 문제는 윈스턴 처칠을 어떤 컴퓨터 프로그램으로 모사할 수 있는가가 아니다. 그보다는 관측할 수 있는 우주 안에서 작성할 수 있는 컴퓨터 프로그램으로 처칠을 모사할 수 있는가 가 중요하다. 특히 그와 할 수 있는 모든 대화 목록보다 훨씬 짧게 말이다.

여기에 내가 거듭 얘기하는 요점이 있다. 펜로즈가 진정 의미한 바가 바로 이것이라면 괴델이나 튜링의 세계를 훌쩍 벗어나 내 홈구장인 계산 복잡도 computational complexity 세계로 들어온 셈이다. 그렇다면 윈스턴 처칠을 모사하는 작은 불리언 회로가 존재하지 않는다는 사실을 펜로즈를 비롯한 누군가가 어떻게 알 수 있을까? 아마도 이를 증명할 수 없을 것이다. 설사 (단순히 논쟁 을 위해) 처칠 모사라는 것이 정확히 무엇인지 안다고 가정하더라도 말이다. 유한한 문제에 대한 현실적인 계산 불가능함을 주장하는 이들에게 말하노 니 P vs. NP라는 괴물이 벌리고 있는 2^n개의 입으로부터 빠져나간 인간은 아 직까지 한 명도 없었노라.[5]

당연한 말을 할 위험

뇌가 어려운 계산 문제를 풀 수 있다고 가정하더라도 의식을 이해하는 데 한 발자국이라도 더 다가갈 수 있으리라는 근거는 명확하지 않다. 튜링 머 신 같은 것은 아니라고 생각하면서 멈춤 문제에 대한 오라클이 주어진 튜링 머신일 것 같다고 생각하는 이유는 뭘까?

---

5. 이에 대한 자세한 설명은 다음 문헌을 참고한다. 「Why Philosophers Should Care About Computational Complexity」, in Computability: Turing, Gödel, Church, and Beyond(MIT Press, 2013; edited by Oron Shagrir), http://www.scottaaronson.com/papers/philos.pdf

전체론적인 양자 대박 열차에 모두 타세요

펜로즈 주장의 세부 사항은 잠시 제쳐두고 좀 더 포괄적인 질문을 던져 보자. 양자역학이 뇌를 바라보는 관점에 조금이라도 영향을 미칠까?

다음과 같은 유혹에 빠지기 쉽다. 의식은 신비롭고 양자역학도 신비롭다. 따라서 분명히 서로 어떻게든 관련이 있을 것이라고 말이다. 물론 이보다 더 구체적인 설명이 필요하다. 두 경우 모두에서 신비함의 원천은 똑같아 보이기 때문이다. 다시 말해 일인칭으로 본 세계와 삼인칭으로 본 세계가 서로 조화를 이루는 방법을 고민할 필요가 있다.

질문을 더욱 구체화하다 보면 "뇌가 양자 컴퓨터인가"라는 질문으로 빠지기 쉽다. 물론 그럴 수도 있다. 하지만 그럴 수 없다는 꽤 그럴듯한 근거를 최소한 네 개를 제시할 수 있다.

1. 정수의 인수분해, 펠 방정식Pell's equation의 해 구하기, 쿼크-글루온 플라즈마quark-gluon plasma, 존스 다항식의 근사치 구하기처럼 양자 컴퓨터가 엄청난 속도 향상을 제공할 수 있는 종류의 문제는 초능력자의 생식률을 높이는 따위의 문제와는 성격이 다른 것 같다.

2. 설사 양자 컴퓨터로 속도 향상의 효과를 볼 수 있더라도 실제로 정말 그렇다는 증거는 하나도 볼 수 없다. 가우스는 큰 정수에 대한 인수분해를 순식간에 암산할 수 있었다고 한다. 하지만 그 사실은 가우스의 뇌가 양자 컴퓨터라는 증명이 될 수는 있지만, 다른 사람의 뇌도 양자 컴퓨터라는 증명은 될 수 없다.

3. 뇌는 뜨겁고 축축하다. 이런 환경에서 장거리 결맞음long-range coherence을 유지할 수 있다는 사실을 이해하기 힘들다.[6] 최근 양자 오류 보정quantum error correction이 나오면서 더 이상 완벽한 논거라고 볼 수 없지만, 아직까

---

6. 여기에 대한 자세한 설명은 다음 문헌을 참고한다. Max Tegmark, "The importance of quantum decoherence in brain processes", Physical Review E, 61:4194–4206, 1999. http://arxiv.org/abs/quant–ph/9907009

지는 상당히 강력한 논거다.

4. 앞에서도 언급했듯이 설사 뇌가 양자 컴퓨터라 가정하더라도 이런 류의 추측이 흔히 풀 수 있다고 주장하는 의식에 대해 더 많은 것을 알려줄 것 같지 않다.

그렇다면 가만히 생각해보자. 완전 또라이로 취급받지 않고자(그렇다고 본래 내 성격과 크게 달라지진 않겠지만) 내가 양자 신비주의자라면 어떤 방향을 추구할지 설명하겠다.

『Emperor's New Mind』의 서두를 보면 펜로즈는 내가 가장 좋아하는 사고 실험thought experiment(생각 실험)[7] 중 하나인 텔레포테이션(순간 이동) 머신teleportation machine에 대한 이야기가 나온다. 이 머신은 몸 전체를 스캔하기만 하면 모든 세포 구조를 순수 정보 상태로 인코딩해서 전파에 실어 전송하는 방식으로 은하계의 이곳저곳을 빛의 속도로 이동시킨다. 이러한 정보가 목적지에 도달하면 (레이 커즈와일 등Ray Kurzweil et al.이 수십 년 이내에 등장한다고 말한) 나노봇nanobot이 그 정보를 이용해 물리적인 신체의 아주 세세한 부분까지 재구성해준다.

참, 깜박하고 말하지 않은 것이 있는데, 자신의 복제본이 돌아다니면 안 되기 때문에 원본을 최대한 고통 없이 재빠르게 제거해야 한다. 자, 과학적 환원주의자들이여, 이 방식으로 화성에 최초로 여행 가고 싶으신 분?

이 말에 비위가 상한다고? 현재 뇌 안에 있는 특정한 원자에 애착이 있다는 말인가? 여러분도 알고 있듯이 이러한 원자는 어차피 매주 바뀐다. 따라서 여러분을 여러분으로 만드는 건 원자일 수가 없다. 틀림없이 원자가 인코딩하는 정보의 패턴일 것이다. 그러므로 정보가 화성까지 무사히 전달된다면 원본인 육체라는 고깃덩어리는 없어도 된다.

---

7. 알고 싶은 것을 실제로 실험하기 힘들 때 머릿속으로 생각하면서 우리가 알고 있는 물리 지식을 적용해보는 실험
 – 옮긴이

자, 몸뚱이냐 영혼이냐, 선택하라!

양자역학은 실제로 이렇게 고전 물리에서는 말이 안 되는 딜레마를 빠져 나갈 수 있는 제3의 방법을 제공한다.

여러분을 형성하는 정보 중에서 일부가 실제로 양자 정보라고 가정하자. 그렇다면 제아무리 골수 물질주의자라 하더라도 이런 텔레포테이션(순간 이동) 머신을 사용하지 말아야 할 훌륭한 이유가 있다. 복제 불가 정리에 따르면 이런 식으로 작동할 수 있는 머신은 없기 때문이다.

이 말은 빛의 속도로 순간 이동할 수 없다는 말이 아니다. 그보다는 순간 이동 방식이 앞에서 설명한 것과 상당히 달라야 한다는 뜻이다. 다시 말해 신체를 복제해서 원본을 죽이는 일이 없어야 한다. 신체를 양자 정보로 변환해서 보내거나 (그게 불가능하다면) 그 유명한 양자 텔레포테이션 프로토콜[8]을 이용해야 한다. 이 프로토콜은 고전 정보만 보낼 수 있을 뿐만 아니라 사전에 송신자와 수신자가 얽힘 상태에 있어야 한다. 어떤 경우든지 원본 신체가 사라지는 것은 불가피하다. 텔레포테이션 과정 자체가 원래 그렇기 때문이다. 철학적인 관점에서 보면 뉴어크Newark에서 LA로 비행기 타고 이동하는 것과 같다. 뉴어크 공항에 남아 있는 자신의 원본을 제거할지 말지와 같은 형이상학적 딜레마는 전혀 발생하지 않는다.

물론 뇌가 양자 정보를 저장할 때만 이렇게 깔끔하게 해결할 수 있다. 하지만 결정적으로 이때 반드시 뇌가 양자 컴퓨터이거나, 서로 다른 뉴런 사이에 얽힘 상태를 유지해야 한다거나, 그 밖에 이런 황당한 것들을 상상하지 않아도 된다. 양자 키 분배QKD, Quantum Key Distribution와 마찬가지로 개별적으로 결맞은 큐비트만 있으면 된다.

뇌와 같이 뜨겁고, 축축하고, 결깨짐decoherence(결어긋남, 결잃음)이 일어난 곳에서는 단 한 큐비트조차 오랫동안 살아남을 수 없다고 주장할지도 모르겠

---

8. http://researcher.watson.ibm.com/researcher/view_project.php?id=2862

다. 나노 과학에 대해 아는 바가 거의 없는 나로서는 그 말에 동의할 수밖에 없을 것이다. 특히 장기 기억은 시냅스의 연결 강도로 인코딩되고, 이러한 강도는 나노봇이 원본을 전혀 손상시키지 않으면서 스캔해 복제할 수 있는 순수 고전 정보라고 볼 수 있다. 반면에 지금부터 1분 후에 왼손가락을 꼼지락거릴지 아니면 오른손가락을 꼼지락거릴지 같은 결정은 어떨까? 부분적으로 양자 사건에 따라 결정될까?

이런 가정을 아무리 떠올리더라도 거짓이 될 수밖에 없다. 그야말로 사람의 뇌를 스캔하는 머신을 만들어 그 사람이 1분 후에 꼼지락거릴 손가락을 안정적으로 예측해야 한다. 19장에서 설명하겠지만 현재 fMRI 실험으로 바로 이런 예측의 첫걸음을 내디뎠으나 단 몇 초만 미리 예측할 수 있으며 우연보다는 약간 나은 수준이다.

12

결잃음과 숨은 변수

그렇다면 수많은 위대한 사상가들이 양자역학을 받아들이는 데 그렇게 힘들어 하는 이유가 뭘까? 누군가 말한 것처럼 문제의 모든 근원은 "신은 우주에 대해 주사위 놀이를 한다."는 데 있다. 다시 말해 고전 역학은 이론적으로 참새가 떨어지는 것을 예측할 수 있는 반면, 양자역학은 통계적인 예측치만 제시할 뿐이다.

그런데 양자역학에서 신비스러운 부분이 비결정론indeterminism뿐이었다면 양자역학은 전혀 신비스럽지 않았을 것이다. 어쩌면 우주는 결정적으로 구성돼 있는데, 몇 가지 근본적인 한계 때문에 우리가 정확히 알기는 힘들기 때문일 수도 있다(당연히 발생하는 현실적인 어려움이 없더라도 말이다). 이렇게 보더라도 우리가 세상을 보는 관점을 크게 바꿀 일은 없다. 당연히 "신은 주사위를 던질 것이다". 하지만 아인슈타인조차도 꺼리지 않을 만큼 자애로운 방식으로 던질 것이다.

양자역학의 진짜 문제는 입자의 미래 궤적이 비결정적이라는 데 있지 않고 과거 궤적도 비결정적이라는 데 있다. 좀 더 정확히 표현하면 '궤적trajectory'이란 개념 자체가 정의되지 않았다. 측정하기 전에는 파동 함수가 전개하는 것일 뿐이기 때문이다. 결정적으로 양자역학의 본질적인 특징인 양의 진폭과 음의 진폭 사이의 간섭interference을 감안하면 파동 함수를 확률 분포 대하듯 무지의 결과로 치부할 수 없다.

그럼 지금부터 결잃음decoherence과 숨은 변수 이론hidden-variable theory을 살펴보자. 이 두 주제를 통해 방금 말한 문제점을 좀 더 확실히 이해할 수 있을 것이다.

고지식한 물리학자라면 분명히 "양자역학으로 충분한데 굳이 문제점을 자세히 알자고 시간 낭비할 필요가 있느냐"고 말할 수 있다. 하지만 양자역학의 기초를 가르치는 데 학생들이 몇 주 동안 머리를 쥐어뜯으며 충혈된 눈으로 돌아다니는 악몽 같은 시간을 보내지 않는다면 제대로 가르치지 못한 것이다. 그래서 양자역학의 이런 특성을 외면한 채 제대로 설명하지 않고, 디팍 초프라스Deepak Chopras[1]나 <What the Bleep Do We Know?>[2]와 같은 장사꾼에게 맡겨 버리지 말고 좀 더 철저히 준비해서 잘 설명해주면 안 될까? 다시 말해 이러한 심연에 뛰어들기로 했다면 거기에 실제로 갔다 와본 사람과 같이 가는 게 낫다는 말이다.

심연으로

그렇다면 다음과 같은 사고 실험을 살펴보자. 여러분이 빨간 점을 바라볼 때 뇌에 있는 모든 입자의 상태를 |R⟩이라 하자. 그리고 파란 점을 바라볼 때의 상태를 |B⟩라고 하자. 그러고 나서 먼 미래에 여러분의 뇌를 이러한 두 가지 상태의 결맞는 중첩coherent superposition에 둔다고 생각해보자.

$$\frac{3}{5}|R\rangle + \frac{4}{5}|B\rangle$$

다세계 해석Many-Worlds Interpretation을 믿는 사람은 이 실험이 너무나 당연한 사실을 나열한다고 생각할 수 있다. 빨간 점을 보는 평행 우주와 파란 점을 보

---

1. 유사 의학과 유사 과학을 주장하는 인도계 미국인 의사이자 작가로서 양자역학에 대한 비과학적 논리를 자주 인용한다. – 옮긴이

2. 양자 물리와 의식에 대한 주제를 다루는 다큐멘터리를 가장한 미국 판타지 드라마 – 옮긴이

는 평행 우주가 있는 것이다. 양자역학에 따르면 첫 번째 우주에 있을 확률은 $|3/5|^2 = 9/25$고, 두 번째 우주에 있을 확률은 $|4/5|^2 = 16/25$다. 그렇다면 뭐가 문제일까?

이번에는 여러분의 뇌 상태를 다음과 같이 바꾸는 유니타리 연산을 적용해 보자.

$$\frac{4}{5}|R\rangle + \frac{3}{5}|B\rangle$$

역시 식은 죽 먹기다. 이렇게 하면 빨간 점을 볼 확률은 16/25고, 파란 점을 볼 확률은 9/25가 된다.

잠깐, 그렇다면 이전 시점에는 빨간 점을 보는 상태였는데, 나중 시점에 파란 점을 보게 될 확률은 얼마가 될까?

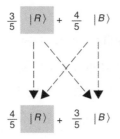

양자역학에서는 아무런 의미가 없는 질문이다. 양자역학은 특정한 시점에 측정한 어떤 결과를 얻을 확률만 알려준다. 그게 전부다. 다중 시간 확률$^{multiple-}$ $^{time\ probability}$ 또는 전이 확률$^{transition\ probability}$은 알려주지 않는다. 다시 말해 $t + 1$ 시각에 y 지점에서 발견된 전자의 확률, 즉 어떤 전자를 t 시각에 (실제로는 측정하지 않고 가상으로) 측정할 때 전자가 x 지점에 '있을' 확률은 알려주지 않는다. 일반적인 관점에서 보면 t 시각에 이 전자를 실제로 측정하지 않았다면 t 시각에는 어디에도 없는 것이다. 단지 중첩^{superposition} 상태에 있을 뿐이다. 또한 실제로 t 시각에 전자를 측정했다면 당연히 완전히 다른 실험이 된다.

그렇다면 다중 시간 확률에 신경 쓰는 이유가 뭘까? 내가 볼 때 기억의 안정성과 관련이 있다. 여기서 문제는 다음과 같다. '과거'란 것에 객관적인 의미가 있을까? 구체적인 세부 사항은 완벽하게 알지 못하더라도 과거에 일어났던 일, 즉 세계가 현재 상태에 이르기까지 따라온 궤적에 관한 어떠한 진실이 필연적으로 존재할까? 아니면 그 과거는 단순히 지금까지 기억에 반영돼 현재까지 저장된 상태로만 '존재할까?'

분명히 후자의 관점이 양자역학적으로 더 자연스럽다. 하지만 존 벨[John Bell]이 지적한 것처럼[3] 이 주장을 진지하게 받아들이면 과학을 하기가 어려워 보인다. 과거와 미래 상태 사이에 아무런 논리적인 관계가 없는데, 예측한다는 것이 무슨 의미가 있을까? 가령 이 문장을 다 읽었더니 아마존 정글 깊숙이 있는 자신을 발견했는데, 거기에 가는 과정에 대한 모든 기억은 주입하고 그동안 읽은 양자 컴퓨팅 책에 대한 기억은 모두 제거했다면 어떨까?

이 말을 읽고 책을 덮어버리지 않길 바란다.

세상이 기원전 4004년 10월 23일 오전 9시 정각(아마도 바빌론 시각인 듯하다)에 짠하고 탄생했다고 믿는 창조론자들이 알고 보니 땅속에 이미 화석이 있고 빛도 저 멀리서 그전부터 비추고 있다는 것을 발견했을 때의 표정을 본다면 참 재밌을 것이다. 하지만 양자역학에서 말하는 일반적인 현상을 인정한다면 어떻게 보면 상황은 훨씬 심각할 수 있다. 다시 말해 (우리가 경험한 것처럼) 세상은 10^{-43}초 전에 이미 존재하고 있었다는 것이다.

첫 번째 이야기: 결잃음

이러한 어려움에 대한 일반적인 반응은 결잃음[decoherence](결어긋남, 결깨짐)이라는 강력한 개념을 동원하는 것이다. 결잃음은 일상생활에서 우리가 '양

---

3. John Bell, Speakable and Unspeakable in Quantum Mechanics: Collected Papers on Quantum Philosophy (second edition), Cambridge University Press, 2004.

자의 기이함'을 보지 못하는 이유를 설명해준다. 다시 말해 우리가 경험하는 세상이 고전 물리 세계와 비슷하게 보이는 이유를 설명한다. 결잃음이란 관점에서 보면 전자가 두 실틈 중 어디로 통과하는지에 대한 객관적인 사실은 없을지 몰라도 오늘 먹은 아침 식사 메뉴와 같은 객관적인 사실은 분명히 존재한다. 즉, 두 상황은 전혀 별개다.

기본 개념은 다음과 같다. 정보가 양자 상태로 인코딩돼 외부 세계로 '새어나가는' 순간 그 상태는 국소적으로는 고전 상태와 같다. 다시 말해 관측자가 국소적으로 볼 때는 고전 비트와 우주에 철저히 얽혀 있는^{entangled} 양자 큐비트와 차이가 없다.

예를 들어 다음 상태에 있는 큐비트가 있다고 생각해보자.

$$\frac{|0\rangle + |1\rangle}{\sqrt{2}}$$

그리고 이 큐비트가 두 번째 큐비트와 얽혀 다음과 같은 공동 상태$^{joint\ state}$를 이룬다고 가정하자.

$$\frac{|00\rangle + |11\rangle}{\sqrt{2}}$$

이때 두 번째 큐비트를 무시하고 첫 번째 큐비트만 보면 물리학자들이 말하는 최대 혼합 상태$^{maximally\ mixed\ state}$에 있게 된다.

$$\rho = \begin{pmatrix} \frac{1}{2} & 0 \\ 0 & \frac{1}{2} \end{pmatrix}$$

(이를 고전 무작위 비트$^{classical\ random\ bit}$라고 부르는 사람도 있다) 다시 말해 첫 번째 큐비트를 측정한 값에 관계없이 무작위 결과를 얻게 된다. 파동 함수의 $|00\rangle$과 $|11\rangle$ 사이의 간섭은 절대 볼 수 없다. 왜 그럴까? 양자역학에 따르면

두 가지는 서로 모든 면에서 동일할 때만 간섭하기 때문이다. 하지만 첫 번째 큐비트만 바꿔 |00⟩을 |11⟩로 만들 방법이 없다. 두 번째 큐비트는 항상 상대방과 다른 원점만 제시할 뿐이다.

간섭 패턴^{interference pattern}을 보려면 두 큐비트를 함께 측정해야 한다. 그런데 두 번째 큐비트가 안드로메다 은하계로 가던 중에 잠시 길을 잃고 여러분이 하던 실험을 우연히 통과한다면 어떻게 될까? 실제로 여러분이 정교하게 마련한 실험 장치에 얽히는 수많은 쓰레기 값들(내가 실험 물리학자가 아니라 잘 모르지만 공기 분자, 우주선^{cosmic ray}, 지열 복사^{geothermal radiation} 등 온갖 것들)을 살펴보면 마치 온 우주가 여러분이 측정하려는 양자 상태를 끊임없이 '측정' 해 고전 상태와 같아지게 만들려는 것처럼 보인다. 물론 여러분이 측정하려는 양자 상태가 붕괴하더라도(다시 말해 나머지 세계와 얽히게 되더라도) 이론적으로 상태를 다시 가져올 수 있다. 여러분의 상태가 얽히게 된 우주의 모든 입자를 모아 붕괴된 순간부터 일어난 모든 일을 되돌리면 된다. 마치 파멜라 앤더슨이 지구상의 모든 컴퓨터를 다 뒤져 유포된 사진을 모두 제거하는 식으로 무너진 이미지를 복구하려는 것처럼 말이다.

이러한 시나리오를 받아들인다면 다음과 같이 두 가지 사실을 알 수 있다.

1. 가장 확실한 것은 일상생활에서 물체들이 평행 우주에 존재하는 도플갱어^{doppelgänger}와 양자적으로 간섭되는 것을 볼 수 없는 이유가 바로 여기에 있다(물론 벽에 실틈^{slit}이 두 개 뚫린 컴컴한 방에 살고 있다면 얘기가 다르다). 기본적으로 스크램블 에그를 다시 원래 계란 상태로 되돌릴 수 없는 이유와 같다.

2. 반대로 보면 이 시나리오는 왜 양자 컴퓨터를 만들기가 굉장히 힘든지 말해준다. 컴퓨터에 에러가 끊임없이 발생하는 것을 막을 수 없을 뿐만 아니라 컴퓨터가 나머지 세상으로 흘러 들어가는 것을 막을 수 없기 때문이다. 우주에서 가장 흔한 과정 중 하나인 결잃음과 맞서 싸우는 셈이

다. 실제로 양자 결함 허용 정리$^{quantum\ fault-tolerance\ theorem}$4가 물리학자에게 충격으로 다가올 정도로 결잃음이 너무나 강력하기 때문이다(양자 결함 허용 정리란 간단히 말해 게이트 연산마다 큐비트에 대한 결잃음 속도가 상수 문턱 값보다 낮으면 이론상 오류가 발생하는 속도보다 빠르게 보정할 수 있어 임의의 긴 양자 계산을 수행할 수 있다는 뜻이다).

그렇다면 앞에서 말한 사고 실험, 즉 우리 뇌를 파란 점을 볼 때와 빨간 점을 볼 때의 결맞음 중첩 상태에 두고 그 점의 색이 변하는 것을 볼 확률을 묻는 실험은 어떻게 될까? 결잃음 관점에서 보면 이 사고 실험은 전혀 말이 안 된다. 뇌는 크고 거추장스러워 전자 신호를 끊임없이 누출하기 때문에 어떤 두 신경 점화 패턴을 양자 중첩하면 나노초 단위의 시간 안에 붕괴돼버린다(다시 말해 나머지 우주와 얽혀버린다).

이에 대해 회의론자들이 반박할 수 있다. 먼 미래에 여러분의 뇌를 모두 양자 컴퓨터로 업로드해 양자 컴퓨터를 파란 점과 빨간 점을 보는 중첩 상태에 두면 어떻게 될까? 그렇다면 '여러분'(즉 양자 컴퓨터)이 점 색깔이 변하는 것을 볼 확률은 얼마나 될까?

몇 년 전에 이 질문을 존 프레스킬$^{John\ Preskill}$에게 물어봤더니 결잃음 자체는, 다시 말해 근사적으로 고전적인 우주는 우리가 이해하는 주관적인 경험에서 중요한 요소인 것 같다고 말했다. 따라서 결잃음을 인위적으로 제거하면 우리가 흔히 질문하는 주관적인 경험에 대해 이와 같은 질문을 한다는 것이 더 이상 의미가 없게 된다.

내가 볼 때 조금이라도 철학적인 물리학자는 다들 이렇게 응답하는 것 같다.

결잃음과 제2법칙

이번에는 숨은 변수^{hidden variable}를 알아보자. 그 전에 먼저 결잃음에 대해 한 가지만 더 말하고 넘어가자.

앞에서 양자 상태의 연약함에 대해, 즉 양자 상태가 얼마나 파괴되기 쉬운지, 그리고 이를 다시 복원하기 어려운지를 설명할 때 열역학 제2법칙과 너무나 비슷하다는 사실에 놀랐을 것이다. 순전히 우연의 일치였을까? 아니다. 현재 사람들이 이해하는 바로는, 결잃음은 열역학 제2법칙의 또 다른 형태일 뿐이다.

그 이유를 살펴보자. 확률 분포 $D = (p_1, \ldots, p_N)$이 주어졌을 때 D에 대한 무작위 정도를 D의 엔트로피^{entropy}라 부르고, 이를 $H(D)$라고 표기한다.

한 번도 본 적 없는 이를 위해 $H(D)$에 대한 식을 소개하면 다음과 같다.

$$H(D) = -\sum_i p_i \log p_i$$

(컴퓨터 과학자가 로그 함수를 말할 때는 항상 밑^{base}이 2다. 또한 $p_i = 0$이면 $p_i \log p_i$는 0이라고 정의한다) 직관적으로 보면 $H(D)$는 수많은 독립 샘플을 생성할 때 D에서 샘플 하나를 생성하는 데 필요한 무작위 비트의 최소 개수의 평균을 측정한다.

또한 D에 있는 원소 중에서 추출한 것을 친구에게 알려주는 데 필요한 최소 비트 수를 측정한다. 이번에도 독립적으로 추출하는 것이 많을 때의 평균을 의미한다. 이를 다음과 같이 표현할 수 있다.

무작위성이 하나도 없는 분포는 엔트로피가 0인 반면 N가지 결과에 대해 고른 분포는 엔트로피가 $\log_2 N$이다(따라서 바른 모양 동전 하나를 던졌을 때의 엔트로피는 $\log_2 2 = 1$이 된다). 엔트로피는 클로드 섀넌^{Claude Shannon}의 정보 이론^{information theory}의 핵심 개념이다(1948년에 발표된 논문 한 편으로 거의 완벽하게 설명했다).[5] 그런데 엔트로피의 근원은 1800년대의 볼츠만^{Bolzmann}을 비롯해 열역학을 연구한 사람들까지 거슬러 올라간다.

어쨌든 양자 혼합 상태 ρ가 주어졌을 때 ρ의 폰 노이만 엔트로피^{von Neumann entropy}는 표준 기저로 $U\rho U^{-1}$을 측정한 결과로 나온 (모든 유니타리 변환 U에 대한) 최소 확률 분포 엔트로피다.

그렇다면 우주는 항상 순수 상태라고 가정할 때 '우주의 엔트로피'는 0에서 시작해 언제나 0으로 유지된다. 그런데 한편으로는 우주의 엔트로피가 관심사는 아니다. 우리가 관심을 갖는 것은 특정 지역의 엔트로피다. 그리고 앞에서 본 것처럼 분리된 물리계가 서로 상호작용할 때 순수 상태에서 혼합 상태로 진행되는 경향이 있다. 따라서 엔트로피가 높아진다. 결잃음 관점에서 볼 때 이는 단순히 열역학 제2법칙이 적용되는 것이다.

결잃음과 열역학 제2법칙의 관계를 이해하는 또 다른 방법은 전체 다중 우주를 '신의 관점'에서 보는 것이다. 일반적으로 말해 파동 함수의 서로 다른 두 가지^{branch}는 얽힌 덤불에서 끊임없이 서로 간섭하면서 쪼개지고 합쳐질 수 있다.

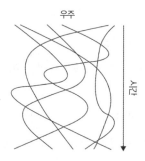

결잃음 이론이 말하고자 하는 바는 현실 세계에서 이런 가지는 잘 다듬어진 나무처럼 보인다는 것이다.

---

5. C. E. Shannon, A Mathematical Theory of Communication, Bell System Technical Journal 27:3 (1948), 379–423. http://people.math.harvard.edu/~ctm/home/text/others/shannon/entropy/entropy.pdf

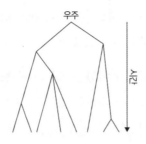

이론적으로 이 나무에서 임의의 두 가지는 서로 만나며, 이에 따라 앞에서 파란 점과 빨간 점의 실험처럼 '거시적인 간섭 효과^{macroscopic interference effect}'가 발생할 수 있다. 하지만 실제로 이렇게 될 가능성은 천문학적으로 낮다. 두 가지가 부딪히면 모든 면에서 동일해지기 때문이다.

여기서 주목할 점은 다중 우주에 대해 이러한 나무 관점을 받아들이면 '시간의 화살'을 정의할 방법이 생긴다는 점이다. 다시 말해 미래와 과거의 차이점을 순환적이지 않은 방식으로 설명할 수 있다. 한마디로 과거는 '다중 우주라는 나무'의 뿌리를 향한 방향이고, 미래는 잎을 향한 방향이라는 것이다. 결잃음 관점에서 보면 미래는 엔트로피가 증가하는 방향이라고 말하는 것과 동치다. 또한 과거는 우리가 기억하는 방향이고, 미래는 그렇지 않은 방향이라는 말과도 같다.

또한 나무 관점에서 보면 기억의 안정성에 대한 난제들의 답을 얻을 수 있다. 나무 관점에 따르면 이론적으로는 '과거'들이 고유하지 않지만 실제로는 고유하다는 것이다. 즉 다중 우주 나무의 뿌리에서 현재 상태까지 이르는 고유 경로가 있다는 말이다. 마찬가지로 이론적으로 양자역학은 다중 시간 확률을 제공하지 않지만, 다시 말해 오늘 경험한 것에 대한 조건부로 내일 경험할 것의 확률을 말해주지 않지만, 현실에서는 고전 물리 세계에서와 같은 이유로 이런 확률이 딱 맞아 떨어지는 경우가 많다는 것이다. 다시 말해 주관적인 경험 사이의 전이에 대해서는 실제로는 유니타리 행렬이 아닌, 확률^{stochastic} 행렬을 다룬다고 볼 수 있다.

이 시점에서 예리한 독자는 한 가지 문제를 발견할 것이다. 이 나무가 확장하다보면 이 가지들은 결국 서로 만나는 것 아니냐고 말이다. 맞는 말이다. 첫째, 힐베르트 공간의 차원이 유한하다면 당연히 평행 우주는 가지들이 서로 부딪히기 전에 유한 번만 가지치기할 수 있다. 하지만 무한 차원의 힐베르트 공간이라고 해도 각 우주마다 '폭'은 유한하다고 봐야 한다(예를 들어 가우시안 파속^{wavepacket}을 들 수 있다). 따라서 이 경우에도 유한 번만 분리될 수 있다.

결잃음 이론은 다중 우주의 가지들이 결국 서로 간섭하게 된다고 말한다. 마치 우주가 열평형 상태에 도달하는 것처럼 말이다. 하지만 그때가 되면 아마도 모두 죽어 있을 것이다.

참고로 우주가 지수적으로 확장된다는 사실, 즉 은하계를 떨어뜨리는 진공 에너지가 있다는 말은 '다중 우주 나무를 가지치기 하는 데' 중요한 역할을 하는 것 같다. 그래서 가지들이 서로 간섭하기 전까지 시간을 벌어준다. 필자는 이 부분을 좀 더 이해하고 싶다.

맞다. 지금껏 숨겼던 '심오한' 질문도 언급할 필요가 있다. 즉, 우주가 이처럼 낮은 엔트로피의 얽히지 않은 상태에서 시작하는 이유가 뭘까? 당연히 이에 대해 인류학적인 답변을 제시할 수 있다. 하지만 다르게 답변할 수도 있을까?

두 번째 이야기: 숨은 변수

결잃음 이론이 깔끔해 보이지만 이에 만족하지 않는 사람도 있다. 이유 중 하나는, 결잃음 이론은 양자역학 자체에 대해 거추장스러운 가정을 많이 해야 한다는 것이다. 가령 전형적인 물리계의 동작, 뇌의 고전성, 심지어 주관적 경험의 속성까지 말이다. 두 번째 이유는, 결잃음 이론은 앞서 말한 점 색깔의 변화를 볼 수 있는 확률에 대해 아무런 답을 주지 못하기 때문이다. 그저 그 질문은 의미가 없다고만 말할 뿐이다.

결잃음 이론이 뭔가 탐탁치 않다면 어떤 해결책을 제시할 수 있을까? 여기에 대해서는 숨은 변수 이론을 주장하는 이들의 설명을 들어볼 필요가 있다 (이 장의 나머지는 내가 발표한 '양자 컴퓨팅과 숨은 변수'란 논문[6]을 바탕으로 설명한다).

숨은 변수 이론^{hidden-variable theory}의 개념은 간단하다. 양자역학이 평행 우주들이 끊임없이 가지치고, 합쳐지고, 서로 제거하는 광활한 바다라 할 때 여기에 조그만 배를 한 척 띄워보자. 그리고 이 배의 위치가 우주의 '실제' 상태를 표현하고, 바다는 이 배를 뒤흔드는 '퍼텐셜 장^{field of potentialities}'이라고 생각하자. 역사적인 이유로 이 배의 위치를 숨은 변수^{hidden variable}라 부른다. 어떻게 보면 이러한 설정에서 숨어 있지 않은 유일한 부분인데 말이다. 이제 목표는 이 보트의 전개 규칙을 "주어진 시점에 보트가 있을 수 있는 모든 지점에 대한 확률 분포는 표준 양자역학으로 정확히 $|\psi|^2$ 분포로 예측된다."고 정하는 것이다.

이렇게 하면 숨은 변수 이론은 실험적인 관점에서 볼 때 표준 양자역학과 차이가 없게 된다. 따라서 이것이 참인지 아니면 거짓인지를 따질 수 없고, 단지 좋은 해석인지 아니면 나쁜 해석인지만 있을 뿐이다.

그렇다면 굳이 이렇게 거짓이라고 입증할 수도 없는 도깨비를 양자역학이란 벽장에 숨겨둬야 하는지 궁금할 수 있다. 이에 대해 다음과 같은 네 가지 이유를 제시할 수 있다.

1. 내가 볼 때 양자역학을 이해한다는 말은 가능한 모든 이론 공간을 탐색하는 것을 의미한다. 그렇지 않으면 어떤 종류의 이론이 성립할 수 있음에도 불구하고 그렇지 않다고 말하는 실수를 저지를 수 있다(물리 역사에서 이런 실수를 저지른 사람들이 많다).

---

6. Physical Review A 71:032325, 2005. http://www.scottaaronson.com/papers/qchvpra.pdf

2. 뒤에서 보겠지만 숨은 변수 이론은 온갖 탐스런 수학적 문제들을 발생시킨다. 그중 일부는 아직까지 해결되지 않았다. 결국 우리가 학문을 하는 이유가 여기에 있지 않은가?

3. 숨은 변수 이론을 연구하다 보면 과학적 결실이 많이 나오는 것 같다. 아인슈타인, 포돌스키, 로젠이 EPR 실험을 하게 만들었고, 벨이 벨 부등식을 만들었고, 코헨과 스펙커가 코헨-스펙커 정리[Kochen-Specker Theorem]를 발견했으며, 나도 (13장에서 설명할) 충돌 하한[collision lower bound][7]을 발견하게 만들었다.

4. 숨은 변수 이론은 양자 토대의 다른 이슈(예, 비국소성[nonlocality], 상황성[contextuality], 시간의 역할 등)를 논의하기에 딱 맞는 장을 마련해줬다. 다시 말해 도깨비 한 마리 가격으로 수많은 도깨비를 만들어냈다.

내가 볼 때 숨은 변수 이론은 유니타리 변환을 고전 확률 변환으로 전환하는 간단한 규칙이다. 다시 말해 $N \times N$ 유니타리 행렬 $U = (u_{ij})$와 다음과 같은 양자 상태를 입력 받아 $N \times N$ 확률 행렬 $S = (s_{ij})$를 출력하는 함수다(참고로 확률 행렬[stochastic matrix]이란 단순히 모든 열의 합이 1인 음이 아닌 행렬이다).

$$|\psi\rangle = \sum_{i=1}^{N} \alpha_i |i\rangle$$

S에 표준 기저로 $|\psi\rangle$를 측정해 얻은 확률 벡터를 입력했을 때 표준 기저로 $U|\psi\rangle$를 측정해서 구한 확률 벡터를 출력한다. 다시 말해 다음과 같이 주어졌을 때

$$\begin{pmatrix} u_{11} & \cdots & u_{11} \\ \vdots & \ddots & \vdots \\ u_{11} & \cdots & u_{11} \end{pmatrix} \begin{pmatrix} \alpha_1 \\ \vdots \\ \alpha_N \end{pmatrix} = \begin{pmatrix} \beta_1 \\ \vdots \\ \beta_N \end{pmatrix}$$

---

7. http://www.scottaaronson.com/papers/collision.pdf

다음을 구할 수 있다.

$$
\begin{pmatrix} s_{11} & \cdots & s_{1N} \\ \vdots & \ddots & \vdots \\ s_{N1} & \cdots & s_{NN} \end{pmatrix} \begin{pmatrix} |\alpha_1|^2 \\ \vdots \\ |\alpha_N|^2 \end{pmatrix} = \begin{pmatrix} |\beta_1|^2 \\ \vdots \\ |\beta_N|^2 \end{pmatrix}
$$

숨은 변수 이론이 양자역학의 예측을 재현한다는 의미가 바로 이것이다. 다양한 시각에서 보트의 위치 사이 관계를 설명할 때 어떤 이론을 동원하더라도 각각의 개별 시각에서 보트의 위치에 대한 주변 분포$^{\text{marginal distribution}}$는 확실히 기존 양자역학을 따라야 한다는 것이다.

자, 그럼 이번에는 당연한 문제를 한 번 보자. 유니타리 행렬 U와 상태 $|\psi\rangle$가 주어졌을 때 앞에서 말한 필수 조건을 충족하는 확률 행렬이 존재할까?

당연히 존재한다. '보트를 집어 들어 무작위 지점에 되돌리는' 식으로 초기 위치와 최종 위치 사이의 관계를 완전히 파괴하도록 언제든지 다음과 같은 곱셈 변환$^{\text{product transformation}}$을 하면 되기 때문이다.

$$
S_{\text{prod}} = \begin{pmatrix} |\beta_1|^2 & \cdots & |\beta_1|^2 \\ \vdots & \ddots & \vdots \\ |\beta_N|^2 & \cdots & |\beta_N|^2 \end{pmatrix}
$$

불가능 정리의 향연

초기 분포를 최종 분포에 매핑하는 확률 변환 $S(|\psi\rangle, U)$를 찾을 수 있는지 여부가 문제는 아니다. 이건 분명히 찾을 수 있다. 진짜 문제는 '훌륭한' 성질을 충족하는 확률 변환을 찾을 수 있느냐다. 하지만 '훌륭한' 성질 중에서 어떤 것이어야 할까? 여기서는 먼저 네 가지 성질을 제시한 후 안타깝게도 그 어느 것도 충족시킬 수 없다는 사실을 보여줄 것이다. 이렇게 문제를 풀어 보는 이유는 그 과정에서 양자역학이 고전 확률 이론과 얼마나 다른지 엄청

나게 많은 것을 배울 수 있기 때문이다. 그중에서도 특히 벨 정리$^{\text{Bell's Theorem}}$ 와 코헨-스펙커 정리$^{\text{Kochen-Specker Theorem}}$를 소개하고, 이름을 모르는 다른 불 가능$^{\text{no-go}}$ 정리 두 개도 소개한다.

1. **상태 독립성**$^{\text{independence from the state}}$: 당장 주어진 문제부터 다시 떠올려보 자. 유니타리 행렬 U와 양자 상태 $|\psi\rangle$가 주어졌을 때 $|\psi\rangle$를 측정해 얻은 분포를 $U|\psi\rangle$를 측정해 얻은 분포로 매핑하는 확률 행렬 $S = S(|\psi\rangle, U)$를 만들어보려고 한다.

   첫 번째 성질은 S는 반드시 유니타리 U에만 의존하고 상태 $|\psi\rangle$에는 의 존하면 안 된다는 것이다. 하지만 이것이 불가능하다는 것을 금방 알 수 있다. U가 다음과 같다면

   $$U = \begin{pmatrix} \dfrac{1}{\sqrt{2}} & -\dfrac{1}{\sqrt{2}} \\ \dfrac{1}{\sqrt{2}} & \dfrac{1}{\sqrt{2}} \end{pmatrix} \text{일 때}$$

   $$U \begin{pmatrix} \dfrac{1}{\sqrt{2}} \\ \dfrac{1}{\sqrt{2}} \end{pmatrix} = \begin{pmatrix} 0 \\ 1 \end{pmatrix} \text{이면 } S = \begin{pmatrix} 0 & 0 \\ 1 & 1 \end{pmatrix} \text{인 반면}$$

   $$U \begin{pmatrix} \dfrac{1}{\sqrt{2}} \\ -\dfrac{1}{\sqrt{2}} \end{pmatrix} = \begin{pmatrix} 1 \\ 0 \end{pmatrix} \text{이면 } S = \begin{pmatrix} 1 & 1 \\ 0 & 0 \end{pmatrix} \text{이다.}$$

   따라서 S는 반드시 U와 $|\psi\rangle$ 모두에 대한 함수여야 한다.

2. **시간-분할에 대한 불변성**$^{\text{invariance under time-slicing}}$: 숨은 변수 이론에서 두 번 째로 필요한 성질은 시간-분할에 대한 불변성이다. 이 말은 우리가 U와 V라는 두 가지 유니타리 변환을 연속해서 수행하면 숨은 변수 이론을 VU 에 적용할 때의 결과와 U와 V에 따로 적용한 결과를 곱한 것이 서로 같아 야 한다는 뜻이다(쉽게 말해 유니타리 행렬에서 확률 행렬에 대한 맵은 '동형^{homomorphic}' 관계여야 한다). 이를 수식으로 표현하면 다음과 같다.

$$S(|\psi\rangle, VU) = S(U|\psi\rangle, V)S(|\psi\rangle, U)$$

하지만 이것 역시 불가능하다. 단, S가 시작 시점과 끝 시점 사이의 상관 관계를 모두 파괴하는 곱셈 변환 S_{prod}라는 '자명한' 경우에는 가능하다. 이를 확인하려면 모든 유니타리 W와 상태 $|\psi\rangle$에 대해 $U|\psi\rangle$가 고정 기저 상태(예, $|1\rangle$)와 같으면서 W를 VU라는 곱으로 표현할 수 있는지 보면 된다. 그리고 나서 나중에 V를 적용하면 숨은 변수의 최종 값이 초깃값과 상관관계가 없도록 U를 적용해 숨은 변수의 초깃값에 있는 모든 정보를 '지운다'. 하지만 이렇게 되면 $S(|\psi\rangle, VU)$는 $S_{prod}(|\psi\rangle, VU)$와 같다는 말이 된다.

3. **기저에 대한 독립성**^{independence from the basis} : 앞에서 숨은 변수 이론을 정의할 때 다른 기저를 얼마든지 고를 수 있음에도 불구하고 왜 몇 가지 특정한 기저의 측정 결과만 다루는지 궁금했을 것이다. 예를 들어 어떤 입자의 위치를 누군가가 측정하기도 전에 그 입자가 '참인 실제' 위치를 갖고 있다고 말하려면 입자의 운동량이나 스핀, 에너지 등과 같은 관측 가능한 다른 모든 성질도 똑같이 말해야 하지 않을까? 왜 다른 성질들과 달리 위치만 유독 더 '실제'라고 취급하는 것일까?

참 좋은 질문이다. 하지만 아쉽게도 입자가 가질 수 있는 모든 성질에 대해 정확한 값을 '일관성 있게' 대입할 수 없다. 다시 말해 입자의 모든 성질에 대해 전이 확률을 정의할 수 없을 뿐만 아니라 어떤 순간에도 모든 성질을 동시에 다룰 수 없다.

이는 사이먼 코헨^{Simon Kochen}과 에른스트 스펙커^{Ernst Specker}가 1967년에 증명한 코헨–스펙커 정리^{Kochen-Specker Theorem}의 (수학적으로는 자명하지만) 굉장히 놀라운 결론이다.[8] 이 정리의 수학적 의미는 다음과 같다. $\Re^3$에 있는 모든 정규 직교^{orthonormal} 기저 B에 대해 그 기저로 측정한 결과가 무엇인지를 우주가 '미리 계산'한다고 가정하자. 다시 말해 우주는 B

---

8. http://plato.stanford.edu/entries/kochen–specker/

에 있는 세 벡터 중 하나를 선택해 표시해뒀다가 누군가 B에서 측정할 때 그 벡터를 리턴하려고 한다. 당연히 이렇게 표시한 벡터는 다른 기저에 대해서도 '일관성'을 유지해야 한다. 다시 말해 두 기저가 다음과 같이 어떤 벡터를 공유한다면

$$B_1 = \{|1\rangle, |2\rangle, |3\rangle\}$$
$$B_2 = \left\{|1\rangle, \frac{|2\rangle + |3\rangle}{\sqrt{2}}, \frac{|2\rangle - |3\rangle}{\sqrt{2}}\right\}$$

공통된 벡터가 어느 한 기저의 표시된 벡터면 반드시 다른 기저의 표시된 벡터이기도 하다는 것이다(필요충분조건).

코헨과 스펙커는 이것이 불가능하다는 것을 증명한다. 실제로 이렇게 표시된 벡터를 기저로 일관성 있게 선택할 수 없는 $\mathfrak{R}^3$의 기저 117개로 이뤄진 명시적인 집합을 만들었다.

수학 마니아를 위한 정보: 그동안 117이라는 상수는 31까지 줄어들었다. 예를 들어 이 논문[9]을 읽어보기 바란다. 이 값이 최적인지는 아직 완전히 증명되지 않았다. 내가 들어본 하한의 최고 기록은 18이었다.

결론적으로 모든 숨은 변수 이론은 사람들이 비즈니스에서 주변 상황에 따라 달라진다고 말하는 그런 이론이 될 것이다. 즉, 측정한 기저에 따라 다른 답을 내놓기도 할 테고, 같은 답을 포함하는 다른 기저로 측정했어도 같은 답이 나왔을 거라는 억지 주장은 하지 않을 것이다.

연습문제: 2차원에서는 코헨-스펙커 정리가 성립하지 않음을 증명하라.

4. **상대론적 인과율**relativistic causality: 숨은 변수 이론에 필요한 마지막 성질은 아인슈타인의 특수 상대성 이론의 '정신'을 엄격히 따라야 한다는 것이다. 여기서는 다음과 같이 두 가지로 구성된다고 정의한다.

---

9. http://www.arxiv.org/abs/quant-ph/0304013

(1) **국소성**^{locality}: 두 부분계^{subsystem}에 대해 양자 상태 $|\psi_{AB}\rangle$에서 A계에만 작용하는 유니타리 변환 U_A를 적용하면 숨은 변수 변환 $S(|\psi_{AB}\rangle, U_A)$도 반드시 A계에만 작용해야 한다.

(2) **가환성**^{commutativity, 交換性}: 상태 $|\psi_{AB}\rangle$에서 A계에 유니타리 변환 U_A를 적용하고 바로 뒤에 B계에 대한 유니타리 변환 U_B만 적용하면 결과로 나오는 숨은 변수 변환은 반드시 U_B를 적용한 후에 U_A를 적용한 결과와 같아야 한다. 이를 수학적으로 표현하면 다음과 같다.

$$S(U_A|\psi_{AB}\rangle, U_B)\, S(|\psi_{AB}\rangle, U_A) = S(U_B|\psi_{AB}\rangle, U_A)\, S(|\psi_{AB}\rangle, U_B)$$

벨 부등식^{Bell's Inequality}이란 것을 들어봤을 것이다. 벨 부등식은 앞에 나온 두 공리를 충족하는 숨은 변수 이론을 완전히 배제하지 않으며, 오히려 벨이 증명한 것은 숨은 변수 이론을 조금 강화시키는 것으로 밝혀졌다.

그렇다면 벨 부등식이란 뭘까? 현재 책이나 인터넷에 나와 있는 거의 모든 자료를 보면 얽힌 광자원^{entangled photon source}, 슈테른-게를라흐 장치^{Stern-Gerlach apparatus} 등에 대해 상세한 실험 도면과 함께 여러 페이지에 걸쳐 친절하게 소개하는 것을 발견할 수 있다. 물론 이 방식도 나름 의미가 있다. 복잡한 내용을 모두 파악하고 나면 핵심 개념을 확실히 파악할 수 있기 때문이다.

하지만 나는 물리학의 대중화에 대한 관심은 없으므로 이러한 유서 깊은 설명 방식에서 과감히 탈피해 핵심만 곧바로 제시하겠다.

앨리스와 밥이 다음과 같은 게임을 한다고 생각해보자. 앨리스는 공정한 동전을 던져 나온 결과에 따라 손을 들지 결정한다. 밥은 또 다른 공정한 동전을 던져 나온 결과에 따라 손을 들지 결정한다. 여기서 두 사람이 원하는 상황은 둘 중 딱 한 사람만 손을 들어야 하는 경우가 두 동전이 모두 앞면이 나오는 경우, 그리고 오직 그 경우만이라는 것이다(필요충분조건). 이 조건이 충족되면 게임에 이기고 그렇지 않으면 진다(서로 경쟁하기보다는 협력해야 이기는 게임이다).

여기서 한 가지 제약이 있다. 앨리스와 밥은 둘 다 폐쇄된 방에 있다 (심지어 서로 다른 행성에 있을 수도 있다). 그리고 게임이 진행되는 동안에는 서로 대화를 나눌 수 없다.

이 상황에서 궁금한 점은 앨리스와 밥이 이 게임에 이길 수 있는 최대 확률은 얼마냐는 것이다. 75%라고 장담할 수 있다. 왜 그럴까? 맞다. 동전을 던진 결과와 상관없이 둘 다 손을 들지 않기로 결정하기만 하면 된다. 그러면 두 동전이 모두 앞면이 나올 때만 지게 된다.

연습문제: 이 확률이 최적임을 증명하라. 다시 말해 어떤 전략을 사용하더라도 앨리스와 밥이 이길 확률은 최대 75%임을 증명하라.

이제 이 게임에서 결정적인 부분을 살펴보자. 앨리스와 밥은 다음과 같은 얽힌 상태를 공유한다고 가정하자.

$$|\Phi\rangle = \frac{|00\rangle + |11\rangle}{\sqrt{2}}$$

이 상태의 절반은 앨리스가, 나머지 절반은 밥이 쥐고 있다. 이 경우에 다음 확률로 게임에 이길 전략이 존재한다.[10]

$$\frac{2 + \sqrt{2}}{4} = 0.853\ldots.$$

다시 한 번 강조하면 $|\psi\rangle$ 상태에 있으면 앨리스와 밥은 빛보다 빠른 속도로 서로에게 메시지를 보낼 수 없다. 단지 이 게임에 75% 이상의 확률로 이길 수 있게 해줄 뿐이다. 앨리스와 밥이 몰래 메시지를 주고받아 게임에 이길 수 있다는 순진한 생각을 할 수 있는데, 그렇지 않다. 사실 얽힘을 이용하는 방식으로도 반칙할 수 있다.

---

10. https://people.eecs.berkeley.edu/~vazirani/

이것이 바로 벨 부등식이다.

이렇게 단순한 게임이 숨은 변수와 무슨 상관이 있을까? 앨리스와 밥의 상태 $|\psi\rangle$를 측정하는 것을 숨은 변수 두 개(하나는 앨리스, 다른 하나는 밥)로 모델링한다고 해보자. 그리고 상대론적 인과율을 따른다고 할 때 앨리스의 숨은 변수에 대해 일어난 일과 밥의 숨은 변수에 대해 일어난 일이 서로 영향을 주지 않는다고 가정하자. 그러면 앨리스와 밥이 최대 75%의 확률로 게임에 이길 수 있다고 예측할 수 있다. 하지만 이 예측은 틀렸다.

양자역학이 맞다고 인정한다면 숨은 변수 이론은 우주에 있는 모든 두 지점 사이에서 '순간적인 통신'이 가능하다는 사실을 인정해야 한다. 이번에도 마찬가지로 양자역학 자체에서 순간적인 통신을 허용한다거나 숨은 변수를 이용해 빛보다 빠르게 메시지를 보낼 수 있다는 말이 아니다(둘 다 성립할 수 없다). 단지 양자역학을 숨은 변수로 설명한다면 순간적인 통신을 도입할 수밖에 없다는 뜻이다.

연습문제: 앞에서 제시한 국소성과 가환성이라는 두 공리를 충족하는 숨은 변수 이론은 존재하지 않음을 보여주도록 벨의 논증을 일반화하라.

지금까지 앨리스와 밥의 동전 던지기 게임에서 설명한 바에 따르면 양자역학을 숨은 변수로 설명하려고 하면 반드시 상대성과 대치하는 상황이 발생한다. 이에 대한 실험 결과는 아무것도 없다. 다시 말하지만 숨은 변수 이론이 상대성의 '정신'을 위배하면서 '형식'만 따르는 것이 충분히 가능하기 때문이다. 실제로 숨은 변수 지지자들은 상대성과 양자역학 사이의 억압된 긴장 관계를 해소해줄 뿐이라고 주장한다.

숨은 변수 이론의 예

지금까지 숨은 변수 이론을 신랄하게 비판하고 나니 이 이론이 굉장히 절망적으로 보일 수 있다. 하지만 놀라운 사실이 하나 있다. 이러한 네 가지 불가능 정리가 버티고 있음에도 불구하고, 흥미롭고 수학적으로도 자명하지 않은 숨은 변수 이론을 얼마든지 만들 수 있다는 것이다. 이에 대한 세 가지 예를 소개하는 것으로 이 장을 마무리하고자 한다.

유량 이론

숨은 변수 이론의 목적은 유니타리 행렬 U와 상태 $|\psi\rangle$에서 시작해 초기 분포에서 최종 분포로 매핑하는 확률 행렬 S를 구하는 것이다. 이상적인 경우는 U로부터 '자연스럽고', '유기적으로' S를 유도하는 것이다. 가령 U의 (i, j) 성분이 0이면 S의 (i, j) 성분도 0이어야 한다. 마찬가지로 U나 $|\psi\rangle$를 약간 변경했다면 S의 변화도 크지 않아야 한다.

지금으로서는 앞에서 제시한 두 조건을 충족하는 숨은 변수 이론이 존재하는지조차 알 수 없다. 따라서 두 조건을 실제로 충족하는 간결하고 깔끔한 이론 하나를 먼저 제시한다.

기본 개념은 다중 우주를 통해 흘러 들어오는 확률 질량^{probability mass}을 마치 파이프를 통해 흘러오는 오일처럼 다루는 것이다. 처음에는 각 기저 상태 $|i\rangle$에 오일이 $|\alpha_i|^2$ 단위만큼 있고, 마지막 단계에서는 각 기저 상태 $|i\rangle$마다 오일이 $|\beta_i|^2$ 단위만큼 있다고 가정하자. 여기서 α_i와 β_i는 각각 $|i\rangle$의 초기 진폭과 최종 진폭이다. 또한 $|u_{ij}|$를 유니타리 행렬의 (i, j)번째 성분의 절댓값이라 하자. 이는 $|i\rangle$에서 $|j\rangle$에 이르는 오일 파이프의 용량과 같다.

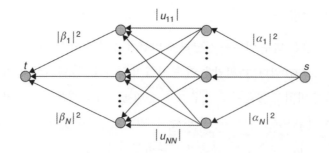

여기서 첫 번째 질문은 다음과 같다. 모든 U와 $|\psi\rangle$에 대해 오일의 1 단위가 모두 앞에 나온 네트워크 $G(U, |\psi\rangle)$의 s에서 t까지 파이프의 용량을 초과하지 않고 이동할 수 있을까?

나는 그렇다는 것을 증명한 적이 있다.[11] 이때 1960년대에 나온 최대 유량/최소 절단 정리$^{Max-Flow/Min-Cut Theorem}$라는 기본적인 결과를 이용했다. 전산학을 전공한 독자라면 학부 수업 시간에 한 번쯤 들어본 기억이 어렴풋이 날 것이다. 다른 전공자라면 살면서 이 정리를 한 번쯤 알아둘 만한 가치가 있다(양자역학을 해석하는 데뿐만 아니라 인터넷 라우팅과 같은 문제를 다루는 데도 도움이 된다).

그렇다면 최대 유량/최소 절단 정리란 뭘까? 앞의 그림처럼 구성된 오일 파이프 네트워크가 있고, 여기에 s라는 출발지^{source}와 t라는 도착지^{sink}가 정해져 있다고 하자. 각 파이프마다 1초에 오일을 보낼 수 있는 (음이 아닌 실수 값인) 용량^{capacity}이 정해져 있다. 이때 최대 유량$^{max flow}$이란 이 네트워크에서 최대한 효율적인 경로로 매초 s에서 t로 보낼 수 있는 최대량이다. 반대로 최소 절단$^{min cut}$이란 테러리스트가 s에서 t로 오일을 보내지 못하도록 폭파시키는 파이프의 최소 용량인 C를 말한다.

예를 들어 다음과 같은 네트워크에서 최대 유량과 최소 절단을 구해보자.

11. http://www.scottaaronson.com/papers/qchvpra.pdf

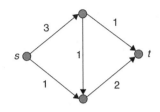

맞다. 둘 다 3이다.

자명한 사실이지만 모든 네트워크에서 최대 유량은 절대로 최소 절단보다 클 수 없다. 왜 그럴까?

그렇다. 정의에 따르면 최소 절단은 모든 오일이 반드시 통과할 수밖에 없는 병목 지점의 최대 용량이기 때문이다. 다시 말해 총용량이 C인 파이프를 폭파시켜 s에서 t로 흐르는 오일을 막을 수 있다면 그와 똑같은 파이프를 다시 설치하더라도 유량이 C보다 커질 수 없다.

따라서 최대 유량/최소 절단 정리가 말하는 바는 그 역도 참이라는 것이다. 모든 네트워크에서 최대 유량과 최소 절단은 사실 같다.

(앞에 나온 정리를 처음 본 독자를 위한) **연습문제:** 최대 유량/최소 절단 정리를 증명하라.

(숙련자를 위한) **연습문제:** 최대 유량/최소 절단 정리를 이용해 모든 유니타리 U와 상태 $|\psi\rangle$에 대해 앞에서 본 네트워크 $G(U, |\psi\rangle)$에서 모든 확률 질량을 s부터 t까지 이동시키는 경로가 존재함을 증명하라.

이제 숨은 변수 이론에 대한 후보 하나를 확보했다. 다시 말해 주어진 U와 $|\psi\rangle$에 대해 네트워크 $G(U, |\psi\rangle)$에서 모든 확률 질량을 s에서 t에 이르는 정준 canonical, 바른틀 경로를 찾는다. 그러고 나서 확률 행렬 S를 $s_{ij} := p_{ij}/|\alpha_i|^2$으로 정의한다. 여기서 p_{ij}는 $|i\rangle$에서 $|j\rangle$에 이르는 확률 질량의 양이다(간결한 표현을 위해 $\alpha_i = 0$일 때는 무시했다).

이렇게 만든 S는 $|\alpha_i|^2$에 대한 벡터를 $|\beta_i|^2$에 대한 벡터로 매핑한다. 또한 모

든 i, j에 대해 $u_{ij} = 0$이면 $s_{ij} = 0$이라는 멋진 성질도 충족한다.

왜 그럴까? 그렇다. $u_{ij} = 0$이면 확률 질량이 $|i\rangle$에서 $|j\rangle$로 갈 수 있는 경로가 존재하지 않기 때문이다.

(고수를 위한) **연습문제:** U나 $|\psi\rangle$를 약간 변경해도 전이 확률[transition probability]에 대한 행렬 (p_{ij})가 약간만 변경되는 정준 최대 유량도 선택할 수 있음을 증명하라.

슈뢰딩거 이론

지금까지 숨은 변수 이론에 대한 작고 귀여운 예제 하나를 살펴봤다. 이번에는 그보다 더 귀여운 예제를 소개하고자 한다. 숨은 변수 이론을 설명하고자 고민하던 중에 가장 먼저 떠오른 이론이기도 하다. 알고 보니 슈뢰딩거도 1931년도에 똑같은 생각을 했다는 것을 알았다.[12]

구체적으로 설명하면 슈뢰딩거가 제시한 아이디어는 양자역학의 전이 확률을 비선형 연립방정식을 푸는 것으로 정의했다. 문제는 슈뢰딩거는 이 연립방정식에 해가 고유하다는 사실은 고사하고 해의 존재조차 증명할 수 없었다. 1980년대에 이르러서야 마사오 나가사와[Masao Nagasawa]가 증명했다.[13] 다행히도 나는 유한 차원 양자계만 신경 쓰면 됐다. 이 양자계는 모든 면에서 훨씬 간단했고 연립방정식의 해가 존재한다는 증명도 다소 쉽게 할 수 있었다.

그렇다면 어떻게 풀었을까? 앞에서 설명했듯이 유니타리 행렬 U가 주어졌을 때 초기 분포와 최종 분포에 대응하는 확률 행렬 S를 어떻게든 만드는 것이 우리의 목적이다. 이는 전이 확률에 대한 행렬 P를 구하는 것과 근본적으

---

12. Erwin Schrödinger, "Über die Umkehrung der Naturgesetze," Sitzungsber. Preuss. Akad. Wissen. Phys. Math. Kl., 1:144–153, 1931

13. M. Nagasawa, Schrödinger Equations and Diffusion Theory (Basel: Birkhäuser, 1993)

로 같다. 다시 말해 i번째 열의 합이 $|\alpha_i|^2$이고 j번째 행의 합이 $|\beta_j|^2$인 음이 아닌 행렬을 구하는 것이다(이는 단지 주변 확률^marginal probability이 양자역학에서 흔히 보는 것이어야 한다는 요구 사항일 뿐이다).

음이 아닌 행렬을 구해야 하므로 가장 먼저 U의 모든 성분을 절댓값으로 바꾸는 것이 좋다.

$$\begin{pmatrix} |u_{11}| & \cdots & |u_{1N}| \\ \vdots & \ddots & \vdots \\ |u_{N1}| & \cdots & |u_{NN}| \end{pmatrix}$$

그리고 나서 i번째 열의 합이 $|\alpha_i|^2$이 되게 만드는 것이다. 따라서 가장 단순한 방식으로 처리하면 모든 $1 \le i \le N$에 대해 i번째 열의 합이 $|\alpha_i|^2$이 되게 정규화하면 된다.

이번에는 j번째 행의 합이 $|\beta_j|^2$이 되게 만들어보자. 어떻게 해야 할까? 이번에도 모든 $1 \le j \le N$에 대해 j번째 열의 합이 $|\beta_j|^2$이 되게 정규화하면 된다.

물론 행을 정규화하면 일반적으로 i번째 열의 합은 더 이상 $|\alpha_i|^2$이 아니다. 하지만 괜찮다. 열을 다시 정규화하면 된다. 그리고 나서 (앞에서 열을 정규화하느라 망가진) 행을 다시 정규화한다. 그리고 나서 (앞에서 행을 정규화하느라 망가진) 열을 다시 정규화한다. 이런 식으로 끝없이 이어간다.

(숙련자를 위한) **연습문제:** 방금 설명한 반복 과정은 모든 U와 $|\psi\rangle$에 대해 수렴한다는 사실을 증명하라. 또한 그 한계는 행렬 P는 전이 확률에 대한 (p_{ij})임을, 다시 말해 i번째 열의 합이 $|\alpha_i|^2$이고 j번째 행의 합이 $|b_j|^2$인 음이 아닌 행렬임을 증명하라.

미해결 문제(이 문제를 풀었다면 내게 꼭 알려주기 바란다): U나 $|\psi\rangle$를 약간 변경하면 전이 확률에 대한 (p_{ij})인 행렬 P도 조금만 변한다는 것을 증명하라.

보옴 역학

지금까지 읽은 독자는 왜 숨은 변수 이론 중에서도 가장 유명한 보옴 역학 Bohmian mechanics[14]을 소개하지 않는지 궁금했을 것이다. 그 이유는 보옴 역학을 설명하려면 무한 차원의 힐베르트 공간Hilbert space과 위치와 운동량을 가진 입자를 설명해야 하기 때문이다. 게다가 컴퓨터 과학자인 필자의 입장에서 부담스러운 여러 가지 이론을 소개해야 한다.

그럼에도 보옴 역학이 뭔지, 왜 필요한지를 조금이나마 설명할 필요가 있다. 1952년 데이비드 보옴David Bohm은 결정론적deterministic 숨은 변수 이론을 제안했다. 이 이론은 전이 확률을 구할 수 있을 뿐만 아니라, 확률 값이 0이거나 1이다. 그는 $\mathfrak{R}^3$에서 입자의 위치를 숨은 변수로 취급했다. 그러고 나서 확률 ε에 대한 짜임새 공간configuration space, 배위 공간의 영역이 항상 확률 ε에 대한 다른 영역에 매핑될 수 있도록 입자들이 있는 지점에 대한 확률 질량은 반드시 파동 함수에 따라 '흘러가야' 한다고 규정했다.

어떤 공간 차원에 입자 하나가 있을 때는 보옴 확률 제약을 충족하는 입자 위치에 대한 (고유한) 미분 방정식을 만들기는 쉽다. 보옴은 이 방정식을 임의의 차원에 있는 임의의 수의 입장을 일반화하는 방법을 제시했다.

이를 그림으로 표현하기 위해 보옴의 입자 궤적을 겹실틈(이중 슬릿) 실험 double-slit experiment[15]에서 표현하면 다음과 같다.

---

14. 기본 개념은 http://plato.stanford.edu/entries/qm-bohm/를 참고한다.

15. 빛의 입자성과 파동성을 밝히기 위한 유명한 실험 – 옮긴이

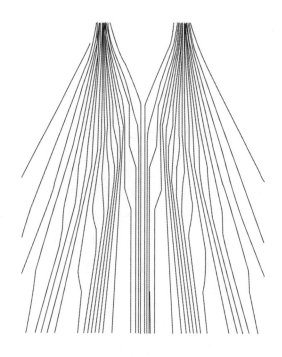

이번에도 역시 이 이론이 결정론적^{deterministic}이라는 점이 놀랍다. 우주에 있는 모든 입자가 매 순간 있는 '실제' 위치를 지정하면 그 전과 후의 모든 '실제' 위치를 지정한 것이 된다. 그렇다면 빅뱅$^{Big\ Bang}$이 일어난 순간 창조주가 일반적인 $|\psi|^2$ 분포에 따라 우주에 입자를 뿌리고 나서 주사위를 부셔버린 뒤에 입자들이 영원히 결정론적으로 진화하게 만들었다고 상상할 수 있다. 이렇게 가정하면 양자역학에서 흔히 하던 실험적인 예측처럼 신이 주사위를 왕창 던지는 결과를 도출하게 된다.

내가 생각하는 문제점은 이런 류의 결정론은 무한 차원 힐베르트 공간(가령 입자 위치에 대한 공간)에서나 들어맞는다는 것이다. 이러한 관점에 대한 글은 거의 본 적이 없지만 이에 대해 몇 줄로 설명할 수 있다.

보옴의 이론처럼 결정론적인 숨은 변수 이론이면서 유한 차원의 양자 상태에서도 들어맞는 이론을 구한다고 생각해보자. 이때 상태 $|0\rangle$에 매핑하는 유니타리 변환 U를 다음에 적용하면 어떻게 될까?

$$\frac{|0\rangle + |1\rangle}{2}$$

그러면 초기 숨은 변수는 확실히 |0⟩이다. 그러고 나서 ½ 확률로 |0⟩이고 ½ 확률로 |1⟩이 된다. 다시 말해 U를 적용하면 숨은 변수의 엔트로피가 0에서 1로 증가한다. 따라서 숨은 변수가 어느 방향으로 갈지 결정하려면 결국 자연은 동전 던지기를 해야 한다.

보옴 이론을 따르는 사람은 이렇게 결정론이 깨지는 이유는 파동 함수의 겹침degeneracy, 축퇴 때문이라고 말한다. 다시 말해 보옴 미분 방정식에 필요한 연속성과 미분 가능성 조건을 충족하지 못하기 때문이라는 것이다. 하지만 이렇게 보면 유한 차원 힐베르트 공간에서는 모든 파동 함수가 겹치게 된다. 그렇기 때문에 우주가 플랑크 크기Planck scale로 불연속(이산적discrete)이라면 보옴 이론에서 말하는 결정론적일 수도 없다.

13
증명

13장에서는 양자 세계에서 한 발 물러나 계산 복잡도라는 안전한 영역으로 되돌아가보자. 그중에서도 특히 1980년대와 1990년대에 계산 복잡도 이론이 수천 년 묵은 개념인 수학적 증명^{mathematical proof}을 어떻게 확률적이고, 인터랙티브하고, 암호학적으로 거듭나게 만들었는지 알아보려 한다. 이렇게 새로운 증명 도구를 갖추고 나서 다시 양자 세계로 돌아가 새로운 성과를 거둘 것이다. 특히 숨은 변수의 모든 궤적을 볼 수 있다면 '통계적 영지식 증명 프로토콜^{statistical zero-knowledge proof protocol}'을 허용하는 어떠한 문제도 효율적으로 풀 수 있는 이유를 설명한다. 이러한 문제에는 아직까지 효율적인 양자 알고리즘이 발견되지 않은 그래프 동형 문제^{Graph Isomorphism}도 포함된다.

증명이란 무엇인가

역사적으로 수학자들은 증명에 대해 두 가지 상이한 개념을 갖고 있었다.

첫째는 증명이란 사람들에게(최소한 증명자만이라도) 주어진 결과가 맞다는 것을 직관적으로 확신하도록 설득하는 것이다. 이 관점에서 보면 증명은 영혼이 플라톤적 천국에 있는 영원한 진리와 만나는 내적 변화의 경험인 셈이다.

두 번째 개념은 증명이란 단순히 일정한 규칙을 따르는 기호의 나열이라는 것이다. 좀 더 일반적으로 표현하면 이러한 관점은 결국 증명이 곧 계산computation이라는 논리적인 결론으로 귀결된다. 다시 말해 증명은 물리적이고 기계적인 과정으로, 이 과정이 어떤 결과로 끝나면 주어진 정리가 참이라는 것을 받아들일 수밖에 없다. 당연히 기계의 작동 과정을 관장하는 법칙보다 주어진 정리에 대해 확신을 주는 것은 없을 것이다. 하지만 라이프니츠부터 프레게를 거쳐 괴델에 이르기까지 여러 위대한 논리학자는 증명에 대한 이러한 개념이 약점인 동시에 강점임을 깨달았다. 증명이 완전히 기계적인 과정이라면 증명 대상에 대한 이해나 통찰 없이 단순히 기계를 돌리는 것만으로도 새로운 수학적 사실을 발견할 수 있다(라이프니츠가 상상했던 것처럼 언젠가 법적 분쟁을 계산으로 해결할 날이 올 것이라 기대할 수 있다).

증명에 대한 이러한 두 가지 관점 사이의 대립은 1976년 케네스 아펠Kenneth Appel과 볼프강 하켄Wolfgang Haken이 평면 지도에서 인접한 나라의 색깔을 서로 다르게 표현하는 데 단 네 가지 색이면 충분하다는 그 유명한 4색 지도 정리Four-Color Map Theorem에 대한 증명을 발표하면서 더욱 뚜렷이 부각됐다. 이 증명은 컴퓨터를 이용해 수천 가지의 경우를 단순히 나열하는 방식을 사용했다. 사람이 이 모든 경우를 직접 확인하기란 현실적으로 불가능에 가깝다.

4색 정리를 이렇게 무차별 탐색brute-force 방식으로 증명했다면 모든 경우의 수를 전부 다뤘다는 것을 어떻게 확신할 수 있을까? 이 증명에서 사람인 수학자가 기술적으로 공헌한 점은 바로 유한하게 많은 경우를 약 2,000가지 경우로 줄여 컴퓨터로 검사했다는 것이다. 그 이후로 여러 학자가 증명을 거듭하면서 이 기법에 대한 확신이 점차 커졌으며, 검사할 경우의 수는 2,000가지에서 1,000가지 정도로 줄어들었다.

그렇다면 컴퓨터가 실수하지 않았다는 것을 어떻게 알까? 이에 대해 사람인 수학자들 또한 실수를 한다고 답할 수 있다. 로저 펜로즈는 플라톤적 실재Platonic reality와 직접 대면하는 것에 관해 얘기하길 좋아하는데, 우리가 그런 대면을 했다고 생각했다가 다음 날 아침에 보니 잘못 생각했음을 깨닫는다면 좀 당황스러울 것이다.

컴퓨터가 실수하지 않는다고 아는 이유는 컴퓨터가 의존하는 물리 법칙을 우리가 신뢰하며 계산 과정에 우주선$^{\text{cosmic ray}}$을 받지 않았다고 확신하기 때문이다. 하지만 지난 20년 동안 물리학에 대한 신뢰가 흔들렸다. 일상에서 삶과 죽음을 가르는 상황에서 물리학은 분명히 믿을 만하지만 4색 정리를 증명하는 것처럼 중요한 일에도 물리학을 믿어도 될까? 사실 증명의 정의를 불안한 수준까지 확장해보면 알 수 있는데, 바로 이 장에서 그렇게 해볼 것이다.

확률적 증명

앞에서 증명을 계산^{computation}으로 여길 수 있다고 말했다. 다시 말해 정리를 기계적으로 뱉어 내는 과정이다. 하지만 계산에 2^{-1000} 확률로 에러가 발생한다면 증명이라 할 수 있을까? 다시 말해 BPP 계산을 정식 증명이라 할 수 있을까? 증명이 틀리는 경우보다 혜성이 갑자기 컴퓨터를 들이박을 가능성이 훨씬 높을 정도로 에러 발생 확률을 줄일 수 있다면 가능할 것 같다.

6장에서 (YES라는 답에 대해) 다항 시간에 검증할 수 있는 다항 크기의 증거가 존재하는 문제의 클래스가 NP라고 소개했다. 그렇다면 무작위 알고리즘$^{\text{randomized algorithm}}$을 도입해 NP와 BPP를 '결합'해 'YES'라는 답에 대해 다항 크기의 증거가 존재하면서 이 증거를 다항 시간에 검사하는 무작위 알고리즘을 사용할 수 있는 복잡도 클래스를 새로 만들면 어떨까하는 생각이 든다. 실제로 1980년대에 라슬로 바비$^{\text{Laszlo Babi}}$가 이러한 하이브리드 클래스를 고안했다. 하지만 이미 알고 있는 독자가 아니라면 바비가 이 클래스의 이름을 뭐라고 지었는지 상상하기 힘들 것이다. 바로 '멀린-아서$^{\text{Merlin-Arthur}}$'의 줄임말인 MA라고 지었다. 바비는 강력하지만 신뢰할 수 없는 증명 마법사인 '멀린'이 다항 크기 증거를 제시하면 회의적인 다항 시간 왕인 '아서'가 무작위 알고리즘을 돌려 멀린이 준 증거를 검증한다는 것이다. 좀 더 수학적으로 표현하면 모든 x에 대해 다음 조건을 충족하는 다항 시간 무작위 알고리즘 V가 존재하는 언어 클래스인 L로 **MA**를 정의할 수 있다.

1. $x \in L$이라면 $V(x, w)$가 확실히 YES인 증거 w가 최소한 한 개 있다.
2. $x \not\in L$이라면 w와 관계없이 $V(x, w)$는 최소한 ½ 확률로 NO다.

1번 조건에서 '확실히'를 '최소한 ⅔ 확률로'라고 바꾸면 정확히 **MA**와 같은 계층을 구할 수 있다(한 페이지 정도로 증명할 수 있지만 생략한다). 또한 **NP**와 **BPP**는 **MA**에 포함되고, **MA**는 **PP**와 Σ_2**P** $\cap$ Π_2**P**에 포함된다고 증명할 수 있다.

이제 멀린과 아서가 대충 어떤 인물인지 파악했으니 게임을 좀 더 재밌게 정의해보자. 아서가 멀린에게 무작위로 도전장을 내밀면 멀린은 반드시 응해야 한다고 하자. 그러면 **AM**(Arthur-Merlin의 줄임말)이라는 새로운 클래스를 얻는다. 이 클래스가 **MA**를 포함한다는 것은 알지만 서로 같은지는 알 수 없고, Π_2**P**에는 포함된다. 사실 요즘은 **NP** = **MA** = **AM**이라고 추측하고 있다. 실제로 **P** = **BPP**를 성립하게 하는 가정과 비슷한 회로 하한 가정을 따른다고 밝혀졌다(7장 참고). 하지만 이를 증명하기에는 아직 역부족이다.

그렇다면 멀린으로부터 답을 얻고 나서 아서가 멀린에게 후속 질문을 하나 또는 서너 개를 던진다면 어떻게 될까? 멀린은 아서에게 더 많은 것을 증명해줄 수 있다고 생각하겠지만 그렇지 않다. 또 다른 놀라운 정리에 따르면 **AM** = **AMAM** = **AMAMAM** …가 성립한다. 다시 말해 멀린에게 상수 개의 질문을 던지는 것은 아서가 단 한 가지 질문만 던질 때와 같다.

영지식 증명

앞에서 증명에 불확실성이 있는 확률 증명에 대해 언급했었다. 또한 증명의 개념을 증명 대상이 참이라는 사실을 제외하면 새로 배울 것이 전혀 없는 증명인 영지식 증명$^{\text{zero-knowledge proof}}$을 포함하도록 일반화할 수도 있다.

직관적으로 보면 불가능해 보인다. 하지만 예제를 통해 구체적으로 살펴보자. 그래프가 두 개 있다고 가정하자. 두 그래프가 동형^{isomorphic}이면 쉽게 증명할 수 있다. 하지만 동형이 아니라면 전지전능한 마법사의 입장에서 어떻게 증명할 수 있을까?

간단하다. 증명을 요청한 사람에게 두 그래프 중 아무거나 하나 뽑으라고 하고 무작위로 순서를 바꿔 다시 달라고 부탁한다. 그러면 그 사람은 "어느 그래프부터 시작했느냐"라고 물을 수 있다. 두 그래프가 동형이 아니라면 이 질문에 확실히 답변할 수 있어야 한다. 그렇지 않다면 ½ 확률로만 답을 할 수밖에 없다. 따라서 검증 횟수가 적다면 실수할 가능성이 매우 높다.

이는 대화형 증명 시스템의 한 가지 예다. 여기서 어느 그래프부터 검증할지 또는 검증자의 머릿속을 들여다볼 수 없다고 가정한다. 이론 컴퓨터 과학자라면 검증자의 '사설 무작위 비트$^{\text{private random bits}}$'에 접근할 수 없다고 가정한다고 표현할 것이다.

이 증명 시스템에서 더욱 흥미로운 점은, 검증자는 이 그래프에 대해 아무것도 몰라도 동형이 아님을 확인할 수 있다는 것이다. 특히 검증자가 확인했다고 해서 다른 사람에게도 확인시켜줄 수 있는 것은 아니다.

이런(검증자는 주어진 문장이 참이라는 점을 제외하면 새로 배우는 사실이 전혀 없다는) 성질을 가진 증명을 영지식 증명$^{\text{zero-knowledge proof}}$이라 부른다. 사실 검증자가 "아무것도 배우지 않는다."는 의미를 정의하려면 몇 가지 작업을 더 해야 한다. 여기서 핵심은 검증자가 주어진 문장을 이미 확신하고 있다면 증명자의 도움 없이 전체 프로토콜을 자체적으로 모사해도 된다는 것이다.

계산에 어떤 가정을 두면, 즉 일방향 함수가 존재한다고 가정하면 모든 NP 완전 문제에 대해 영지식 증명이 존재한다고 증명할 수 있다. 이것이 바로

1986년에 골드라이히^{Goldreich}, 미칼리^{Micali}, 위그더슨^{Wigderson}이 발견한 놀라운 사실이다.[1]

NP 완전 문제끼리는 서로 환산할 수 있기 때문에(즉 모두 '형태만 다를 뿐 실질적으로는 동일한 문제'이기 때문에) NP 완전 문제 중에서 어느 하나에 대해서만 영지식 프로토콜을 제시하는 것만으로도 충분하다. 그중에서도 그래프 3색 칠하기^{three-coloring a graph} 문제가 가장 만만하다고 알려졌다. 참고로 그래프 3색 칠하기란 빨강, 파랑, 초록만 사용해서 인접한 정점의 색이 서로 다르게 칠하는 것을 말한다. 이 책은 흑백으로 인쇄되기 때문에 다음 그래프에서 명암으로 세 가지 색을 구분해 빨간색, 파란색, 초록색 정점이 각각 두 개씩 있다고 하자.

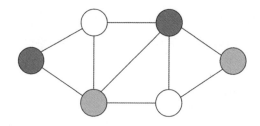

그렇다면 색칠 방법을 밝히지 않고도 이 그래프를 세 가지 색으로 칠할 수 있다는 것을 어떻게 증명할 수 있을까?

방법은 다음과 같다. 우선 주어진 3색 칠하기 문제에서 세 가지 색의 순서를 무작위로 바꾼다. 가령 파란색을 초록색으로, 초록색을 빨간색으로, 빨간색을 파란색으로 바꿀 수 있다(그러면 3! = 6가지 순열이 나온다). 그리고 나서 검증자에게 세 가지 색을 인코딩한 암호화된 메시지를 보낸다. 그러면 이렇게 칠한 색 조합을 '디지털로 커밋^{commit}하는' 효과가 생긴다. 좀 더 구체적으로 표현하면 이 메시지는 다음과 같은 성질을 가진다.

---

1. Oded Goldreich, Silvio Micali, and AviWigderson, "Proofs that Yield Nothing but Their Validity, or All Languages in NP have Zero-Knowledge Proof Systems," Journal of the ACM 38(3):691-729, 1991.

(1) 검증자는 이 메시지를 읽을 수 없다(다시 말해 계산으로 암호를 깨는 것은 현실적으로 불가능하다).

(2) 하지만 나중에 검증자에게 이 메시지를 복호화해주면 그래프가 제대로 색칠됐는지(즉 앞서 커밋한 색과 다르게 칠하는 속임수를 쓰지 않았는지)를 검증자가 쉽게 확인할 수 있다.

여기서 증명 없이 그냥 가정하고 넘어가는 세부 사항이 하나 있다. 바로 모든 일방향 함수^{one-way function}에 대해 이러한 커밋이 가능하다는 것이다(물론 수많은 횟수의 상호작용을 거쳐야 할 수 있다). 이 사실을 받아들이지 못하겠다면 더 쉬운 디지털 커밋 방법도 많다. 단, 강력한 암호화를 한다고 가정해야 한다. 예를 들어 인수분해가 힘들다고 가정하면 암호화된 메시지를 엄청나게 큰 합성수로 만든 다음 그 수의 소인수분해에 대한 다양한 성질로 각 색깔을 인코딩할 수 있다. 그러면 색깔을 커밋할 때는 이러한 합성수를 보내고 커밋을 해제^{decommit}할 때는(즉, 색깔을 드러낼 때는) 인수분해한 값을 보낼 수 있다. 그러면 검증자는 그 값이 정말 인수분해한 것인지 쉽게 검사할 수 있다.

그럼 이렇게 암호화된 색깔이 주어졌다면 검증자는 뭘 할 수 있을까? 간단하다. 인접한 정점 두 개를 골라 색깔을 복호화하도록 요청할 수 있다. 그러면 (1) 복호화한 결과가 참이고, (2) 두 색이 정말 다른지 확인할 수 있다. 세 가지 색으로 칠할 수 없는 그래프라면 인접한 두 정점의 색깔이 서로 같거나 빨강, 파랑, 초록이 아닌 다른 색깔로 칠해진 정점이 있을 것이다. 어느 경우든지 검증자는 최소한 $1/m$ 확률로 속임수를 썼는지 알아낼 수 있다. 여기서 m은 간선^{edge}의 개수다.

마지막으로 검증자가 신뢰도를 높이고 싶다면 이 프로토콜을 (다항 범위 내에서) 더 많은 횟수만큼 반복하기만 하면 된다. 이때 매번 색깔에 대한 순열과 암호화 방법을 새로 정한다. 가령 m^3번 반복하고 나서도 검증자가 속임수를 알아내지 못한다면 속임수를 썼을 확률을 무시할 정도로 낮출 수 있다.

하지만 이 프로토콜이 왜 영지식 프로토콜일까? 직관적으로 봐도 분명하다. 두 색깔을 복호화할 때 검증자가 아는 사실은 인접한 두 정점의 색이 다르다는 것뿐이다. 하지만 올바른 3색 칠하기라면 다르게 칠할 수도 있지 않을까? 좀 더 수학적으로 표현하려면 검증자가 "아무것도 배우지 않는다."는 것을 증명해야 한다. 여기서 아무것도 배우지 않는다는 말은 어떠한 다항 시간 알고리즘으로도 검증자와 실제로 주고받은 것과 구분할 수 없는 메시지 시퀀스의 확률 분포를 검증자 스스로 다항 시간에 생성해낼 수 있다는 뜻이다. 당연히 이 과정은 다분히 기술적이다.

방금 소개한 영지식의 두 예에 차이점이 있을까? 당연히 있다. 3색 칠하기에 대한 영지식 증명은 근본적으로 검증자가 다항 시간에 (지도 또는 그래프를) 스스로 복호화할 수 없다는 가정에 의존한다(검증자가 직접 복호화할 수 있다면 3색 칠하기를 배울 수 있다). 이를 계산적 영지식 증명^{computational zero-knowledge}^{proof}이라 부르고, 이러한 증명을 허용하는 모든 문제에 대한 클래스를 CZK 라 부른다. 이와 대조적으로 그래프 비동형^{Graph Non-Isomorphism}에 대한 증명의 경우 검증자가 무제한의 계산 능력을 갖고 있더라도 속임수를 쓸 수 없다. 이를 통계적 영지식 증명^{statistical zero-knowledge proof}이라 부르며, 이 증명에서 정직한 증명자가 제공한 분포와 속임수를 쓴 증명자가 제공한 분포는 통계적으로 서로 가까워야 한다. 이러한 증명을 허용하는 문제에 대한 클래스를 SZK라 부른다.

SZK ⊑ CZK라는 것은 쉽게 알 수 있지만 이 포함 관계가 진부분집합 관계일까? 직관적으로 보면 CZK가 커 보인다. 무제한 계산 능력을 가진 검증자가 아닌 다항 시간 검증자에 대해서는 영지식 프로토콜만 필요하기 때문이다. 실제로 일방향 함수가 존재한다면 CZK = IP = PSPACE라고 알려져 있다. 다시 말해 CZK는 "얼마든지 커질 수 있다". 반면 SZK는 다항 계층에 포함된다고 알려져 있다(실제로 역무작위 derandomization 가정을 하면 SZK는 NP ∩ coNP에 속하기도 한다).

PCP

'증명'이란 개념에 대해 장난하기가 불가능해 보이는 또 다른 예로 '확률적으로 검사할 수 있는 증명 PCP, Probabilistically Checkable Proof'이 있다. PCP란 게으른 평가자가 주어진 사실이 (통계적인 관점에서) 맞다고 검사하고자 무작위로 몇 곳만 뒤집어 열기만 하면 되는 증명을 말한다. 실제로 증명이 맞다는 신뢰도를 (가령 1/1000 정도로) 굉장히 높이고 싶더라도 30비트 이상 검사할 필요가 전혀 없다. 물론 이렇게 하려고 증명을 인코딩하는 것이 힘들기는 하지만 말이다.

여기에 대해서는 예를 살펴보는 것이 이해하기 쉽다. 앞에서 그래프 비동형 문제를 언급한 적이 있다. 두 그래프가 동형이 아니라는 증명을, 이 증명의 검증자가 일정한 수의 비트를 보는 것만으로도 확인할 수 있음을 살펴보자 (물론 증명 자체는 기하급수적으로 길어질 수 있다).

먼저 노드가 n개인 그래프 G_0과 G_1이 주어졌을 때 증명자는 검증자에게 G_0과 G_1이 동형이 아님을 증명하는 내용으로 특별히 인코딩된 문자열을 전달한다. 이 문자열에 뭐가 들어 있을까? n 노드로 만들 수 있는 모든 그래프를 일정한 순서로 나열하고 i번째 그래프를 H_i라 부르기로 하자. 그리고 나서 증명자는 H_i가 G_0과 동형이면 0을, G_1과 동형이면 1을, 둘 다 아니면(G_0과 G_1 중 어느 것과도 동형이 아니면) 0과 1 중 아무거나 이 문자열의 i번째 비트에 쓴다고 하자. 그렇다면 검증자는 이 문자열을 보고 G_0과 G_1이 동형이 아님을 어떻게 알 수 있을까? 간단하다. 검증자는 동전을 던져 G_0이나 G_1 중 하나를 가져와 무작위로 순서를 정해 새로운 그래프 H를 만든다. 그리고 나서 증명 문자열에서 H에 해당하는 비트를 조회하고 그 값이 1이면 질의한 비트가 원본 그래프와 일치하고 그 역도 성립한다. 실제로 G_0과 G_1이 동형이 아니라면 검증자는 항상 1을 얻게 되고, 그렇지 않다면 1일 확률은 최대 1/2다.

이 예는 증명이 기하급수적으로 길고 그래프 비동형 문제에만 적용할 수 있다. 그렇다면 일반적으로 어떤 결론을 얻을 수 있을까? 그 유명한 PCP 정리[2]에 따르면 모든 NP 문제마다 PCP가 존재한다. 심지어 증명 길이가 다항식만큼 길 수도 있다. 이 말은 원본 증명에 있는 에러를 새 증명에서 거의 모든 곳에 에러가 있도록 변환하는 방식으로 모든 수학 증명을 인코딩할 수 있다는 뜻이다.

이를 이해하는 한 가지 방법은 3SAT을 이용하는 것이다. PCP 정리는 식 전체가 충족 가능하거나[3], 그 식에 있는 절^{clause4}의 90% 이상을 충족시킬 수 있는 진릿값 조합$^{truth\ assignment}$은 없다고 보장된 3SAT 문제가 NP 완전이라는 말과 같다. 왜 그럴까? 그 이유는 주어진 수학 명제에 증명이 있는지 여부를 기호가 최대 n개인 3SAT 문제로 인코딩할 수 있기 때문이다. 이때 증명이 올바르다면 주어진 식은 충족 가능하고 그렇지 않다면 주어진 식의 항 중에서 90% 이상을 충족시킬 수 있는 진릿값 조합이 존재하지 않는다고 인코딩한다. 따라서 주어진 진릿값 조합에 대해 모든 절이 충족 가능한 경우와 최대 90%만 충족 가능한 경우를 구분하기만 하면 된다. 그리고 이 작업은 증명의 길이에 관계없이 여러 절 중에서 수십 개를 무작위로 골라 검사하면 된다.

숨은 변수 이론을 모사하는 작업의 복잡도

숨은 변수 이론에서 입자의 숨은 변수에 대한 경로를 12장에서 살펴본 적 있다. 그렇다면 이런 경로를 찾는 작업의 복잡도는 얼마나 될까? 이 문제는

---

2. PCP 정리에 대한 논문은 상당히 길다. 이 증명을 발견하고 다듬는 데 공헌한 사람이 최소한 10여 명이다. 여기에 대해 좀 쉽게 소개한 글 중에서 최근에 나온 Dana Moshkovitz, "The Tale of the PCP Theorem," ACM Crossroads 18(3):23–26, 2012. http://people.csail.mit.edu/dmoshkov/XRDS.pdf를 참고하기 바란다.

3. satisfiable, 주어진 식을 참으로 만드는 진릿값 조합이 존재함을 의미 – 옮긴이

4. 예, $x_1 \lor x_2 \lor ...$와 같이 논리합(or)으로 구성된 식 – 옮긴이

최소한 양자 컴퓨팅만큼이나 어렵다. 주어진 한 순간에 숨은 변수의 값을 샘플링하는 데만 본격적인 양자 계산이 필요하기 때문이다. 전체 궤적을 샘플링하는 것은 훨씬 어려운 문제일까?

이 질문을 다르게 표현해보자. 여러분이 죽는 순간 인생 전체가 한 순간에 사라진다고 가정하자. 그리고 일생 전체에 대해 다항 시간으로 계산한다고 생각해보자. 무엇을 계산할 수 있을까? 물론 숨은 변수 이론이 참이고, 살아 있는 동안 여러분의 뇌를 자명하지 않은 다양한 중첩 상태에 그럭저럭 둘 수 있었다고 가정한다.

이 질문에 대한 답을 구하기 위해 DQP^{Dynamical Quantum Polynomial-Time}라는 새로운 복잡도 클래스를 정의하자. 이 클래스에 대한 수학적인 정의는 상당히 복잡하다(자세한 사항은 내 논문[5]을 참고한다). 직관적으로 표현하면 DQP는 '합리적인' 가정을 충족하는 숨은 변수 이론에서 숨은 변수의 전체 궤적을 샘플링한 '모델'로 효율적으로 풀 수 있는 문제의 클래스다.

통계적 영지식 증명 프로토콜을 허용하는 문제의 클래스인 SZK를 기억하는가? 내가 쓴 논문의 요지는 SZK ⊆ DQP라는 것이다. 다시 말해 숨은 변수의 전체 궤적을 측정할 수만 있다면 그래프 동형뿐만 아니라 효율적인 양자 알고리즘이 존재한다는 사실이 아직까지 알려지지 않은 모든 SZK 문제를 양자 컴퓨터로 풀 수 있다는 말이다.

그 이유를 설명하려면 사하이^{Sahai}와 바드한^{Vadhan}이 1997년에 발견한 굉장히 뛰어난 문제인 SZK에 대한 '완전 약속 문제^{complete promise problem}'를 설명할 필요가 있다. 이 문제는 다음과 같다.

> 효율적으로 샘플링할 수 있는 확률 분포 D_1과 D_2가 주어졌을 때 통계적 거리가 가까울까, 아니면 멀까?(단 둘 중 하나라고 가정한다)

---

5. http://www.scottaaronson.com/papers/qchvpra.pdf

다시 말해 SZK를 논할 때 영지식 증명은 전혀 신경 쓸 필요 없이 그저 두 가지 확률 분포가 있고 둘이 서로 가까운지 아니면 먼지만 알고 싶다고 가정해도 된다.

좀 더 구체적으로 들어가 보자. 함수 f: $\{1, 2, …, N\} \to \{1, 2, …, N\}$이 있고, f가 일대일과 이대일 중 어느 것인지 결정한다고 생각해보자. 단, 반드시 둘 중 하나라고 가정한다. 충돌 문제collision problem라고 부르는 이 문제는 모든 SZK 문제의 어려움을 제대로 표현하지는 못하지만, 우리의 목적으로는 충분하다.

이제 이 충돌 문제를 풀려면 f에 대해 몇 번이나 질의해야 할까? 고전 확률 알고리즘을 사용한다면 이를 위한 필요충분조건은 $\sqrt{N}$ 번이라는 것을 어렵지 않게 알 수 있다. (방 안에 23명의 사람이 있을 때 서로 생일이 같은 사람이 있을 확률이 최소한 1/2이라는) 유명한 '생일 문제birthday paradox'처럼 기본 한계치에 비해 질의 횟수가 제곱근으로 절약된다. 결국 중요한 것은 충돌이 발생할 수 있는 짝의 수이기 때문이다. 하지만 아쉽게도 우리가 우려하던 대로 N이 기하급수적으로 커진다면 $\sqrt{N}$ 은 절대 용납할 수 없다. 지수에 대한 제곱근도 여전히 지수이기 때문이다.

그렇다면 양자 알고리즘은 어떨까? 1977년, 브라사르, 호이어, 탭[6]은 생일 문제에서 절약한 $\sqrt{N}$ 과 이와 관련 없는 그로버 알고리즘에서 절약한 $\sqrt{N}$ 을 조합해서 (농담처럼 들리겠지만) $\sim N^{1/3}$ 질의로 충돌 문제를 푸는 양자 알고리즘을 구하는 방법을 제시했다. 따라서 양자 컴퓨터가 최소한 이 문제를 푸는 데 조금이라도 유리한 것은 사실이다. 하지만 여기까지가 끝일까? 아니면 $\log(N)$ 질의 또는 그 이하의 충돌 문제를 푸는 더 나은 양자 알고리즘이 존재할까?

나는 2002년에 충돌 문제에 대한 양자 질의 복잡도의 자명하지 않은 하한을

6. G. Brassard, P. Høyer, and A. Tapp, Quantum cryptanalysis of hash and clawfree functions, SIGACT News 28:2 (1997), 14–19. http://arxiv.org/abs/quant-ph/9705002

최초로 증명했다.[7] 즉, 모든 양자 알고리즘은 최소한 ~$N^{1/5}$번 질의해야 한다는 것이다. 이 하한은 나중에 야오윤 시[8]에 의해 ~$N^{1/3}$까지 개선됐다. 따라서 브라사르, 호이어, 탭 알고리즘은 정말 최적이었던 것이다.

원래 주제로 다시 돌아와서 이번에는 숨은 변수의 전체 궤적을 볼 수 있다고 가정하자. 그러면 충돌 문제를 (N에 관계없이) 상수 번의 질의만으로 풀 수 있다고 주장할 수 있다. 어떻게 그럴 수 있을까? 첫 번째 단계는 다음과 같은 상태를 준비하는 것이다.

$$\frac{1}{\sqrt{N}} \sum_{i=1}^{N} |i\rangle |f(i)\rangle$$

그러고 나서 (이 시점 후로는 필요 없는) 두 번째 레지스터를 측정하고 첫 번째 레지스터의 상태만 생각한다. f가 일대일이라면 첫 번째 레지스터에 있다. 따라서 무작위 i에 대해 $|i\rangle$ 형태의 고전 상태를 얻게 된다. 반면 f가 이대일이면 형태의 상태를 얻게 된다. 여기서 i와 j는 $f(i) = f(j)$를 충족하는 두 값이다. 두 상태가 떨어져 있는지 판별하도록 측정을 더 할 수만 있다면 좋겠지만 아쉽게도 측정을 하는 순간 양자 결맞음이 깨져버린다. 그래서 두 상태가 완전히 똑같이 보인다.

그런데 앞에서 숨은 변수의 전체 궤적을 보게 된다고 했다. 이를 이용하는 방법은 다음과 같다. 먼저 상태 $\frac{|i\rangle + |j\rangle}{\sqrt{2}}$에서 시작해 모든 큐비트에 아다마르 게이트를 적용한다. 그러면 기하급수적으로 많은 기저 벡터 '수프'가 나온다. 하지만 두 번째로 모든 큐비트에 아다마르를 적용하면 다시 원래 상태인 $\frac{|i\rangle + |j\rangle}{\sqrt{2}}$로 되돌아온다. 기본 개념은 아다마르를 적용하는 순간 입자는 그것

7. S. Aaronson, Quantum Lower Bound for the Collision Problem, Proceedings of ACM Symposium on Theory of Computing, (2002), 635–642. http://www.scottaaronson.com/papers/collision.pdf

8. Y. Shi, Quantum Lower Bounds for the Collision and the Element Distinctness Problems, Proceedings of IEEE Symposium on Foundations of Computer Science, (2002), 513–519. http://arxiv.org/abs/quant-ph/0112086

이 i나 j에 있었다는 사실을 '잊게' 된다는 것이다(숨은 변수 이론에 약한 가정을 몇 가지만 하면 증명할 수 있다). 그런 다음 입자의 역사를 살펴보면 상태가 $|i\rangle$와 $\frac{|i\rangle + |j\rangle}{\sqrt{2}}$ 중에서 무엇이었는지에 관한 사항을 알게 된다. 전자라면 입자는 항상 i로 돌아오지만 후자라면 까먹고 i와 j 사이에서 무작위로 뽑아야 한다. 항상 그랬듯이 이러한 '저글링' 과정을 다항 횟수만큼 반복하면 실패 확률을 지수적으로 작게 만들 수 있다(참고로 이때는 한 개 이상의 숨은 변수 궤적을 관찰할 필요가 없다. 모든 반복은 단 하나의 궤적 안에서 일어난다).

이를 위해 숨은 변수 이론에 어떤 가정을 해야 할까? 첫 번째는 기본적으로 큐비트 뭉치가 있고 그중 하나에 아다마르를 적용하면 첫 번째 큐비트만 다른 숨은 변수 기저 상태 사이만 전송하게 된다는 것이다.

참고로 이 가정은 물리학자들이 흔히 말하는, 숨은 변수 이론이 '국소적local'이라는 가정과 전혀 다르다(또한 그보다 약하다). 어떠한 숨은 변수 이론도 국소적일 수 없다. 벨이란 친구가 이를 증명했다.

두 번째 가정은 숨은 변수 이론이 유니타리와 양자 상태의 작은 오차에 "견고하다."는 것이다. DQP라는 복잡도 클래스를 합리적인 방식으로 정의하려면 이 가정이 필요하다.

앞에서 본 것처럼 DQP는 BQP와 그래프 동형 문제를 모두 포함하고 있다. 하지만 흥미롭게도 최소한 블랙박스 모델에서만큼은 DQP가 NP 완전 문제를 포함하지 않는다. 수학적으로 표현하면 $NP^A \not\subset DQP^A$를 충족하는 오라클 A가 존재한다. 이 증명은 "숨은 변수가 양자라는 모래사장을 돌아다니다가 바늘에 찔릴 가능성은 눈에 보이지 않을 정도로 작다."는 직관을 수식으로 표현한 것이다. 따라서 숨은 변수 모델에서 크기가 N인 순서 없는 리스트를 그로버 알고리즘의 $\sim\sqrt{N}$ 대신 $N^{1/3}$번 조회로 탐색할 수 있지만 그래도 복잡도는 여전히 지수다. 결론적으로 DQP는 계산 복잡도에 심각한 한계가 있다.

14

양자 상태는 얼마나 클까?

이 질문에 앞서 잠시 다른 얘기를 좀 해보자. 과학에는 전통적으로 계층 구조가 형성돼 있는데, 최상위에는 생물학이 있고, 그 아래 화학이 있고, 그 아래에 물리학이 있다. 물리학자들이 기분 좋은 때는 수학이 그 아래 있다고 말할 것이다. 그렇다면 전산학은 토질 공학이나 다른 비과학과 나란히 있다고 본다.

그런데 내 관점은 좀 다르다. 전산학computer science은 물리 세계와 플라톤 세계를 중재하는 역할을 한다고 본다. 이렇게 보면 '전산학'이란 명칭은 다소 부적절하다. 오히려 '정량적 인식론quantitative epistemology'이란 표현이 적절할 지도 모른다. 사람과 같은 유한한 존재가 수학적 진리를 배울 수 있는 능력에 대한 연구에 가깝기 때문이다. 지금까지 설명하면서 이 점을 드러내려고 한 내 의도가 잘 전달됐기를 바란다.

그렇다면 모든 컴퓨터의 실제 구현은 반드시 물리학에 바탕을 둬야 한다는 입장에서 이런 관점을 받아들이려면 어떻게 해야 할까? 앞에서 말한 계층 구조에서 물리학과 전산학의 순서를 바꾸면 될까?

비슷한 논리로 모든 수학 증명은 종이에 적을 수 있어야 하므로 물리학은 계층 구조에서 수학 아래에 있어야 한다고 주장할 수도 있다. 또는 결국 수학은 특정한 종류의 튜링 머신이 멈출지 안 멈출지를 연구하는 학문이므로 전산학이 모든 학문의 토대여야 한다고 주장할 수도 있다. 이 주장에 따르면 수학은 단지 튜링 머신이 위상 공간을 나열하는 특수한 경우에 불과하거나 수학자들이 관심을 갖는 다른 문제를 다뤄야 한다고 볼 수 있다. 하지만 신기하게도 물리학은 그중에서도 특히 양자 확률 형태의 물리학은 최근 들어 학문의 계층 구조에서 아래쪽으로 서서히 침투해 수학과 전산학이라는 '하위' 계층을 오염시키고 있다. 나는 그동안 양자 컴퓨팅을 바로 이런 관점에서 보고 있었다. 학문의 계층 구조에서 제 자리를 지키지 못하는 물리학의 한 갈래라고 말이다. 내 직업상 물리학 중에서도 이렇게 '하위' 계층으로 스며드는 딱 이 정도 범위까지만 관심이 있다. 본래 하위 계층은 무작위 정도가 가장 적어야 마땅한데, 양자 때문에 이 계층을 바라보는 내 관점을 다시 검토해야 하는 상황에 내몰리게 됐다.

그럼 본래 주제로 돌아와 양자 상태의 지수성^{exponentiality}이란 질문에 대해 양자역학의 다양한 해석마다 제시하는 답에 따라 각 해석을 분류하거나 아니면 최소한 여러 해석에 대한 논쟁을 새로운 틀에 놓고 보는 것이 도움이 될 것이다. 수백 내지 수천 개의 원자 상태를 표현하려면 정보에 대한 고전적인 비트 수가 관측 가능한 우주에서 쓸 수 있는 것보다 정말 많아야 할까?

간단히 말하면 다세계 해석은 "당연히 그렇다."고 본다. 데이비드 도이치 David Deutsch는 이 관점을 아주 분명히 주장했다. 쇼어 알고리즘에서 사용한 여러 우주가(또는 파동 함수의 성분이) 물리적으로 존재하지 않는다면 인수분해한 숫자는 어디 있다는 말인가?

12장에서 언급한 보옴 역학 Bohmian mechanics 역시 "그렇다."는 입장이지만 벡터의 성분 중에서 어느 하나가 나머지보다 '더 실재적'이라고 본다. 그다음으로 코펜하겐 해석 Copenhagen view이라고 불렀다가 최근에는 베이즈 해석 Bayesian view이라고 부르는 관점이 있고, 정보 이론 해석 information-theoretic view도 있고 그밖에 다양한 것들이 있다.

베이즈 해석에서는 양자 상태가 지수적으로 긴 진폭 벡터라고 본다. 이는 고전 확률 분포에서 지수적으로 긴 확률 벡터라는 관점과 비슷하다. 동전 하나를 1,000번 던지면 경우의 수가 2^{1000}인 집합을 구할 수 있겠지만 그러면 모든 결과를 물리적인 실재로 간주하게 돼버리기 때문에 그렇게 하지 않는다.

이 시점에서 양자역학의 형식^{formalism}을 말하려는 것이 아니라는 점을 분명히 해야겠다. 이 점은 (거의) 모두가 동의할 것이다. 여기서 묻고 싶은 것은 양자역학이 물리 세계에서 실제로 존재하는 '지수적인 크기를 가진 대상$^{exponential\text{-}sized\ object}$'을 표현하는가이다. 코펜하겐 해석을 따른다면 이 질문에 대해 지수적으로 긴 벡터는 '단지 우리 머릿속에 있을 뿐'이라고 답할 수 있다.

보옴의 관점에서 보면 이 말은 굉장히 이상하면서 어정쩡한 입장이다. 보옴의 관점에 따르면 이렇게 지수적인 경우의 수가 실재적이고 유도장$^{guiding\ field}$이지만 '그보다 더 실재적인' 무언가가 있다. 코펜하겐 해석에서는 이렇게 지수적으로 많은 경우의 수는 머릿속에만 존재한다고 본다. 이에 대응되는 뭔가가 외부 세계에 있을 텐데, 그게 무엇인지를 모르거나 물어보면 안 된다고 한다. 크리스 푹스$^{Chris\ Fuchs}$는 양자역학에 대해 어떤 물리적 문맥이 우리 머리 밖의 무언가가 있지만 그것이 무엇인지는 모른다는 입장이고, 닐스 보어$^{Niels\ Bohr}$는 "그런 질문 하면 안 된다."라는 입장에 가깝다.

이제 양자 컴퓨팅이란 것이 나온 만큼 이런 질문을 다루는 데 계산 복잡도 이론이라는 지적 무기를 동원할 수 있을까? 실망스럽게도 계산 복잡도로는 이런 논쟁을 해결할 수 없다. 충분한 수준으로 정의되지 않았기 때문이다. 앞에서 언급한 여러 관점 중에서 어느 하나가 최종 승자라고 선언할 수는 없지만 이러한 해석을 다양한 무대에서 올려 서로 힘을 겨뤄보고 누가 이기는지 지켜보는 것은 가능하다. 바로 이런 점이 내가 양자 증명, 양자 조언, 양자 통신을 비롯해 이 장에서 언급하는 다양한 주제에 관련된 의문점을 연구하는 실질적인 동기가 된다. 다시 말해 여기서 알고 싶은 것은 다음과 같다. "n 큐비트 양자 상태는 고전 비트로 n비트와 2^n비트 중에서 어느 것에 가깝게 작동할까?" 당연히 양자 상태에 대한 수학적 표현에 어느 정도 지수성이 들어간다. 여기서 알고 싶은 것은 우리가 실제로 어느 수준까지 다가갈 수 있는지, 이를 확실히 밝혀낼 수 있는지 여부다.

이 주제에 본격적으로 뛰어 들기 전에 몇 가지 복잡도 클래스로 무장할 필요가 있다. 물론 이때까지 복잡도 클래스를 실컷 살펴봤고 하나같이 난해하게 느껴지는 심정은 충분히 이해한다. 어쩌면 복잡도 클래스 이름을 죄다 이상한 줄임말로 지은 것은 역사적 실수다. 물리학자들처럼 '블랙홀', '쿼크', '초대칭성'과 같이 섹시하게 지었다면 그처럼 어렵게 느껴지지 않았을 것이다. 마치 감방에서 죄수 중 하나가 '37'이라고 외치면 모두 바닥을 뒹굴며 웃다가 누군가 '22'라고 외치니 그 의미를 알아듣고서는 아무도 웃지 않는 상황과 비슷하다. 진리, 증명, 컴퓨터, 물리학을 비롯한 우리가 인식할 수 있는 지식의 경계에는 충격적이고 정신을 헷갈리게 만드는 미스터리가 존재한다. 그리고 이를 참고하기 쉽게 대문자 세 개 혹은 네 개로 암호처럼 나열한 이름 안에 꼭꼭 묻어둔 것이다. 이렇게 하면 안 될 것 같다.

하지만 일단 기존 방식을 따라 설명한다. 먼저 **MA**에 대한 양자 일반화인 **QMA**$^{Quantum\ Merlin-Arthur}$부터 시작하자. **QMA**를 '양자 컴퓨터가 있다면 양자 상태를 제시하는 방식으로 답을 확신할 수 있는' 진리 집합이라고 생각하자. 좀 더 수학적으로 표현하면 모든 입력 x에 대해 다음 조건을 충족하는 다항 시간 양자 알고리즘 Q를 허용하는 문제의 집합이다.

- 입력 x에 대해 문제의 답이 'YES'라면 Q가 $|x\rangle|\phi\rangle$에 대해 $\frac{2}{3}$보다 큰 확률로 YES를 출력하는, 큐비트가 다항 개수인 양자 상태 $|\phi\rangle$가 존재한다.
- 입력 x에 대해 문제의 답이 'NO'라면 Q가 $|x\rangle|\phi\rangle$에 대해 $\frac{1}{3}$보다 큰 확률로 YES를 출력하는, 큐비트가 다항 개수인 양자 상태 $|\phi\rangle$가 존재하지 않는다.

여기서 말하고자 하는 바는 $|\phi\rangle$에 대한 큐비트의 수는 반드시 길이가 n인 x의 다항식을 벗어나지 않아야 한다는 것이다. 2^n 큐비트에 대한 상태가 주어질 수는 없다. 설사 주어지더라도 자명한 문제가 돼버린다.

'YES'란 답을 확신하게 해주는 적절한 크기의 양자 상태가 존재하게 만들어보자. 'YES'란 답에 대해 이를 확신하게 해주는 상태가 존재하고, 'NO'란 답에 대해서는 그런 상태가 존재하지 않게 말이다. QMA는 양자 버전의 NP인 셈이다. 앞에서 충족 가능성 문제(SAT)가 NP 완전이라고 증명한 쿡-레빈 정리Cook-Levin Theorem를 설명한 적이 있다. 또한 양자 쿡-레빈 정리라는 것도 있다. 참고로 이름을 참 잘 지었다고 생각한다. 쿡과 레빈 둘 다 양자 컴퓨팅에 대해 회의적이었기 때문이다(쿡보다 레빈이 더 심했다). 이러한 양자 쿡-레빈 정리에 따르면 양자 버전의 3SAT 문제를 정의할 수 있다. 그리고 이문제는 13장에서 살펴본 약속 문제처럼 QMA 완전 문제다.

보장 문제promise problem란 입력에 대한 보장이 있다면 정답을 구할 수 있는 문제를 말한다. 입력이 엉터리여서 작업을 망쳤다면 알고리즘 탓이 아니므로어떤 답을 내도 괜찮다. 주어진 보장이 정말 맞는지를 계산해 판단하기란굉장히 어렵지만 알고리즘이 할 일은 아니다. 완전 문제가 존재한다고 확실히 믿을 수는 없지만 완전 보장 문제가 존재한다고 확신할 수 있는 복잡도클래스가 있다. QMA도 그중 하나다. 보장이 필요한 근본 이유는 $\frac{1}{3}$과 $\frac{2}{3}$ 사이에 간격이 있기 때문이다. 주어진 입력에 대해 $\frac{2}{3}$보다 크지도 않고 $\frac{1}{3}$보다 작지도 않은 확률로 'YES'란 답이 나온다면 뭔가 잘못한 것이다. 따라서이런 입력이 주어지지 않는다고 가정한다.

그렇다면 양자 3SAT(3SAT의 양자 버전) 문제란 뭘까?[1] 이온 트랩에 갇힌 n 큐비트를 생각해보자(물리학 지식을 좀 담아보려고 한다). 그리고 나서 여러 가지 측정값을 표현해보자. 각각은 최대 3 큐비트까지만 쓸 수 있다고 하자.

---

1. 여기서 내가 '양자 3SAT'라고 부르는 문제는 사실 다른 자료에서 '로컬 해밀토니언(Local Hamiltonian) 문제'라고 표현한다. 이 문제는 일반 3SAT보다는 MAX3SAT에 가깝다. 하지만 여기서는 이렇게 구분하는 의미가 없다.

측정값 i는 P_i의 확률로 'YES'라는 답을 낸다. 이런 측정값은 어렵지 않게 표현할 수 있다. 많아야 3 큐비트만 쓰기 때문이다. 이때 측정값 n개를 모두 더한다. 그러면 합한 결과가 아주 큰 상태가 존재하거나 합이 아주 작은 상태만 있다고 보장할 수 있다. 그러면 이 문제는 둘 중 어느 상태에 해당하는지 결정하는 문제로 볼 수 있다. 고전적인 복잡도 계층에서 3SAT가 **NP** 완전 문제인 것처럼 양자 3SAT는 **QMA** 완전 문제라고 볼 수 있다. 이를 키타에프 Kitaev가 처음 증명했고, 그 후 많은 사람이 개선했다.[2]

정말 궁금한 것은 **QMA** 클래스가 얼마나 강력한가다. 고전 컴퓨터로는 검증할 수 없지만 양자 컴퓨터로는 적절한 시간 안에 검증할 수 있는 진실이 있을까? 이 문제는 앞에서 양자 상태에 대한 현실적이고 주관적인 관점들끼리 서로 힘겨루기 시켜 누가 이기는지 보면 된다고 말한 대표적인 예다.

존 와트루스 John Watrous의 논문[3]을 보면 지수적으로 긴 벡터가 힘 좀 쓰는 것처럼 보이는 예제를 볼 수 있다. 이를 군 비소속 문제 Group Non-membership Problem라고 부른다. 이 문제에서는 유한 군 G가 주어진다. 이 군은 크기가 지수적으로 커서 거대한 곱셈 테이블로 명시적으로 주어질 수는 없다고 하자. 이 군은 좀 특이한 방식으로 주어지는데, 이를 블랙박스 군 black-box group이라고 하자. 군 연산을 대신 해주는 블랙박스와 같은 존재인 셈이다. 다시 말해 군 원소의 곱셈과 역연산을 대신 해준다. 또한 다항식에 따라 커지는 이 군의 생성원 generator의 목록도 주어졌다고 하자.

이 군의 원소는 특정한 방식에 따라 n비트 문자열로 인코딩되는데, 구체적인 인코딩 방식은 모른다. 여기서 핵심은 군 원소가 지수적으로 증가하지만 생성원의 수는 다항식에 따라 증가한다는 것이다.

---

2. J. Kempe, A. Kitaev, and O. Regev, The Complexity of the local Hamiltonian problem. SIAM Journal on Computing 35:5 (2006), 1070–1097. http://arxiv.org/abs/quant-ph/0406180.

3. J. Watrous, Succinct quantum proofs for properties of finite groups. In Proceedings of IEEE Symposium on Foundations of Computer Science (2000), pp. 537–46. http://arxiv.org/abs/cs.CC/0009002

그러고 나서 부분군 $H \leq G$가 주어졌다고 하자. 이 부분군 역시 생성원 목록 형태로 주어진다. 그렇다면 문제가 굉장히 간단해진다. 이 군의 원소 x가 주어졌을 때 부분군 H에 속하는지 알아내는 것이다. 앞에서는 이 문제를 블랙박스라는 관점으로 추상적으로 표현했지만 군의 구체적인 예만 있으면 인스턴스를 만들 수 있다. 가령 이러한 생성원은 어떤 유한체에 대한 행렬일 수 있고, 여기에 몇 가지 다른 행렬도 주어졌을 때 주어진 생성원에서 이 행렬을 구할 수 있는지 알아보는 것이다. 굉장히 자연스러운 질문이다.

이 문제의 답이 'YES'라고 해보자. 그러면 이를 증명할 수 있을까?

x가 생성된 과정을 보여주면 된다. 여기서 (아주 어렵지 않은) 한 가지 사실이 있다. 바로 $x \in H$면 이를 구하는 '간단한' 방법이 있다는 것이다. 처음 시작한 생성원을 반드시 곱할 필요는 없다. 하지만 새로운 원소를 재귀적으로 생성해 목록에 추가하고, 이를 이용해 새로운 원소를 생성하는 식으로 진행한다.

예를 들어 모듈로^{modulo} n에 대한 덧셈군$^{additive\ group}$ $\mathbb{Z}_n$에서 처음에 원소 1이 있다면 자기 자신에게 계속 1을 더할 수 있고, 그러다 보면 25,000에 이를 것이다. 하지만 $2 = 1 + 1$, $4 = 2 + 2$와 같이 군 연산을 새 원소에 반복적으로 적용해 재귀적으로 만들면 원하는 원소에 빠르게 도달하게 된다.

이 작업을 항상 다항 시간에 처리할 수 있을까? 모든 군에 대해 가능하다고 밝혀졌다. 처음 시작한 군으로부터 부분군의 체인을 구성하면 된다. 이를 증명하는 것은 간단하지 않지만 군을 풀 수 있는지 여부에 관계없이 항상 성립하는 바바이-세메레디$^{Babai\ and\ Szemerédi}$ 정리에 따르면 그렇다.

그렇다면 $x \notin H$라면 어떻게 될까? 이를 증명할 수 있을까? 물론 지수적으로 긴 증명을 보여줄 수 있기는 한데, 지수적으로 긴 시간이 있다면 모를까 현실적으로는 불가능하다. 이를 어떻게 하는지는 여전히 잘 모른다. 고전 증명이 주어지고 이를 양자 컴퓨터로 검사할 수 있다고 하더라도 말이다. 이 경우에 대한 몇 가지 추측이 있긴 하다.

와트루스^{Watrous}는 부분군의 모든 원소에 대한 중첩을 이루는 양자 상태가 주어진다면 군의 원소가 아님을 증명할 수 있다는 것을 입증했다. 그런데 이 상태는 준비하기가 굉장히 어려워 보인다. 왜 그럴까?

지수적으로 크기 때문인데, 전체 답이 될 수는 없지만 준비하기 쉬우면서 지수적으로 큰 다른 중첩 상태들은 있다. 이 문제는 언컴퓨팅 쓰레기 문제 중 하나임이 밝혀졌다.

자, 우리는 군을 무작위로 탐색하는 방법을 알고 군의 무작위 원소를 샘플링하는 방법도 안다. 하지만 여기서 필요한 것이 더 있다. 군의 원소에 대한 결맞는 중첩 상태가 필요하다. $\Sigma|g\rangle|garbage_g\rangle$ 형태의 상태를 준비하는 것은 어렵지 않다. 그렇다면 이러한 쓰레기를 어떻게 제거할 수 있을까? 이것이 바로 문제다. 기본적으로 이 쓰레기는 랜덤 워크^{random walk}일 수도 있고 g에 도달하는 데 사용한 모든 프로세스라면 무엇이든 될 수 있지만 그 원소에 도달한 방법을 어떻게 잊을 수 있을까?

하지만 와트루스는 전지전능한 증명자가 있고, 이 증명자는 이 상태를 준비해서 제시할 수 있다고 가정한다. 그렇다면 원소가 부분군 H에 속하지 않음을 증명할 수 있다. 이 작업은 두 단계로 처리할 수 있다.

1. 우리가 정말 필요로 하는 상태가 주어졌음을 검증한다(일단 여기서는 이렇게 가정한다).
2. 상태 $|H\rangle$를 이용해 조정 좌측 곱셈^{controlled left-multiplication}을 적용하면 $x \notin H$를 증명할 수 있다.

$$\frac{1}{\sqrt{2}}\left(|0\rangle|H\rangle + |1\rangle|xH\rangle\right)$$

그리고 나서 아다마르 연산을 수행하고 첫 번째 큐비트를 측정한다. 구

체적으로 설명하면 왼쪽 큐비트는 제어 큐비트 역할을 한다. $x \in H$이면 xH는 H에 대한 순열^{permutation}이다. 따라서 간섭이 발생한다(빛이 x 슬릿과 xH 슬릿을 모두 통과한다). $x \notin H$라면 xH는 잉여류^{coset}다. 따라서 H와 공유하는 원소가 없다. 그러므로 $\langle H|xH \rangle$다. 그래서 무작위 비트를 측정한다. 이러한 두 경우를 따로 나눌 수 있다.

이러한 상태 $|H\rangle$가 정말로 주어진 것인지 검증할 필요도 있다. 이를 위해 방금 한 것과 비슷한 테스트를 해보자. 부분군 H에 대해 고전 랜덤 워크^{classical} $^{random\ walk,\ 무작위\ 행보}$로 원소 x를 고른다. 그러면 $|H\rangle$가 정말 이 부분군에 대한 중첩이면 $|xH\rangle$는 단지 x만큼 이동한 것이 되고, $x \notin H$라면 다른 결과가 나올 것이다. 이 테스트는 필수 조건일 뿐만 아니라 충분조건임을 증명해야 한다. 와트루스 증명의 핵심이 바로 이것이다.

이를 통해 양자 상태가 실질적으로 도움을 줄 수 있는 것처럼 보이는 예를 하나 얻을 수 있다. 마치 지수적인 상태에 다가갈 수 있는 것 같다. 엄청나게 충격적인 예제는 아닐지 몰라도 의미는 있다.

그렇다면 양자 증명이 도움 되는 것처럼 보이는 이 모든 경우에서 고전 증명이 주어졌을 때 양자 계산으로 검증했던 것처럼 할 수 있느냐는 질문을 던질 수 있다. 양자 상태 자체를 십분 활용할 수 있을까? 아니면 양자 컴퓨터로 이를 검증할 수 있다는 사실이 도움 되는 것일까? 이 질문을 다르게 표현하면 QMA = QCMA가 성립할까? 여기서 QCMA는 고전 증명이어야 한다는 점을 제외하면 QMA와 비슷하다. 그렉 쿠퍼버그$^{Greg\ Kuperberg}$와 내가 쓴 논문[4]에서 이 질문을 직접 다루려고 했다. 여기서 밝힌 한 가지 사실은 양자 상태에 대해 현실적인 관점에서 볼 때(최소한 지금 언급하는 종류의 힘겨루기에서는) 다소 나빠 보인다는 것이었다. 정규 숨은 부분군$^{Normal\ Hidden\ Subgroup}$ 문제(구체적인 문제 자체는 여기서 중요하지 않다)를 양자 다항 시간에 풀 수 있고, 그렇

4. S. Aaronson and G. Kuperberg, Quantum Versus Classical Proofs and Advice, Theory of Computing 3:7 (2007), 129–157. http://arxiv.org/abs/quant-ph/0604056

게 보이기도 하며, 우리가 물어본 모든 군론 전문가가 볼 때 현실적이라고 여길만한 군론에 대한 가정을 몇 가지 더 추가하면 군 비소속 문제가 정말 QCMA에 속한다고 볼 수 있다. 다시 말해 이 증명을 역양자화dequantize해서 고전 증명과 맞바꿀 수 있다.

이와 반대로 우리는 $QMA^A \neq QCMA^A$에 상대적인 양자 오라클 A가 존재함을 증명했다. 이를 설명하기는 정말 쉽다. 먼저 양자 오라클이 뭘까? 양자 오라클quantum oracle이란 QMA와 QCMA 기계가 모두 접근할 수 있다고 상상하는 양자 서브루틴에 불과하다. 고전 오라클이 (양자 상태 안에서 중첩 상태가 될 수 있는) 계산 기저computational basis에 대해 작동하는 반면 양자 오라클은 임의의 기저에 대해 작동한다. 논문에서 사용한 이 오라클의 밑바탕에 깔린 개념을 설명하고자 n 큐비트 유니타리 연산 U가 주어졌다고 가정하자. 또한 U가 단위행렬 I이거나 $U|\psi\rangle = -|\psi\rangle$를 충족하는 어떤 비밀 표시 상태secret marked state $|\psi\rangle$가 U에 있음이 보장된다고 하자. 다시 말해 -1의 고윳값에 대응되는 비밀 고유벡터가 U에 있다는 말이다. 그러면 여러 조건 중에서 어느 것을 충족하는지 결정하는 문제가 된다.

오라클 문제처럼 이 문제도 QMA에 있다고 쉽게 알 수 있다. 그렇다면 QMA에 속하는 이유는 뭘까? 증명자가 검증자에게 $|\psi\rangle$를 줘야 하고, 검증자는 $U|\psi\rangle$를 적용해 $U|\psi\rangle = -|\psi\rangle$를 검증해야 하기 때문이다. 이처럼 장황하지 않게 표현할 수 있다.

여기서 증명한 것은 이 문제는 오라클 문제처럼 QCMA에 속하지 않는다는 것이다. 따라서 이러한 유니타리 연산 U의 리소스와 이러한 음의 비밀 고유벡터로 인도하는 다항 크기의 고전 문자열을 모두 갖고 있더라도 $|\psi\rangle$를 찾으려면 기하급수적으로 많은 질문을 던져야 한다.

이 사실은 QMA가 QCMA보다 훨씬 강력할지도 모른다는 다른 방향의 근거가 될 수 있다. 강력한 정도가 서로 같다면 양자적으로 상대화되지 않은 기법quantumly nonrelativizing technique으로 증명할 수 있어야 한다. 다시 말해 양자 오라클의 존재에 민감한 기법으로 말이다. 현재로서는 이런 기법이 존재하는지 모른다. 게다가 고전적으로도 상대화되지 않으면서 이 문제에 적용할 수 없는 것처럼 보이는 기법조차 모른다.

그렇다면 여기서 이보다 고차원적인 질문을 할 수 있다. 즉, 양자 오라클과 고전 오라클을 일정하게 구분할 수 있을까? 다시 말해 양자 오라클로만 답을 제시할 수 있는 종류의 질문이 존재할까? QMA와 QCMA 사이를 구분하는 고전 오라클을 구할 수 있을까? 그렉 쿠퍼버그와 나는 한동안 노력해봤지만 찾을 수가 없었다. 최근에 앤디 루토미르스키[Andy Lutomirski]가 그런 구분을 제시하는 후보 문제를 제시했지만[5], 이에 대한 증명은 아직까지 나오지 않았다. 여러분이 증명해줬으면 좋겠다.

지금까지 양자 증명을 알아봤다. 양자 상태에서 추출할 수 있는 것들이 얼마나 많은지 알아내는 다른 방법도 있다. 홀레보 정리[Holevo's Theorem]는 다음과 같은 질문을 다룬다. 앨리스가 어떤 고전 정보를 밥에게 보내려고 하고 양자 채널에 접근할 수 있을 때 앨리스가 양자 채널을 활용하는 것이 도움이 될까? 양자 상태가 이렇게 지수적으로 긴 벡터라면 앨리스가 n 큐비트 상태를 보낼 수 있다면 이를 이용해 밥에게 2^n 고전 비트를 보낼 수 있을지도 모른다. 단순히 횟수를 세는 것만으로 이런 결론에 도달할 수 있다. n 큐비트 양자 상태의 수는 서로 간의 큐비트 쌍의 내적이 거의 0이므로 n에 대해 두 배로 지수적이다. 한마디로 표현하면 이런 상태를 지정하는 데 필요한 비트가 지수적으로 늘어난다는 것이다. 따라서 정보를 지수적으로 압축하는 기법이 있으면 좋겠다는 생각을 할 수 있다. 아쉽게도 홀레보 정리에 따르면 그럴 수 없다. 고전 비트 n개를 안정적으로 전송하려면 큐비트도 n개가 필요하다. 여기에 충분히 감수할 만한 오차 확률을 표현하는 상수 인자가 적용되는데, 사실 고전 확률 인코딩으로 하는 것보다 좋은 점은 없다.

---

5. http://arxiv.org/abs/1107.0321

여기서 눈길을 끄는 직감에 따르면 단 한 번만 측정할 수 있다는 것이다. 추출한 모든 정보는 힐베르트 공간에서 차원이 반으로 줄어든다. 당연히 n개 이상의 비트로 인코딩할 수 있지만 이를 안정적으로 복원할 수 없다.

이 정리가 등장한 것은 1970년대다. 시대를 한참 앞선 결과였다.

최근에서야 이와 비슷한 질문이 나오기 시작했다. 밥이 문자열 전체를 복원하고 싶지 않다면? 홀레보 정리를 통해 문자열 전체를 구할 수 없다는 것은 알지만 밥이 단 한 비트만 알고 싶고 앨리스는 어느 비트를 원하는지 사전에 알 수 없다면 어떻게 할까? 밥이 알고 싶어 하는 비트 x_i가 무엇이든지 상관없이 적절한 기저로 $|\psi_x\rangle$를 측정해 원하는 비트를 알 수 있는 양자 상태 $|\psi_x\rangle$를 앨리스가 생성할 수 있을까? 밥이 x_i의 값을 알아낸 후 그 상태를 제거하고 더 이상 파악하지 않는다면 괜찮다. 가령 앨리스가 밥에게 양자 전화번호부를 보낼 때 밥은 그중 한 번호만 보고 싶은 경우에는 문제없다. 암바이니스^{Ambainis}와 나약^{Nayak} 등이 증명한 바에 따르면[6] 이것조차 불가능하다고 밝혀졌다. 이 논문에서 증명한 결과에 따르면 이런 식으로 누구나 볼 수 있도록 n비트를 인코딩하려면 최소한 $\dfrac{n}{\log n}$ 큐비트가 필요하다.

분명한 것은 약간 절약할 수 있을지는 몰라도 지수적으로 절약할 수는 없다. 이 증명이 나온 후 얼마 지나지 않아 나약은 n비트를 인코딩하려면 n 큐비트가 필요하다는 것을 증명했다. 로그 배수만큼의 손실을 감수할 수 있다면 홀레보 정리에서 이 사실을 좀 더 쉽게 유도할 수 있다. 이것이 참인 이유를 통해 내가 그동안 수없이 효과를 본 테크닉을 볼 수 있고, 앞으로도 더 활용할 여지가 있다는 것을 알 수 있다.

가령 귀류법으로 역이 참임을 증명하고자 n 비트를 $\log n$ 큐비트 이하로 안정적으로 인코딩할 수 있고, 이렇게 인코딩한 모든 비트를 굉장히 높은 확률

---

6. A. Ambainis, A. Nayak, A. Ta-Shma, and U. V. Vazirani, Dense quantum coding and quantum finite automata, Journal of the ACM, 49:4 (2002), 496–511. 이 논문에는 나약이 최근에 보완한 내용도 담겨 있다.

(가령 최대 1/3의 오차 확률)로 복원할 수 있는 프로토콜이 있다고 가정해보자. 그러면 이 상태에 대한 복사본을 여러 개 만들 수 있다. 오차 확률을 낮추기 위해 $\log n$ 복사본에 대한 텐서곱을 구해보자. 이 상태에서 밥은 각각의 복사본에 대해 원래의 프로토콜을 적용해 x_i를 구한 후 다수결 투표를 한다. $\log n$에 충분히 큰 상수를 곱하면 오차율을 최대 n^{-2}로 낮출 수 있다. 따라서 어떤 비트 i에 대해 밥은 $\Pr[y_i = x_i] \geq 1 - n^{-2}$을 충족하는 y_i 비트를 출력할 수 있다. 그렇다면 밥은 이것 외에 또 뭘 할 수 있을까? 이 과정을 계속 반복하면서 탐욕스러워질 수 있다. 이 과정을 수행하면 x_1을 얻을 수 있는데, 여기서 주어진 상태에 대해 이러한 측정 결과를 거의 확실히 예측할 수 있고, 많은 정보를 얻고 있는 것이 아니므로 측정에 의해 약간의 영향만 받는다는 사실을 증명할 수 있다. 이는 양자 측정에 대해 널리 알려진 사실이다. 결과를 확실히 예측할 수 있다면 그 상태는 측정에 의해 전혀 영향을 받지 않는다.[7]

지금까지 우리가 한 것이 바로 이것이다. x_1을 알고 상태가 아주 약간만 손상됐다. 이 프로토콜을 다시 실행하면 약간의 손상만으로 x_2를 파악할 수 있다. 작은 손상에 작은 손상을 더해도 여전히 손상된 정도는 작기 때문에 x_3도 구할 수 있다. 이런 식으로 원본 문자열을 구성하는 모든 비트를 홀레보가 제시한 한계보다 적은 큐비트로 복원할 수 있다. 이 사실을 근거로 이런 프로토콜을 만들 수 없다고 결론을 내릴 수 있다.

이런 사실에 신경 쓰는 이유는 뭘까? 글쎄, 잘 모르겠지만 이런 것들이 내 시야에 들어온 것만큼은 확실하다. 이제 더 이상 양자 증명의 이야기는 하지 않겠다. 다만 이와 밀접한 개념인 양자 조언$^{quantum\ advice}$을 소개할까 한다. 이를 위해 **BQP/qpoly**란 클래스를 도입할 필요가 있다. 이 클래스는 다항 크기의 양자 조언 상태가 주어졌을 때 양자 컴퓨터로 효율적으로 풀 수 있는 문

---

7. 여기서 말하는 내용은 다름 아닌 물리학자 야키르 아하로노프(Yakir Aharonov)와 그의 동료가 '약한 측정(weak measurement)'이라고 부르는 개념이다.

제의 집합이다. 그렇다면 조언과 증명은 뭐가 다를까? 7장에서 설명했듯이 조언은 입력 길이 n에만 의존하지만 절대적으로 신뢰할 수 있는 반면 증명은 실제 입력에 의존하지만 검증을 해봐야 한다.

따라서 조언은 신뢰할 수 있다는 장점이 있는 반면 풀고자 하는 문제의 인스턴스에 커스터마이즈한 것보다는 유용성이 떨어진다. 따라서 양자 컴퓨터로 NP 완전 문제를 풀기 힘들 거라고 상상할 수 있다. 단, 양자 컴퓨터가 영으로만 구성된 초기 상태에서 시작할 때만 그렇다. 어쩌면 빅뱅$^{Big\ Bang}$ 때 생성된 후에 (결을 잃지 않고) 어떤 성운에 붙어 있던 아주 특수한 상태가 있을 수 있다. 그래서 우주선을 타고 이런 상태를 찾아다닐 때는 SAT 인스턴스 중에서도 어떤 것을 풀지는 모르지만 그중 하나를 풀어야 한다는 것만큼은 예상할 수 있다. 그렇다면 크기가 n인 부울식 P가 주어졌을 때 $|\psi_n\rangle$에 대해 어떤 양자 연산을 수행하면 P가 충족 가능한지를 알아낼 수 있는 범용 SAT 풀기 상태 $|\psi_n\rangle$이 존재할 수 있을까? 간단히 말해 NP $\subset$ BQP/qpoly가 성립하는지 궁금한 것이다.

그렇다면 BQP/qpoly는 얼마나 강력할까? 양자 증명에 대해 와트루스가 밝힌 결과를 이러한 조건의 양자 조언에 적용해볼 수 있다. 군 비소속 문제로 다시 돌아가 빅뱅 때 소속 문제를 검사할 원소가 어떤 것인지는 몰라도 부분군이 무엇인지는 미리 알 수 있다고 가정하면 H의 모든 원소에 대한 중첩 상태인 $|H\rangle$를 알 수 있으며, H의 모든 원소에 대해 소속 여부를 테스트할 수 있다. 따라서 군 비소속 문제는 BQP/qpoly에 속한다고 볼 수 있다.

앞에서 언급하지는 않았는데, QMA $\subseteq$ PP임을 증명해[8] QMA의 강력함에 명백한 한계가 존재한다는 것을 밝힐 수 있을까? 최악의 경우 모든 양자 증명(n 큐비트에서 가능한 모든 상태)을 샅샅이 뒤져 'YES'란 답을 내는 것이 존재하는지 확인할 수 있다. 물론 이보다 나은 방법이 얼마든지 있을 수 있으

---

8. eccc.hpi-web.de/eccc-reports/2003/TR03-021/에서 브얄리(Vyalyi)의 멋진 증명을 볼 수 있다.

며, 바로 이 지점에서 **PP**의 경계가 있다.

그렇다면 **BQP/qpoly**는 어떨까? 이 클래스의 강력함에 상한이 있는 것 같은가? 다시 말해 이 클래스에서 할 수 없는 것이 있음을 증명할 방법이 떠오르는가?

BQP/qpoly가 세상에 존재할 수 있는 (계산 불가능한 것을 포함한) 모든 언어의 집합인 **ALL**과 같지 않다는 것조차 알 수 있을까? 기하급수적으로 긴 고전 조언 문자열이 주어졌다고 생각해보자. 그러면 어떤 문제라도 풀 수 있다는 것은 쉽게 알 수 있다. 왜 그럴까? 계산하려는 불리언 함수가 $f: \{0, 1\}^n \to \{0, 1\}$이라고 해보자. 그러면 주어진 조언을 이 함수에 대한 진리표 truth table 라고 할 수 있다. 그러면 이 진리표에서 적절한 항목을 조회하기만 하면 풀고자 하는 크기가 n인 문제를 모두 풀 수 있다. 당연히 멈춤 문제 halting problem 도 포함된다.

또 다른 예로 그레고리 카이틴 Gregory Chaitin 이 정의한 유명한 상수인 Ω(카이틴 상수)를 살펴보자.[9] 쉽게 말하면 Ω란 '무작위로 생성된 컴퓨터 프로그램'이 어떤 고정된 튜링 만능 Turing-universal 프로그래밍 언어로 작성된 빈 입력에 대해 멈출 확률이다(엄밀히 말해 이 확률을 제대로 정의하려면 프로그래밍 언어는 "스스로 구분자 처리를 할 수 있어야 한다." 다시 말해 기존에 있던 유효한 프로그램에 비트 몇 개만 더하는 방식으로 올바른 프로그램을 만들 수 없어야 한다). Ω의 이진수 전개 binary expansion 에 나온 비트는 거의 신의 지혜에 가깝다. (골드바흐의 추측 Goldbach's Conjecture, 리만 가설 Riemann Hypothesis 등을 비롯한) 엄청난 수의 수학 질문에 대한 답을 소위 가장 효율적인 방식으로 인코딩한다. 이런 것을 '조언'이라고 말하긴 좀 터무니없다(물론 현실적으로 이 조언에서 유용한 정보(예를 들어 골드바흐 추측과 같은 문제의 참/거짓 여부)를 추출하려면 상당한 양의 계산을 수행해야 하며, 이는 현실직으로 불가능에 가깝다. 현실적으로 Ω는

---

9. Ω에 대해 카이틴이 쓴 논문 중에서도 가장 유명한 http://www.cs.auckland.ac.nz/CDMTCS/chaitin/sciamer3.html(번역서 출간 시점에는 유효하지 않은 링크)을 참고한다.

균등 무작위 문자열과 별 차이 없어 보인다).

직관적으로 생각해보면 BQP/qpoly = ALL이 성립하기는 쉽지 않아 보인다. 다항 개수의 큐비트가 주어졌다는 것은 기하급수적으로 긴 고전 비트 문자열이 주어진 것과는 성격이 다르기 때문이다. 문제는 이렇게 양자 상태를 표현하는 데 필요한 지수적으로 많은 고전 비트라는 '바다'가 얼마나 많아야 원하는 문제의 답을 구할 수 있을까?

이쯤에서 곧바로 결론부터 말하면 몇 년 전 한 워크숍에서 해리 버만[Harry Buhrman]이 내게 이 질문을 했을 때 BQP/qpoly만이 전부는 아니라고 확신한다고 말했더니 나보고 증명해보라고 했다. 고민 끝에 결국 다항 크기의 양자 조언으로 할 수 있는 것은 다항 크기의 고전 조언으로도 할 수 있다는 것을 알아냈다. 단, 측정한 뒤에 결과를 토대로 선택할 수 있다는 가정을 할 때 그렇다. 다시 말해 BQP/qpoly ⊆ PostBQP/poly임을 증명한 것이다. 이 말은 특히 BQP/qpoly ⊆ PSPACE/poly라는 것을 의미한다[10](그 후 2010년에 앤드류 드루커[Andrew Drucker]와 나는 결과를 좀 더 개선해 BQP/qpoly ⊆ QMA/poly임을 증명했다. 이 결과는 어떤 의미에서 고전 조언 클래스 관점에서 볼 때 BQP/qpoly에 대한 '최적의' 상한을 제시하는 것이다. 단, BQP/qpoly가 BQP/poly를 단순히 펼친 것이 아니라는 가정하에서다. 여기에 대해서는 이 정도로만 언급하고 넘어간다). 결론적으로 양자 조언으로 주어질 수 있는 모든 것은 결국 비슷한 크기의 고전 조언으로도 주어질 수 있다는 것이다. 단 이 조언이 말하는 바를 알아채려면 지수적으로 더 많은 계산 노력을 기꺼이 감수한다는 가정하에서 그렇다.

이는 BQP/qpoly ⊆ PSPACE/poly에 대한 또 다른 시도다. 나는 이 증명에 대한 그렉 쿠퍼버그의 표현이 마음에 든다. 그에 따르면 양자 조언이 주어지고 이를 측정 후에 선택해 고전 조언으로 모사할 때 우리가 하는 것은 입력

---

10. S. Aaronson, Limitations of Quantum Advice and One-Way Communication, Theory of Computing 1 (2005), 1–28. http://theoryofcomputing.org/articles/v001a001/v001a001.pdf

에 대한 '다윈 방식의 훈련 집합Darwinian training set'을 사용하는 것이라고 말했다. 고전 조언을 받는 이런 기계를 확보한 상태에서 기계에게 고전 조언만으로 어떤 양자 조언 집합을 설명해주는 것이다. 이를 위해 테스트 입력 X_1, X_2, ..., X_T를 적용한다고 생각해보자. 참고로 고전 조언 기계는 진짜 양자 조언 상태 $|\psi\rangle$를 모른다. 이 고전 조언 기계는 먼저 양자 조언이 최대 혼합 상태maximally mixed state라고 추측하는 것으로 시작한다. 선험적인a-priori 지식이 없이는 모든 양자 상태가 이러한 조언 상태와 같다고 볼 수 있기 때문이다. 그러고 나서 X_1은 양자 조언 대신 최대 혼합 상태를 사용한다면 1/3보다 큰 확률로 잘못된 답을 내는 알고리즘의 입력이 된다. 이 알고리즘이 올바른 답을 추측한다면 측정을 통해 조언 상태가 어떤 새로운 상태 ρ_1로 변하게 된다. 그렇다면 이 과정을 '다윈 방식'이라 표현하는 이유는 뭘까? 이 고전 조언의 다음 부분인 X_2는 실제 양자 조언 대신 ρ_1을 사용하면 1/3보다 큰 확률로 잘못된 답을 생성하는 알고리즘의 입력을 표현한다. 입력으로 X_1과 X_2를 주고 실행하면 잘못된 답을 낼 가능성이 이렇게 높음에도 불구하고 알고리즘이 여전히 정답을 낸다면 이렇게 나온 조언 상태 ρ_2에 대한 추정 결과를 이용해 다음 부분의 고전 조언인 X_3을 생성할 수 있다. 기본적으로 고전 조언 기계에게 "지금까지 배운 교훈이 맞다고 가정할 때 여전히 실패하게 될 새로운 테스트가 여기 있다. 이를 실행해서 학습하거라"라는 말을 반복적으로 함으로써 학습시키는 것이다.

여기서 핵심은 $|\psi_n\rangle$이 올바른 양자 조언이라면 최대 혼합 상태를 원하는 기저로 분해할 수 있기 때문에 이를 우리가 배우게 될 올바른 조언 상태의 혼합이며 서로 직교한다고 상상할 수 있다. 1/3보다 큰 확률로 틀릴 수 있는 답을 제시할 때마다 이 공간의 다른 1/3을 가지 치는 셈이다. 그러고 나서 성공적인 결과에 대해 사후 선택을 한다. 또한 올바른 조언 상태에서 출발했을 때 성공하면 언젠가 바닥을 칠 수밖에 없다. 결국 모든 껍질을 까내는 키질을 하면서 이 알고리즘이 실패하는 모든 예제를 없애버리게 된다.

그렇다면 이러한 설정에서 양자 상태는 기하급수적으로 긴 벡터처럼 작동하지 않는다. 설사 우리가 알고 싶은 것을 추출하려면 똑같은 정보를 고전적으로 표현했을 때보다 기하급수적으로 효율적이어야 함에도 불구하고, 어떤 다항 크기의 정보를 인코딩하기만 하는 것처럼 보인다. 이번에도 역시 모호한 답을 얻게 된다. 하지만 이미 예상했던 바다. 양자 상태는 확률 분포와 기하급수적으로 긴 문자열 사이의 괴상한 중간 영역을 차지한다는 것을 알고 있다. 이러한 직관이 이러한 구체적인 시나리오마다 어떤 식으로 작용하는지 정확히 알면 좋을 것이다. 아마도 이러한 점이 필자로 하여금 양자 복잡도 이론에 빠져들게 만드는 것 같다. 어떻게 보면 보어와 하이젠베르크가 논쟁한 것과 성격이 비슷하다. 하지만 그보다 질문을 구체적으로 할 수 있으며, 간혹 답도 제시할 수 있다는 점이 다르다.

15

양자 컴퓨팅에 대한 회의론

14장에서는 양자 상태를 지수적으로 긴 벡터로 봐야 할지에 대해 설명하면서 **BQP/ qpoly**와 양자 조언^{quantum advice} 같은 개념을 소개했다. 사실 내가 신경 쓰는 주된 이유는 지난번에 언급하지 않은 것 때문인데, 양자 컴퓨팅이 근본적으로 실현 가능한지 여부와 관련돼 있다. 레오니드 레빈^{Leonid Levin}이나 오데드 골드라이히^{Oded Goldreich}와 같은 이들은 당연히 양자 컴퓨팅은 불가능할 수밖에 없다고 여긴다.[1] 이렇게 주장하는 이유 중 하나는 입자 200개의 상태를 표현하는 데 우주에 있는 입자보다 많은 비트가 필요한 세계를 상상하는 것은 사치라는 것이다. 그들에게는 분명 뭔가 문제가 있다는 징후라는 것이다. 내가 양자 조언과 양자 증명의 강력함을 연구하는 이유 중 하나는 양자 상태가 정말 지수적인 정보량을 인코딩할 수 있는지를 알아낼 수 있기 때문이다.

지금까지 제시된 열한 가지 반론^{Eleven Objection}은 다음과 같다.

1. 논문으로만 가능하고 실제로는 불가능하다.
2. 확장 처치-튜링 논제^{Extended Church-Turing Thesis}에 어긋난다.
3. '진짜 물리'가 부족하다.

---

1. http://www.cs.bu.edu/fac/lnd/expo/qc.htm과 http://www.wisdom.weizmann.ac.il/~oded

4. 작은 진폭은 비물리적이다.

5. 지수적으로 큰 상태는 비물리적이다.

6. 양자 컴퓨터는 아날로그 컴퓨터의 고성능 버전에 불과하다.

7. 양자 컴퓨터는 지금까지 본 적 없는 형태다.

8. 양자역학은 심오한 이론을 단지 근사적으로 표현한 것에 불과하다.

9. 결잃음은 결함 허용 문턱값fault-tolerance threshold보다 항상 나쁘다.

10. 고전 컴퓨터에서는 결함 허용성이 필요 없다.

11. 오류가 독립적이지 않다.

양자 컴퓨터의 실현 가능성에 대한 회의적인 주장에 대해 내가 떠올릴 수 있는 것들을 최대한 나열해봤다. 15장에서는 하나씩 살펴보면서 내 의견을 제시한다. 시작하기에 앞서 내 관점은 한결 같이 명확했다고 말하고 싶다. 즉, 몇 가지 근본적인 이유 때문에 양자 컴퓨팅이 실현되지 못할 가능성이 얼마든지 있다고 생각한다. 그렇다면 우리에게 일어날 수 있는 흥미로운 일 중에서 단연 최고일 것이다. 물리학에 대한 우리의 관점을 바꿔버리기 때문이다. 이에 비해 일만 자리 정수를 인수분해할 수 있는 양자 컴퓨터를 만든다는 것은 다소 고리타분한 결과인 셈이다. 이런 결과는 현재 이미 확보한 이론으로도 충분히 예상할 수 있는 것이기 때문이다.

내가 회의론에 적극적으로 응수하는 데는 여러 가지 이유가 있다. 첫 번째 이유는 논쟁을 즐기기 때문이다. 두 번째 이유는 새로운 결과를 도출하는 가장 좋은 방법은 그럴듯하지만 내가 보기엔 명백히 틀린 주장을 한 사람을 찾아 반박할 방법을 모색하는 것이기 때문이다. 잘못된 주장은 연구 아이디어의 풍부한 원천이다.

그렇다면 지금까지 들은 회의론으로 어떤 것들이 있을까? 가장 많이 들어본 주장은 "글쎄, 이론적으로는 가능하지만 현실에서는 불가능할거야."란 말이다. 실제로 많은 사람이 이렇게 생각한다. 내가 볼 때 이 주장의 오류는 실현 불가능하다고 생각하는 데 있지 않고 실현할 노력은 하지 않고, 실현 불가능에 대한 논문만 쓰는 데 있다. 물론 가정을 충족할 때만 실현 가능하다고 생각할 수 있다. 결국 문제는 이런 가정을 명확히 표현할 수 있는지 여부에 달렸다.

다행히 이런 종류의 오류를 지적한 사람이 더 있었다. 이마누엘 칸트[Immanuel Kant]는 바로 이를 완전히 뒤집는 글("이론상으로 맞을지 몰라도 현실에는 성립하지 않는다.")을 썼다.

두 번째 주장은 "양자 컴퓨팅은 ("물리 세계에서 효율적으로 계산할 수 있는 것이라면 표준 튜링 머신으로 다항 시간에 계산할 수 있다."는) 확장 처치−튜링 논제에 위배되기 때문에 불가능할 수밖에 없다."는 것이다. 다시 말해 BPP가 효율적으로 계산할 수 있는 것에 대한 한계를 정의하므로 (BPP ≠ BQP라는 가정하에) 양자 컴퓨팅이 가능할 수 없다고 볼 수 있다.

(이 논제가 정말 성립한다고 믿으면서) 양자 컴퓨팅이 이 논제에 위배한다면 실현 불가능할 수밖에 없다. 반면 인수분해 문제를 NP 완전 문제로 바꿔보면 그럴듯한 주장이 된다. NP 완전 문제를 효율적으로 풀 수 있는 세계는 우리가 사는 세계와 상당히 차이가 날 것이기 때문이다. 인수분해나 그래프 동형[Graph Isomorphism] 문제와 같은 NP 중급 문제[NP-intermediate problem]라면 선험적이고 신학적인 입장을 얼마든지 포기할 것이다. 하지만 내가 생각할 때 가장 그럴듯한 상황은 다음과 같다.

여기까지가 두 번째 주장이다. 세 번째 주장은 다음과 같다. "양자 컴퓨팅에 대한 논문들은 죄다 의심스럽다. 내가 학교에서 배운 진짜 물리학을 충분히 다루지 않기 때문이다. 유니타리만 넘쳐나고 해밀토니안은 별로 나오지 않는다. 죄다 얽힘에 대한 얘기뿐인데, 학교에서 교수님으로부터 얽힘에 대해서는 생각조차 하지 말라고 들었다. 괴상하고 철학적인 개념인데다, 헬륨 원자의 구조와는 아무런 상관없기 때문이다." 이러한 주장을 어떻게 답변할 수 있을까? 이런 사람들 덕분에 양자역학을 설명하는 새로운 방식을 마련할 수 있었다. 그런데 이렇게 주장하는 이들은 여기에 그치지 않고, 양자역학을 설명하는 새로운 방식은 잘못됐다는 또 다른 주장을 내세운다. 이 주장은 당연히 별개의 논제다. 계속 답변할 필요가 있는지는 잘 모르겠다.

네 번째 주장은 "이렇게 지수적으로 작은 진폭은 명백히 비물리적이다."는 레오니드 레빈이 말한 주장이다. 가령 1,000 큐비트에 대한 상태 중에서 각 성분의 진폭이 2^{-500}인 경우를 생각해보자. 우리가 아는 물리 법칙 중에서 소수점 열두 자리를 넘는 것은 없는데, 소수점 수백 자리 수준의 정확도를 요구하는 셈이다. 전혀 말이 되지 않는 상황을 생각해야 할 이유가 있을까?

이 주장은 다음과 같이 반박할 수 있다. 고전 확률에 따라 동전 하나를 천 번 던질 때 특정한 결과가 발생할 확률이 2^{-1000}이라는 말인데, 이는 자연계에서 측정할 수 있는 어떠한 상수보다도 엄청나게 작다. 그렇다면 확률론은 어떤 심오한 이론을 '그저' 근사한 것이란 말인가? 아니면 동전 던지는 횟수가 너무 많아지면 확률론이 깨지게 된다는 말인가?

내가 볼 때 여기서 핵심은 진폭이 선형적으로 증가하고 확률도 마찬가지라는 데 있다. 마이너스 기호도 있고 간섭도 있지만 확률은 문제없는 이유를 생각해보면 우리가 항상 결정적인 상태에 있지만 그게 뭔지는 모른다기보다는 선형성이란 속성은 생각보다 훨씬 범용적일지도 모른다. 선형성^{linearity}은 작은 오류가 슬금슬금 침범하지 못하게 막는 역할을 한다. 작은 오류 한 무더기가 있을 때 오류는 더해질 뿐 곱해지지 않는다. 이것이 바로 선형성이다.

다섯 번째 주장은 "양자 상태란 참 사치스런 것임이 분명하다. 단순히 2^n 비트로 n 큐비트를 만들 수 없다."는 것이다. 여기에 대해 논의하려면 14장의 주제로 되돌아갈 필요가 있다. 실제로 폴 데이비스$^{Paul\ Davies}$도 홀로그램 원리$^{holographical\ principle}$를 근거로 들면서 유한한 시공간에 저장할 수 있는 비트 수에는 유한한 상한이 존재한다고 주장했다. 가령 1,000 큐비트 양자 상태에 대해 21,000비트가 필요한데, 데이비스에 따르면 이는 홀로그램 한계$^{holographic\ bound}$를 벗어난다는 것이다.[2]

그렇다면 이 주장에 어떻게 답할 수 있을까? 무엇보다도 먼저 이런 정보의 실제 존재 여부를 떠나 일반적으로 판독할 수는 없다. 이것이 바로 홀레보 정리$^{Holevo's\ theorem}$ 등이 말하는 바다. 어떻게 보면 2^n 비트를 하나의 상태로 넣을 수 있겠지만 안정적으로 구할 수 있는 비트 수는 오직 n이다.

홀로그램 한계를 쉽게 표현하면 어떠한 유한 영역에 저장할 수 있는 최대

---

2. 논쟁 직후 데이비스는 이 주장을 논문으로 발표했다. http://arxiv.org/abs/quant-ph/0703041

비트 수는 그 영역의 표면적에 비례하며, 대략 플랑크 영역당 한 비트 또는 제곱미터당 1.4×10^{69} 비트에 비례한다. 그렇다면 최대 비트 수가 부피가 아닌 표면적surface area에 비례하는 이유는 뭘까? 에드 위튼Ed Witten과 후안 말다세나Juan Maldacena가 밤이 새도록 고민하게 만들 정도로 굉장히 심오한 질문이다. 여기에 바보같이 답해보면 엄청나게 많은 비트를 (3차원 하드디스크와 같은) 어떤 공간에 우겨넣으면 그 디스크는 붕괴돼 블랙홀을 형성하게 된다는 말이다. 평면 디스크는 붕괴되지만 1차원 디스크는 붕괴되지 않을 것이다.

여기서 한 가지 주의할 점이 있다. 이런 비트들이 모두 블랙홀의 이벤트 호라이즌event horizon 주위에 있는 것 같다. 왜 이벤트 호라이즌일까? 우리가 블랙홀 밖에 서 있다면 이벤트 호라이즌 안으로 떨어지는 것은 직접 볼 수 없기 때문이다. 그 대신 시간 지연time dilation 때문에 안으로 떨어지는 모든 물체는 이벤트 호라이즌 밖에 멈춘 것처럼 괴상하게 보일 것이다. 점점 다가가지만 제논의 역설처럼 결코 도달하지는 않는 것처럼 말이다.

그렇다면 블랙홀 안에 뭔가 떨어뜨릴 때 유니타리성unitarity은 보존하되 순수 상태가 혼합 상태로 진화하지 않게 하고 싶다면 호킹 복사Hawking radiation를 통해 블랙홀이 증발할 때 비트들이 마치 비늘처럼 벗겨져 우주 공간으로 날아가게 된다고 말할 수 있다. 하지만 이 말을 제대로 이해하지 못하는 사람들이 많다. 대부분 홀로그램 한계를 중력에 대한 양자 중력 이론quantum theory of gravity의 몇 개 없는 (적법한) 단서로 여기지만 몇 가지 특수한 모델 시스템을 제외하면 한계를 구현하는 구체적인 이론은 아직 나오지 않았다.

이와 관련된 또 다른 문제는 고전 일반 상대성 이론에서는 이벤트 호라이즌이 특별한 역할을 하지 않는다는 것이다. 여길 통과하더라도 전혀 눈치 채지 못한다. 결국 특이점singularity으로 빨려 들어가기 때문에 통과했다는 사실을 알게 되겠지만 통과하는 동안에는 차이를 느끼지 못한다. 반면 이러한 정보의 관점에서 보면 여길 통과하면서 이벤트 호라이즌 주변에 있는 수많은 비트를 통과시킨다고 볼 수 있다. 그렇다면 정보 저장소 관점에서 볼 때 이벤트 호라이즌이 특별하다고 볼 수 있는 이유는 뭘까? 굉장히 특이한데, 나도 정말 알고 싶다(이는 22장에서 자세히 다룬다).

여기서 흥미로운 질문을 하나 던질 수 있다. 홀로그램 원칙에 따르면 우주 공간의 한 영역만큼의 정보만 저장할 수 있다. 그렇다면 정보를 저장했다는 것은 무슨 뜻일까? 정보에 임의로 접근할$^{random\ access}$ 수 있어야 한단 말인가? 언제든지 원하는 비트에 접근해 적절한 시간 안에 그 답을 구할 수 있어야 한단 말인가? 표면에 n비트가 있을 때 이런 비트가 블랙홀에 저장된다면 호 킹 복사로 인해 이 비트들이 증발하는 데 걸리는 시간은 $n^{3/2}$이다. 따라서 조 회하는 데 걸리는 시간은 비트 개수에 대한 다항식으로 표현된다. 하지만 여전히 효율적이라고 보긴 힘들다. 블랙홀은 하드디스크로 적합하지 않음 은 분명하다.

여섯 번째 주장은, 양자 컴퓨터는 아날로그 컴퓨터의 고성능 버전에 불과하 다는 것이다. 노벨상 수상자인 로버트 러플린$^{Robert\ Laughlin}$과 같은 사람에게 서 이런 말을 정말 지겹게 들었다. 참고로 러플린 박사는 그의 유명한 저서 인 『A different Universe』[3]에서 이런 주장을 옹호했다. 이 관점은 물리학자 들 사이에서 굉장히 쉽게 볼 수 있다. 아날로그 컴퓨터는 안정적이지 않고 사소한 오차 때문에 엉망이 되기 쉽다고 널리 알려져 있다. 양자 컴퓨터는 값이 연속적으로 변하는 진폭 때문에 결국 아날로그 컴퓨터와 다를 바 없다 고 주장한다.

하지만 이 주장에 대한 답변은 이미 1996년 즈음부터 나왔다. 문턱값 정리 $^{threshold\ theorem}$[4]가 바로 그것이다. 문턱값 정리를 쉽게 표현하면 다음과 같다. 타임 스텝당 큐비트에 대한 오류 확률을 충분히 작게 만들 수 있다면, 즉 통

---

3. 『A Different Universe』(Basic Books, 2006). 번역서: 『새로운 우주: 새로 쓰는 물리학』(까치, 2005) - 옮긴이

4. 문턱값 정리(threshold theorem)에 대한 쉬운 소개 글로, 존 프레스킬(John Preskill)(http://arxiv.org/abs/quant-ph/9705031)과 도리트 아하로노프(Dorit Aharonov)의 논문(http://arxiv.org/abs/quant-ph/9812037) 이 있다.

상적으로 10^{-6}으로 추정하는 일정한 상수보다 작으면서 0.1이나 0.2처럼 클 수도 있게 만들 수 있다면 오류가 점점 커져 연산을 망가뜨리지 않게 하는 양자 결함 허용quantum fault-tolerance을 실현할 수 있다고 한다. 고전 컴퓨팅에 대한 결함 허용 정리는 1950년대에 존 폰 노이만John von Neumann이 이미 증명했지만 어떻게 보면 필요 없게 돼버렸다. 당시 등장한 트랜지스터가 너무나 안정적이어서 고장이 발생할 걱정을 거의 하지 않았기 때문이다. 1990년대 중반에 이르러 일부 물리학자들은 양자 컴퓨터의 '아날로그' 속성 때문에 양자 버전의 결함 허용성은 실현될 수 없다고 생각했다. 좀 더 구체적으로 설명하면 양자역학에서 측정은 파괴적인 과정이기 때문에 오류가 발생했는지 확인하거나 나중에 발생할 오류의 대비책으로 양자 정보를 복제하고자 측정하는 행위 자체가 결국 보호 대상인 정보를 파괴해버린다는 말이다. 하지만 이 생각은 잘못된 것으로 드러났다. '오류 증상error syndrome'만 측정할 수 있는 기발한 방법이 나왔는데, 이를 통해 '정상적인' 양자 정보를 측정하거나 손상시키지 않고도 오류 발생 여부와 수정 방법을 알 수 있다. 이렇게 측정할 수 있는 궁극적인 요인은 바로 양자역학의 선형성linearity 때문이다. 양자역학의 원리에 대한 잘못된 생각 수천 가지가 선형성이라는 칼에 스러져갔다.

아날로그 컴퓨터에 대해서도 문턱값 정리와 같은 것이 있을까? 없다. 그리고 불가능하다. 이산 이론, 확률 이론, 양자 이론 사이에서 공통적으로 볼 수 있지만 아날로그나 연속 이론에는 볼 수 없는 핵심 속성이 있다. 바로 작은 오류에 대한 둔감성insensitivity이다. 이 또한 선형성에서 나온 결과다.

여기서 한 가지 주목할 사실은 약한 버전의 문턱값 정리를 원한다면 t 타임 스텝 동안의 연산을 생각해볼 수 있다. 이때 타임 스텝당 오류 발생량은 $1/t$일 수 있다. 그러면 문턱값 정리를 쉽게 증명할 수 있다. 유니타리곱 $U_1 U_2$ $\ldots U_{100}$이 있고, 각각 $1/t$(이 예에서는 $1/100$)만큼 손상된다면 결과는 다음과 같다.

$$(U_1 + U'_1/t)(U_2 + U'_2/t) \ldots (U_{100} + U'_{100}/t).$$

오류를 모두 곱해도 그 결과는 그다지 크지 않다. 이 역시 선형성 덕분이다. 번스타인과 바지라니가 관찰한 결과[5]에 따르면 양자 연산은 '1/다항식' 정도의 오류는 충분히 견딘다. 여섯 번째 반론에 대한 '이론상의' 답은 이미 나왔다. 이제는 1/다항식 정도가 아닌 그보다 크고 현실적인 크기의 오류에 대응하는 방법을 '단순히' 보여주는 것만 남았다.

다음으로 일곱 번째 주장을 살펴보자. 예를 들어 미켈 디야코노프[Michel Dyakonov]가 제기한 주장이 있다.[6] 그에 따르면 우리가 경험한 모든 시스템은 매우 빠른 속도로 진행되는 결잃음[decoherence]에 관여하기 때문에 자연계에서 경험한 것과 다른 시스템을 쉽게 제작할 수 있다는 생각은 납득하기 힘들다고 한다.

핵분열 원자로[nuclear fission reactor] 역시 자연계의 시스템과 여러 면에서 다르다. 그렇다면 우주선은 어떤가? 추진력을 지구에서 벗어나는 데 사용하는 경우는 흔치 않다. 이런 일은 자연계의 어떤 곳에서도 볼 수 없다. 고전 컴퓨터도 마찬가지다.

여덟 번째 주장인 양자역학은 일부 입자에서만 성립하는 근사 이론[approximate theory]에 불과하다는 주장을 당연히 여기는 사람들이 있다. 입자 수가 많아지면 뭔가 다른 원리를 따르게 된다는 것이다. 문제는 입자 수가 꽤 많을 때 양자역학을 실험한 사례가 있다는 것이다. 가령 차일링거[Anton Zeilinger] 연구팀의 버키볼[buckyball] 실험이 있다. 또한 n 큐비트에 대해 '슈뢰딩거 고양이 상태' $|0...0\rangle + |1...1\rangle$을 준비하는 SQUID(초전도 양자 간섭 장치) 실험도 있다. 여기서 무엇을 자유도로 보느냐에 따라 n이 수십 억 단위로 커질 수 있다.

하지만 이 주장 역시 핵심은 양자 컴퓨터를 만들려는 시도에서 나올 수 있는 가장 흥미로운 결과는 양자역학이 깨진다는 것이다. 실험으로 직접 확인할

---

5. https://people.eecs.berkeley.edu/~vazirani/

6. http://arxiv.org/abs/quant-ph/0610117를 참고한다. 최근 자료로 http://arxiv.org/abs/1212.3562도 있다.

수 없다면 도대체 어떻게 발견할 수 있을까? 놀랍게도 나는 (특히 컴퓨터 과학자 중에서) "양자 컴퓨터가 작동하지 않는다면 노벨상이라도 받게 되나요?"란 말을 하는 사람을 본 적 있다. 그들이 볼 때 양자 컴퓨터는 당연히 실현 불가능하기 때문에 관심조차 갖지 않는 것이다.

또 어떤 사람은 "아, 그게 아니라 다른 주장을 하는 거예요. 양자역학이 깨진다고 믿는다는 말이 아니라 양자역학이 깨지지 않더라도 양자 컴퓨터는 근본적으로 실현 불가능하다는 말이에요. 세상에는 너무도 많은 결잃음이 존재하니까요."라고 말한다. 이런 사람들은 결잃음이 근본적인 문제라고 주장한다. 다시 말해 결함 허용 문턱값보다 심각한 오류가 항상 발생하거나 어떤 질 나쁜 조그만 입자가 항상 통과해서 양자 컴퓨터에 결잃음을 발생시킨다는 것이다.

아홉 번째 주장은 좀 미묘하다. 고전 컴퓨터에서는 전혀 신경 쓸 일이 없는 문제를 다루기 때문이다. 결함 허용성은 쉽게 확보할 수 있다. 하한 문턱값보다 작거나 상한 문턱값보다 클 때 두 상태를 각각 0과 1로 쉽게 구분할 수 있는 전압만 있으면 된다. 양자 컴퓨터에서 하던 엄청난 작업을 거치지 않고도 결함 허용성을 구현할 수 있다. 예를 들어 최신 마이크로프로세서는 중복성redundancy과 결함 허용성을 구현하는 데 크게 신경 쓰지 않는다. 그런 안전장치가 필요 없을 정도로 부품들이 상당히 견고하기 때문이다. 그래서 이러한 결함 허용 장치들을 최대한 활용함으로써 보편 양자 컴퓨팅을 이론적으로 구현할 수 있다는 점을 주목한다. 하지만 여기서 잠시 멈추고 이런 오류 보정 장치가 필요한 이유를 생각해볼 필요가 있다. 뭔가 의심스럽지 않은가?

이 주장에 대한 내 답변은 다음과 같다. 고전 컴퓨터에서 결함 허용 관련 장치들이 필요 없던 이유는 오로지 부품들이 상당히 안정적이란 이유 때문이다. 하지만 양자 컴퓨터에서는 아직까지 안정적인 부품을 확보하지 못했다. 고전 컴퓨팅이 한창 개발되던 초창기에는 고전 컴퓨터에 대한 안정적인 부품이 존재할지 확신할 수 없었다. 실제로 폰 노이만은 문턱값 정리에 대한 고전 컴퓨터 버전을 증명하기도 했다. 굳이 그럴 필요 없다는 것은 나중에서야 알게 됐다. 그가 이런 증명을 내놓은 이유는 폰 노이만이 만드는 컴퓨터(조니악^{JOHNIAC}) 안에 벌레들이 날아 들어와 고전 컴퓨터 연산의 물리적 한계가 발생한다고 주장하는 회의론자들이 있었기 때문이다. 역사는 정말 반복되는 것 같다.

어떤 결론이 나올지 어느 정도 눈치 챌 것이다. 사람들은 양자 컴퓨터가 '근본적으로 결함을 허용하는' 비아벨 애니온$^{non-abelian\ anyon}$과 같은 제안을 지켜보고 있었다. 오류를 발생시킬 수 있는 프로세스만 자명하지 않은 토폴로지를 갖춘 양자 컴퓨터로 돌려야 하기 때문이다. 이런 제안은 고전 컴퓨터에서 볼 수 있는 것과 동일한 종류의 오류 보정 메커니즘을 갖춘 양자 컴퓨터를 언젠가는 만들 수 있다고 제시한다.

원래는 여러 가지 반론을 열 개로 딱 떨어지게 정리하려고 했는데, 글을 쓰다 보니 열한 번째로 넘어가게 됐다. 열한 번째 주장을 하는 사람들은 결함 허용 정리$^{Fault-Tolerance\ Theorem}$를 받아들이지만 오류가 독립적이라는 가정에는 이의를 제기한다. 오류 사이에 상관관계가 없거나 있더라도 큐비트 사이에 아주 약하게만 존재한다고 가정하는 것은 말도 안 된다는 생각이 깔려 있는 것이다. 그래서 오류는 다소 복잡하게 얽혀 있을지언정 서로 상관관계가 있다고 주장한다. 이 주장을 제대로 이해하려면 회의론자의 입장에서 따라 가봐야 한다. 회의론자에게 있어 양자 컴퓨팅은 엔지니어링 문제가 아니다. 회의론자들은 양자 컴퓨팅이 근본적으로 실현 불가능하다는 사실을 밑바탕에 깔고 있다. 그렇다면 양자 컴퓨팅을 실현할 수 없도록 오류 사이의 상관관계를 어떻게 만들 수 있을까?

이런 주장에 대해 나는 대니얼 고츠먼$^{Daniel\ Gottesman}$이 레빈과 논쟁하는 과정에서 나온 주장을 답변으로 제시한다. 참고로 레빈은 우리의 상상을 벗어난 어떤 음모에 의해 오류 사이에 상관관계가 있다고 믿는 입장이다. 고츠먼의 입장은 오류가 악마와 같은 방식으로 상관관계가 있고, 자연은 엄청난 노력을 기울여야 양자 연산을 제거할 수 있다고 가정하면 자연이 수행하는 악마 같은 프로세스를 역이용해 양자 연산보다 더 강력한 연산 능력을 확보하면 되지 않느냐는 것이다. 그렇다면 NP 완전 문제도 풀 수 있을지도 모른다. 어쩌면 자연은 양자 연산을 제거하고자 큐비트의 상관관계를 유지하는 데만 엄청난 노력을 쏟아 부어야 할 것 같다.

다르게 표현하면 오류는 단지 악마 같은 방식으로 상관관계를 갖는 데 그치지 않고 예측할 수 없는 악마적인 방식으로 상관관계를 가져야 한다는 말이다. 그렇지 않다면 이 문제를 쉽게 다룰 수 있을 것이다.

정리하면 회의론자와의 논쟁은 재미있을 뿐만 아니라 상당히 도움이 된다. 어떤 근본적인 이유 때문에 양자 컴퓨터를 정말 실현할 수 없을 수도 있다. 그럼에도 내 상상력을 자극하는 반론을 애타게 기다리고 있다. 사람들은 이런 저런 이유로 반론을 제기하지만 대부분은 진지하게 생각하지 않고 양자 컴퓨터가 불가능할 경우의 세상에 대한 모습도 제시하지 않으면서 내뱉는 말이다. 이점이 참 아쉽고, 그래서 계속 찾고 있지만 아직 발견하지 못한 점이다.[7]

16장으로 넘어가기 전에 독자가 생각해보길 바라는 질문을 던지며 이 장을 마무리한다. 지금까지 본 까마귀 500마리가 모두 까맣다면 501번째 까마귀도 까맣다고 말할 수 있을까? 그렇다면 이유는 뭔가? 예전에 본 500마리의 색이 검정이라는 사실이 그런 결론을 도출하게 만드는 근거는 뭘까?

---

7. 양자 컴퓨팅에 대한 회의론에 대한 최근 논의에 대해서는 내 블로그에 쓴 글을 참고하기 바란다.
   http://www.scottaaronson.com/blog/?p=1211

16

학습

15장에서 제시한 퍼즐이 바로 데이비드 흄$^{David\ Hume}$의 귀납 문제$^{Problem\ of}$ ^{Induction}다.

퍼즐: 지금까지 까만 까마귀 500마리를 봤을 때 그다음에 보게 될 까마귀도 까만색이라고 가정할 수 있는 근거는 뭘까?

대부분 베이즈 정리$^{Bayes's\ Theorem}$를 적용할 것이다. 하지만 그러려면 모든 까 마귀가 동일한 분포에서 나온다는 가정이 필요하다. 미래는 과거와 비슷하 다고 가정하지 않으면 뭔가 결론을 내리기가 굉장히 힘들어진다. 이런 문제 는 지금껏 수많은 철학적 논쟁을 불러 일으켰다. 몇 가지 소개하면 다음과 같다.

색깔이 그린^{green}인 에메랄드 한 무더기가 있다고 하자. 이를 토대로 에메랄 드 색상은 그린이라는 가설^{hypothesis}을 세울 수 있다. 그런데 '2050 이전에는 그린이고 그 후부터는 블루인 색을 '그루$^{green+blue=grue}$'라고 정의할 때 앞에서 본 증거^{evidence}는 '모든 에메랄드의 색상은 그린이 아닌 그루'라는 가설의 근 거로도 사용할 수 있다. 이를 '그루의 역설$^{grue\ paradox}$'이라 부른다.

좀 더 깊이 파고들어 보면 '가바가이^{gavagai} 역설'도 있다. 아마존 부족을 방문 하려는 인류학자가 부족의 언어를 배운다고 생각해보자(또는 부족에서 태어난 어린 아이를 생각해봐도 좋다). 영양 한 마리가 지나가는데, 부족민 한 명이 영양을 가리키며 '가바가이'라고 외쳤다고 해보자. 이것만 보면 '가바가이' 란 단어가 부족 언어로 '영양'을 의미한다고 생각할 수 있다. 하지만 '가바가 이'가 영양의 뿔만 가리킬 가능성도 있다. 또는 방금 지나간 영양은 여러 종류의 영양 중에서도 특수한 종을 가리키는 이름일 수도 있다. 심지어 특정 요일에 지나간 특수한 종의 영양을 의미할 가능성도 있다. 부족민이 '가바가이'라고 가리킬 수 있는 상황은 끝없이 존재한다. 따라서 부족과 무한대의 시간을 어울려도 부족의 언어를 배울 수 있는 방법은 전혀 없다고 결론낼 수 있다.

모든 사람이 '반귀납anti-induction'을 따르는 어느 행성에 대한 농담 하나가 있다. 가령 지금까지 매일 해가 떴다면 오늘은 뜨지 않는다고 생각하는 것이다. 결국 행성 사람들이 모두 굶주리고 가난에 찌들어 살고 있다. 어떤 사람이 행성을 방문해서 "아니, 이렇게 처참할 정도로 가난하게 사는데도 왜 계속 반귀납 철학을 따르나요?"라고 말했다. 그러자 행성 사람이 말하길 "그건 지금까지 맞지 않았기 때문이에요…"라고 했다.

여기서 말하고자 하는 바는 학습의 효율성이다. 지금까지 소개한 철학적 문제들만 보면 학습은 불가능해 보인다. 하지만 학습은 실제로 가능하다는 것을 알기 때문에 어떻게 가능한지 설명이 필요하다. 철학적 문제이긴 하지만 내 생각에 지금은 '계산 학습 이론computational learning theory'이란 문맥에서 볼 수 있다. 이 문제는 생각보다 널리 알려져 있지 않다. 가령 여러분이 물리학자라면 이 이론을 좀 알아두면 도움이 된다. 널리 알려진 베이지안 프레임워크Bayesian framework와는 좀 다르면서도 어느 정도 관련이 있고 문맥에 따라 훨씬 유용한 프레임워크를 제공하기 때문이다. 이 프레임워크를 향후 데이터를 예측하기 위한 가설을 세우는 데 활용할 수 있다.

내 생각에는 베이즈주의Bayesianism든, 계산 학습 이론이든, 아니면 또 다른 이론이든 반드시 인정해야 할 중요한 사실은 논리적으로 떠올릴 수 있는 모든 가설이 동등하다고 보지 않는다는 것이다. 흰색이든 까만색이든 까마귀 500마리가 있다면 이론적으로 2,500가지의 가설을 떠올릴 수 있다. 초록색 까마귀도 존재한다면 그보다 훨씬 많은 가설을 만들어낼 수 있다. 하지만 실제로는 이 모든 가설의 가능성이 똑같다고 간주하지 않는다. 주어진 증거에 복잡한 가설을 세울 수밖에 없지 않는 한 항상 가설의 극히 일부분에 집중하게, 쉽게 말해 '충분히 간단한' 가설만 생각하도록 제한하기 마련이다. 다르게 표현하면 항상 암묵적으로 오컴의 면도날Occam's Razor이라 부르는 원칙을 적용한다(물론 오컴의 본래 의도는 불분명하지만).

왜 이럴까? 근본적으로 우주 자체가 최대한으로 복잡하지maximally complicated 않기 때문이다. 왜 그렇지 않느냐는 다소 인류학적인 질문을 할 수도 있지만 답이 무엇이든지 우주는 적당히 단순하다는 신조를 받아들인 채 과학을 한다.

물론 허튼소리일지도 모른다. 우리가 고려할 수 있는 가설의 수와 미래 예측에 대한 확신의 정도 사이의 균형 관계trade-off를 실제로 가늠할 수 있을까? 한 가지 방법은 레슬리 밸리앙Leslie Valiant이 1984년에 공식화한 것이 있다.[1] 이 프레임워크를 PAC 러닝Probably Approximately Correct learning이라 부른다. 미래에 일어나는 일을 모두 예측하려는 것도 아니고 그중 대부분을 정확하게 예측하는 것도 아니다. 단지 높은 확률로 최대한 제대로 알아내려는 것이다.

순전히 철학적인 말처럼 들릴지 모르지만 그중 몇 가지는 실제로 실험해볼 수 있다. 예를 들어 이 이론은 지금까지 신경망neural network과 머신러닝machine learning에 적용해왔다. 예전에 PAC 러닝에 대한 논문 한 편을 쓰면서 이 이론이 실제로 어떻게 적용되는지 알아보고자 구글 학술 검색Google Scholar으로 조사한 적이 있다. 이 책이 출간될 즈음 밸리앙의 논문은 4,000회 이상

---

1. L. Valiant, A Theory of the Learnable, Communications of the ACM 27:11(1984), 1134-1142. (https://dl.acm.org/doi/10.1145/1968.1972). 입문서로 마이클 컨즈(Michael Kearns)와 우메시 바지라니 (Umesh Vazirani)가 쓴 『An Introduction to Computational Learning Theory』(MIT Press, 1994)가 있다.

인용됐다. 이를 토대로 그의 향후 논문도 그 정도로 인용되리라 추론할 수 있다.

그렇다면 PAC 러닝의 원리를 살펴보자. 유한일 수도, 무한일 수도 있는 집합 S가 있다고 하자. 이를 표본 공간[sample space]이라 부른다. 예를 들어 언어를 배우려는 어린아이에게 예문 몇 개를 보여준다고 하자. 문법에 맞는 것도 있고 그렇지 않은 것도 있을 수도 있다. 이를 토대로 새로 만든 문장이 문법에 맞는지 판별하는 규칙을 정하는 것이다. 이때 표본 공간은 생성할 수 있는 문장의 집합이다.

그리고 표본 공간의 각 원소를 0이나 1에 대응시키는 불리언 함수[Boolean function] $f: S \rightarrow \{0, 1\}$인 개념[concept]이 있다. 불리언 함수가 아닌 개념도 있지만 일단 간단히 표현하자. 여기서 살펴볼 예제에서 개념은 아이가 배울 언어다. 문장 하나가 주어졌을 때 문법에 맞는지 여부를 개념이 알려준다. 이런 식으로 개념 클래스[concept class]를 구성할 수 있으며, 이를 C라 표기한다. 이 예에서 C는 아이가 실제로 들은 말에 대한 데이터를 수집하기 전에 세상에 태어나면서부터 선험적으로 상상할 수 있는 언어의 집합이라 볼 수 있다.

일단 이 표본 공간에 대해 D라는 확률 분포가 주어졌다고 하자. 언어를 배우는 아이의 예에서 D는 아이의 부모나 친구들이 문장을 구사하는 데 적용되는 확률 분포라 할 수 있다. 아이는 이 분포가 정확히 뭔지 알 필요는 없다. 단지 그런 것이 있다고만 가정하면 된다.

이제 다음과 같이 목표[goal]를 정의한다. 분포 D에서 독립적으로 추출한 예제 x_i가 m개 있고, 각 x_i마다 $f(x_i)$를 구할 수 있다. 다시 말해 주어진 예제가 문법에 맞는지 아닌지 판별할 수 있다. 이를 토대로 다음을 충족하는 가설 언어 h를 구하려고 한다.

$$\Pr_{x \sim D}[h(x) = f(x)] \geq 1 - \varepsilon$$

여기서 x~D는 분포 D에서 x를 추출한다는 뜻이다. 다시 말해 분포 D에서 추출한 예제 x가 주어졌을 때 가설 h가 개념 f에 어긋나는 횟수가 ε를 넘지 않아야 한다는 말이다. 이 작업을 확신을 갖고 수행할 수 있을까? 그럴 수 없다고 생각하는가? 그렇다면 이유는 뭔가?

운 나쁘게도 도움이 안 되는 표본이 주어질 수 있다. 아이에게 주어진 문장이 "참 귀엽네!"뿐이라면 "이 명제가 참임은 자명하다."와 같은 문장이 문법에 맞는지 판별하는 데 필요한 근거를 확보할 수 없다. 제대로 하려면 문장의 수는 지수적으로 많은데, 그중에서 아이가 듣는 것은 다항 개수만큼이라고 가정해야 한다.

그렇다면 표본 선택에 대해 $1 - \delta$의 확률로 ε만큼 좋은 가설을 구하기만 하면 된다고 말할 수 있다. 이제 벨리앙의 논문에 나온 기본 정리를 살펴보자.

정리: D에서 추출한 향후 데이터에 대해 $1 - \varepsilon$을 충족하고, 표본 선택에 대해 $1 - \delta$의 확률을 충족하는 가설 h를 구한다는 조건을 충족하려면 D에서 독립적으로 추출한 표본 수가 다음 식을 충족하는 가설 h를 구하면 된다.

$$m \geq \frac{1}{\varepsilon} \log \left(\frac{|C|}{\delta} \right)$$

여기서 핵심은, 한계치는 가능한 가설의 개수인 $|C|$에 대한 로그 함수라는 것이다. 가설의 수가 지수적으로 많더라도 한계치는 여전히 다항식이다. 그렇다면 학습 알고리즘을 테스트하는 데 사용될 분포 D가 훈련 표본^{training sample}을 추출하는 데 적용되는 표본과 같아야 하는 이유는 뭘까?

그 이유는 예제 공간^{example space}이 표본 공간의 제한된 부분집합이라면 난감해지기 때문이다.

수업에서 가르치지 않은 내용을 시험 문제로 내면 안 된다는 말과 같다. 사람들이 말하는 문장들이 죄다 영어일 때 프랑스 문장에 맞는 가설을 구하려고 한다면 성공할 가능성이 별로 없다. 즉, 미래는 과거와 비슷하다는 류의 가정을 적용해야 한다.

이렇게 가정했을 때 벨리앙 정리에 따르면 가설의 개수가 유한하고 표본의 개수도 적절하다면 학습할 수 있다. 다른 가정은 필요 없다.

이는 사전 확률^{prior}이 다르면 결론이 완전히 달라진다는 베이즈교의 신앙에 어긋난다. 베이즈주의자들은 가능한 가설에 대한 확률 분포에서 시작해 데이터가 늘어날 때마다 베이즈 규칙$^{Bayes's Rule}$에 의해 분포를 업데이트한다.

계산 학습 이론에 따르면 이는 여러 방법 중 한 가지일 뿐이다. 시작할 때 가설에 대한 확률 분포를 가정하지 않아도 된다. (컴퓨터 과학자들이 비관주의자마냥 선호하는 방식대로) 가설에 대해 최악의 경우를 가정한 후 모든 표본 분포에 대해 개념 클래스에 있는 모든 가설을 학습할 수 있다. 다시 말해 표본 데이터에 대한 확률 분포를 가설에 대한 베이지안 확률 분포로 바꾸는 셈이다.

실제로 이렇게 하는 것이 좋을 때가 많다. 문제의 핵심은 어떤 가설이 참인지 모르는 상황에서 굳이 특정한 사전 분포를 가정해야 할 필요가 있을까? 계산 학습 이론을 적용하는 데 가설에 대한 사전 분포가 무엇인지는 알 필요가 없다. 그저 어떤 분포가 있다고만 가정하면 된다.

벨리앙 정리의 증명은 아주 간단하다. 주어진 가설 h가 f와 일치하지 않는 정도가 ε를 넘지 않는다면 나쁘다고 본다. 그러면 $x_1, \ldots, x_m$이 서로 독립이므로 나쁜 가설 h 전체에 대해 다음 식이 성립한다.

$$\Pr[h(x_1) = f(x_1), \ldots, h(x_m) = f(x_m)] < (1 - \varepsilon)^m$$

이 식은 주어진 나쁜 가설이 샘플에 대해 올바르게 예측할 확률의 한계를 설정한다. 그렇다면 모든 표본 데이터에 어긋나지 않는 나쁜 가설 $h \in C$가 존재할 확률은 어떻게 구할 수 있을까? 이 값은 다음과 같이 결합 한계^{union} ^{bound}를 이용하면 된다.

$\Pr$[모든 샘플에 대해 f와 일치하는 나쁜 가설 h가 존재] $< |C|(1 - \varepsilon)^m$

이 값을 δ와 같다고 설정하고 m을 구하면 된다. 그러면 다음과 같이 나온다.

$$m = \frac{1}{\varepsilon} \log \left(\frac{|C|}{\delta} \right)$$

증명 끝.

이렇게 하면 유한한 가설 집합에 대해 필요한 표본 수의 한계를 구할 수 있다. 그렇다면 개념 클래스가 무한개라면 어떻게 될까? 가령 평면에 있는 직사각형을 학습하려고 한다면 어떻게 해야 할까? 이 경우 표본 공간은 평면에 있는 점들의 집합이 되고, 개념 클래스는 속이 채워진 모든 직사각형 집합이 된다. 주어진 점이 m개이고 각각에 대해 '비밀 직사각형'에 속하는지 여부를 확인한다고 하자.

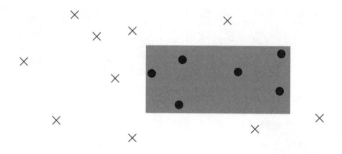

이때 직사각형은 모두 몇 개나 있을까? 총 $2^{\aleph_0}$가지가 있다. 따라서 앞에서 살펴본 정리를 적용할 수 없다. 그럼에도 직사각형 안에 무작위로 점 20개나 30개가 주어졌고 직사각형 안에는 없지만 근처에 있는 점 20개 또는 30개가 주어졌다면 직관적으로 볼 때 이 직사각형이 어디쯤 있는지 어느 정도 추측할 수 있다. 그렇다면 개념 클래스가 무한개라면 좀 더 일반적인 학습 정리를 유도할 수 있을까? 가능하다. 하지만 먼저 섀터링^{shattering}이란 개념이 필요하다.

어떤 개념 클래스 C가 주어졌을 때 모든 분류^{classification} $s_1, s_2, \ldots, s_k$에 대해 이 분류를 따르는 어떤 함수 $f \in C$가 존재한다면 표본 공간 $\{s_1, s_2, \ldots, s_k\}$의 부분집합이 C에 의해 산산이 조각난다^{shatter}. 이때 C에 의해 산산이 조각난 부분집합 중 가장 큰 것의 크기를 C 클래스의 VC^{Vapnik-Chervonenkis} 차원이라고 정의하고 VCdim(C)로 표기한다.

그렇다면 직사각형에 대한 개념 클래스의 VC란 뭘까? 각 점이 직사각형에 포함되는지 여부를 설정하는 모든 경우에 대해 우리가 원하는 점만 담고 나머지는 포함하지 않는 직사각형이 존재하는 것을 충족하는 점들의 집합 중 가장 큰 것을 구해야 한다. 다음 그림은 네 점에 대해 수행하는 방법을 보여준다. 그런데 점이 다섯 개일 때는 수행할 방법이 존재하지 않는다(증명은 연습문제로 남겨둔다).

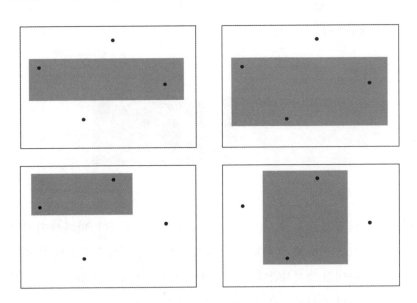

다음 정리로 가기 위한 보조 정리 하나가 있다.

"샘플이 유한개일 때 PAC 러닝을 수행할 수 있다면 개념 클래스의 VC 차원이 유한하다고, 그 역도 성립한다."

정리(블루머[Blumer], 에렌파우트[Ehrenfeucht], 하우슬러[Haussler], 바르무트[Warmuth], 1989)[2]:
$1 - \delta$의 확률로 분포 D에서 추출한 향후 데이터 $1 - \varepsilon$을 설명하는 가설 h를 생성하려면 다음 식에 나온 표본점 개수의 한계 m을 충족하는 C의 원소 h를 출력하면 된다.

$$m \geq \frac{K}{\varepsilon} \left(\mathrm{VC\,dim}(C) \log \left(\frac{1}{\varepsilon} \right) + \log \left(\frac{1}{\delta} \right) \right)$$

이 표본점은 D에서 독립적으로 추출될 뿐만 아니라 (ε에 대한 의존성에 대해) 한계가 상당히 엄격하다.

이 정리에 대한 증명은 그 전에 본 것보다 어렵고 증명하는 데 한 장[chapter]은 족히 필요하므로 생략한다. 증명의 복잡함과 대조적으로 밑바탕이 되는 개념을 간단히 표현하면 오컴의 면도날이라고 말할 수 있다. VC 차원이 유한하다면 VC 차원보다 많은 수의 표본을 관찰하고 나면 그때까지 관찰한 데이터의 엔트로피는 대략 VC 차원만큼이어야 한다는 것이다. 그동안 관측한 것들의 경우의 수가 2^m보다 작다면 m번 관찰한 것이고, 그렇지 않다면 VCdim(C) >= m이다. 그래서 이러한 m개의 관찰 결과를 표현하는 데 필요한 비트 수는 m보다 작다. 이는 과거 데이터에 대해 설명하는 이론을 데이터보다 적은 매개변수로 얼마든지 만들 수 있다는 뜻이다.

이렇게 할 수 있다면 다음 관찰 결과를 예측할 수 있어야 한다는 것을 직관적으로 알 수 있다. 반면 입자 가속기가 다음번에 발견한 것이 무엇이든지 관계없이 관측 결과를 재현할 방법이 여전히 있다는 고에너지 물리학 가설이 있다고 가정하자. 그러면 VC 차원이 적어도 설명하려는 관측 수만큼 많

---

2. A. Blumer, A. Ehrenfeucht, D. Haussler, and M. K. Warmuth, Learnability and the Vapnik–Chernonenkis dimension, Journal of the ACM 36:4 (1989), 929–965.

은 개념 클래스가 존재한다. 이러한 상황에서 계산 학습 이론은 여러분이 어떤 가설을 세우든 다음 관측을 예측할 수 있을 거란 아무런 근거를 주지 않는다.

결론적으로 과거 데이터에 대한 압축률compressibility과 미래 데이터에 대한 예측력predictability 사이의 이러한 직관적인 균형 관계를 구체적으로 수식으로 만들어 증명할 수 있다. 합리적인 가정이 있으면 오컴의 면도날이 정리theorem가 된다.

우리가 학습하려는 대상이 양자 상태라면 가령 어떤 혼합 상태 ρ라면 어떻게 될까? 두 결과에 대한 측정값 E를 얻을 수 있다. 양자역학에서 가장 흔한 측정 방식은 POVMPositive Operator-Valued Measurement이다. POVM은 앞에서 설명한 적이 있는 '일반 투영 측정ordinary projective measurement'과 같다. 단, 측정하기 전에 측정 대상인 상태 ρ에 대해 원하는 형태로 유니타리 변환해야 하고, 여기에 ρ와는 독립적인 '보조 상태ancilla state'를 추가해야 하는 점이 다르다. 일단 여기서는 다음 사실만 알아두면 된다. n차원 혼합 상태인 ρ에 대해 수행했을 때 결과가 두 개인 POVM M을 얻었다면 고윳값eigenvalue이 모두 $[0, 1]$에 속하는 $n \times n$ 에르미트 행렬 E만으로 M을 표현characterize할 수 있다. 그렇다면 M이 ρ에 대해 '참일' 확률은 단순히 $\mathrm{tr}(E\rho)$이고(여기서 tr, 즉 트레이서는 대각 원소의 합), M이 ρ에 대해 '거짓일' 확률은 $1 - \mathrm{tr}(E\rho)$가 된다.

그렇다면 상태 ρ가 주어졌을 때 우리가 하고 싶은 것은 그 상태에 대해 측정된 결과를 예측하는 것이다. 다시 말해 결과가 두 개인 POVM 측정 E에 대해 참일 확률acceptance probability $\mathrm{tr}(E\rho)$을 추정하는 것이다. 이는 밀도 행렬 ρ 자체를 복원하는 양자 상태 단층 촬영quantum state tomography과 같다는 것을 쉽게 알 수 있다.

그런데 ρ가 뭘까? 독립 매개변수 4^n개의 $2^n \times 2^n$ 행렬로 표현할 수 있는 n 큐비트 상태다. n 큐비트 상태를 단층 촬영하는 데 필요한 측정값의 개수는 n에 지수 함수로 증가한다는 사실이 널리 알려져 있다. 실제로 이러한 사실은 실험하는 데 심각한 문제가 된다. 8 큐비트 상태를 학습하려면 검출기를 65,536가지 방식으로 설정해야 할 수도 있다. 게다가 만족할 만한 정확도로 측정하려면 각 방식을 수백 번씩 수행해야 한다.

따라서 이 문제 역시 실험에 걸림돌이 된다. 하지만 개념상의 문제일 뿐일까? 양자 컴퓨팅에 회의적인 사람 중 일부는 그렇다고 생각한다. 15장에서 봤듯이 양자 컴퓨팅에 대한 근본적인 반론 중 하나는 기하급수적으로 긴 벡터를 조작하는 것이 문제된다는 것이다. 어떤 회의론자는 이렇게 하는 것은 물리 세계를 표현하는 방식으로, 근본적으로 어색하다고 본다. 그래서 이렇게 하려고 하는 순간 양자역학이 깨지거나 우리가 미처 고려하지 못했던 뭔가가 발생한다는 것이다. n개 입자를 표현하는 데 2^n개의 '독립 매개변수'를 가질 수 없다는 것은 자명하기 때문이다.

이렇게 양자 상태를 기하급수적인 횟수만큼 측정해야 이에 대한 향후 측정 결과를 충분히 예측할 수 있다면 이는 앞서 논의한 것을 공식화해서 좀 더 설득력 있게 만들 수 있다. 결국 우리가 과학을 연구하는 목표는 기존에 관측한 현상을 간단명료하게 설명하는 가설을 확보해 향후 관측 결과를 예측하는 데 있다. 이와 다른 목표를 가질 수도 있지만 이 목표만큼은 기본적으로 달성해야 한다. 그래서 500 큐비트에 대한 일반 상태의 특징을 표현하려면 우주의 나이보다 많은 횟수만큼 측정해야 한다는 것이다. 이러한 점 때문에 양자역학이 과학 이론으로 문제가 있다고 볼 수 있다. 이점만큼은 솔직히 나도 회의론자편에 손을 들어주고 싶다.

2006년에 나는 이러한 주장에 답변하고자 계산 학습 이론을 적용하는 논문[3]을 썼다. 내 결과에 대해 우메시 바지라니$^{Umesh\ Vazirani}$는 다음과 같이 설명했다.

"주어진 물체가 의자인지 예측하는 규칙 하나를 학습하려는 아이가 있다고

3. S. Aaronson, The learnability of quantum states. Proceedings of the Royal Society, A463 (2088), 2007. http://arxiv.org/abs/quant-ph/0608142

하자. 그 아이는 '의자' 또는 '의자 아님'이란 레이블이 붙은 물체들을 관찰하면서 웬만한 상황에 잘 들어맞는 일반 규칙(예, "의자 다리는 네 개다.", "의자에 앉을 수 있다." 등)을 도출한다. 사실 그 아이를 현대 미술관에 데려가면 당장 깨지는데, 이 점은 걱정할 필요가 없다. 계산 학습 이론에서는 미래에 실제로 관측하게 될 결과 중 대부분을 예측할 수만 있다면 그만이기 때문이다. 예술에 전혀 관심 없어 현대 미술관 같은 곳에 가지 않는 사람이라면 의자 같지만 의자는 아닌 물체를 볼 일은 없을 것이다. 학습자의 향후 의도만 고려하면 된다. 따라서 양자 상태 단층 촬영에 대한 목표를 특정한 확률 분포 D에서 추출한 측정 결과 중에서 대부분을 예측하는 것으로 완화할 수 있다."

이를 수식으로 표현하면 다음과 같다. n 큐비트에 대한 혼합 상태 ρ가 주어졌고 측정 결과는 $E_1, E_2, \ldots, E_m \sim D$고, 모든 $j \in \{1, 2, \ldots, m\}$에 대해 추정 확률$^{\text{estimated probability}}$이 $p_j \approx \text{Tr}(E_j\rho)$라면 목표는 확률이 최소 $1 - \delta$이고 다음 속성을 충족하는 가설 상태 σ를 구하는 것이다.

$$\Pr_{E \in D}\left[|\text{tr}(E\rho) - \text{tr}(E\sigma)| < \gamma\right] \geq 1 - \varepsilon$$

이러한 목표에 대해 측정에 필요한 표본 개수의 한계는 다음 정리와 같다.

정리: $\gamma \geq 7\eta$를 충족하도록 오차 매개변수인 ε, δ, γ와 $\eta > 0$을 수정한다. $|\text{Tr}(E_i\sigma) - \text{Tr}(E_i\rho)| \leq \eta$을 충족하는 가설 상태 σ가 다음 식도 충족한다면 $E = (E_1, \ldots, E_m)$은 측정에 '좋은' 훈련 집합이다. 그러면 m이 다음 식을 충족한다면 D에서 추출한 $E_1, \ldots, E_m$에 대해 최소한 $1 - \delta$의 확률로 E가 좋은 훈련 집합인 상수 $K > 0$가 존재한다.

$$m \geq \frac{K}{\gamma^2\varepsilon^2}\left(\frac{n}{\gamma^2\varepsilon^2}\log^2\frac{1}{\gamma\varepsilon} + \log\frac{1}{\delta}\right)$$

이 한계는 큐비트의 개수인 n에 대해 선형이라는 점에 주목할 필요가 있다. 따라서 측정 결과의 대부분만 예측할 때는 차원이 큐비트 수에 대해 기하급수적으로 증가하지 않는다.

이 정리가 참인 이유가 뭘까? 앞에서 본 블루머 등의 정리를 떠올려보면 표본의 개수가 개념 클래스의 VC 차원에 대해 선형적으로 증가하면 학습할 수 있다고 했다. 양자 상태의 경우 불리언 함수를 사용하지 않는다. 결과가 두 개인 측정 E를 입력으로 받아 [0, 1]에 속하는 실수를 출력하는 실수 함수real-valued function를 양자 상태라고 볼 수 있다(다시 말해 측정이 참일 확률이다). 따라서 ρ는 측정 E를 받아 $\mathrm{Tr}(E\rho)$를 리턴한다.

그렇다면 블루머 등의 결과를 실수 함수로 일반화할 수 있을까? 다행히 알론Alon, 벤-다비드Ben-David, 세사-비안치Cesa-Bianchi, 하우슬러Haussler의 결과와, 바틀렛Bartlett, 롱Long 등의 결과에서 이미 이 작업을 한 바 있다.

다음으로 14장에서 언급한 암바이니스와 나약 등이 증명한 랜덤 액세스 코드 하한을 떠올려보자. 이 하한은 얼마나 많은 수의 고전 비트를 n 큐비트 상태로 안정적으로 인코딩할 수 있는지 알려준다. m비트 고전 문자열 x가 주어졌을 때 우리가 선택한 모든 비트 x_i를 나중에 최소 $1 - \varepsilon$의 확률로 조회할 수 있도록 x를 n 큐비트 양자 상태로 인코딩한다고 생각해보자. 암바이니스 등의 논문에서는 고전 비트를 이런 식으로 양자 상태로 압축한다고 해서 절약되는 것이 전혀 없음을 증명했다. 다시 말해 n은 m에 대해 여전히 선형적이라는 것이다. 하한이 이렇기 때문에 양자 인코딩 기법의 한계라고 볼 수 있다. 하지만 이를 완전히 뒤집어 볼 수도 있다. 즉, 개념 클래스로 간주하는 양자 상태의 VC 차원에 대한 상한이 존재한다는 것을 의미하기 때문에 실제로는 긍정적인 결과라고 볼 수 있다. 간략히 말해 이 정리는 개념 클래스로 간주하는 n 큐비트 상태의 차원이 최대 $m = O(n)$임을 말해주는 것이다. 좀 더 구체적으로 설명하면 ('팻-섀터링fat-shattering' 차원이라 부르는) 실수 버전 VC 차원뿐만 아니라 팻-섀터링 차원에 대해 선형적으로 증가하는 표본의 개수로 모든 실수 개념 클래스를 학습할 수 있다는 정리가 필요하다는 뜻이다.

그렇다면 이 상태를 실제로 어떻게 찾을까? 고전적인 경우에 대해서도 나는 가설을 찾는 데 드는 계산 복잡도를 완전히 무시했다. 데이터에 일치하는 가설을 어떻게든 찾았다면 그것으로 충분하며, 향후 데이터를 설명할 수 있다고 말했다. 하지만 그런 가설을 실제로 어떻게 찾을 수 있을까? 게다가 그 답을 양자 경우에 대해 어떻게 적을 수 있을까? 상태를 명시적으로 적는 데 필요한 비트 수는 지수적으로 증가한다. 다르게 보면 그리 나쁜 상황은 아니다. 고전적인 경우조차도 가설을 찾는 데 지수 시간이 걸리기 때문이다.

이 말은 두 경우 모두 계산과 표현의 효율성을 감안하면 문제를 특수한 경우로 제한해야 한다는 뜻이다. 표본 복잡도에 대해 이 장에서 소개한 결과들은 학습 이론의 서두에 불과하다. 이러한 결과들은 정보 이론에 대한 첫 번째 질문에만 답을 제시한다. 즉, 표본을 선형 개수만 받아도 충분하다는 것이다. 학습 이론의 대부분을 차지하는 나머지는 이러한 가설을 찾아 표현하는 방법에 대한 것이다. 여기에 해당하는 학습 이론에서 양자 세계에 대한 결과는 아직까지 별로 없다.

대신 고전적인 경우에 대해 알려진 결과 몇 가지는 소개할 수 있다. 좀 실망스럽겠지만 이렇게 알려진 결과 중 상당수는 난해한 형태를 띠고 있다. 예를 들어 다항 크기의 불리언 회로Boolean circuit에 대한 개념 클래스는 회로가 이미 존재한다고 가정하더라도 이미 본 데이터를 출력하는 회로(또는 짧고 효율적인 컴퓨터 프로그램)를 찾는 문제는 난해하다고computationally hard problem 알려져 있다. 물론 이 문제에 대해 다항 시간 알고리즘이 존재하지 않는다고 증명할 수도 없고(존재한다면 P ≠ NP가 되므로), 현재 밝혀진 바로는 이 문제가 NP 완전인지도 증명할 수 없다. 확실한 것은 이 문제는 최소한 일방향 함수one-way function의 역함수를 구하는 문제만큼 어렵다는 것이다. 그래서 이 문제를 풀면 최신 암호 기법을 거의 모두 깰 수 있다. 8장에서 암호 이론을 설명할 때 계산하기는 굉장히 쉽지만 역함수를 구하기는 굉장히 어려운 일방향 함수를 설명한 적이 있다. 그때 설명했듯이 호스타^{Håstad}, 임파글리아초^{Impagliazzo}, 레빈^{Levin}, 루비^{Luby}가 1997년에 임의의 일방향 함수를 이용해 '진정한' 무작위 비트 n개를 어떠한 다항 시간 알고리즘으로도 무작위인지 아닌지 구별할 수 없는 비트(가령 n^2비트)로 대응시키는 유사 무작위수 생성기를 만들 수 있다는 사실을 증명했다.[4] 그리고 앞에서 소개했던 골드라이히^{Goldreich}, 골드바서^{Goldwasser}, 미칼리^{Micali}의 증명 결과[5]에 따르면 "모든 유사 무작위수 생성기에서 유사 무작위수 함수족$^{pseudorandom\ function\ family}$(작은 회로로 계산할 수 있지만 어떠한 다항 시간 알고리즘으로도 무작위 함수와 절대 구분할 수 없는 불리언 함수족 $f: \{0, 1\}^n \rightarrow \{0, 1\}$)를 만들 수 있다." 또한 이런 함수족은 현실적으로 계산하기 힘든$^{computationally\ intractable}$ 학습 문제에 해당한다.

따라서 지금까지 본 데이터를 설명하는 가설을 찾는 문제는 일반적으로 어려울 가능성이 높다는 것을, 암호학적인 가정을 토대로 증명할 수 있다. 이 결과를 살짝 변형하면 "지금까지 측정한 결과와 일치하는 양자 상태를 언제나 효율적으로 찾을 수 있다면 양자 공격에 안전한 일방향 함수는 존재하지 않는다."고 말할 수 있다. 이 말이 의미하는 바는 이런 학습 문제를 일반적으로 풀 수 있을 거라는 희망은 포기하는 것이 좋고, 특수한 경우만 다루는 것이 좋다는 뜻이다. 고전적인 경우에는 상수 깊이 회로$^{constant-depth\ circuit}$나 패리티 함수$^{parity\ function}$와 같이 효율적으로 학습할 수 있는 특수한 개념 클래스가 존재한다. 양자 세계에서도 이와 비슷한 것들이 있을 거라고 기대한다.

---

4. J. Håstad, R. Impagliazzo, L. A. Levin, and M. Luby, A Pseudorandom Generator from any One-way Function. SIAM Journal on Computing 28:4 (1999), 1364-1396.

5. O. Goldreich, S.Goldwasser and S. Micali, How to construct random functions. Journal of the ACM, 33:4 (1986), 792-807.

퍼즐

까마귀 퍼즐은 앞에서 소개한 직사각형 학습 퍼즐 외에도 칼 헴펠^{Carl Hempel}이 제시한 버전도 있다. 우리가 원하는 가설(모든 까마귀는 까맣다)을 테스트한다고 하자. 어떻게 할 수 있을까? 들판에 나가 까마귀 몇 마리를 찾은 후 모두 까만색인지 확인할 수 있을 것이다. 반대로 우리의 가설을 대우 명제^{contrapositive}로 바꿔(논리적인 진리 값이 동등한 형태로 변환해서) "까만색이 아닌 것들은 모두 까마귀가 아니다."로 만들 수 있다. 이렇게 하면 굳이 들판에 나가지 않고도 조류 연구를 할 수 있다. 그저 무작위로 대상을 살펴보다가 까만색이 아니라면 까마귀인지 확인하기만 하면 된다. 이런 식으로 진행하다 보면 까만색이 아닌 것들은 모두 까마귀가 아님을 뒷받침하는 데이터가 늘어난다. 따라서 내 가설이 맞다고 확신할 수 있다. 여기서 문제는 이런 식으로 할 수 있을지 여부다. 이 문제에 한해서는 들판이나 숲과 같은 곳으로 나가 새를 관찰할 필요가 없다고 얼마든지 가정해도 된다.

17

대화형 증명, 회로 하한과
몇 가지 주제

16장에서 사무실 밖을 나가지 않고서도 조류 연구를 할 수 있느냐는 퍼즐을 냈다.

문제는 까마귀가 모두 까만색이냐는 것이다. 기존 방식에 따르면 밖으로 나가 까마귀 무리를 보면서 각각이 까만색인지 관찰하는 것이다. 이보다 최신 접근 방식은 공간에 있는 까만색이 아닌 물체는 모두 까마귀가 아닌지 살펴보는 것이다. 이렇게 하면 까만색이 아닌 것은 모두 까마귀가 아니라고(또는 까마귀는 모두 까만색이라고) 점점 더 확신하게 된다. 이렇게 하면 조류 연구의 일인자가 될 수 있을까?

사무실에 틀어박혀서는 까만색이 아닌 대상에 대한 무작위 표본을 구할 수 없다고 반박할 수도 있겠지만, 밖으로 나간다고 해서 모든 까마귀의 무작위 표본을 구할 수 없기는 마찬가지다.

문득 이와 무관한 얘기가 하나가 떠오른다. 한 면에는 알파벳이, 다른 면에는 숫자가 적힌 카드 네 장이 주어졌을 때 카드를 보니 다음 그림과 같다고 하자. 이 상태에서 한 면에 K라고 적힌 카드는 모두 뒷면이 3인지 확인하려면 어느 카드를 뒤집어봐야 할까?

주어진 패: 3 Q K 1

이 문제를 사람에게 물어보면 제대로 답하지 못하는 사람이 대부분이다. K ⇒ 3임을 테스트하려면 K와 1을 뒤집어봐야 한다. 아니면 이와 완전히 동치인 문제를 다음과 같이 제시할 수도 있다.

술집 입구를 지키는 문지기가 여러 명 있는데, 술을 마시고 있는 사람 중에 미성년자는 없는지 파악한다고 생각해보자. 또한 술집에 술을 마시는 사람과 술을 마시지 않는 사람이 있고, 20세가 되지 않은 사람도 있고, 20세 이상인 사람도 있다고 하자.

웃기게도 문제를 이렇게 바꿔서 내면 다들 잘 맞춘다. 술 마시는 미성년자에게 한 번 물어보기 바란다. 이 문제는 앞에서 말한 카드 문제와 완전히 같다. 하지만 카드 문제처럼 추상적인 형태로 문제를 내면 "3과 Q를 뒤집어봐야 한다."와 같은 오답을 제시하는 사람이 많다. 이걸 보면 사회적인 문제에 대해서는 논리적으로 추론하는 능력을 다들 갖고 있지만, 이 능력을 추상적인 수학 문제에 적용할 수 있게 하려면 뼈를 깎는 노력을 기울여야 하는 것 같다.[1]

암튼 여기서 핵심은 까만색이 아닌 것이 아주아주 많고, 그중에 까마귀도 있을 때 (까마귀, 까만색 아님) 쌍이 존재한다면 무작위로 까마귀 표본을 추출한 다음 까만색이 아닌 것의 표본을 추출하면 그 쌍을 찾아낼 가능성이 아주 높아진다는 것이다. 따라서 추출한 까마귀 표본에서 까만색이 아닌 까마귀가 없다면 "까마귀는 모두 까만색이다."라는 결론에 대한 확신이 훨씬 높아진다고 볼 수 있다. 까마귀 표본을 추출하면 우리가 세운 가설이 성립하지 않을 가능성이 훨씬 크기 때문이다.

---

1. 여기에 대한 자세한 내용은 스티븐 핑커의 『마음은 어떻게 작동하는가』(동녘사이언스, 2007). 원서는 『How the Mind Works』(W. W. Norton & Company, 2009)를 읽어보기 바란다.

대화형 증명

'대화형 증명$^{interactive\ proof}$'은 1980년대 이후로 전산학 이론과 암호화 분야의 핵심 연구 주제다. 이 책은 양자 컴퓨팅에 대한 책인 만큼 기존과는 다른 방식으로 대화형 증명을 설명할까 한다. 다시 말해 "고전 컴퓨터를 이용해 양자 컴퓨터를 효율적으로 시뮬레이션할 수 있는가?"란 질문으로 접근해보겠다.

오래 전 에드 프레드킨$^{Ed\ Fredkin}$은 나와 얘기하던 중 우주 전체가 일종의 고전 컴퓨터이므로 모든 것을 고전 컴퓨터로 시뮬레이션할 수 있다고 믿는다고 말했다. 그런데 양자 컴퓨터가 불가능하다는 말을 하는 대신 BQP는 반드시 P일 수밖에 없다는 굉장히 흥미로운 방향으로 논지를 전개했다. 지금까지 알려진 고전 알고리즘보다 빠른 양자 컴퓨터용 인수분해 알고리즘이 나와 있다고 해서 우리가 모르는 빠른 고전 인수분해 알고리즘이 존재하지 않는다는 것은 아니다. 데이비드 도이치$^{David\ Deutsch}$는 이와 정반대 입장에 서 있다. 앞에서 여러 차례 언급했듯이 그는 "쇼어 알고리즘이 '평행 우주$^{parallel\ universes}$'와 관련이 없다면 어떻게 인수분해할 수 있는가?"라고 주장했다.[2] 이러한 지수적으로 많은 우주를 활용하지 않고서는 어디서 숫자를 인수분해하느냐는 말이다. 내 생각엔 도이치의 주장에 반박할 수 있는 (유일한 방법은 절대 아니지만) 한 가지 방법은 그가 효율적인 고전 시뮬레이션이 존재하지 않는다고 가정한다는 점을 지적하는 것이다. 우리는 자연이 다항수만큼 많은 고전 리소스를 이용해 동일한 계산을 수행할 방법이 없다는 것을 믿지만, 확신할 수는 없다. 즉, 증명할 방법이 없다.

왜 증명할 수 없을까? 문제의 근본 핵심은 P ≠ BQP를 증명할 수 있다면 P ≠ PSPACE도 증명할 수 있다는 것이다. 물리학자들은 당연히 두 클래스가 같지 않고 증명할 필요조차 없다고 생각할 수 있다. 하지만 이건 별개의 문제다. 다른 방향으로 문제를 바라보면서 P = BQP를 증명하는 것은 이미

---

2. D. Deutsch, The Fabric of Reality: The Science of Parallel Universes – and Its Implications (London: Penguin, 1998)

여러 사람이 시도했던 것 같다. 공식적으로 이렇게 말해도 될지 모르겠지만 나도 하루 이틀 정도 이 문제를 고민해봤다. 최소한 BQP를 AM 안에(또는 다항 계층 안에 혹은 이와 유사한 기초적인 사실에) 두면 좋을 것 같다. 하지만 아쉽게도 양자적인 관점을 완전히 제쳐두고서라도 이런 질문에 답하기에는 효율적인 연산을 아직 충분히 이해하지 못한 것 같다.

문제는 P ≠ BQP, P ≠ NP 등이 성립한다면 도대체 왜 이를 증명할 수 없는가에 있다. 여기에 대해 나온 주장이 몇 가지 있다. 그중 하나로 상대화relativization가 있다. P 컴퓨터와 BQP 컴퓨터가 동일한 오라클에 접근한다고 하자. 다시 말해 둘 다 똑같은 함수로 하나의 계산 스텝을 수행하는 것이다. 둘이 똑같아지게 만드는 오라클이 존재하고, 둘이 같지 않게 만드는 오라클도 존재할 수 있다. 둘을 똑같이 만드는 오라클은 가령 모든 것을 중간에 끼워 넣고 모두 PSPACE와 같게 만들기만 하는 PSPACE 오라클일 수도 있다. 둘이 같지 않게 만드는 오라클은 사이먼 문제Simon's Problem나, 양자 컴퓨터는 풀 수 있지만 고전 컴퓨터는 풀 수 없는 주기 찾기 문제period-finding problem와 같은 문제에 대한 오라클일 수 있다.

두 클래스가 같다면 직관적으로 생각할 때 서로 능력이 달라지게 만들려면 어떻게 해야 할까? 핵심은 우리가 어떤 클래스에 오라클을 제공할 때 그 클래스 자체에 영향을 주는 것이 아니라 클래스의 '정의'에 영향을 준다는 데 있다. 예를 들어 현실에서 P = BPP가 성립한다는 것을 믿더라도 P^O ≠ BPP^O인 오라클 O를 아주 쉽게 만들 수 있다. 당연히 클래스에 대한 연산을 수행할 때 동일한 클래스 둘에 대한 연산의 결과도 여전히 서로 같다. 하지만 우리가 하려는 것은 이것이 아니다. 기호 때문에 이렇게 오해할 수도 있다. 개략적으로 비유하자면 오바마가 대통령이라는 말이 참이고, 롬니가 선거에 이긴다면 그가 대통령이 됐을 거라는 말도 참이라는 말과 같다. 그렇다고 해서 두 명제의 순서를 단순히 바꿔 롬니가 선거에 이겼다면 오바마가 됐을 것이라고 말할 수는 없다.

따라서 상대화의 의미는 P vs NP를 비롯한 계산 복잡도 이론의 난제를 푸는 데 필요한 기법은 모두 이러한 오라클의 존재에 민감한 영향을 받을 수밖에 없다는 것이다. 얼핏 들으면 큰 문제가 아닌 것 같지만 현재까지 알려진 거의 모든 증명 기법은 오라클의 존재에 민감하지 않다는 것을 떠올릴 필요가 있다. 오라클에 민감한 기법을 떠올리기란 굉장히 어렵다. 또한 (내가 볼 때 는) 대화형 증명이 흥미로운 이유가 바로 이 점에 있다. 이것이 바로 내가 확실히 제시할 수 있는 상대화하지 않은 증명 기법 중에서도 명확하고 모호하지 않은 한 가지 예다. 다시 말해 뭔가가 참이라는 것을 증명할 수 있는데, 모든 것을 오라클에게 주지 않으면 참일 수 없다는 것이다. 이 사실은 문 앞에 바로 놓여 있거나 갇힌 동굴에서 불빛이 보이는 곳을 한 발짝만 남겨둔 것과 같다. 대화형 증명의 결과이긴 하지만 우리가 얻게 될 분리 증명 separation proof(P != NP 등)이 궁극적으로 어떤 모습일지 아주 희미하게나마 보여준다. 대화형 증명 기법은 P ≠ NP와 같은 문제를 풀기에는 너무나 약한 것 같다. 그렇지 않았다면 풀었다는 소식을 이미 들었을 것이다. 하지만 이미 우리는 이 기법을 이용해 비상대화nonrelativizing 분리 결과를 몇 가지 얻을 수 있다. 이에 대한 예제도 뒤에서 몇 가지 살펴본다.

그렇다면 P vs BPP 문제는 어떨까? 대부분은 P와 BPP는 실제로 서로 같다고 생각하는 분위기다. 임파글리아초와 위그더슨의 결과에 따르면[3] 어떤 $c > 0$ 에 대해 2^{cn} 크기의 회로로 2^n 시간에 풀 수 있는 문제가 존재한다는 것을 증명할 수 있다면 굉장히 좋은 유사 무작위수 생성기를 만들 수 있다고 한다. 다시 말해 이런 생성기는 고정된 다항 크기의 회로 중에서 어떠한 것도 무작위와 구분할 수 없다는 말이다. 이런 생성기를 확보할 수 있다면 모든 확률적 다항 시간 알고리즘을 역무작위화derandomize하는 데 활용할 수 있다. 알고리즘에 이런 유사 무작위수 생성기의 출력값을 집어넣으면 알고리즘은 진

---

3. R. Impagliazzo and A. Wigderson, P=BPP if E requires exponential circuits: Derandomizing the XOR lemma. In Proceedings of ACM Symposium on Theory of Computing (1997), pp. 220–229.

정한 무작위 문자열과 생성기의 값의 차이를 전혀 구분할 수 없다. 따라서 확률적 알고리즘을 결정적으로 시뮬레이션할 수 있게 된다. 그렇다면 고전 무작위성과 양자 무작위성의 차이를 정말 볼 수 있을 것 같다. 고전 무작위성은 결정적 알고리즘으로 효율적으로 시뮬레이션할 수 있는 것 같은 반면 양자 '무작위성'은 그럴 수 없다. 여기서 알 수 있는 한 가지 사실은 고전 무작위 알고리즘으로는 항상 "무작위성을 빼낼 수 있다". 다시 말해 알고리즘을 결정적인 것으로 취급하고 무작위 비트를 입력의 일부로 취급할 수 있다는 것이다. 반면 양자 알고리즘을 시뮬레이션할 때 "양자성을 빼낼 수 있다."는 말은 무엇을 의미할까?

그럼 비상대화^{nonrelativizing} 기법의 예를 하나 살펴보자. (SAT에서 사용했던 것 같은) 충족 불가능한 변수 n개짜리 불리언 함수 하나가 정말 충족 불가능하다고 증명하는 경우를 생각해보자. 다시 말해 주어진 수식을 참(TRUE)으로 만드는 변수 n개의 값에 대한 조합이 존재하지 않음을 확인하려는 것이다. 이 문제는 앞에서 얘기했던 coNP 완전 문제에 해당한다. 여기서 문제는 모든 변수 값 조합이 주어진 식을 참으로 만들 수 없다고 루프를 돌면서 검사하기에는 시간이 부족하다는 것이다. 이때 1980년대에 나온 질문처럼 '그렇다면 지능이 아주 뛰어난 외계인이 지구에 와서 우리를 도와준다면 어떻게 될지' 생각해보자. 외계인과 그들이 가진 기술을 신뢰할 수는 없지만 그들에 대한 신뢰와 관계없이 주어진 식이 충족 불가능하다는 것을 증명하고 싶다. 이렇게 하는 것이 가능할까?

계산 복잡도 이론에서 우리가 주어진 문제에 대한 답을 구할 방법을 모를 때는 흔히 '예' 또는 '아니요'라고 답해주는 '오라클^{oracle}'을 찾는 식으로 해결한다. 예를 들어 어떤 함수 f를 계산하는 불리언 회로 하나가 주어졌을 때, 회로에 대한 설명을 입력 받아 f의 특정한 패턴이나 정칙성^{regularity}을 안정적으로 찾아내는 다항 시간 알고리즘이 존재하지 않는다는 것을 재확인하고 싶다고 하자(참고로 현대 암호학은 이런 믿음에 바탕을 두고 있다). 여기서 문제는 가장 먼저 P ≠ NP부터 증명하지 않고서는 이러한 가설을 증명할 수 없어 보인다는 것이다. 반면 "*f*를 블랙박스처럼 접근하는 한 패턴이나 규칙성을 발견할 수 있는 다항 시간 알고리즘은 존재하지 않는다."라는 그보다 약한 문제는 풀 수 있는 경우가 굉장히 많다. 다시 말해 여러 가지 x를 뽑는 방식으로 f에 대해 학습할 수만 있고 $f(x)$의 값에 대한 마법 같은 서브루틴을 물어본다면 서브루틴에 지수만큼 많은 횟수를 접근해야 한다는 것이다.

이는 물리학자들이 섭동 연산perturbative calculation을 수행할 때 하는 것과 비슷한 것 같다. 이렇게 하는 이유는 할 수 있기 때문이다. 또한 이렇게 하면 최소한 우리가 정말 알고 싶은 것에 대해 일관성 검사는 할 수 있기 때문이다 (블랙박스 버전조차도 거짓이라고 밝혀지면 '실제' 가설은 아주 곤란한 상황에 처하게 된다).

이것이 바로 포트나우Fortnow와 십서Sipser가 1980년대 후반에 한 것이다.[4] 이 논문에서 말하는 바는 다음과 같다. 지수적으로 긴 문자열에 대해 외계인이 이런 문자열은 모두 0 문자열이라고 장담한다고 하자. 다시 말해 문자열에 1은 하나도 없다는 것이다. 그렇다면 어떻게 증명할 수 있을까? 다음과 같이 상상할 수 있다. 먼저 증명자는 "문자열은 모두 0으로 구성돼 있다."라고 말할 수 있다. 이에 대해 "글쎄, 믿지 못하겠는데. 좀 더 확신할 수 있게 말해줘."라고 하면 "여기, 이 지점에 0이 있고, 저기에도 0이 있네. 따라서 이 0은…"와 같이 답할 수 있다.

생각해보면 210,000개 비트만 확인하면 되니까, 외계인이 "내 말 믿어, 모두 0이라니까."라고 말할 수 있다. 여기서 증명자가 할 수 있는 것은 많지 않다. 포트나우와 십서는 이처럼 당연한 직관을 수식으로 증명한 것이다. 여러분과 이 증명자 사이에서 여러분이 확신하게 되면 '예'라 하고, 그렇지 않으면 '아니요'라고 말하면서 대화를 끝내는 메시지 프로토콜을 아무거나 하나 정

---

4. L. Fortnow and M. Sipser, Are there interactive protocols for CO–NP languages? Information Processing Letters, 28:5 (1988), 249–51.

해보자. 그러면 주어진 문자열에서 무작위로 한 비트를 뽑아 몰래 1로 바꿔도 이 프로토콜은 이전과 똑같이 작동할 것이 거의 확실하다. 여러분은 여전히 이 문자열은 모두 0으로 구성돼 있다고 말할 것이다.

IP라는 복잡도 클래스를 정의해보자. 이 클래스는 증명자와 대화를 나누면서 '예'라고 확신할 수 있는 문제의 집합이다. 또한 앞에서 MA와 AM 같은 클래스도 언급한 적이 있다. 이 클래스는 대화의 횟수가 상수인 것이다. MA는 증명자가 여러분에게 메시지 하나를 보내면 여러분은 확률적 계산으로 이를 확인한다. AM은 여러분이 증명자에게 메시지 하나를 보내면 증명자가 다시 메시지를 보내고 여러분이 확률적 계산을 수행한다. 결론적으로 대화의 횟수가 몇 번이든지 상수라면 동일한 클래스 AM을 얻는다. 따라서 조건을 완화해 다항 횟수만큼 대화할 수 있다고 해보자. 그러면 IP 클래스가 나온다. 포트나우와 십서가 한 것은 coNP ⊄ IP에 상대적인 오라클을 만드는 방법을 제시한 것이다. 논문의 결론은 이 오라클에 상대적으로 볼 때 증명자와 다항 횟수만큼 대화해서는 수식의 충족 불가능성을 검증할 수 없다는 것이다. 이 분야의 표준 패러다임을 따르면 coNP ⊄ IP라는 조건 없이 증명할 수 없는 것이 당연하지만 이를 통해 몇 가지 증거를 얻게 된다. 즉, 무엇이 참이라고 기대할 수 있을지를 알려준다.

그렇다면 (룬드[Lund], 포트나우[Fortnow], 칼로프[Karloff], 니산[Nisan](LFKN)이 발견한[5]) 폭탄 선언에 대해 '진정한' 비상대화된 세계에서는 수식이 충족 불가능하다는 사실을 어떻게 보일 수 있을까? 어떻게든 주어진 수식의 구조[structure]를 활용할 수밖에 없다. 임의의 추상적인 불리언 함수가 아니라 명시적으로 주어진 불리언 수식이라는 사실을 이용해야 한다. 그렇다면 어떻게 할까? 주어진 문제가 3SAT라고 가정해보자. 3SAT는 NP 완전 문제이므로 이렇게 가정해도 일반성을 해치지 않는다. 각각 세 변수가 들어간 (n개의) 절[clause]들이 있

5. C. Lund, L. Fortnow, H. J. Karloff, and N. Nisan, Algebraic methods for interactive proof systems, Journal of the ACM, 39:4 (1992), 859–68.

고, 모든 절을 만족시키는 방법이 없다는 것을 검증하려는 것이다.

이제 이 식을 유한체$^{finite field}$에 대한 다항식에 매핑한다. 이 기법을 산술화^{arithmetization}라 부른다. 쉽게 말해 논리 문제를 대수 문제로 변환해서 좀 더 쉽게 다룰 수 있도록 만드는 것이다. 과정은 다음과 같다. 3SAT 인스턴스를 3차 다항식의 곱으로 바꾼다. 각 절, 즉 세 리터럴에 대한 각 OR는 1 – (각 리터럴)에 대한 곱을 1에서 뺀 것과 같다. 가령 $(x$ OR y OR $z)$는 $1 – (1 – x)(1 – y)(1 – z)$가 된다.

여기서 x, y, z가 값으로 각각 FALSE와 TRUE에 해당하는 0과 1만 가질 수 있는 한 이 다항식은 처음에 나온 논리 표현식과 완전히 동치다. 그런데 여기서 이 다항식이 어떤 훨씬 큰 체에 대한 식이라고 재해석할 수 있다. 적당히 큰 소수 N을 하나 골라 이 다항식이 (원소가 N개인 체인) GF_N에 대한 것이라 해석한다. 이 다항식을 $P(x_1, \ldots, x_n)$이라 부르자.

이 식이 충족 불가능하다면 선택한 변수에 대해 $x_1, \ldots, x_n$의 값을 어떻게 할당하더라도 이 수식에 충족 불가능한 절이 존재할 수밖에 없다. 따라서 우리가 곱하려는 3차 다항식 중 하나는 0이 되므로 이들의 곱도 0이 된다. 그러므로 수식을 충족시키는 할당이 없다는 것은 $x_1, \ldots, x_n$에 대해 가능한 2^n가지의 모든 불리언 값 할당에 대해 $P(x_1, \ldots, x_n)$의 합을 구하면 0이 된다는 것과 동치다.

물론 이 문제 역시 원래 문제보다 결코 쉽진 않다. 지수적으로 많은 항에 대해 합을 만들고, 각각이 모두 0이 되는지 확인해야 한다. 하지만 이렇게 하면 증명자의 도움을 받을 수 있다. 단지 모두 0인 문자열만 있고 증명자가 모두 0이라고 말해주는 상황에서는 그를 믿을 수 없다. 하지만 좀 더 큰 체로 무대를 넓힌 뒤에는 다룰 수 있는 구조를 좀 더 확보하게 된다.

그렇다면 이 상태에서 어떻게 할 수 있을까? 증명자에게 요청할 사항은, x_1은 미지수로 남겨 두고 변수 $x_2, \ldots, x_n$에 대한 2^{n-1}가지의 모든 값 할당에 대한 합을 구해달라는 것이다. 따라서 증명자는 첫 번째 변수에 대한 단변량 univariate 다항식 Q_1을 보내준다. 처음 다항식의 차수는 $\text{poly}(n)$이므로 증명자는 계수에 대한 다항수를 보내는 식으로 이 작업을 처리할 수 있다. 이렇게 단변량 다항식을 보내주는 것이다. 그런 다음 할 일은 $Q_1(0) + Q_1(1) = 0$임을 검증하는 것이다(여기서 모든 연산은 $\text{mod } N$이다). 어떻게 할 수 있을까? 증명 자는 전체 다항식에 대한 가설 값을 제시했다. 따라서 주어진 체에서 무작 위로 r_1을 뽑는다. 그리고 나서 $Q_1(r_1)$이 원래 가져야 할 값과 같은지 검증한 다. 일단 0과 1은 무시하고 이 체 안의 어딘가로 들어간다고 생각해보자. 이 렇게 해서 r_1을 증명자에게 보낸다. 이제 증명자는 새로운 다항식 Q_2를 보낸 다. 여기서 첫 번째 변수는 r_1으로 고정되지만 x_2는 고정되지 않은 채 남아 있고, $x_3, \ldots, x_n$은 (앞에서와 마찬가지로) 가능한 모든 불리언 값의 합을 구한 다. 증명자가 거짓말을 하면서 엉뚱한 다항식을 보내는지는 여전히 모른 다. 그렇다면 여기서 어떻게 해야 할까?

$Q_2(0) + Q_2(1) = Q_1(r_1)$을 검사한 후 또 다른 원소 r_2를 무작위로 뽑아 증명자에게 보내자. 그러면 증명자는 답장으로 다항식 $Q_3(X)$를 보낼 것이다. 이 값이 x_4에서 x_n까지의 모든 가능한 불리언 값 할당에 대한 $P(x_1, \ldots, x_n)$의 합이된다. 여기서 x_1은 r_1으로, x_2는 r_2로 설정되고, x_3은 고정되지 않은 채 남아 있다. 이번에도 마찬가지로 $Q_3(0) + Q_3(1) = Q_2(r_2)$임을 검증한다. 그러고 나서 r_3을 무작위로 뽑아 증명자에게 전송하는 식으로 계속 이어나간다. 이러한 대화는 마지막 변수에 다다를 때까지 n번 반복된다. 그렇다면 마지막으로 반복할 때는 어떻게 해야 할까? 그때는 증명자의 도움 없이 스스로 $P(r_1, \ldots, r_n)$을 구해 $Q_n(r_n)$과 같은지 직접 검증하면 된다.

이런 식으로 테스트할 일이 엄청나게 많다. 이에 대한 나의 첫 번째 주장은 충족 가능한 할당이 존재하지 않고 증명자도 거짓말을 하지 않는다면 n번의 테스트를 모두 확실히 통과할 수 있다는 것이다.

두 번째로 할 수 있는 주장은 충족 가능한 할당이 존재한다면 최소한 이러한 테스트 중 하나는 거짓일 확률이 높다는 것이다. 왜 그럴까? 내가 생각하기에 증명자는 기본적으로 룸펠스틸츠킨[Rumpelstiltskin][6]에 나오는 말과 같다. 증명자는 시간이 흐를수록 점점 더 큰 거짓말에 빠져들 뿐이다. 그러다가 마침내 거짓말들이 걷잡을 수 없을 정도로 터무니없어지게 된다는 것이다. 실제로는 이런 식으로 진행되는 것이다. 왜 그럴까? 가령 첫 번째 반복에서 증명자가 우리에게 전달해야 할 실제 다항식은 Q_1인데, 증명자는 Q_1'을 전달했다고 하자. 여기서 문제가 발생한다. 이 다항식은 차수가 그리 크지 않다. 마지막 다항식인 P는 차수가 절의 개수에 비해 최대 세 배 정도만 크다. 체의 크기를 더 크게 바꾸는 것은 쉽다. 따라서 d차 다항식은 체의 크기 N보다 훨씬 작게 만든다.

여기서 잠시 질문: 차수가 d인 두 다항식 P_1과 P_2가 주어졌다고 하자. 두 다항식에서 서로 값이 같은 점이 얼마나 많을까? (여기서 두 다항식은 같지 않다고 가정한다) 두 다항식의 차인 $P_1 - P_2$를 구해보자. 대수학의 기본 정리[Fundamental Theorem of Algebra]에 따르면 결과 역시 최대 d차인 다항식이므로 서로 다른[distinct] 해는 최대 d개다(이번에도 역시 모두 0이 아니라고 가정한다). 그러므로 서로 다른 두 다항식은 최대 d 지점에서 일치하고, 여기서 d는 다항식의 차수다. 이 말은 크기가 N인 체에 대한 다항식에 대해 체에서 무작위로 원소 하나를 뽑을 때 두 다항식이 그 지점에서 일치할 확률은 최대 d/N이라는 것이다.

다시 앞에서 얘기하던 프로토콜로 돌아가 d가 N보다 훨씬 작다고 가정해보자. 그러면 Q_1과 Q_1'이 체에 있는 무작위 원소에 대해 일치할 확률은 1보다 훨씬 작다. 따라서 r_1을 무작위로 뽑을 때 $Q_1(r_1) = Q_1'(r_1)$일 확률은 최대 d/N다. 아주 운이 나쁜 경우에만 둘이 같아지는 r_1을 뽑을 것이므로 계속 진행하면서 $Q_1(r_1) \neq Q_1'(r_1)$이라고 가정할 수 있다. 이제 증명자가 식은땀을 좀 흘

---

6. 독일 민화에 나오는 이야기로, 아버지가 자신도 모르게 거짓말을 일삼는 사람인데, 왕한테 거짓말을 해서 딸이 해결해야 하는 상황에 처한다. 이것을 난쟁이 요정이 도와주고는 첫 아기를 달라고 한다. 첫 아기가 태어나 난쟁이 요정이 데려가려고 와서 아버지가 애원하니, 내 이름을 알아맞히면 안 데려가겠다고 한다. 그리고 결국에는 '룸펠스틸츠킨'이라는 이름을 알아맞힌다는 그런 내용이다. – 옮긴이

릴 것이다. $Q_1(r_1) \neq Q_1'(r_1)$이 거짓말이고 이를 증명자가 믿더라도 아직 만회할 수 있다. 마찬가지로 그다음에는 r_2를 무작위로 추출한다. 이번에도 증명자가 다른 거짓말로 상황을 모면할 확률은 최대 d/N가 된다. 이 값은 매번 반복할 때마다 같다. 따라서 증명자가 거짓말로 상황을 모면할 확률은 최대 nd/N다. 우리는 그저 이 값이 1보다 아주 작게 될 정도로 충분히 큰 값을 N으로 정하면 된다.

그렇다면 이 프로토콜을 그냥 양의 정수에 대해 수행하지 않는 이유는 뭘까? 양의 정수인 무작위수를 생성할 방법이 없고 이렇게 할 수 있어야 하기 때문이다. 그래서 아주 큰 유한체 하나만 뽑는 것이다.

따라서 이 프로토콜을 통해 coNP ⊆ IP라는 결론을 내릴 수 있다. 실제로는 이보다 강력한 결과를 도출할 수 있다.

꿈에서나 존재할 수 있는 가장 큰 IP는 PSPACE다. 대화형 프로토콜로 할 수 있는 것은 모두 PSPACE에서 시뮬레이션할 수 있다고 증명할 수 있다. IP를 더 높이 올릴 수 있을까? 더 크게? 우리가 검증하려고 했던 바는 $P(x_1, \ldots, x_n)$의 모든 값을 더하면 0이 되는지 여부였다. 하지만 합한 결과가 0이 아닌 (우리가 원하는 모든) 다른 상수임을 증명하더라도 이와 동일한 방식으로 증명해야 한다.

다시 말해 아더왕^{Arthur}은 마법사 멀린^{Merlin}의 도움을 받아 $P(x_1, \ldots, x_n) = 1$을 충족하는 불리언 문자열 $x_1, \ldots, x_n$의 개수를 셀 수 있다. 개수가 0인지 아닌지만 알아내는 것이 아니라 말이다. 좀 더 구체적으로 설명하면 아더왕은 복잡도 클래스가 #P(1979년 밸리앙이 정의한 클래스로, '샵 피'라고 읽음)인 문제를 모두 풀 수 있다.[7]

잠시 본론에서 벗어나보자. 지금까지 우리가 본 다른 복잡도 클래스와 달리

---

7. L. G. Valiant, The complexity of enumeration and reliability problems, SIAM Journal on Computing, 8:3 (1979), 410–421.

#P는 '예/아니요'라는 결정 문제가 아니라 함수로 구성된다. 이진 문자열을 음이 아닌 정수로 대응시키는 함수 f가 #P에 있다는 것은 $f(x)$가 $V(x, w)$를 참으로 만드는 $p(n)$비트 문자열 w의 개수와 같게 만드는 다항 시간 알고리즘 V와 다항식 p가 존재하는 경우를 말한다. 좀 더 간단히 말해서 #P는 NP 문제에 대한 해의 개수를 센다고 표현할 수 있는 모든 문제로 구성된 클래스다. 그렇다면 지금까지 우리가 본 복잡도 클래스 중에서 #P가 어디쯤 자리하는지 묻는다면 사과와 오렌지 문제, 즉 함수 클래스를 언어 클래스로 어떻게 비교하는가 하는 문제에 부딪히게 된다. 하지만 실전에서 흔히 사용하는 간단한 해결책은 $P^{\#P}$ 클래스를 고려해보는 것이다. 이 클래스는 #P 오라클에 접근하는 P 머신에 의해 결정되는 모든 언어로 구성된다.

게으른 독자를 위한 연습문제: $P^{\#P} = P^{PP}$임을 증명하라. 여기서 PP는 7장에서 정의한 '다수결' 클래스다(다시 말해 어떤 의미에서 PP는 "그 안에 잠재해 있는 #P의 파워를 이미 갖고 있다").

이제 1990년에 증명된 굉장히 중요한 결과인 토다의 정리[Toda's Theorem]에 따르면 $P^{\#P}$은 다항 계층 PH 전체를 담고 있다고 한다. 개수를 세는 오라클이 이 정도로 강력한지 직관적으로 와 닿지 않는다면 당연히 그럴 것이라고 답할 수 있다. 토다의 정리는 모든 사람을 깜짝 놀래켰다. 아쉽게도 토다의 정리에 대한 증명을 여기서 다룰 수는 없지만,[8] 뒤에서 이 정리를 여러 차례 활용할 것이다.

어쨌든 복잡도 클래스 관점에서 볼 때 앞에서 관찰한 결과는 $P^{\#P} \subseteq IP$라는 뜻이다. 대화형 프로토콜에서 마법사 멀린은 아더왕이 모든 #P 문제의 해에 대해 확신하게 만들 수 있으며, 따라서 모든 $P^{\#P}$ 문제도 그렇게 할 수 있다(아더왕은 #P 오라클 대신 마법사 멀린을 쓸 뿐이기 때문이다). 토다의 정리를

---

8. 여기에 대해 잘 설명하는 글 중 하나로, 랜스 포트나우(Lance Fortnow)가 쓴 "A Simple Proof of Toda's Theorem"(http://theoryofcomputing.org/articles/v005a007/v005a007.pdf)이나, 우베 쉐닝(Uwe Schöning)이 쓴 『Gems of Theoretical Computer Science』(Springer, 1998)를 추천한다.

적용하면 이는 다시 IP는 PH를 포함한다는 것을 의미한다.

'LFKN 정리'가 등장한 이후로 수많은 사람이 이메일로 의견을 주고받았으며, 한 달이 지나 샤미르^{Shamir}는 IP = PSPACE임을 알아냈다. 다시 말해 IP는 사실 '갈 때까지 간 것'이다.[9] 샤미르가 발표한 논문에 대해서는 더 이상 자세히 설명하지 않겠다. 다만 결과가 말하는 바는 지능이 아주 뛰어난 외계인이 지구에 와 체스 게임을 할 때 흰색이나 검은색이 이길 수 있는 전략이 있는지, 또는 체스는 그저 제비뽑기인지를 증명할 수 있다는 것이다. 물론 외계인이 우리를 갖고 놀면서 게임에 이길 수 있지만, 그럴 경우에 알 수 있는 사실은 외계인이 우리보다 뛰어난 체스 플레이어라는 사실뿐이다. 하지만 이를 통해 체스 게임을 거대한 유한체에 대한 다항식을 더하는 게임으로 환산(환원^{reduce})함으로써 어느 플레이어가 이길 수 있는지 증명할 수 있다 (세부적인 사항을 한 가지 덧붙이면 이 방법은 토너먼트 경기에서 '50번 이동 규칙'과 같이 이동 횟수가 어느 정도 제한된 체스에만 적용할 수 있다).

(내가 볼 땐) 이미 이 문제는 상당히 반직관적이다. 앞에서 말했듯이 P ≠ NP와 같은 비상대화 결과를 증명하는 데 필요한 기법에 대해 실낱같은 희망을 보여준다. 상당히 많은 사람이 이런 문제를 불리언 형태에서 대수 형태로 변환하는 방식으로 해결하는 것이 관건이라고 생각하는 듯하다. 문제는 어떻게 하느냐다. 물론 이런 기법으로 새로운 하한을 구하는 방법을 보여줄 수 있다. 심지어 양자 회로 하한$^{quantum\ circuit\ lower\ bound}$에 대해서도 말이다.

첫 번째 주장: 불리언 식을 충족시키도록 값을 할당하는 방법의 수를 세는 다항 크기 회로가 있다고 하자. 그러면 해의 개수가 몇인지 증명하는 방법도 존재한다. 대화형 증명 결과에서 이 사실을 어떻게 도출할 수 있는지 알겠는가? 가만 보면 불리언 식을 충족시키는 값 할당의 개수에 대해 검증자가 확신하려면 증명자 자신이 필요한 연산 능력은 값 할당 개수를 세는 데 필요

---

9. A. Shamir, IP = PSPACE. Journal of the ACM, 39:4 (1992), 869–77.

한 연산 능력보다 많을 필요가 없다. 결국 증명자는 계속해서 이러한 지수적으로 큰 합을 계산하기만 하면 된다. 다시 말해 #P에 대한 증명자를 #P로 구현할 수 있다. #P 오라클이 있다면 증명자도 될 수 있다. 이 사실을 이용해서 룬드 등은 #P ⊂ P/poly면(다시 말해 크기 n의 식에 대한 해의 개수를 세는, n에 대한 다항 크기의 회로가 있다면) $P^{\#P}$ = MA임을 지적했다. MA라면 멀린은 아더에게 #P 문제를 푸는 다항 크기 회로를 줄 수 있고, 그러면 아더는 회로가 제대로 계산하는지 그저 검증만 하면 된다. 이렇게 하려면 아더는 앞에서 본 대화형 프로토콜을 그저 돌리기만 하면 되는데, 단 여기서 증명자와 검증자의 역할을 모두 수행해야 하며 회로 자체는 증명자를 시뮬레이션하는 데 사용한다. 이는 자가 진단 프로그램self-checking program의 한 예다. 어떤 식에 대한 해의 개수를 센다고 주장하는 회로를 신뢰할 필요가 없다. 대화형 프로토콜에 증명자 역할을 맡기면 되기 때문이다.

이제 무제한 오차를 갖고 확률적 다항 시간에 풀 수 있는 문제들로 구성된 PP 클래스는 선형 크기 회로를 갖지 않는다고 증명할 수 있다. 이 결과를 처음 발표한 사람은 비노드찬드란Vinodchandran이다.[10] 왜 이런 결과가 나올까? 두 가지 경우로 나눠 생각해보자. PP가 다항 크기 회로를 갖지 않는다면 따져볼 것도 없다. 하지만 PP가 다항 크기 회로를 가진다면 $P^{\#P}$도 마찬가지다. $P^{\#P}$ = P^{PP}라는 기본 사실 때문이다(한번 직접 증명해보기 바란다). 따라서 LFKN 정리에 의해 $P^{\#P}$ = MA이므로 $P^{\#P}$ = MA = PP다. PP는 MA와 $P^{\#P}$ 사이에 끼여 있기 때문이다. (잠시 후 보겠지만) 직접 대각화 논법direct diagonalization argument을 이용해 $P^{\#P}$는 선형 크기 회로를 갖지 않는다고 증명할 수 있다.

사실 결론은 이보다 강력하다. 모든 고정된 k에 대해 크기가 $O(n^k)$인 회로로 결정될 수 없는 언어 L을 $P^{\#P}$ 또는 PP에서 찾을 수 있다. 이는 다항 크기 회로를 갖지 않는 언어가 PP에 하나만 있다는 말과 완전히 다르다. 두 번째

---

10. N. V. Vinodchandran, A note on the circuit complexity of PP, Theoretical Computer Science, 347:1/2 (2005), 415–418.

문장은 상상할 수 없을 정도로 보여주기 힘들다. 다항 한계가 주어졌을 때 그 한계에 제한되는 회로를 넘어서는 PP 문제를 찾을 수 있지만, 이 문제는 주어진 것보다 큰 다항 한계를 가진 회로에 의해 풀 수도 있다. 더 큰 다항 한계를 넘어서려면 다른 문제를 구성해야 하는데, 이런 식으로 끝없이 이어진다.

다시 뒤로 돌아가 지금까지 한 설명에서 빠진 부분을 메꿔보자. 어떤 고정된 k에 대해 $P^{\#P}$은 크기가 n^k인 회로를 갖지 않는다는 것을 보이고 싶다. 크기가 n^k인 회로는 얼마나 많을까? 아마도 n^{2n^k}개 정도일 것이다. 그렇다면 크기가 n^k인 모든 회로의 동작을 보고 불리언 함수 f를 정의할 수 있다. 크기가 n인 가능한 입력들을 $x_1, \ldots, x_{2^n}$과 같이 정렬한다. 그중 최소한 절반 이상의 회로가 x_1에 대해 참이면 집합 $f(x_1) = 0$이고, 반대로 회로의 절반 이상이 x_1에 대해 거짓이라면 집합 $f(x_1) = 1$이다. 이렇게 하면 크기가 n^k인 회로 중에서 최소한 절반은 제거할 수 있다(다시 말해 최소한 한 입력에 대해 f를 계산하는데 실패하게 만들 수 있다). 이제 x_1에 대해 '올바르게 답하는' 남은 회로 중에서 대부분은 x_2에 대해 참일까, 아니면 거짓일까? 대부분이 참이라면 집합 $f(x_2) = 0$이다. 대부분이 거짓이라면 집합 $f(x_2) = 1$이다. 이번에도 역시 남은 회로에서 최소한 절반을 제거할 수 있다. 이렇게 매번 크기가 n^k인 남은 회로 중에서 최소한 절반을 제거하는 함수의 새로운 값을 정의하는 '다윈 과정Darwinian process'을 계속한다. $\log_2(n^{2n^k}) + 1 \approx 2n^k \log(n)$ 스텝이 지나고 나면 크기가 n^k인 회로 전체를 제거하게 된다. 게다가 f를 구성하는 과정을 보면 각각 $P^{\#P}$에 풀 수 있는 개수 세기 문제counting problem가 다항수만큼 있다. 따라서 최종 결과는 $P^{\#P}$에 속하지만 구성 과정에는 (임의의 고정된 k에 대해) 크기가 n^k인 회로를 갖지 않는 문제가 나온다. 이는 상대화 논제의 한 예다.

이런 회로들에 오라클이 있는지 여부에는 관심을 갖지 않았기 때문이다. 이 논제를 $P^{\#P}$에서 그보다 작은 PP 클래스로 내려 보내려면 LFKN에 대한 대화형 증명 결과라는 비상대화 요소를 사용해야만 한다.

하지만 이렇게 하면 정말로 비상대화 회로 하한을 구할 수 있을까? 다시 말해 선형 크기 회로를 갖는 **PP**에 상대적인 오라클이 존재할까? 몇 년 전 그런 오라클을 만들 수 있었다.[11] 이를 통해 비노드찬드란의 결과는 비상대화한 결과임을 밝혔다. 실제로 이는 반론의 여지가 없는 비상대화 분리 결과에 대한 복잡도 이론 전체에서 몇 안 되는 예 중 하나다. 다시 말해 **P** ≠ **NP**를 증명하는 데 가장 큰 장벽 중 하나인 상대화 장벽[relativization barrier]은 굉장히 제한된 경우에 극복할 수 있다는 말이다.

새로운 성과

여기까지가 2006년에 처음 이 장을 집필할 때까지의 상황이다. 그 후로 몇 가지 흥미로운 성과가 있었다. 가장 먼저 2007년 라훌 산타남[Rahul Santhanam]은 비노드찬드란의 결과를 발전시켜 (멀린–아더 증명 프로토콜을 따르는 모든 약속[promise] 문제로 이뤄진 클래스인) **PromiseMA**는 어떠한 고정된 k에 대해 크기가 n^k인 회로를 갖지 않는다고 증명했다.[12]

그 후 얼마 지나지 않아 산타남의 결과에 영감을 받은 아비 위그더슨[Avi Wigderson]과 나는 복잡도 이론을 좀 더 발전시키는 새로운 장벽을 발견하고, 이를 '대수화[algebrization]'라고 이름 붙였다.[13] 기본적으로 대수화는 베이커, 길, 솔로베이가 원래 말한 상대화를 확장한 것으로, 어떤 오라클 A에 상대적인 복잡도 클래스에 대한 질문을 탐구할 때 복잡도 클래스 중 하나가 A 자체만이 아닌 A의 '저차 다항 확장[low-degree polynomial extension]'에 접근하게 하는 것이다. 좀 더 강력한 오라클에 접근하게 함으로써 몇 가지 상승효과를 얻을 수

---

11. S. Aaronson, Oracles are subtle but not malicious. In Proceedings of IEEE Conference on Computational Complexity (2006), pp. 340–354. http://arxiv.org/pdf/cs.CC/0504048.pdf

12. R. Santhanam, Circuit lower bounds for Merlin–Arthur classes. SIAM Journal on Computing, 39:3 (2009), 1038–1061.

13. S. Aaronson and A. Wigderson, Algebrization: a new barrier in complexity theory. ACM Transactions on Computing Theory, 1:1 (2009), 2:1–54.

있다. 특히 산술화에 기반을 둔 모든 표준 비상대화 결과를 흉내낼 수 있게 된다. 가령 (앞에서 설명했듯이) 모든 오라클 A에 대해 $IP^A = PSPACE^A$는 참이 아니지만 $PSPACE^A \subseteq IP^{\sim A}$는 참이다(여기서 ~A는 거대한 유한체에 대한 저차 다항식으로, 불리언 입력으로 제한할 때 A와 동등해지는 것을 의미한다). 따라서 IP = PSPACE 정리는 상대화하지 않더라도 '대수화'된다. 반면 위그더슨과 나는 (P vs. NP뿐만 아니라 P vs. BPP, NEXP vs. P/poly를 비롯한) 유명한 난제 중 대부분에 대해 모든 해는 '비대수화 기법'이 필요하리라는 사실도 증명 했다. IP = PSPACE 정리가 일반 오라클에 관해서는 실패하듯 새로운 대수 적 오라클에 관해서도 실패할 것이다. 결과적으로 대화형 증명에 사용되 는 기법이 현재로선 최선이다. 당연히 이런 기법은 상대화 장벽을 피해가 지만 결국 몇 스텝 뒤에 기다리고 있던 '일반화된' 상대화 장벽에 헤딩하게 된다.

상대화와 대수화 장벽을 회피하는 하한 기법이 있을까? 있다. 사실 수십 년 전부터 나와 있었다. 1980년대 초에 퍼스트[Furst], 색스[Saxe], 십서[Sipser][14], 그리고 (이들과 별개로) 아즈타이[Ajtai][15]가 상수 깊이 회로[constant-depth circuit]의 크기에 대 한 하한을 정하는 혁신적인 기법을 발견했다. 가령 AC^0 회로는 O(1) 레이어 로 정렬되는 AND, OR, NOT 게이트로 구성된다(여기서 각각의 AND와 OR 게 이트는 임의의 개수의 입력을 가질 수 있다). 퍼스트 등과 아즈타이는 n비트의 패리티와 같은 특정 함수에서 AC^0 회로는 반드시 지수 개수의 게이트를 가 진다고 증명했다. 이들이 제시한 기법은 (각각의 게이트에 대한 실제 동작을 관찰하는 데 기반을 둔) 조합론[combinatorics]에 상당히 의존하는 방식이기 때문 에 상대화 장벽을 피했다. 그 후로 다른 하한도 이와 비슷한 방식으로 증명 됐는데, 그중에서도 (임의의 고정된 소수 p에 대해) 산술 모듈로[arithmetic modulo] p 연산을 수행할 수 있는 능력을 보강한 AC^0 회로에 대한 라즈보로프

---

14. M. L. Furst, J. B. Saxe, and M. Sipser, Parity, circuits, and the polynomial-time hierarchy. Mathematical Systems Theory, 17:1 (1984), 13–27.

15. M. Ajtai. Sigma_1^1-formulae on finite structures. Annals of Pure and Applied Logic, 24 (1983), 1–48.

Razborov[16]와 스몰렌스키[Smolensky][17]의 결과가 대표적이다.

하지만 아쉽게도 1993년 라즈보로프와 루디히[Rudich]는 이러한 '조합론 스타일'의 하한은 거의 모두 '자연 증명[Natural Proof]'이라 부르는, 어떤 면에서 상대화 장벽과 상호 보완적인 장벽에 부딪히게 된다고 지적했다.[18] 간단히 정리하면 다음과 같다. 조합론적 하한 기법[combinatorial lower bound technique]은 특정한 함수(예, PARITY)는 작은 회로에 대해 어렵다는 것을 밝히는 방식으로 적용된다. 이런 함수는 효율적으로 연산할 수 있다는 관점에서 볼 때 '무작위 함수처럼 보이는' 반면 작은 회로로 계산할 수 있는 함수는 모두 그러한 관점에서 볼 때 '무작위가 아닌 것처럼' 보여야 하기 때문이다. 하지만 이런 류의 주장은 모두 반대로 뒤집어 '진정한' 무작위 함수와 유사 무작위 함수를 구분하는 데 적용할 수 있다. 따라서 아이러니하게도 우리가 증명하려던 문제 중에서 일부는 풀기가 어렵다고 증명됐다.

퍼스트 등과 아즈타이의 주장은 적용 가능했는데, AC^0 회로는 유사 무작위 함수를 계산하기에는 너무나 약하기 때문이다. 사실 AC^0에서 유사 무작위가 불가능하다는 사실은 하한 증명의 결과에서 도출할 수 있다. 하지만 $P/poly$처럼 훨씬 강력한 회로 클래스에 대한 하한을 증명하는 데는 이와 비슷한 주장을 기대할 수 없다. 거의 모든 사람이 믿는 것처럼 이런 클래스는 유사 무작위 함수를 가진다고 가정한다면 말이다(슬로건 형태로 표현하면 계산의 어려움[computational hardness]이란 사실 때문에 계산의 어려움을 증명하기가 어렵다). 게다가 나오르[Naor]와 레인골드[Reingold]는 일반적인 암호화 가정하에서 (MAJORITY 게이트로 구성된 상수 깊이 회로들인) TC^0 클래스조차도 유사 무작

16. A. A. Razborov. On the method of approximations. In Proceedings of ACM Symposium on Theory of Computing (New York: ACM, 1989), pp. 167–176.

17. R. Smolensky. Algebraic methods in the theory of lower bounds for Boolean circuit complexity. In Proceedings of ACM Symposium on Theory of Computing (New York: ACM, 1987), pp. 77–82.

18. A. A. Razborov and S. Rudich. Natural proofs. Journal of Computer and System Sciences, 55:1 (1997), 24–35.

위 함수를 계산할 수 있다는 것을 밝혔다.[19] 따라서 라즈보로프-루디히의 자연 증명 장벽은 정말 AC⁰보다 살짝만 효과가 있는 것 같다.

자연 증명 장벽을 피하고 싶다면 증명하려는 함수 f가 어렵다는 특수한 속성을 공략하는 기법이 필요한 것 같다. 다시 말해 무작위 함수와 공유하지 않는 f의 속성을 공략해야 한다. 이러한 특수한 속성을 공략하는 기법에 대한 대표적인 예가 바로 '대각화diagonalization'다. 즉, 앞에서 $P^{\#P}$은 선형 회로를 갖지 않는다고 증명하는 데 사용된 기법이다(앞에서 설명했듯이 이 증명은 #P 머신의 능력을 사용해 모든 가능한 선형 크기 회로를 시뮬레이션하고, 그중에서 어떤 것으로도 시뮬레이션하는 것은 피했다). 아쉽게도 이런 류의 테크닉으로 자연 증명 장벽을 회피했지만, 상대화 장벽은 피하지 못하는 것들이다. 다시 말해 대화형 증명 기법으로 무장하면 상대화를 피할 수 있지만, 그렇더라도 여전히 대수화 장벽에 막혀 있다.

그렇다면 자연스레 다음과 같은 질문을 할 수 있다. 상대화, 대수화, 자연 증명이라는 세 가지 장벽을 동시에 회피할 수 있는 회로 하한circuit lower bound이 존재할까? 내 생각에는 그런 하한이 존재한다는 확신을 주는 첫 번째 예가 최근에서야 나왔다. 2010년, 라이언 윌리엄스Ryan Williams는 NEXP $\not\subset$ ACC⁰이라는 획기적인 결과를 증명했다.[20] 여기서 ACC⁰은 AC⁰을 약간 확장한 것인 반면 NEXP는 비결정론적 지수 시간nondeterministic exponential time이어서 모든 기수base에 대한 모듈로 연산을 수행할 수 있다(특정한 소수에 대해 모듈로 연산을 수행할 수 있도록 AC⁰을 확장한다면 하한을 알 수 있다고 앞에서 말한 적이 있다). 이 결과는 우리가 참이라고 여기는 것에 비해 애처로울 정도로 빈약해 보일 수 있다. 하지만 현재까지 알려진 장벽을 모두 회피할 수 있다는 이유만으로도 엄청난 발견이다(엄밀히 말해 자연 증명 장벽이 ACC⁰에 적용되는지

19. M. Naor and O. Reingold, Number-theoretic constructions of efficient pseudo-random functions, Journal of the ACM, 51:2 (2004), 231-262.

20. R. Williams, Non-uniform ACC circuit lower bounds, In Proceedings of IEEE Conference on Computational Complexity (Silver Springs, MD: IEEE Computer Society Press, 2011), pp. 115-125.

알 수 없지만, 그렇다면 윌리엄스 증명은 이 장벽을 회피하게 된다). 이를 위해 윌리엄스는 흔히 사용하는 기법들을 활용할 수밖에 없었다. 즉, 대각화와 대화형 증명에서 얻은 통찰과 ACC^0 함수에서 자명하지 않은 구조에 대한 여러 가지 새롭거나 기존의 결과들을 말이다.

그렇다면 네 번째 장벽이 있을까? 윌리엄스의 새로운 성과로도 해결할 수 없는? 글쎄 난 모르겠다. 일반적인 규칙에 의하면 주어진 기법에 대한 기법을 생각하기도 전에 이 기법에 대한 최소한 두 가지 성공 사례가 필요하다고 말할 수는 있다. 이는 직선 하나를 만들려면 최소한 두 개의 점이 필요한 것과 같은 이유다.

어쨌든 현재 알려진 하한은 $P \neq NP$에 비해 말도 안 되게 약한 문제를 증명하는 데 필요한 개념의 깊이를 명확히 알려준다. 바로 이 때문에 $P \neq NP$라는 새로운 증명이 등장했다는 소식이 들릴 때마다 가슴이 두근거리지 않는 것이다(실제로 한 달에 최소 한 번 꼴로 그런 소식이 들린다). 예전에 처참하게 실패한 사례를 너무도 많이 봤기 때문만은 아니다. 그보다는 그 증명이 P vs. NP에 대한 아주 간단한 하위 문제에 대해 이미 알려진 자명하지 않은 해들을 어떻게 일반화하거나 포괄하거나 기반에 두는지 가만히 생각해보면 알 수 있기 때문이다.

대부분 사람들은 좀 더 성과를 보이려면 회로 하한 문제에서 이 분야에 대한 수학적 정교함을 차수를 바꿀 만큼 급격히 개선해야 한다는 공포를 (비밀리에) 갖고 있다. 어쨌든 케탄 멀뮬리Ketan Mulmuley의 '기하 복잡도 이론GCT, Geometric Complexity Theory' 프로그램[21]의 핵심이 여기에 있다. 이 프로그램은 대수 기하, 표현 이론representation theory을 비롯해 노란 책(스프링거Springer 수학책)으로

---

21. 자세한 내용은 K. Mulmuley, The GCT program toward the P vs. NP problem. Communications of the ACM, 55:6 (2012), 98~107, http://ramakrishnadas.cs.uchicago.edu/나 조슈아 그로초우(Joshua Grochow)가 쓴 아름다운 PhD. 학위 논문(Symmetry and equivalence relations in classical and geometric complexity theory. Doctoral dissertation, University of Chicago (2012). hhttps://home.cs.colorado.edu/~jgrochow/grochow-thesis.pdf)을 참고하기 바란다.

나온 거의 모든 주제를 활용해 회로 하한 문제를 공략한다. GCT는 자체만으로 너무나 큰 주제라 여기에 대해 설명할 엄두조차 나지 않는다. 개인적으로는 GCT를 '끈 이론string theory의 전산학 버전'이라고 말하고 싶다. 한편으로는 놀라울 정도로 수학적인 연관 관계가 생겼기 때문에 얼핏 보면 이 프로그램이 올바른 방향으로 가고 있는 것처럼 느껴진다. 다른 한편으로는 원래 해결하려던 문제에 대해 문제 자체가 아닌 얼마나 많은 답을 제공했는지로 이 프로그램을 평가한다면 아직까지는 당초 목표에 미치지 못했다고 볼 수 있다.

양자 대화형 증명

더 나은 고전 회로 하한이 나오기를 기다리는 동안 잠시 크게 돌아가서 양자 대화형 증명 시스템을 알아보자. 내 생각에는 가장 먼저 알아야 할 것은 (이미 우리가 본) 고전 대화형 증명 시스템에 대한 결과조차도 양자 회로 하한을 구하는 데 활용할 수 있다는 것이다. 가령 PP는 크기가 n^k인 회로를 갖지 않는다는 증명을 살짝 수정해서 PP는 크기가 n^k인 양자 회로를 갖지 않는다고 증명할 수 있다. 하지만 이건 크게 도움이 되지 않는다. 양자에 던지면 다른 결과가 나오는 것을 찾아보자.

QIPQuantum Interactive Proofs라는 복잡도 클래스를 정의해보자. 기본적으로 IP와 같지만 양자 다항 시간 검증기를 사용하고 증명자와 고전 메시지를 주고받지 않고 양자 메시지를 주고받는다는 점이 다르다. 예를 들어 증명자에게 EPR 쌍의 반쪽을 보내고 나머지 반쪽은 보관한 후 원하는 게임을 수행할 수 있다.

당연히 이 클래스는 최소한 IP만큼 강력하다. 이 정도만 원한다면 고전 메시지만 사용하도록 제한할 수 있다. IP = PSPACE이므로 QIP는 최소한 PSPACE만큼 커야 한다. 키타에프Kitaev와 워트로스Watrous는 SDPSemi-Definite Programming 주장을 이용해 이미 예전에 QIP ⊑ EXP임을 증명했다.[22] 2006년에 처음 이 장을

---

22. http://www.cpsc.ucalgary.ca/~jwatrous/papers/qip2.ps(번역서 출간 시점에는 유효하지 않은 링크)

집필할 당시만 해도 QIP에 알려진 사실은 이것뿐이었다. 하지만 2009년, 자인[Jain], 지[Ji], 우파드하야[Upadhyay], 워트로스[Watrous]는 QIP를 PSPACE에 시뮬레이션할 수 있고, 따라서 QIP = IP = PSPACE임을 증명했다.[23] 결국 양자 대화형 증명 시스템과 고전 대화형 증명 시스템의 능력은 같다는 말이다. 재밌게도 고전 대화형 증명 시스템에서는 이런 시스템으로 PSPACE를 시뮬레이션할 수 있다는 사실에 다들 크게 놀란 반면, 양자 대화형 증명 시스템에서는 PSPACE가 이들을 시뮬레이션할 수 있다는 사실에 크게 놀랐다.

그렇다면 양자 대화형 증명 시스템이 고전 대화형 증명 시스템과 주목 할만큼 다른 점이 있을까? (키타에프와 워트로스가 증명했으며,[24] QIP = PSPACE 정리를 증명하는 데 핵심적인 역할을 하는) 한 가지 놀라운 사실은, 모든 양자 대화형 프로토콜은 세 라운드만으로 시뮬레이션할 수 있다는 것이다. 고전 대화형 프로토콜에서는 이러한 룸펠스틸츠킨[Rumpelstiltskin] 게임 전체를 수행해야 했다. 이 게임에서는 증명자가 거짓말한다는 것을 잡아낼 때까지 질문을 하나씩 계속해서 던져야 했다. 결국 증명자에게 다항 개수만큼 질문을 던지게 된다. 하지만 양자 대화형 프로토콜에서는 더 이상 이렇게 할 필요가 없다. 증명자가 던진 메시지에 답하고 나서 증명자가 메시지를 한 번만 더 보내면 끝이다. 이것이 전부다.

왜 이것이 성립하는지에 대한 증명은 여기서 하지 않고 개념만 간략히 소개하고 넘어간다. 기본적으로 증명자는 $\sum_r |r\rangle |q(r)\rangle$처럼 생긴 상태를 준비한다. 여기 나온 r은 고전 대화형 프로토콜에서 사용하게 될 모든 무작위 비트에 대한 시퀀스다. 여기서 coNP 또는 PSPACE를 푸는 데 고전 프로토콜을 사용하고, 세 라운드 양자 프로토콜로 시뮬레이션하기만 한다고 해보자. 전체 프로토콜에서 검증자가 사용할 모든 무작위 비트를 낚아챈 후 이러한

23. R. Jain, Z. Ji, S. Upadhyay, and J. Watrous, QIP = PSPACE. Journal of the ACM, 58:6 (2011), 30.

24. A. Kitaev and J. Watrous, Parallelization, amplification, and exponential time simulation of quantum interactive proof systems. In Proceedings of Annual ACM Symposium on Theory of Computing (New York: ACM, 2000), pp. 608–617.

무작위 비트에 대해 설정할 수 있는 모든 값으로 중첩시킨다. 여기서 $q(r)$ 은 r에 무작위 비트를 넣었을 때 증명자가 다시 보내게 될 메시지 시퀀스다. 이제 증명자는 q 레지스터와 두 번째 r 레지스터를 가져와 보내기만 하면 된다. 당연히 검증자는 그 시점의 $q(r)$이 주어진 r에 대한 유효한 메시지 시퀀스라는 것을 확인할 수 있다. 그런데 뭐가 문제일까? 이 프로토콜이 좋지 않은 이유가 뭘까?

가능한 무작위 비트의 부분집합에 대해 중첩이 될 수 있기 때문이다. 증명자가 제대로 속일만한 것으로부터 잘 골라 뽑은 r을 구성한 것은 아닌지 어떻게 확인할 수 있을까? 검증자가 직접 골라야 한다. 증명자가 대신 뽑게 두면 안 된다. 하지만 지금은 양자 세계에 있는 만큼 상황이 좀 더 나을 수도 있다. 고전 세계에서 한 비트가 무작위인지 검증하는 방법이 있다고 상상한다면 이 방법이 먹힐 수 있다. 양자 세계에서는 실제로 그런 방법이 있다. 예를 들어 다음과 같은 상태가 주어졌다고 하자.

$$\frac{|0\rangle + |1\rangle}{\sqrt{2}}$$

그러면 이를 단순히 회전시켜 표준 기저로 측정했을 때 0이나 1이 나올 확률이 대략 같은지 검증할 수 있다. 좀 더 정확하게 말하면 표준 기저에서 결과가 무작위라면 단위 확률로 참이라고 판단할 수 있다. 결과가 무작위와 거리가 멀다면 상당한 확률로 거짓이라고 판단할 수 있다.

그래도 여전히 주어진 $|r\rangle$이 $|q(r)\rangle$ 큐비트와 얽혀 있다는 것이 문제다. 따라서 단순히 $|r\rangle$에 아다마르 연산을 적용할 수 없다. 그랬다면 쓰레기 값만 나오게 된다. 하지만 검증자가 할 수 있는 일은 시뮬레이션하려는 프로토콜의 라운드 i를 무작위로 뽑는 것이다. 다시 말해 라운드가 n개 있을 때 증명자에게 i 라운드 이후에는 아무것도 계산하지 말라고 요구할 수 있다. 증명자가 할 일을 끝냈다면 얽힘을 제거하고 검증자는 아다마르 기저로 측정해 i 라운드의 비트가 정말 무작위인지 확인할 수 있다. 증명자가 중간 라운드

에서 속임수를 써서 무작위 비트를 보내지 않았다면 검증자는 라운드 횟수에 반비례하는 정도의 확률로 이를 잡아낼 수 있다. 마지막으로 전체 프로토콜을 다항수 배로 병렬 반복하면 신뢰도를 높일 수 있다(나머지 세부 사항은 생략한다. 어디까지나 개략적인 개념만 소개하는 것이 목적이기 때문이다).

그럼 양자 세계와 고전 세계를 비교해보자. 먼저 고전 세계에서는 MA와 AM만 있다. 아더와 멀린 사이에 큰 상수 횟수의 라운드로 구성된 모든 증명 프로토콜은 AM으로 붕괴된다. 다항 횟수의 라운드를 허용한다면 (PSPACE와 같은) IP까지 올릴 수 있다. 양자 세계에서는 QMA와 QAM과 QMAM이 있다. 이는 QIP = PSPACE와 같다. 또한 QIP[2]라는 클래스도 있는데, 여기서는 아더가 단순히 무작위 문자열이 아닌 어떠한 형태의 문자열을 멀린(또는 양자상태)에게 보낼 수 있다는 점이 다르다. 고전 세계에서는 AM과 IP[2]가 같다. 하지만 양자 세계에서는 둘이 같은지 모른다.

지금까지 대화형 증명을 전반적으로 살펴봤다. 이제 퍼즐 하나로 이 장을 마무리한다. 신이 공정한 동전 하나를 던진다. 여기서 동전의 뒷면이 나오면 머리색이 빨강인 사람이 있는 방 하나를 만들고 앞면이 나오면 방 두 개를 만드는데, 한 곳에는 머리색이 빨강인 사람이 있고 다른 곳에는 머리색이 초록인 사람이 있다고 하자. 여러분은 전반적인 상황이 이렇다고 아는 상태로 어느 방에 있는데, 일어나자마자 방 안에 걸린 거울을 보고 동전의 어느 면이 나왔는지 알아낸다고 하자. 거울을 보니 머리색이 초록이라면 어느 면이 나왔는지 쉽게 알 수 있다. 그렇다면 머리색이 빨강일 때 동전의 앞면이 나올 확률은 얼마일까?

18

인류 원리 갖고 놀기

18장에서는 인류 원리^{Anthropic Principle}(인본 원리, 인간 중심 원리)를 소개하고, 자신의 존재에 대한 확률을 추론하는 데 베이즈 추론^{Bayesian reasoning}을 적용하는 방법을 살펴본다.[1] 이 장에서는 질문과 답변 형태로 소개하는데, 질문이 생소해 보이지만 알고 보면 재미있는 것들이다. 어떤 결과를 도출하는 것보다 의견을 제시하는 것이 훨씬 쉬울 때는 이렇게 질문 형태로 정의하면 된다. 그러면 최소한 이슈를 명확히 파악하려고 애쓰게 되는데, 이 과정에서 얻을 수 있는 몇 가지 흥미로운 결과가 있다.

이성을 중시하는 이들은 삶의 중심에 이성을 둬야 마땅하다고 생각한다. 물론 실천하는 사람은 많지 않다. 이것이 바로 베이즈 정리^{Bayes's Theorem}다.

$$P[H|E] = \frac{P[E|H]P[H]}{P[E]}$$
$$= \frac{P[E|H]P[H]}{\sum_{H'} P[E|H']P[H']}$$

철학자들이 알고 있는 유일한 수학 지식이기도 하다(농담이다). 수학적 정리의 관점에서 볼 때는 베이즈 정리에 반박의 여지가 전혀 없다. 이 정리는 증거^{evidence} E가 주어졌을 때 가설^{hypothesis} H가 참일 확률을 업데이트하는 방

---

1. 이 장부터는 수업 시간에 학생들과 주고받은 Q&A를 함께 수록했다.

법을 제시한다.

우변에서 $P(E|H)$ 항은 가설 H가 참일 때 증거 E를 관측할 수 있는 정도를 나타낸다. 우변의 나머지 항($P(H)$와 $P(E)$)은 좀 어렵다. $P(H)$는 증거의 존재 여부와 관계없이 가설 H가 참일 확률이고, $P(E)$는 증거 E가 관측될 확률로서 가능한 모든 가설에 대한 (확률을 가중치로 적용해서 구한) 평균이다. 베이즈 정리는 이런 류의 확률이 존재한다고 믿고 시작한다. 다시 말해 베이즈주의자들이 말하는 사전 확률이란 개념이 타당하다고 인정한다. 세상에 갓 태어난 아기가 볼 때 가까운 별 주변을 도는 세 번째 행성에서 살게 될 가능성도 있고, 네 번째 행성에 살게 될 가능성도 어느 정도 있다고 추측할 것이다. 사전 확률이란 바로 이렇게 실제 증거가 주어지기 전에 갖고 있는 믿음을 의미한다. 이 말만 듣고도 좀 황당한 생각이라고 여길 수도 있겠지만, 일단 사전 확률이란 것이 있다고 가정하면 새로운 지식을 얻었을 때 베이즈 정리를 이용해 사전 확률을 업데이트할 수 있다.

이 정리의 증명은 아주 쉽다. 양변에 $P(E)$를 곱하면 $P(H|E)P(E) = P(E|H)P(H)$가 된다. 이 식은 당연히 참이다. (조건부 확률 정의에 따라) 양변 모두 증거의 확률과 가설의 확률의 교집합($P(H \cap E) = P(E \cap H)$)이어서 서로 같다.

지금까지는 베이즈 정리에 반론의 여지가 없어 보인다. 그럼 이제부터 독자가 이 정리를 꺼림칙하게 느끼게 해보겠다. 이를 위해 이 정리를 아주 아주 진지하게 받아들여 세상의 상태를 추론하는 방법이라고 간주해보자.

먼저 철학자 닉 보스트롬Nick Bostrom이 제안한 흥미로운 사고 실험을 살펴보자.[2] 이 실험을 '신의 동전 던지기God's Coin Toss'라 부른다. 이 실험에 대한 자세한 내용은 17장의 퍼즐에서 설명했다.

이 퍼즐은 신이 (앞면과 뒷면이 나올 확률이 같은) 공정한 동전 하나를 던지는 것으로 시작한다. 앞면이 나오면 방 두 개를 만드는데, 한 곳에는 머리색이

---

2. Nick Bostrom, Anthropic Bias: Observation Selection Effects in Science and Philosophy, Routledge, 2010.

빨강인 사람이 있고, 다른 하나는 머리색이 초록인 사람이 있다. 뒷면이 나오면 신은 머리색이 빨강인 사람이 있는 방 하나만 만든다. 전체 우주는 이러한 방으로 구성돼 있고, 이 우주에 존재하는 사람도 이들 뿐이다.

이번에는 세상은 원래 이렇다는 것을 모두가 알고 있고, 방마다 거울이 달려 있다고 해보자. 이때 여러분이 방에서 자다가 일어나 거울을 보고 머리색을 확인한다. 그러고 나서 신이 동전을 던졌을 때 어느 면이 나왔는지 알아낸다고 하자. 머리색이 초록이면 답은 분명하다. 앞면이 나올 수밖에 없다. 하지만 머리색이 빨강이라면 앞면일 확률은 얼마일까?

1/2이라고 생각할 수도 있다. 동전의 앞면과 뒷면이 나올 확률이 같고 두 경우 모두 빨간 머리 사람이 존재할 수 있으니 머리색이 빨갛다는 것만으로는 동전의 어느 면이 나왔는지 알 수 없으니 1/2이라고 볼 수 있다. 그렇다면 혹시 다른 의견을 낼 수 있을까?

학생: 뒷면이 나왔을 가능성이 더 큽니다. 앞면이 나왔을 때는 초록 머리일 수도 있다는 가능성 때문에 빨간색일 확률이 줄어듭니다. 초록 머리 사람이 있는 방이 100개라면 그 차이는 훨씬 커질 것입니다.

스콧: 바로 그거예요.

학생: 앞면이 나왔을 때 빨간 머리인지, 아니면 초록 머리인지는 불분명하고 확률로 표현하기도 힘듭니다.

스콧: 맞아요. 그게 질문의 핵심이에요.

학생: 신이 동전을 던지기 전에 앞면이 나오면 머리색이 빨개진다는 규칙을 만들어 둘 가능성도 있지 않나요?

스콧: 그렇다면 머리색이 빨갛게 된다는 것의 의미부터 따져봐야 해요. 여러분이 거울을 보기 전에는 머리색을 절대 알 수 없어요. 자신은 반드시 머리가 빨간 존재일 수밖에 없다고 생각하지 않는 한, 다시 말해 이 우주에는

자신의 머리가 초록색인 상태는 존재할 수 없고 머리색이 초록이 아니라면 '나'일 수밖에 없을 때만 성립하는 말이에요.

학생: 두 사람 모두에게 이 질문을 한다면요?

스콧: 초록 머리는 답을 확실히 알겠죠. 하지만 앞면이 나온 경우의 빨간 머리 사람과 뒷면이 나온 경우의 빨간 머리 사람에게 동시에 이 질문을 던진다고 생각할 수도 있어요.

그럼 이 문제를 베이즈 정리에 적용해 좀 더 수학적으로 표현해보자. 우리가 알고 싶은 것은 머리색이 빨강일 때 동전의 앞면이 나올 확률인 $P(H|R)$이다. 다른 조건이 모두 동일하다면 앞면이 나왔을 때 머리가 빨간색일 확률은 $1/2(P(R|H) = 1/2)$이라는 사실을 이용해 계산할 수 있을 것이다. 모두 두명이 있고 여러분의 머리색이 빨강일지, 아니면 초록일지에 대한 사전 확률도 같다. 그렇다면 앞면이 나올 확률도 $1/2$이다$(P(H) = 1/2)$. 여기까지는 문제없다. 그렇다면 여러분의 머리색이 빨강일 확률$(P(R))$은 얼마가 될까? 단순히 $P(R|H)P(H) + P(R|T)P(T)$를 계산하면 된다. 앞에서 말했듯이 뒷면이 나오면 확실히 빨간색이다. 따라서 $P(R|T) = 1$이다. 또한 앞에서 $P(R|H) = ½$이라고 가정했으므로 $P(H|R) = (P(R|H) P(H))/P(R) = (1/2)/(3/4) = 1/3$이다. 그러므로 베이즈 정리에 따르면 확률은 $1/2$이 아니라 $1/3$이다.

그렇다면 확률을 다시 $1/2$로 되돌리려면 가정을 어떻게 바꿔야 할까?

학생: 자신이 존재한다면 반드시 머리색이 빨강이라고 가정하면 됩니다.

스콧: 맞아요. 그것도 한 가지 방법이에요. 혹시 자신의 머리 색깔을 미리 정하지 않고도 할 수 있는 방법이 있을까요?

한 가지 방법이 있긴 한데, 상황이 좀 특이해진다. 먼저 앞면이 나온 세계의 사람 수가 두 배나 더 많아야 한다. 그래서 여러분이 세상에 존재할 사전 확률은 다른 사람의 두 배라고 말할 수 있다. 다시 말해 여러분의 존재 자체가 결과에 영향을 미치는 증거인 셈이다. 좀 더 구체적으로 표현하는 데 적절한 형이상학적 비유는 다음과 같다. 영혼으로 가득 찬 창고가 있을 때 세상에 존재하는 사람 수만큼 창고에서 영혼을 뽑아 육신에 집어넣는 것이다. 그래서 사람 수가 많은 세계에서는 뽑힐 확률도 높아진다고 볼 수 있다.

이렇게 가정하고 베이즈 정리를 다시 적용해보자. 그러면 "앞면이 나오면 초록 머리다."라는 논리에 정반대의 효과를 준다는 것을 알 수 있다. 그래서 확률은 다시 1/2이 된다.

이처럼 어떤 방식으로 진행하느냐에 따라 답이 1/3이 될 수도 있고 1/2이 될 수도 있다. 다른 답도 얼마든지 논리적으로 만들 수 있지만 이 두 가지가 그나마 가장 그럴 듯하다.

사고 실험치고는 다소 밋밋하다. 이 실험을 좀 더 극적으로 바꿀 수 있을까? 이 실험이 다소 철학적으로 들리는 이유는 판돈을 걸지 않았기 때문이다. 그럼 상황을 좀 더 스릴있게 만들어보자.

이번에 살펴볼 사고 실험은 철학자인 존 레슬리$^{John Leslie}$가 제시한 것이다.[3] 이 실험을 주사위 방$^{Dice Room}$이라고 부르자. 이 세계에는 아주 많은 사람이 살고 있는데, 그중 한 명은 사이코패스다. 이 사람은 처음에는 열 사람을 납치해 방에 가둬 놓고는 주사위 한 쌍을 던져서 스네이크 아이즈$^{snake-eyes}$(둘 다 1)가 나오면 방 안에 있는 사람을 모두 죽인다. 반면 스네이크 아이즈가 나오지 않으면 그 방에 있던 사람을 모두 풀어준 뒤에 다시 100명을 납치한다. 이번에도 역시 주사위 두 개를 던져 스네이크 아이즈가 나오면 방에 있는 사람을 다 죽이고 다른 게 나오면 사람들을 풀어준 뒤 다시 1,000명을 납치한다. 스네이크 아이즈가 나올 때까지 이런 식으로 계속 진행하다가 어느 시점에 멈추게 된다. 이 상황에서 납치된 사람 중 한 명이 여러분이라고 상상해보자. 뉴스를 보고 지금 내가 처한 상황을 알게 됐다. 이때 여러분이 방

---

3. John Leslie, The End of the World: The Science and Ethics of Human Extinction, Routledge, 1998.

안에 몇 명이 있는지 안다고 가정해도 되고 모른다고 가정해도 된다. 그렇다면 여러분은 현재 상황에서 두려움에 떨어야할 정도가 얼마나 될까? 다시말해 이 방에서 죽음을 맞이할 확률이 얼마일까?

한 가지 답은 주사위를 던져 스네이크 아이즈가 나올 확률은 1/36이므로 아주 조금만 걱정해도 된다. 그런데 여기서 지금까지 들어온 사람들 중에서 탈출한 사람의 비율이 얼마인지 생각해볼 필요가 있다. 가령 1,000명에서 상황이 종료된다고 하자. 그러면 그때까지 탈출한 사람은 110명이고 죽는 사람은 1,000명이다. 10,000명에서 끝난다면 1,110명이 탈출하고 10,000이 죽는다. 두 경우 모두 방에 들어왔던 사람들 중에서 죽는 사람의 비율은 8/9이다.

학생: 하지만 그건 전체 정보에 대해 나온 결과가 아닙니다. 어느 한 시점에 내가 그 방에 있다는 조건에서만 그렇지 않나요?

스콧: 그래도 답은 같아요. 여러분이 그 방에 언제 들어갔냐는 결과에 영향을 미치지 않아요. 또한 끝나는 시점이 언제인지에 관계없이 그 방에 들어갔던 사람 중 8/9은 죽게 됩니다. 여러분이 최종 단계까지 살아남았다면 이번에 죽을 가능성이 아주 높습니다.

학생: 그건 미래 사건들을 조건으로 삼은 결과가 아닌가요?

스콧: 맞아요. 하지만 여기서 핵심은 그 조건을 제거할 수 있다는 데 있어요. 즉, 어느 특정한 시점에 종료한다고 가정할 수 있어요. 하지만 그 시점이 언제인지 관계없이 답은 같아요. 10단계나 50단계나 끝나는 시점이 언제라도 방에 들어간 사람 중 대다수는 죽게 됩니다. 사람 수가 지수적으로 증가하기 때문이에요.

베이즈주의자라면 이 논리에 문제가 있다고 생각할 것이다. 그저 괴짜가 만든 사고 실험이라며 무시해버릴 수도 있고, 우리 인류가 실제로 처한 상황을 반영한다고 지지할 수도 있다. 즉, 어떤 대재앙이 닥치거나 인류가 멸망하게 될 확률을 구할 수 있다. 유성이 지구와 충돌할 수도 있고, 핵전쟁이 발발

할 수도 있고, 지구 온난화가 심해질 수도 있지만 구체적으로 발생하는 사건이 무엇이든지 그 확률을 바라보는 관점은 크게 두 가지로 나뉜다. 하나는 가능성이 극히 적다고 보는 것이다. 즉, 우리는 아직까지 살아 있다. 그동안 수많은 세대를 거쳐 왔지만 각 세대마다 항상 곧 멸망이 닥친다고 예언하는 사람은 항상 있었고, 실제로 그런 일은 일어나지 않았다. 따라서 이를 바탕으로 현재 세대에 멸망하게 될 확률을 상대적으로 적게 잡을 수 있다. 보수적인 이들이 좋아하는 논리인데, 여기서는 치킨 리틀^{Chicken Little} 논법^{Argument}이라 부르자.

이와 반대로 전 세계 인구는 지금까지 지수적으로 증가했고 앞으로도 그럴 것이므로 지구의 자원이 고갈되면 결국 지금까지 존재했던 사람 중 대다수는 종말을 직접 맞이하게 된다고 볼 수 있다. 앞에서 본 주사위 방처럼 말이다. 각 세대마다 멸망을 맞이할 가능성은 적지만 가능성이 현실로 나타나는 순간의 사람 수는 그때까지 지구에서 태어났던 사람의 숫자에 비해 다수인 것이다.

학생: 하지만 제가 볼 때는 여전히 미래 사건을 조건으로 삼고 있는 것 같아요. 미래의 사건 중에서 어느 것을 선택하든지 결과는 같더라도 미래의 일을 조건으로 삼는다는 사실은 변함없어요.

스콧: 확률 이론의 공리를 믿는다면 $p = P[A|B] = P[A|\neg B] \rightarrow P[A] = p$가 성립해요.

학생: 그렇지만 지금 얘기는 B와 $\neg B$에 대해서가 아니라 무한하게 이어지는 선택에 대한 것이잖아요.

스콧: 그럼 무한하다는 것 때문에 다르다는 건가요?

학생: 네, 최소한 그래요. 한계를 인정하고 신경 끄는 점이 좀 꺼림칙해요. 인구가 무한히 증가한다면 사이코패스가 운이 아주 나빠 영원히 스네이크 아이즈가 나오지 않을 수도 있어요.

스콧: 좋아요. 주사위를 던지는 횟수에 대한 상한을 정하지 않아 상황이 복잡해졌다는 점은 인정해요. 하지만 이 사고 실험을 무한이 들어가지 않는 버전으로 얼마든지 변형할 수 있어요.

지금까지 설명한 내용이 바로 종말 논법Doomsday Argument이다.[4] 이 논법의 핵심은 바로 이런 논리 때문에 가까운 미래에 대재앙이 발생할 확률을 단순히 계산했을지도 모르는 엄청 큰 값으로 잡아야 한다는 것이다. 종말 논법을 완전히 유한한 버전으로 만들 수도 있다. 간단히 설명하면 '곧 멸망'과 '나중에 멸망'이라는 두 가지 가능성만 있다고 하자. 하나는 인류가 조만간 멸종하는 반면 다른 하나는 은하계를 정복한다. 두 경우 모두 현재까지 존재했던 사람의 수를 셀 수 있다. 따져보기 좋게 '곧 멸망'의 경우에는 800억 명까지 존재하고, '나중에 멸망'의 경우에는 8만조 명까지 존재한다고 하자. 그렇다면 지금까지 존재했던 인류의 수가 거의 800억 명인 시점에 있다고 할 때 '신의 동전 던지기'와 같은 논리를 적용해보자. 그러면 좀 더 극명하고 직관적으로 표현할 수 있다. '나중에 멸망'의 경우에 있다면 세상에 존재했던 인류의 대다수는 우리 후대에 태어나게 된다. 즉, 우리는 초창기 800억 명에 속하는 거의 아담과 이브 급의 굉장히 특별한 지위에 있게 된다. 이런 가정하에서는 '나중에 멸망'에 대한 확률은 '곧 멸망'의 경우보다 훨씬 낮게 된다. 베이즈 방식으로 계산할 때 단순히 두 경우에 대한 가능도^{likelihood}가 비슷하다고 가정하면 종말 논법에 의해 '곧 멸망'의 경우에 처할 가능성이 아주 높다. '나중에 멸망'의 경우에 있다고 가정하면 초창기 800억 명에 속하는 특수한 지위를 누릴 가능성이 아주 낮아지기 때문이다.

여기서 잠시 이 논법이 등장하게 된 배경을 설명할 필요가 있다. 종말 논법은 처음 천체물리학자인 브랜든 카터^{Brandon Carter}가 1974년에 소개한 것이다. 그후 1980년까지 이 논리에 대한 논쟁이 간간이 벌어졌다. (역시 천체물리학

---

4. 종말 논법에 대한 문헌은 엄청나게 많이 나와 있는데, 처음 접하는 이들에게는 앞에서 언급한 보스트롬과 레슬리가 쓴 책을 추천한다(http://en.wikipedia.org/wiki/Doomsday_argument).

자인) 리처드 고트[Richard Gott]는 '평범성 원리[mediocrity principle]'라는 것을 제안했다.[5] 즉, 인류의 역사는 영원하다는 관점에서 본다면 다른 조건이 별다르지 않을 때 우리는 전체 역사의 한가운데 있다는 것이다. 다시 말해 우리 후대에 살게 될 인류의 수는 우리 전에 살던 사람의 수와 크게 다르지 않다는 것이다. 인구가 지수적으로 증가한다면 상황이 좋지 않다. 인류가 세상에 살게 될 날이 얼마 남지 않았다는 뜻이기 때문이다. 직관적으로 보면 그럴 듯하지만 많은 사람이 이 논리를 받아들이지 않았다. 베이즈 이론에 맞지 않기 때문이다. 사전 분포가 명확하지 않을 뿐만 아니라 우리가 중간에 있다는 가능성이 적다는 특수한 정보가 있을 수 있다.

따라서 보스트롬은 종말 논법의 현대 버전을 만들었는데, 베이즈 이론을 적용해 가능한 경우에 대해서 일정한 사전 확률이 있다고 가정했다. 그래서 자신의 존재도 반드시 함께 고려하고 사전 확률도 조정해야 한다는 논지를 펼친다. 보스트롬은 자신의 저서에서 종말 논법의 해결책이라고 내린 결론은 '신의 동전 던지기' 퍼즐을 어떤 식으로 해결하느냐에 따라 결정된다는 것이다. 그 퍼즐에서 답이 1/3이라고 했다면 사전 분포에 따라 세상에서 표본을 추출한 후 그 세계에 있는 사람을 무작위로 표본을 추출한다는 자기표본 가정[SSA, Self-Sampling Assumption]을 적용한 셈이다. 이렇게 가정해서 베이즈 정리를 적용하면 종말 논법의 결과에서 벗어나기 굉장히 힘들어 보인다.

종말 논법의 결론을 부정하고 싶다면 자기 표지 가정[SIA, Self-Indication Assumption]을 따라야 한다. 즉, 현재 내가 속한 세상은 인류의 수가 많은 쪽일 가능성이 높다고 가정하는 것이다. 그러면 종말 논법에서 다음과 같이 주장할 수 있다. 실제로는 '나중에 멸망'하는 경우에 해당하게 된다면 내가 초창기 800억 명에 속할 가능성은 분명히 적긴 하더라도 훨씬 많은 사람이 존재하기 때문에 내가 초창기 존재에 해당할 가능성이 훨씬 높은 것도 사실이다. 두 가정을

---

5. J. R. Gott III, Implications of the Copernican principle for our future prospects, Nature, 363:6427 (1993), 315-319.

동시에 하면 상쇄돼 '곧 멸망'과 '나중에 멸망'에 대한 원래의 사전 분포로 되돌아간다. 이는 앞에서 본 '동전 던지기' 퍼즐에서 SIA를 따를 때 1/2로 되돌아가는 것과 똑같다.

이런 관점에서 볼 때 결국 SSA와 SIA 중 어느 쪽을 따르느냐의 문제라고 볼 수 있다. 이러한 가정을 전혀 인정하지 않고 종말 논법에 반대하는 주장도 있지만, 이에 대해 다양한 반론을 제기할 수 있다. 종말 논법에 반대하는 대표적인 주장은 다음과 같다. 원시인도 똑같이 주장할 수도 있었지만 하나도 못 맞췄을 것이라는 것이다. 이러한 주장의 문제는 종말 논법이 이런 효과를 완전히 무시하지 못했다는 것이다. 당연히 이렇게 주장하는 사람 중에서 틀린 사람이 있겠지만 여기서 핵심은 대다수는 맞다는 데 있다.

학생: 이건 마치 자신이 맞기를 바라는 것과 맞춘 사람의 수를 극대화하는 전략을 설계하는 것이 서로 팽팽히 맞서는 것 같습니다.

스콧: 재밌는 표현이네요.

학생: 앞에서 본 '신의 동전 던지기' 문제를 변형시킨 버전이 하나 있습니다. 빨강 머리가 한 명이고 초록 머리는 아주 많을 확률은 0.9고, 빨강 머리 한 명만 있을 확률이 0.1이 되도록 신이 동전을 만들 수 있습니다. 어느 경우든지 빨강 머리가 있는 방에는 버튼이 있습니다. 버튼을 누를지는 자신이 선택할 수 있습니다. 초록 머리가 없는 경우에 버튼을 누르면 쿠키 하나를 받는다고 하고, 반대로 초록 머리가 많은 경우에 버튼을 누르면 한 대 맞는다고 합시다. 버튼을 누를지 말지는 반드시 결정해야 합니다. 그렇다면 SSA를 적용해 현재 빨간 방에 있다고 했을 때 초록 머리가 없는 경우에 있을 가능성이 높으니 버튼을 반드시 눌러야 할 겁니다.

스콧: 맞아요. 각각의 세계에 대해 확률을 어떻게 할당하느냐에 따라 어떤 결정을 내리는 것이 현명한지 결정된다는 것은 분명해요. 이 문제에 관심을 갖는 이유라고 볼 수도 있어요.

종말 논법에 반대하는 또 다른 주장은 특정한 관찰자 집단에서 자신을 추출하는 논리는 전혀 문제없다는 입장에 반대한다. 자신은 무작위로 뽑힌 사람이 아니라 나일뿐이라는 것이다. 이에 대해 자신을 무작위 관찰자라고 명백히 볼 수 있는 경우가 있다고 답할 수 있다. 예를 들어 어떤 약을 복용한 사람 중 99%는 사망하고 단 1%만 멀쩡하다고 가정하자. 자신은 무작위로 뽑힌 사람이 아니기 때문에 99%의 사람이 죽는다는 사실을 완전히 무시할 수 있을까? 그래서 걱정 없이 그 약을 먹을 수 있을까? 따라서 여러 가지 이유로 자신은 사람에 대한 특정 분포에서 추출했다고 생각하게 될 것이다. 문제는 이러한 가정이 유효할 때와 그렇지 않을 때는 언제인가다.

학생: 제 생각에는 아마도 사람에 대해 균등 분포일 때 추출하는 것과 시간에 대해 균등 분포일 때 추출하는 것 사이에 차이가 있는 것 같아요. 특정한 시점과 그 당시 인구 수에 따라 살아 있을 확률에 가중치를 줄 수 있을까요?

스콧: 맞아요. 시간적인 속성은 분명히 이 모든 문제를 흔들 수 있어요. 뒤에서 시간적 속성이 들어가지 않는 퍼즐을 소개할 때 다시 살펴보기로 해요. 그때 어떻게 생각하는지 얘기해봅시다.

학생: 때로는 "내가 왜 사람일까?"란 생각도 들어요. 나는 무작위로 뽑은 사람은 아니지만 무작위로 뽑은 의식의 조각일 수 있지 않을까요? 그렇다면 사람의 뇌가 다른 동물보다 크니깐, 내가 사람일 가능성이 훨씬 높아요.

스콧: 그렇다면 자신이 오래 살 가능성이 높느냐고 질문을 던질 수 있어요. 이런 식으로 계속 논리를 전개할 수 있어요. 가령 세상이 수많은 외계인이 존재할 때 이 사실이 종말 논법에 영향을 미칠까요? 자신이 인간이 아닐 확률이 훨씬 높은 데도요?

학생: 물론 그렇게 말할 수도 있겠지만 이 문제의 상당 부분은 확률의 의미가 도대체 무엇이냐에 따라 결정되는 것 같아요. 어떤 식으로든 지식의 부족을 인코딩할 수 있거나 완전히 무작위라는 것을 의미하는 건가요? 종말

논법에서는 '곧 멸망'과 '나중에 멸망' 중에서 어느 한쪽으로 이미 결정돼 있을까요? 앞에서 말한 약 복용 문제에서는 "나는 무작위로 추출된 사람이 아니고, 나는 나라는 입장이지만 나에 대한 이런 특정한 속성에 대해서는 모르겠다."고 말할 수 있겠죠.

스콧: 그것이 바로 이 문제가 가진 여러 이슈 중 하나에요. 내가 볼 때는 처음부터 베이즈 정리를 따르는 한 여기에 대해 특정한 가정을 할 수밖에 없어요. 확실한 것은 우리가 궁금해 하는 사건에 대해 확률을 할당하는 것은 문제없다고 가정해요. 세상이 완전히 결정적으로 이뤄졌더라도, 그리고 이 모든 것을 이용해 우리 자신의 불확실성^{uncertainty}을 인코딩하더라도 베이즈주의는 불확실한 대상이라면 항상 이렇게 해야 한다는 입장이에요. 그 이유가 무엇이든 관계없이요. 가능한 답에 대한 사전 확률이 반드시 있어야 하고, 이에 따라 확률을 할당한 뒤에 업데이트하기 시작하는 겁니다. 확실히 이 관점에 따라 일관성을 유지하다보면 지금처럼 이상한 상황에 맞닥뜨리게 됩니다.

물리학자인 존 바에즈^{John Baez}가 지적했듯이 인류 원리에 따른 논리는 싸구려 과학 같다.[6] 실험을 할수록 지식은 분명히 늘어난다. 자신이 존재하는지 확인하는 것은 누구나 쉽게 할 수 있는 실험이다. 문제는 그 실험을 통해 무엇을 얻을 수 있느냐다. 인류 원리의 논리를 이용해 절대로 반박할 수도 없고 논쟁거리도 될 수 없는 상황이 몇 가지 있다. 예를 들어 지구와 태양 사이의 거리가 9,300만 마일(약 1.5억 킬로미터)인 이유가 뭐냐고 물을 수 있다. 이 값을 물리학적 상수로 유도할 수 있을까? 아니면 첫 번째 원리들로부터 구할 수 있을까? 명백히 그럴 수 없을 것 같다. 또한 설명을 하려면 지구가 훨씬 가까이 있다면 너무 뜨거워서 생명체가 진화할 수 없고, 반대로 너무 멀면 너무 춥다고 설명하는 것이 명확해 보인다. 이것이 바로 '골디락스 원리^{Goldilocks Principle}'다. 물론 생명체는 진화에 적합한 온도를 갖춘 행성에서만

---

6. http://math.ucr.edu/home/baez/week246.html

탄생할 것이다. 금성이나 화성에서 생명체가 진화할 수 있는 가능성이 아주 조금이라도 있다면 지구와 태양 사이의 거리만큼 떨어진 행성에서 생명체가 진화할 가능성은 아주 많고, 따라서 이 논리는 여전히 성립한다.

그렇다면 좀 더 모호한 상황이 훨씬 많아지게 된다. 실제로 물리학에서도 이 문제가 이슈가 돼 물리학자들이 논쟁을 벌이고 있다. 왜 미세 구조 상수 fine structure constant는 다른 값도 아닌 1/137일까? 여기에 대해 이와 크게 다른 값이면 우리가 존재하지 않을 것이라고 답할 수 있다.

학생: 중력의 역제곱 법칙inverse-square law of gravity도 마찬가지인가요? r^2이 아니라 이와 살짝만 다르다면 우주가 좀 투박해질까요?

스콧: 맞아요. 당연히 그럴 거예요. 하지만 중력의 경우 다른 것도 아닌 역제곱이어야 하는 이유는 일반 상대성 이론으로 설명할 수 있어요. 이는 3차원으로 구성된 우주에서 직접 도출되는 결과예요.

학생: 우리가 어차피 싸구려 과학을 할 거라면 그런 고급 이론을 동원할 필요는 없지 않나요? 그저 "인류 원칙에 따르면 그럴 수밖에 없다."라고 하면 되잖아요.

스콧: 그게 바로 인류 원리를 반대하는 사람들이 우려하는 바에요. 이들은 그저 게을러서 아무런 실험도 할 필요가 없다고 판단한다고 생각해요. 세상이 원래 그렇기 때문이라면서요. 다른 식으로 이뤄졌다면 우리는 우리 자신이 아닌 다른 세계에 사는 관찰자라는 거죠.

학생: 하지만 인류 원리로 예측하는 것은 아니잖아요?

스콧: 맞아요. 대부분의 경우 바로 거기에 문제가 있어요. 이 원리는 우리가 지금까지 본 것에 대해 아무런 제한을 가하지 않아요. 이에 대해 나는 아이가 부모에게 달이 왜 둥근지 물어보는 대화에 나올 법한 귀류법RAA, Reductio Ad Absurdum으로 제시할 수 있어요. "달이 네모라면 우리는 우리 자신이 아니다.

대신 우리에 대응되는 존재가 달이 네모인 우주에 있다. 따라서 우리가 우리 자신이라면 당연히 달은 둥글 수밖에 없다." 여기서 문제는 아직 달을 본 적이 없다면 예측도 할 수 없다는 거예요. 반면 태양으로부터 5억 킬로미터나 떨어진 행성보다는 1.5억 킬로미터만큼 떨어진 행성에서 생명체가 진화할 가능성이 아주 높다는 사실을 안다면 실제로 거리를 측정하기도 전에 그런 예측을 할 수 있어요. 가끔은 이 원칙이야말로 진정한 예측을 하는 것이 아닌가 싶어요.

학생: 그렇다면 확실히 예측할 수 있을 때 이 원칙을 적용해야 하나요?

스콧: 그렇게 볼 수도 있어요. 하지만 내가 볼 때는 그 예측이 틀리면 어떻게 될까를 물어보는 것이 좋아요.

앞에서 설명했듯이 '단순 철학' 문제처럼 느껴진다. 하지만 이를 기반으로 실질적인 결정을 내릴 수 있게 설정할 수는 있다. 복권에 확실히 당첨되는 전략을 들어본 적이 있을 것이다. 복권을 한 장 사서 당첨되지 않으면 자살한다. 그러면 살아 있다는 조건에 따라 자신의 생사 여부에 대해 물어봐야 한다. 또한 이런 질문을 한다는 사실 자체가 살아 있다는 뜻이므로 복권에 반드시 당첨될 수밖에 없다. 이 논리를 어떻게 생각하는가? 현실에서는 이렇게 살아 있다는 사실을 조건으로 삼을 수 있다는 결정 이론적 공리를 받아들이는 사람은 거의 없을 것이다. 빌딩에서 뛰어 내렸는데, 마침 그 아래 트램폴린과 같은 것이 있어 살아날 수 있다고 조건을 세우는 것과 같다. 여기서 자신이 죽을 수 있는 경우에 대해서도 반드시 고려해야 한다. 반면 슬프게도 자살하는 사람은 있기 마련이다. 그들은 실제로 자신의 존재를 없애는 것일까? 아니면 자신이 원하는 방식으로 펼쳐지지 않는 세상을 제거하는 것일까?

결국 복잡도 이론으로 귀결되기 마련이다. 실제로 인류 원리의 변종 중에서 어떤 것은 계산에 대한 결과가 나온다. 앞에서 본 복권의 예에서 실제로 그렇다는 것을 봤다. 그렇다면 복권에 당첨되는 것보다 훨씬 의미 있는 것을 하는 경우를 생각해보자. 즉, NP 완전 문제를 푸는 것이다. 비슷한 논리로 접근할 수 있다. 어떤 해를 무작위로 뽑아 참인지 확인한 후 참이 아니라면 자살하는 것이다. 마침 이 알고리즘에 현실적인 문제가 있다. 그게 뭘까?

맞다. 해가 없다면 곤란해진다는 것이다. 반면 이 문제를 해결하는 아주 쉬운 방법이 하나 있다. 바로 보드 게임에서 '감옥 탈출 카드' 역할을 하는 $*^n$과 같은 더미 문자열을 추가하는 것이다.

그래서 2^n가지 해가 존재하고, 방금 2^{-2n}처럼 아주 적은 확률로 뽑은 더미 해 dummy solution도 존재한다고 하자. 더미 해를 뽑으면 아무것도 하지 않는다. 그렇지 않으면 자살하는 것과 뽑은 해가 참이 아니라는 것은 필요충분조건이 된다. 해가 존재하지 않고 자신이 살아 있다는 조건을 충족한다면 더미 해를 뽑게 될 것이다. 그렇지 않으면 해가 존재할 때 참인 해를 뽑았을 가능성이 아주 높아진다. 이번에도 역시 자신이 살아 있다는 조건을 충족할 때 그렇다.

이미 눈치 챘겠지만 이 원칙에 따라 BPP_{path}라는 복잡도 클래스 하나를 정의할 수 있다. 7장에서 BPP는 오차 범위가 주어진 확률론적 다항 시간 알고리즘으로 풀 수 있는 문제에 대한 클래스라고 정의했다. 다시 말해 주어진 문제에 대해 '예'라고 답하면 BPP 머신의 경우 중 최소한 2/3는 통과accept시키고, '아니요'라고 답하면 경로의 최대 1/3만 통과시킨다. 따라서 BPP_{path}는 계산 경로마다 서로 길이가 다를 수 있다는 점만 빼면 이와 똑같다.[7] 모두 다항 시간이어야 하지만 각각 다를 수는 있다.

여기서 핵심은 다음과 같다. BPP_{path}에서 어떤 선택을 했을 때 다른 경로가 더 많이 나오게 된다면 개수도 많아진다. 가령 $2^n - 1$가지의 경로branch에 대해 통과와 거부reject 중 하나만 가능하다는 것이다. 다시 말해 그냥 멈췄는

---

7. BPP_{path}의 정의는 다음 논문에서 나왔다. Y. Han, L. A. Hemaspaandra, T. Thierauf, Threshold computation and cryptographic security. SIAM Journal on Computing, 26:1 (1997), 59–78.

데, 한 가지에서는 동전을 더 많이 던져 할 수 있는 일이 더 있다는 것이다. BPP$_{path}$에서는 어느 한 가지가 나머지 가지를 완전히 압도할 수 있다. 이에 대한 예 하나를 그림으로 표현하면 다음과 같다. 여기서 나머지를 압도하는 가지를 회색으로 표시했다. 이 가지(경로) 아래에 전체 트리를 매달아 둔다. 그러면 우리가 원하지 않는(검정색) 경로들을 모두 압도하게 된다.

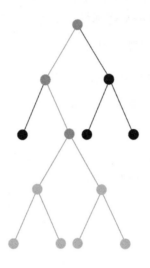

간단한 논리로 표현하면 BPP$_{path}$는 뒤에서 PostBPP(사후선택이 가능한 BPP) 라고 부르는 클래스와 동치다. PostBPP 역시 다항 시간 확률 알고리즘으로 풀 수 있는 문제의 집합이다. 여기서도 역시 2/3 vs 1/3의 통과 조건을 갖지 만 PostBPP에서는 무작위 비트를 선택한 것이 마음에 들지 않으면 자살해 버리고, 자신이 살아 있게 될 무작위 비트를 선택했다는 사실에 대해 조건 을 걸 수 있다. 물리학자들을 이것을 사후선택^{postselection}이라 부른다. 굉장 히 특수한 속성을 충족하는 일부 무작위 비트에 대해 사후선택할 수 있다. 그 속성을 가졌다는 조건을 충족할 때 '예'라고 답하면 경로의 2/3를 통과시 켜야 하고, '아니요'라고 답할 때는 통과시키는 경로의 수가 1/3을 넘으면 안 된다.

이를 정식으로 정의하면 다음과 같다. PostBPP는 (사후선택 여부를 결정하는) 다항 시간 튜링 머신 A와 B에 대해 다음과 같은 조건을 충족하는 모든 언어 L로 구성된 클래스다.

1. 모든 $x \in L$에 대해 $\Pr_r[A(x, r)B(x, r)] \geq 2/3$
2. 모든 $x \notin L$에 대해 $\Pr_r[A(x, r)B(x, r)] \leq 1/3$

여기서 기술적인 이유로 인해 $\Pr[B(x, r)] > 0$도 충족해야 한다.

이 클래스는 BPP_{path}와 동치다. 왜 그럴까?

먼저 (동치 증명에서 한 방향인) $\text{PostBPP} \subseteq \text{BPP}_{\text{path}}$부터 살펴보자. 사후선택이 가능한 알고리즘 하나가 주어졌을 때 무작위 선택을 여러 번 할 수 있고, 값들이 마음에 들면 더 많이 무작위 선택을 하게 돼 마음에 들지 않은 무작위 비트가 있는 경로보다 많아지게 된다. 그렇다면 반대 방향인 $\text{BPP}_{\text{path}} \subseteq$ PostBPP는 어떻게 증명할까?

여기서 BPP_{path}에 서로 길이가 다른 경로들로 구성된 트리가 있다는 것이 핵심이다. 이 상태에서 균형 이진트리$^{\text{balanced binary tree}}$가 되도록 빈곳을 채울 수 있다. 그리고 나서 사후선택으로 이러한 유령 경로 전체에 대해 진짜 경로보다 적절히 낮은 확률을 할당할 수 있다. 따라서 BPP_{path}를 PostBPP 안에서 시뮬레이션할 수 있다.

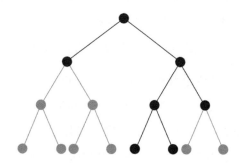

이제 $\text{PostBPP} = \text{BPP}_{\text{path}}$임을 알았으니 BPP_{path}가 얼마나 큰지 알아보자. 앞에서 본 논리에 따르면 $\text{NP} \subseteq \text{BPP}_{\text{path}}$가 성립한다.

그렇다면 NP = BPP$_{path}$가 성립할까? 이를 증명하기란 쉽지 않다. 참인 경우라도 그렇다. 그 이유 중 하나는 BPP$_{path}$가 여집합^{complement}에 대해 닫혀 있기 때문이다. 또 다른 이유는 BPP$_{path}$가 BPP를 포함하기 때문이다. 사실 BPP$_{path}$가 MA와 P$^{\|NP}$(NP 오라클에 병렬로 질의할 수 있는 P로, 이전 질의에 대한 답에 의존할 수 없는 질의를 의미한다)를 포함한다는 것을 증명할 수 있다. 구체적인 증명은 연습문제로 남겨둔다. 반대 방향 증명의 경우 BPP$_{path}$가 BPP$^{\|NP}$에 포함된다는 사실을 보일 수 있다. 따라서 다항 계층에 포함된다. 역무작위화^{derandomization} 가설에 따라 인류 원리의 계산 능력도 P$^{\|NP}$와 동급이라는 것을 알 수 있다.

그렇다면 상한은 어떻게 될까? BPP$_{path}$ ⊆ PP인지 살펴보자. 통과할지 거부할지를 결정하는 문제는 지수 합산 문제$^{exponential\ summation\ problem}$에 해당한다. 어떤 더미 경로든지 통과될 수도 있고 거부될 수도 있다. 반면 통과하는 경로는 모두 통과하고 거부되는 경로는 모두 거부된다. 그러면 통과가 거부보다 많은지만 보면 된다. 따라서 PP 안에서 시뮬레이션할 수 있다.

물론 양자 사후선택을 고려하지 않았다면 그중에서 어느 것도 완전하지 않다. 내가 마지막으로 설명하려는 것이 바로 이것이다. PostBPP와 같은 방식에 따라 정의하면 PostBQP는 사후선택이 가능한 양자 컴퓨터로 다항 시간에 풀 수 있는 결정 문제에 대한 클래스다. 이 말은 다항 시간 양자 계산을 수행하고 측정을 하게 될 문제에 대한 클래스란 뜻이다. 측정 결과가 마음에 들지 않는다면 자살했는데, 아직 살아 있다는 조건을 걸면 된다.

PostBQP에서는 좀 다른 방식으로 정의해야 한다. r에 해당하는 것이 없기 때문이다. 그래서 다항 시간 양자 계산을 수행하고 0보다 큰 확률로 통과시키는 측정을 수행한 후 측정 결과에 대해 조건을 건다. 마지막으로 통과시킬지 아니면 거부할지 알려주도록 환원된 양자 상태에 대해 좀 더 측정을 수행한다. 문제에 대한 답이 '예'라면 첫 번째 측정이 통과된다는 조건하에 두 번째 측정은 최소한 2/3 확률로 통과해야 한다. 마찬가지로 문제의 답이

'아니요'라면 첫 번째 측정이 통과된다는 조건하에 최대 1/3의 확률로 두 번째 측정을 통과해야 한다.

이번에는 PostBQP가 얼마나 강력한지 알아보자. 가장 먼저 알 수 있는 사실은 PostBPP ⊆ PostBQP라는 것이다. 다시 말해 사후선택이 가능한 고전 컴퓨터를 시뮬레이션할 수 있다는 말이다. 반대 방향으로는 PostBQP ⊆ PP가 성립한다. 애들먼, 드마레, 후앙이 BQP ⊆ PP를 증명한 바 있다.[8] 이 증명을 보면 물리학에서 말하는 파인만 경로 적분Feynman path integral을 그대로 적용해 각각의 최종 진폭에 도달할 수 있는 것들을 모두 더하는 식으로 전개했다. 이는 단지 거대한 PP 계산일뿐이다. 내가 볼 때는 파인만이 노벨 물리학상을 수상한 이유는 BQP ⊆ PP를 증명했기 때문인 것 같다. 물론 파인만이 이 증명을 직접 언급한 적은 없다. 어쨌든 이 증명을 PostBQP ⊆ PP 증명으로 일반화하기 쉽다. 사후선택을 할 상태 중 하나에 도달하는 경로들에 대한 합으로 제한하기만 하면 된다. 나머지 경로는 모두 동일한 수의 +와 −가 되게 만들어 무시할 수 있다.

그렇다면 다중 사후선택을 단일 사후선택으로 시뮬레이션할 수 있을까? 참좋은 질문이다. 답부터 말하면 할 수 있다. 소위 측정 연기 원리Principle of Deferred Measurement를 적용하면 된다. 이 원리에 따르면 일반성을 잃지 않고도 모든 양자 계산에서 최종적으로는 단 하나의 측정만 있다고 가정할 수 있다. CNOT 게이트로 모든 종류의 측정을 시뮬레이션할 수 있고, 측정 결과를 담은 큐비트를 보지 않으면 된다. 사후선택에도 똑같은 논리를 적용할 수 있다. 모든 사후선택을 최종 단계까지 미룰 수 있다.

나는 몇 년 전에 다른 방향도 성립한다는 것(PP ⊆ PostBQP)을 증명했다.[9] 이

---

8. L. M. Adleman, J. DeMarrais, and M.–D. A. Huang, Quantum computability. SIAM Journal on Computing, 26:5 (1997), 1524–1540.

9. S. Aaronson, Quantum computing, postselection, and probabilistic polynomial–time. Proceedings of the Royal Society A, 461:2063 (2005), 3473–82. http://arxiv.org/abs/quant–ph/0412187

증명은 양자 사후선택은 고전 사후선택보다 훨씬 강력하다는 것을 의미한다. 좀 놀라운 결과인 셈이다. 고전 사후선택은 여전히 다항 계층에 머무르는 반면 양자 사후선택은 그보다 훨씬 큰 클래스까지 올라갈 수 있다.

그러면 이 증명을 한 번 살펴보자. 불리언 함수 $f:\{0, 1\}^n \to \{0, 1\}$이 있고, f는 효율적으로 계산할 수 있다고 하자. s는 $f(x) = 1$을 충족하는 입력 x의 개수다. 여기서 $s \geq 2^{n-1}$을 충족하는지 결정하는 것이 목표다. 이 문제는 당연히 **PP** 완전 문제다. 간략한 설명을 위해 $s > 0$라고 가정한다. 그러면 표준 양자 트릭(설명은 생략한다)을 적용하면 다음과 같은 단일 큐비트 상태를 상대적으로 쉽게 준비할 수 있다.

$$|\psi\rangle = \frac{(2^n - s)|0\rangle + s|1\rangle}{\sqrt{(2^n - s)^2 + s^2}}$$

이 말은 다음 상태도 준비할 수 있다는 뜻이다.

$$\frac{\alpha|0\rangle|\psi\rangle + \beta|1\rangle H|\psi\rangle}{\sqrt{\alpha^2 + \beta^2}}$$

이 값은 뒤에서 지정할 어떤 실수 α, β에 대해 $|\psi\rangle$에 적용된 조건부 아다마르와 같다. $H|\psi\rangle$를 구체적으로 적으면 다음과 같다.

$$H|\psi\rangle = \frac{\sqrt{\frac{1}{2}2^n}|0\rangle + \sqrt{\frac{1}{2}(2^n - 2s)}|1\rangle}{\sqrt{(2^n - s)^2 + s^2}}$$

그렇다면 앞에 나온 2 큐비트 상태를 이용해 1이 되는 두 번째 큐비트에 대해 사후선택을 한다고 가정하고, 첫 번째 큐비트가 어떻게 되는지 살펴보자. 그대로 계산해보면 다음 상태가 나온다. 이 값은 앞에서 α와 β를 어떤 값으로 지정했느냐에 따라 달라진다.

$$|\psi_{\alpha,\beta}\rangle = \alpha s|0\rangle + \beta \frac{2^n - 2s}{\sqrt{2}}|1\rangle$$

사후선택을 이용하면 우리가 원하는 어떠한 고정된 α와 β에 대해 이러한 형태의 상태를 준비할 수 있다. 그렇다면 **PP**를 어떻게 시뮬레이션할 수 있을까? 이를 위해 우리가 할 일은 $\{2^{-n}, 2^{-n+1}, \ldots, 1/2, 1, 2, \ldots, 2^n\}$에 대해 β/α의 비율이 달라지는 이 상태의 다른 버전을 계속 준비하는 것이다. 그러면 두 가지 경우로 나뉜다. $s < 2^{n-1}$이거나 $s \geq 2^{n-1}$이다. 먼저 $s < 2^{n-1}$이라고 해보자. 그러면 s와 $2^n - 2s$의 부호가 같다. α와 β는 실수이므로 상태 $|\psi_{\alpha\beta}\rangle$는 단위원으로 표현할 수 있다.

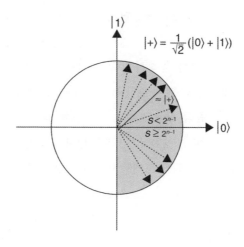

$s < 2^{n-1}$이라면 β/α가 달라짐에 따라 상태 $|\psi_{\alpha\beta}\rangle$는 $|0\rangle$과 $|1\rangle$에 대해 항상 양의 진폭을 가진다(앞의 그림에서 우측 상단 사분면에 놓이게 된다). 어떤 지점에서 이 상태는 적절히 균형을 이룬다는 것을 쉽게 알 수 있다. 다시 말해 $|0\rangle$과 $|1\rangle$의 진폭은 앞에 나온 그림에서 실선으로 표시한 벡터처럼, 상대방 상수의 범위를 넘지 않는다는 말이다. $\{|+\rangle, |-\rangle\}$ 기저로 이 상태를 계속 측정하면 그중 한 상태는 높은 확률로 $|+\rangle$를 결과로 출력하게 된다.

이번에는 두 번째 경우인 $s \geq 2^{n-1}$을 살펴보자. α와 β의 값을 어떻게 지정하더라도 $|1\rangle$의 진폭은 절대 양이 아닌 반면 $|0\rangle$의 진폭은 항상 양이다. 따라서 이 상태는 우측 하단 사분면에 머무르게 된다. β/α는 다항 개수의 값에 대해

계속 변하므로 상태 $|\psi_{\alpha\beta}\rangle$는 절대로 $|+\rangle$에 가까워질 수 없다. 이것이 바로 두드러진 차이점이다.

이 증명을 처음 작성할 당시에는 참 귀여운 증명이라고 생각했다. 일 년이 지나서야 베이젤-라인골드-스필만 정리Beigel-Reingold-Spielman Theorem10라는 것이 있고, PP는 교집합에 대해 닫혀 있음을 증명했다는 사실을 알았다. 다시 말해 두 언어가 모두 PP에 속한다면 그 두 언어에 대한 AND 연산의 결과도 역시 PP에 있다는 것이다. 이로써 20년 동안 풀리지 않았던 문제가 해결됐다. 나는 PostBQP는 자명하게 교집합에 닫혀 있다는 사실에 주목했다. PostBQP 언어 두 개의 교집합을 찾고 싶으면 단순히 각각에 해당하는 PostBQP 머신을 돌려보고 올바른 결과를 출력하는 두 계산에 대해 사후선택을 한 다음, 둘 다 통과하는지 살펴보면 되기 때문이다. 올바른 오차 범위에 머무르고자 증폭amplification할 수도 있다. PostBQP는 교집합에 닫혀 있음이 자명하므로 PP가 교집합에 닫혀 있다는 증명을 원래 증명보다 훨씬 간결하게 할 수 있다. 바로 양자 인류 사후선택을 고려함으로써 이렇게 간결한 증명이 나오게 된 것이다. 마치 베이젤-라인골드-스필만의 정리를 적용하는 데 필요한 '임계 다항식threshold polynomials'을 만들기 위한 고급 프로그래밍 언어인 셈이다. 양자역학과 사후선택 덕분에 이러한 다항식을 훨씬 직관적인 방식으로 만들 수 있는 것이다.

PostBQP = PP 정리의 또 다른 흥미로운 결과를 얘기해보자. 이번에는 양자 컴퓨팅에 관련된 것이다. 앞에서 PostBPP = BPP$_{path}$는 다항 계층에 포함된다고 말했다. 하지만 PostBQP = PP가 다항 계층에 포함된다고 가정하면 P^{PP} = P$^{\#P}$ 역시 PH에 포함되게 된다. 하지만 (PH $\subseteq$ P$^{\#P}$라는) 토다의 정리Toda's Theorem에 따르면 PH는 유한 수준으로 붕괴된다. 따라서 PH가 붕괴하지 않는다면 PostBPP $\subset$ PostBQP다. 이처럼 양자 사후선택과 고전 사후선택은

---

10. R. Beigel, N. Reingold, and D. A. Spielman, PP is closed under intersection, Journal of Computer and System Sciences, 50:2 (1995), 191–202.

모두 이상할 정도로 강력하다. 하지만 양자의 경우 그보다 훨씬 강력하다는 사실은 꽤 확실한 것 같다. 실제로 우리가 잘 알고 있는 BPP ≠ BQP라는 추측보다 이러한 차이에 대한 확신이 훨씬 크다. BPP ≠ BQP는 다항 계층의 무한함과 같이 '견고한' 기반이 아니라 인수분해에 대한 고전적인 어려움과 같은 가정에만 근거를 둘 뿐이다.

그렇다면 이러한 사실이 상상속의 사후선택된 세계가 아닌 현실 세계에 있는 양자 컴퓨터의 파워에 의미가 있을까? 이 장을 집필하기 시작한 것이 2006년이니, 그 사이 "그렇다."라고 강력히 주장할 만한 진전이 있었다.

그중에서도 특히 브렘너, 조사, 셰퍼드가 2011년에 발표한 논문[11]을 보면 양자 다항 시간에 표본을 추출할 수 있는 모든 분포가 고전 다항 시간으로도 표본을 추출할 수 있다면 PostBPP는 PostBQP와 같다. 따라서 (앞에 나온 논리에 따라) 다항 계층이 붕괴하게 된다. 게다가 양자 컴퓨팅의 양손을 꽁꽁 묶어두고, 아주 간단하고, 비보편적임이 거의 확실한 종류의 양자 컴퓨터만으로 표본을 추출할 수 있는 분포만 고려하더라도 그러한 결론에는 변함이 없다. 브렘너 등이 제시한 예를 '순간 양자 컴퓨터instantaneous quantum computer'라고 부르며, 이런 컴퓨터는 단지 큐비트의 여러 부분집합에 대한 파울리 연산자의 텐서곱 합인 해밀토니안을 적용할 수만 있다. 알렉스 아르키포프Alex Arkhipov와 내가 이와 별개로 진행한 논문[12]에서는 선형 광학 양자 컴퓨터linear-optical quantum computer에 대해서도 똑같은 결론을 도출했다. 이 컴퓨터는 똑같은 광자를 여러 개 생성해서 (빔 분배기beam splitter나 위상 변위기phase shifter와 같은) '수동 광소자passive optical element'로 복잡하게 구성한 네트워크를 통해 전송한 후 광자가 도달할 수 있는 모든 지점에 얼마나 많은 광자가 도달했는지

11. M. Bremner, R. Jozsa, and D. Shepherd, Classical simulation of commuting quantum computations implies collapse of the polynomial hierarchy. Proceedings of the Royal Society A, 467:2126 (2010), 459–472. http://arxiv.org/abs/1005.1407

12. S. Aaronson and A. Arkhipov, The computational complexity of linear optics. In Proceedings of Annual ACM Symposium on Theory of Computing (2011), pp. 333–342. http://arxiv.org/abs/1011.3245

측정하는 일만 할 수 있다. 두 경우 모두 쇼어 알고리즘이나 그로버 알고리즘을 비롯한 '표준' 양자 알고리즘을 구현하기는 힘든 양자 컴퓨팅 모델이다. 또한 고전 컴퓨터의 범용 계산조차 할 수 없을 것이다. 하지만 이런 모델에서는 PostBPP = PostBQP가 성립하지 않고 다항 계층이 붕괴하지 않는 한 고전 컴퓨터로는 효율적으로 표본을 추출하기 힘든 확률 분포를 쉽게 샘플링할 수 있다. 게다가 기술적인 관점에서 보면 범용 양자 컴퓨터에 비해 구현하기가 훨씬 쉽다.[13]

현재 이 분야에서 해결할 가장 큰 이론 문제는 고전 컴퓨터가 양자 컴퓨터와 근사적으로 동일한 확률 분포에서 표본을 생성할 수 있더라도 여전히 다항 계층은 붕괴하게 된다는 것을 증명하는 것이다. 아르키포프와 내가 논문에서 밝힌 내용의 핵심은 이렇게 엄격한 명제도 참이라는 근거를 제시한 것이다. 하지만 이를 엄밀하게 증명하는 것은 고전 복잡도 이론이 상당히 발전해야 가능할 것 같다. PostBPP = PostBQP 정리만으로는 더 이상 힘들다. 여기에 대해 관심 있는 독자를 위해 한마디 더 하면 아르키포프와 나는 독립인 복소 가우시안 성분으로 구성된 $n \times n$ 행렬의 퍼머넌트permanent를 그 행렬에 대한 높은 확률로 추정하는 것은 #P 완전 문제라는 것을 증명하는 것으로 충분하다고 밝혔다. 임의의 복소 행렬의 퍼머넌트를 근사하는 것은 #P 완전이라는 사실은 이미 밝혀졌다. 또한 가우시안 무작위 행렬의 퍼머넌트를 정확히 계산하는 것도 #P 완전이라고 알려져 있다. 따라서 이 문제의 근사적인 경우와 평균적인 경우를 합치더라도 여전히 #P 완전이라는 사실을 증명하기만 하면 끝이다.

마지막으로 퍼즐 몇 개를 제시하며 마무리한다. 이 장에서 시간적 측면을 살펴보고 이로 인해 종말 논법에 어떤 혼란이 가중되는지 알아봤다. 이런 주제와 관련 없는 퍼즐이 하나 있는데, 그런 이슈가 없더라도 상당히 논란거리

---

13. 실제로 이 책의 마지막 교정을 진행할 즈음에 나와 아르키포프의 '보손 샘플링(Boson Sampling)' 제안에 대한 실험을 최초로 성공한 양자 광학 연구 팀이 네 팀이나 나왔다. 동일한 광자 세 개만 사용하긴 했지만 말이다. 자세한 내용은 http://www.scottaaronson.com/blog/?p=1177을 참고하기 바란다.

가 많다. 이 퍼즐 역시 보스트롬이 제시한 것으로 건방진 철학자[Presumptuous Philosopher] 문제라고 부른다. 문제는 다음과 같다. 물리학자들이 최종 이론[final theory]의 가능성을 서로 확률이 동일한 두 가지 선험적 결론[apriori, 아프리오리]으로 좁혔다고 하자. 둘 사이의 가장 큰 차이점은, 첫 번째 이론은 두 번째 이론에 비해 우주가 백만 배 크다고 예측한다는 데 있다. 특히 (두 이론 모두 가정하듯이) 우주가 상대적으로 균일하다면[homogeneous] 두 번째 이론은 우주에 지각 있는 관측자가 100만 배만큼 존재한다고 예측한다. 따라서 물리학자들은 두 이론을 확인하기 위해 수백 만 달러가 드는 거대한 입자 가속기 제작 프로젝트를 시작했다. 이때 철학자들이 와서 두 번째 이론이 100만 대 일의 신뢰도 이내로 맞다고 말한다. 그 이유는 두 번째 이론이 맞다면 애초에 우리가 존재할 가능성이 100만 배나 많기 때문이라는 것이다. 그렇다면 철학자들이 이러한 발견으로 노벨 물리학상을 수상하게 될 것인지 의문이다.

당연히 여기서 철학자들은 자기 표지 가정[SIA, Self-Indication Assumption]을 하고 있다. 따라서 이 문제는 SSA와 SIA가 대립한다고 볼 수 있다. SSA를 따르면 종말 논법에 이르게 되고, SIA를 따르면 건방진 철학자에 도달하게 된다. 어느 쪽을 믿든 이상한 결론에 도달하는 것 같다.

마지막으로 인류 원리와 종말 논법을 합치고 싶은 이들을 위해 아담과 이브 퍼즐을 내겠다. 아담과 이브는 최초의 관측자로, NP 완전 문제 중 하나인 3SAT을 정말로 풀고 싶어 한다고 하자. 이를 위해 두 사람은 무작위 할당 값을 골라 그 할당 값이 충족 가능하다면 아이를 갖지 않고, 반대로 충족 불가능하다면 자손을 낳아 번성하겠다는 의도를 명확히 밝힌다. 이 상태에서 SSA를 가정해보자. 그러면 충족 불가능한 할당 값을 골랐을 때 아담과 이브가 수많은 미래의 관측자 중 하나가 아닌 처음부터 존재할 가능성은 얼마나 될까? 두 사람에게서 나올 후손이 2^{2n}명이라고 가정하면 그 확률은 최대 2^{-2n+1}인 것처럼 보인다. 따라서 두 사람이 정말 최초의 관측자라면 SSA는 그들이 충족 가능한 할당 값을 뽑을 확률이 엄청나게 크다고 예측한다. 여러분이 골수 베이즈주의자라면 SSA와 SIA 중에서 선택한 다음 어느 쪽을 선택하든 결과를 감수할 수 있다.

19
자유 의지

19장에서는 자유 의지^{free will}란 것이 존재하느냐는 질문에 대해 (답을 얻기를 기대하면서) 생각해보기로 하자. 내 입장은 어느 쪽이냐고 묻는다면 나는 자유 의지가 있다고 본다. 왜냐고? 내 두뇌에 있는 뉴런이 입을 열고 자유 의지가 있다고 말하라고 시켰기 때문이다. 내가 무슨 힘이 있겠는가?

본론에 들어가기 전에 두 가지 흔한 오해부터 짚고 넘어갈 필요가 있다. 첫 번째는 자유 의지 진영에서 흔히 저지르는 실수고, 두 번째는 반자유 의지 진영에서 흔히 저지르는 것이다.

자유 의지를 지지하는 이들이 앞에서 내가 암시한 것처럼 자유 의지라는 것이 없다면 우리의 행동에 책임질 필요가 없고, 따라서 (예를 들어) 사법 체계가 붕괴된다는 것이다. 물리 법칙의 결정론^{determinism}이 실제로 재판에서 법리적 방어 수단으로 언급된 사례가 내가 알기로 딱 하나 있다. 바로 1926년에 있던 레오폴드와 롭 재판인데[1], 혹시 들어봤는지 모르겠다. 미국 역사상 OJ 심슨 재판 다음으로 가장 유명한 재판이다. 레오폴드와 롭은 시카고 대학에 다니던 똑똑한 학생이었는데(그중 한 명은 18세에 학부를 졸업했다), 완전 살인을 저지르고도 무사히 빠져나갈 수 있을 정도로 아주 똑똑한, 니체가 말한 초인임을 입증하고 싶어 했다. 그래서 14살짜리 사내아이를 납치해 두

---

1. http://law2.umkc.edu/faculty/projects/ftrials/leoploeb/leopold.htm

들겨 패서 죽였다. 나중에 둘은 체포됐는데, 레오폴드가 현장에 안경을 떨어뜨리고 왔기 때문이었다.

두 사람의 변호는 미국 역사상 가장 뛰어난 피고 측 변호사로 손꼽히는, 스콥스 원숭이 재판Scopes Monkey Trial에서 변호했던 클래런스 대로우Clarence Darrow가 맡았다. 그의 최후 변론이 유명한데, 다음과 같이 우주의 결정론에 호소하는 주장을 실제로 했다. "무엇이 이 청년들로 하여금 이런 짓을 저지르게 만들었는지 누가 감히 말할 수 있겠습니까? 도대체 어떤 유전적 혹은 환경적 요인이 이들로 하여금 이런 범죄를 저지르게 했단 말입니까?"(어쩌면 대로우는 더 이상 잃을 게 없다는 생각에 이렇게 말한 것 같다) 결국 두 사람은 사형이 아닌 종신형을 받게 됐는데, 명목상 이유는 물리 법칙의 결정론이 아니라 어린 나이 때문이었다.

그렇다면 자유 의지가 없다는 사실을 법리적 방어 근거로 사용하는 것이 왜 문제가 될까?

학생: 자유 의지가 없기는 판사나 배심원 역시 마찬가지가 됩니다.

스콧: 좋은 답변이에요. 이런 답이 금방 나와 좋네요. 이 사건에 대한 수많은 글을 읽었는데, 이렇게 당연한 사실을 지적하는 사람은 하나도 없었어요.

이에 대해 판사는 "범죄를 저지른다는 것은 물리 법칙에 따라 미리 결정됐을 수도 있겠지만, 사형이라는 내 판결 역시 미리 결정됐다."라고 대응할 수 있을 것이다(최소한 미국에서는 그렇다. 캐나다라면 아마 30일간 감옥에 갇힐지도 모른다).

참고로 앰브로스 비어스Ambrose Bierce의 2행시에서 이러한 논리를 유려하게 표현한 문장을 발견했다.

철학자가 말했다. "자유 의지란 것은 없습니다. 교수형에 처하는 것은 지극히 부당합니다."

집행관도 동의했다. "자유 의지란 것은 없습니다. 우리도 명령에 따라 교수형에 처하는 것입니다."

여기까지가 자유 의지 진영에서 흔히 하는 오해다. 이번에는 반자유 의지 진영의 오해를 살펴보자. 나는 "자유 의지란 것이 없을 뿐만 아니라 자유 의지란 개념 자체에 일관성이 없다."는 말을 수없이 들었다. 이렇게 말하는 이유가 뭘까? 바로 우리의 행동이 다른 어떤 것에 의해 결정되거나 아니면 어떠한 것에 의해서도 결정되지 않고 무작위이거나, 둘 중 하나이기 때문이다. 그중 어느 것도 '자유 의지'라고 볼 수 없다는 것이다.

내가 볼 때 이 주장에서 가장 두드러진 오류는 바로 '결정되지 않음 → 무작위'라는 조건문$^{implication, 함의}$에 있다. 이 논리가 성립한다면 NP와 같은 복잡도 클래스는 존재할 수 없고 BPP만 가능하게 된다.

여기서 '무작위^{random}'란 특별한 의미가 있다. 즉, 선택 가능한 대상에 대해 확률 분포가 있다는 말이다. 전산학에서는 무작위가 아닌 비결정론적인 ^{nondeterministic} 대상에 대해서는 얼마든지 일관성 있게 말할 수 있다.

가만 보면 전산학에는 비결정론적인 요소들이 굉장히 많다. 그중에서도 가장 기본적인 것은 어떤 입력이 주어질지는 사전에 알 수 없는 알고리즘이다. 어떤 입력이 주어질지 사전에 결정될 수 있다면 그 답에 곧바로 연결시킬 수 있다. 심지어 알고리즘에 대한 표현 자체도 알고리즘에 주어질 입력을 자유롭게 선택할 수 있는 어떤 에이전트가 있다는 생각이 밑바탕에 깔려 있는 셈이다.

학생: 꼭 그렇지는 않습니다. 알고리즘을 하나의 거대한 압축 기법으로 볼 수 있어요. 필요한 입력으로 어떤 것이 있는지는 완전히 알 수 있을지 몰라도 큰 테이블에 그 값을 적을 수는 없기 때문에 알고리즘이라는 압축된 형태로 표현하는 것입니다.

스콧: 좋아요. 하지만 엄밀히 말해 그건 다른 얘기예요. 효율적인 압축 기법

이 존재하는 문제에 대해 효율적인 알고리즘은 존재하지 않을 수는 있겠죠. 하지만 여기서 내 말의 핵심은 (최소한 계산과 관련해) 우리가 언어를 사용하는 방식에 있어요. 즉, 실제로 일어날 가능성이 있는 일들의 집합이 주어졌을 때 어떤 전이를 할 수 있다고 얼마든지 표현할 수 있어요. 하지만 그중 어느 것이 실제로 일어날지, 심지어 그러한 가능성에 대한 확률 분포가 존재하는지는 알 수 없어요. 이 모든 것에 대해, 아니면 최소한 그중 하나 혹은 대부분 등 그 어떤 한정자^{quantifier}를 설명할 수 있다면 좋겠죠. 어떤 것이 "결정된다." 혹은 "무작위다."라고 말하는 것은 복잡도 동물원$^{Complexity\ Zoo2}$의 한 구역 전체를 제거하는 셈이에요.

학생: 그렇다면 결정되는 것 아닌가요?

스콧: 무슨 뜻이죠?

학생: 고전 물리학에서는 모든 것이 결정론적이잖아요. 그런데 양자역학은 무작위적이에요. 다시 말해 측정 결과에 대해 언제나 확률 분포를 마련할 수 있어요. 아무리 생각해도 이러한 두 가지만 있다는 사실에서 벗어날 수는 없을 것 같아요. 세 가지 상태 중 하나로 갈 수 있는 입자가 있다고 말할 수는 없고, 이에 대한 확률 분포를 마련할 수 없다고 말할 수밖에 없어요. 빈도주의^{frequentist} 입장에 있지 않는 한 그런 일은 일어날 수 없어요.

스콧: 그 말에 동의할 수 없어요. 내 생각에는 가능해요. 한 가지 예를 들면 예전에 설명했던 숨은 변수 이론$^{hidden\text{-}variable\ theory}$이 있어요. 이 이론에 따르면 여러 가지 숨은 변수 이론 중에서 특정한 것을 지정하지 않고서는 미래에 대한 확률 분포를 가질 수 없어요. 단지 측정 결과에 대해서만 말하는 것이라면 그 말이 맞아요. 측정하려는 상태를 알고 어떤 방식으로 측정할지 안다면 양자역학을 통해 결과에 대한 확률 분포를 구할 수 있어요. 하지만 상태나 측정 방법을 모른다면 분포조차도 구할 수 없어요.

---

2. http://www.complexityzoo.com

학생: 물론 무작위가 아닌 것들이 분명히 존재하는 것은 알지만, 그렇다고 이 논리를 수긍할 수는 없어요.

스콧: 좋아요. 내 주장에 동의하지 않는 사람이 있다니 반갑네요.

학생: 교수님의 논리에는 동의하지 않지만 자유 의지가 존재한다는 교수님의 결과에는 동의해요.

스콧: 내 '결과'라고요?

학생: 자유 의지를 정의조차 할 수 있나요?

스콧: 아, 대단히 좋은 질문이에요. 자유 의지의 존재 여부에 대한 질문과 자유 의지의 정의에 대한 질문을 완전히 따로 떼어놓긴 힘들어요. 여기서 내가 말하고자 하는 바는 자유 의지가 아니라고 생각하는 것을 표현함으로써 자유 의지라는 개념의 의미를 제시하는 거예요. 내가 볼 때는 여러 결과가 나올 수 있는 우주의 상태에서 전이하는 것 같아요. 그리고 이에 대한 확률 분포를 일관성 있게 표현하는 것조차도 불가능하구요.

학생: 역사를 감안해도요?

스콧: 역사를 감안해도 그래요.

학생: 완벽히 해결할 수는 없지만 여러 번 시뮬레이션해서 매번 자유 의지란 것이 어떤 선택을 하는지 관찰하는 식으로 확률 분포를 최소한 추론할 수는 있지 않나요?

스콧: 얘기가 재밌게 흘러가네요. 그렇다면 (현실 세계처럼) 반복적으로 시험하는 것이 불가능하다면 어떻게 될까요?

뉴컴의 패러독스

이번에는 유명한 사고 실험 하나를 이용해 지금까지 소개한 철학적 뼈대에 살을 좀 더 붙여보자. 초지능^{super-intelligent}을 갖춘 예측자가 상자 두 개를 내민다. 하나는 1,000달러가 들어 있고, 다른 하나는 1백만 달러가 있거나 아무것도 없다. 선택자 입장에서는 정확한 결과를 모르지만 예측자는 어느 상자에 돈을 넣어둘지, 두 번째 상자를 비워둘지를 이미 결정한 상태다. 선택자에게 주어진 옵션은 두 가지다. 하나는 두 번째 상자만 선택하는 것이고 다른 하나는 두 상자 모두 선택하는 것이다. 여러분의 목적은 당연히 돈이다. 우주를 이해하는 것이 아니라.

여기서 주목할 점이 있다. 이 예측자는 여러분이 게임에 참여하기 전에 이미 어떤 선택을 할지 예상하고 있다. 선택자가 두 번째 상자만 선택한다고 예상했다면 예측자는 그 상자에 100만 달러를 넣어둔다. 반대로 여러분이 두 상자 모두 선택한다고 예상했다면 두 번째 상자는 비워둔다. 예측자는 이 게임을 수천 명을 대상으로 수천 번 넘게 해봤고 한 번도 틀린 적이 없다. 상대방이 두 번째 상자를 선택할 때마다 항상 100만 달러를 넣었다. 그리고 두 상자 모두 선택할 때마다 항상 두 번째 상자를 비워뒀다.

첫 번째 질문: 두 상자 모두 선택하는 것이 유리한 이유는 뭘까? 그렇다. 두 번째 상자에 뭐가 들었든 상관없이, 두 상자 모두 선택하면 1,000달러 더 얻게 되기 때문이다. 두 번째 상자에 뭐가 들어갈지는 이미 정해져 있다. 따라서 두 상자 모두 선택한다고 해서 결과는 달라지지 않는다.

두 번째 질문: 두 번째 상자만 선택하는 것이 유리한 이유는 뭘까? 그렇다. 예측자가 틀린 적이 한 번도 없었기 때문이다. 한 상자만 선택한 사람이 100만 달러를 획득하고, 두 상자 모두 선택한 사람은 1,000달러만 가져가는 것을 수없이 봤기 때문이다. 이번이라고 결과가 달라질 이유가 없다.

이 패러독스는 1969년 로버트 노직^{Robert Nozick}이라는 철학자에 의해 유명해졌다.³ 그의 논문에 다음과 같은 유명한 문구가 있다. "거의 모든 사람이 볼

---

3. R. Nozick, Newcomb's problem and two principles of choice. In Essays in Honor of Carl G. Hempel, ed. N. Rescher, Synthese Library, Dordrecht, the Netherlands, (1969), pp. 114-115.

때 어떤 선택을 해야 할지 명백하게 알 수 있다. 문제는 이들이 이 문제에 대한 입장이 거의 완벽히 두 갈래로 나눠진다는 데 있다. 다수에 속한 사람은 반대쪽 사람들이 멍청하다고 생각하면서 말이다."

그런데 세 번째 입장인 고리타분한 '비트겐슈타인^{Wittgenstein}' 입장도 있다. 즉, 이 문제는 애초에 말이 안 된다는 것이다. 마치 움직일 수 없는 물체에 막을 수 없는 힘이 가해지면 어떨지 묻는 것 같다고 생각한다. 이 예측자가 실제로 존재한다면 애초에 선택할 자유조차 없을 것이다. 다시 말해 어떤 선택을 해야 하는지 따져보는 사실 자체가 바로 예측자가 존재할 수 없다는 것을 의미한다.

학생: 동전 던지기로 이 패러독스에서 빠져나올 수 없는 이유가 뭐죠?

스콧: 정말 좋은 질문이에요. 확률로 이 패러독스에서 벗어나지 못하는 이유가 뭘까요? 두 번째 상자를 뽑을 확률이 p라고 예측자가 말했다고 가정해 보죠. 그러면 예측자는 같은 확률 p로 100만 달러를 두 번째 상자에 넣을 수 있어요. 그러면 뽑는 사람이 받을 금액의 기댓값은 다음과 같습니다.

$$1,000,000p^2 + 1,001,000p(1 - p) + 1,000(1 - p)^2$$

$$= 1,000,000p + 1,000(1 - p)$$

결국 이전과 똑같은 결과가 나와요. $p = 1$일 때 기댓값이 최대가 되기 때문이죠. 내가 볼 땐 무작위성 때문에 이 패러독스의 근본 속성이 바뀌지는 않아요.

지금까지 한 얘기를 정리하면 세 가지 선택이 있다. 상자를 하나만 뽑는다, 두 개 뽑는다, 비트겐슈타인 입장에 선다. 그중에서 어느 편을 선택할 것인가?

학생: "무엇을 선택할 것인가"란 질문을 "상자 몇 개를 선택할 것인가"로 바꾸면 전혀 의미 없는 질문이 되지 않나요? 실제로 선택하는 것 같지 않아요.

선택 가능 여부와 관계없이 실제로 어떻게 할 것인지만 따져볼 뿐이에요.

스콧: 그 말은 자신의 미래 행동에 대해 그저 예측만 한다는 건가요? 재미있는 발상인데요.

학생: 예측자는 얼마나 잘 대처해야 하나요?

스콧: 어쩌면 완벽히 대응하지 않아도 돼요. 90% 정도만 제대로 하더라도 패러독스는 여전히 성립해요.

학생: 그렇다면 이 문제의 가설에 따라 자유 의지는 존재하지 않고 비트겐슈타인 입장을 취할 수밖에 없네요.

스콧: 다른 유명한 사고 실험과 마찬가지로 가정을 부정하면 의미가 없어요. 게임에 진지하게 임할 필요가 있어요.

내가 생각하는 해결책은 다음과 같다.[4] 지적으로 우월한, 상자 하나를 선택한다는 입장을 갖는 데 도움이 된 방법이다. 가장 먼저 '여러분'이라는 단어의 의미를 구체적으로 생각해보자. 나는 여기서 여러분의 미래 행동을 예측하기에 충분한 모든 것을 '여러분'이라고 정의하고 싶다. 이 정의는 명백히 순환 논법에 따른 것이지만 이 의미는 '여러분'이 어떻게 정의되든 상관없이 확률에 따라 결론이 나야 한다. 다시 말해 '여러분'은 여러분의 미래 행동을 정확히 예측하는 것들과 일치해야 한다.

이제 다시 이전 질문으로 돌아와 예측자의 컴퓨터가 얼마나 강력해야 하는지 알아보자. 여기에 여러분이 있고, 여기에 예측자의 컴퓨터가 있다. 이때 여러분은 상자 하나 혹은 두 개를 선택할지에 대한 결정의 근거를 아무것에나 둘 수 있다. 초등학교 1학년 담임선생님의 이름으로 온 편지의 개수를 세어보는 등 어린 시절 기억을 끄집어내 이를 기반으로 상자를 하나만 선택할

---

4. 2006년에 이 강의를 하고난 후 라드포드 닐(Radford M. Neal) 역시 비슷한 아이디어를 제안한 것을 알게 됐다. 닐이 인류 논법에 대한 퍼즐을 비지표적 조건으로 해결한 구체적인 방법은 https://www.cs.toronto.edu/~radford/homepage.html를 참고하기 바란다.

지 둘 다 선택할지 결정한다. 예측자가 여러분의 선택을 예측하려면 여러분에 대한 모든 것을 알아야만 한다. 여러분의 속성 중에서 어떤 부분이 의사결정에 영향을 미치는지는 사전에 말할 수 없다. 내가 볼 때 이렇게 되면 예측자는 소위 '여러분' 완전 문제$^{you-complete problem}$를 풀어야만 한다. 다르게 표현하면 예측자는 여러분의 또 다른 복제본이 존재할 수 있을 정도로 정확하게 시뮬레이션을 돌려봐야 한다.

그럼 이렇게 가정한 상태로 문제를 한 번 살펴보자. 앞에서 얘기한 것과 같은 상태일 때 여러분이 상자를 하나만 선택할지 둘 다 선택할지 고민한다고 해보자. 그러다가 결국 "1,000달러 더 얻는다는 점에서 둘 다 선택하는 것이 좋겠다."는 결론을 내린다. 하지만 여기에 문제가 있다. 이런 고민을 할 때 여러분이 '진짜' 여러분인지, 아니면 예측자의 컴퓨터에서 시뮬레이션되고 있는 복제본인지 알 방법이 없다. 여러분이 시뮬레이션 속의 존재이고 두 상자 모두 선택한다면 바로 이 사실이 상자의 내용물에 영향을 미치게 돼 예측자는 상자에 100만 달러를 넣지 않게 된다. 바로 이런 이유 때문에 상자를 하나만 선택해야 한다.

학생: 제가 볼 땐 제한된 데이터셋만으로도 대부분 굉장히 잘 예측할 수 있을 것 같아요.

스콧: 뭐 그 말도 일리 있어요. 버클리에서 한 수업에서 'f'나 'd' 중 하나를 입력하면 다음에 무슨 키를 입력할지 예측하는 조그만 프로그램을 만드는 실험을 한 적이 있어요. 70% 경우에 제대로 예측하게 만드는 프로그램은 사실 만들기 아주 쉬워요. 무작위로 입력할 줄 아는 사람이 별로 없기 때문이에요. 반복적으로 입력하는 경우가 상당히 많아요. 이에 대한 패턴도 다양한데, 이를 토대로 확률 모델을 만들기만 하면 돼요. 심지어 굉장히 기본적인 모델만으로도 충분해요. 내부 메커니즘을 정확히 아는 내 프로그램조차 이기지 못했어요. 학생들도 한 번 해보라고 했더니 프로그램이 정확히 예측한 경우가 70~80%나 됐어요. 그런데 한 학생에 대해서만 정확히 50%만 맞췄어

요. 그 학생에게 비결이 뭐냐고 물어보니 "그저 자유 의지만 적용했어요"라고 말했죠.

학생: 직관적으로 볼 때 '여러분 완전성^{you-completeness}'에서 생길 수 있는 문제는 '여러분'이 나랑 다르다는 점인 것 같아요. 나를 시뮬레이션할 수 있는 것이라면 다른 사람도 시뮬레이션할 수 있다는 말이고, 따라서 시뮬레이터는 나일 수도 있고 다른 사람일 수도 있게 됩니다.

스콧: 좀 다르게 표현해보죠. 이 시뮬레이션은 여러분의 복제본을 만들어내야 해요. 그렇다고 시뮬레이션이 여러분과 동일하다는 말은 아니에요. 시뮬레이션으로 다른 것도 똑같이 만들어낼 수 있어요. 그래서 시뮬레이션은 '여러분 완전^{you-complete}'이 아닌 '여러분–난해^{you-hard}' 문제를 푼다고 볼 수 있어요.

학생: '여러분 오라클'이 있고, 그 시뮬레이션이 하지 않는 것만 하기로 결정한다면 어떻게 되죠?

스콧: 좋아요. 그렇다면 어떤 결론을 낼 수 있죠? 예측자의 컴퓨터에 대한 복제본이 있다면 예측자는 망하겠죠? 하지만 여러분은 예측자의 컴퓨터에 대한 복제본을 갖고 있지 않아요.

학생: 그렇다면 예측의 독점을 다루는 형이상학 이론이란 말인가요?

스콧: 글쎄요. 다소 특이한 존재인 예측자를 다루는 이론이라고 볼 수 있어요. 저도 어쩔 수 없어요. 문제가 원래 그래요.

내 솔루션이 좋은 점은 자유 의지의 존재 여부에 대한 미스터리를 완전히 비켜나간다는 것이다. 이는 마치 **NP** 완전성 증명이 **P** vs. **NP** 문제를 비켜가는 것과 같다. 다시 말해 자유 의지가 예측자의 시뮬레이션 결과에 영향을 미치는 방식은 분명 신비롭지만 여러분의 자유 의지가 자신의 뇌의 출력에 영향을 미치는 것만큼은 아닌 것 같다. 6이나 12/2나 마찬가지다.

내가 뉴컴의 패러독스를 좋아하는 이유는 '자유 의지'와 미래 동작의 예측 불가능 사이의 연결 고리를 보여주기 때문이다. 어떤 개체에 대한 미래의 동작을 예측할 수 없다고 해서 반드시 자유 의지가 있다고 볼 수는 없겠지만 반대로 자유 의지가 있다면 예측할 수 없다고 말할 수는 있다. 어떤 상자의 속을 들여다보지 않고도 그 상자가 출력할 내용을 예측할 수 있다면 우리끼리는 이 상자가 자유 의지가 없다고 결론 낼 수 있다. 그렇다면 나 자신이 자유 의지가 없다는 것을 어떻게 확인할 수 있을까? 내가 마음속으로 어떤 카드를 선택했는데, 상대방이 내가 선택한 카드를 내민다면 자유의지와 예측 가능성 사이의 필요충분조건에 해당하는 증거라고 볼 수 있다. 한정된 상황이긴 하지만 최신 신경 과학은 이 문제에 대해 좀 더 가까이 다가갔다. 예를 들어 1980년대에 리벳^{Libet}이 한 유명한 실험이 있다.[5] 이 실험에서 피실험자의 뇌에 전극을 꽂은 후 언제든지 내킬 때 버튼을 누를 수 있다고 알려준다. 그 사람이 버튼을 눌러야겠다고 생각한지 일초 정도 지나지 않아 당연히 실제로 손가락을 움직이기도 전에 '준비 전위$^{readiness\ potential}$'라고 부르는 특정한 뇌파 패턴이 나타난다. 그렇다고 해서 피실험자가 버튼을 누른다고 예측하는 것은 아니다. 피실험자가 버튼을 누르지 않는 데도 이러한 준비 전위가 자주 형성된다는 사실은 설명하지 못하기 때문이다. 이 실험에서 굉장히 중요한 부분이지만 여기에 대해 잘 언급하지 않는 경향이 있다. 반면 순^{Soon} 등이 2008년에 수행한 최근 실험[6]에서는 fMRI 스캔을 이용해 두 버튼 중에서 피실험자가 어느 버튼을 누를지 예측했는데, 그 사람이 결정을 내렸다고 의식하기 몇 초 전에 우연보다 나은(가령 60% 정도) 횟수만큼 제대로 예측했다고 한다. 이 결과의 의미를 과대평가하기 쉽다. 사실 fMRI가 없어도 우연보다 나은 빈도로 사람의 행동을 예측할 수 있다. 단지 대부분이 같은 행동을 반복적으로 수행하는 성향이 있다는 점만 이용하면 된다. 마술

5. B. W. Libet, Do we have free will? Journal of Consciousness Studies, 6 (1999), 47–57.

6. C. S. Soon, M. Brass, H.-J. Heinze, and J.-D. Haynes, Unconscious determinants of free decisions in the human brain. Nature Neuroscience, 11 (2008), 543–45.

사, 이성을 유혹하려는 사람, 광고주 등을 비롯한 많은 사람이 유사 이래부터 지금까지 이 사실을 활용했다. 반면 신경 과학에서 말하는 예측 능력이 서서히 개선되지 않을 것이라고 생각하는 것은 어리석다. 그렇다면 언젠가는 '자유 의지'를 신봉하는 이들에게도 최소한 일부 선택만큼은 본인이 느끼기보다는 '자유'라고 보기 힘들다고 인정하게 만드는 것이 낫다. 혹은 최소한 이런 선택을 하게 된 요인이 무엇이든지 관계없이 주관을 인식하는 것보다 훨씬 앞서서 발생한다는 사실을 인정하게 만들어야 할 것이다.

자유 의지가 미래 행동의 예측 불가능성에 영향을 받는다면 자유 의지는 어떤 식으로든 우리 자신의 고유함에 영향을 받는다는 뜻이 된다. 다시 말해 우리 자신을 복제할 수 없다는 사실에 영향을 받는다. 이러한 주장을 다루려면 내가 좋아하는 또 다른 사고 실험인 순간 이동 장치^{teleportation machine}를 살펴볼 필요가 있다.

아주 먼 미래에 10분 만에 화성에 가는 아주 간단한 방법이 나왔다고 하자. 이를 화성 특급이라 부르자. 이 장치는 인체를 구성하는 모든 원자의 위치를 정보로 인코딩해 무선으로 화성에 전송한 후 화성에서 그 사람을 재구성한 다음 원본은 삭제한다. 이런 화성 특급을 최초로 이용하려고 나설 사람이 있을까? 여기서 원본을 삭제하는 작업은 고통스럽지 않다고 가정해보자. 여러분이 사람의 의식이 오로지 정보로만 구성된다고 믿는다면 화성 특급 티켓을 구매하는 데 선뜻 줄을 서겠는가?

학생: 제가 볼 때는 한곳에서 사람을 완전히 분해해 다른 쪽에서 다시 조립하는 것과 사람의 복제본을 어떻게 만들 수 있을지 그 속을 들여다보고 반대쪽에서 복제본을 만든 후에 원본을 죽이는 것 사이에는 큰 차이가 있는 것 같습니다. 다시 말해 이동과 복제는 서로 다릅니다. 이동하는 것은 찬성이지만 복제하는 것은 반대입니다.

스콧: 대부분의 OS와 프로그래밍 언어에서는 복제본을 만든 후 원본을 삭제

하는 방식으로 이동을 구현하고 있어요. 컴퓨터에서 말하는 이동은 복제 후 삭제에요. 가령 $x_1, \ldots, x_n$ 비트로 구성된 문자열을 어떤 지점에서 다른 지점으로 이동하는 경우를 생각해보죠. 이때 모든 비트를 복제한 후 원본을 삭제하는 것과 첫 번째 비트만 복제 후 삭제하고 나서 두 번째 비트를 복제 후 삭제하는 식으로 계속하는 것이 다를까요? 두 방식 사이에 큰 차이가 있다고 생각하세요?

학생: 나 자신을 대상으로 한다면 큰 차이가 있습니다.

다른 학생: 저는 나 자신을 복제하기만 했으면 해요. 그러고 나서 내 경험을 토대로 원본의 삭제 여부를 결정하는 거예요. 그래서 원본을 삭제하지 않기로 결정했다면 또 다른 내가 존재한다는 사실을 그저 인정하구요.

스콧: 그렇다면 두 버전 중 누가 결정을 내리죠? 동시에 결정하나요? 표결로 결정할 수도 있겠네요. 물론 다수결을 내리려면 세 번째 복제본이 있어야겠죠.

학생: 복제본은 양자 상태인가요? 고전 상태인가요?

스콧: 아, 내가 미처 생각하지 못했던 질문이네요. 이런 질문 참 좋아해요. 실제로 내가 그 유명한 양자 순간 이동 프로토콜에서 정말 관심 있는 부분이 바로 이것이 제대로 작동하려면 원본 상태를 측정할 필요가 있다는(그래서 붕괴된다는) 점이에요. 하지만 다시 고전 시나리오로 돌아가 얘기해보면 원본을 삭제할 때보다 삭제하지 않을 때 문제가 더 생길 것 같아요. 즉, 여러 복제본 중 진짜가 누구냐는 문제가 발생해요.

학생: 듣고 보니 다세계 해석^{many-world interpretation}이 떠오릅니다.

스콧: 최소한 파동 함수 하나에서 갈라지는 두 가지는 서로 상호작용할 일이 없어요. 기껏해야 서로 간섭하거나 상쇄할 수 있을 뿐이죠. 하지만 지금 말하는 상황에서는 두 복제본이 실제로 상호작용할 수 있어요. 그 때문에 문제가 완전히 달라져요.

학생: 그럼 고전 컴퓨터를 양자 컴퓨터로 대체하면 단순히 복제 후 삭제하는 방식으로 이동시킬 수 없는 건가요?

스콧: 바로 그거예요. 내가 볼 때는 이 점이 중요해요. 미지의 양자 상태를 복제할 수는 없고 이동시킬 수는 있다고 했어요. 그렇다면 사람의 뇌에 담긴 정보는 어떤 정규 직교 기저$^{orthonormal\ basis}$에 따라 인코딩된 것일까요? 그건 복제 가능한 정보일까요? 아니면 복제 불가능한 정보일까요? 그 답은 분명 선험적이지 않은 것 같아요. 여기서 주목할 점은 두뇌가 양자 컴퓨터인지, 또는 300자리 정수를 인수분해할 수 있는지를 묻는 것이 아니에요. 펜로즈가 말한 양자 중력 컴퓨터는 말할 것도 없구요. 가우스라면 가능할지 모르겠지만 적어도 우리 같은 사람은 그럴 수 없다고 말할 수 있어요. 하지만 단순히 고전 계산만 수행한다 하더라도 두뇌는 여전히 여러 기저에 대해 단일 큐비트들을 이용해서, 그리고 두뇌 상태의 주요 부분을 물리적으로 복제할 수 없는 방식으로 처리할 수 있어요. 심지어 이때 얽힘이 많을 필요도 없어요. 어떠한 종류의 사소한 효과도 특정한 뉴런의 반응 여부를 결정할 수 있다는 사실은 이미 알려져 있어요. 그렇다면 두뇌에 얼마나 많은 정보가 있어야 사람의 미래 행동을 (최소한 확률적으로라도) 예측할 수 있을까요? 이때 필요한 모든 정보가 이론적으로 복제 가능하다고 가정할 수 있는 시냅스의 세기와 같은 '거시적인^{macroscopic}' 변수에 저장돼 있을까요? 아니면 그 정보 중 일부는 고정된 정규 직교 기저에 기반을 두지 않은 미시적^{microscopic} 상태로 저장돼 있을까요? 이건 형이상학적인 질문이 아니에요. 본질적으로 경험에 따라 답변할 수 있는 것이에요.

양자에 대해서는 충분히 자리 잡았으니 문제를 좀 더 복잡하게 만들기 위해 상대성^{relativity}을 가미해보자. 블록 우주 이론$^{block-universe\ argument}$이라는 것이 있다(이것도 마찬가지로 이 주제에 대한 박사 학위 논문이 수없이 나와 있다). 기본 개념은 특수 상대성이 어떤 식으로든 자유 의지의 존재를 배제한다는 것이다. 여러분이 피자와 중국 요리 중 어느 것을 주문할지 고민한다고 해보

자. 이때 친구가 놀러와 뭘 주문할지 궁금해 한다고 하자. 그런데 여러분의 정지 기준계$^{rest\ frame}$에서 볼 때 그 친구는 빛의 속도에 가깝게 이동한다. 여러분은 어느 것을 시킬지 고뇌에 휩싸여 있는 상태로 보이지만 그 친구 입장에서는 이미 결정을 내린 상태로 보인다.

학생: 두 사람은 공간적인 간격으로 떨어져 있는(공간꼴 분리$^{spacelike\text{-}separated}$) 상태네요. 그렇다면 이 상태가 의미하는 바가 뭐죠?

스콧: 맞아요. 개인적으로는 이 주장이 자유 의지의 존재 여부와 아무런 관련이 없다고 생각해요. 문제는 공간꼴 분리 상태에 있는 관측자에게만 성립한다는 데 있어요. 그 친구는 원칙적으로 자신의 공간꼴 초곡면^{spacelike} ^{hypersurface}에 있으면서 상대방이 중국 요리와 피자 중에서 뭘 시킬지 이미 결정한 상태라고 인지할 수 있어요. 하지만 구체적으로 뭘 시켰는지는 여전히 모르는 상태죠. 주문을 결정한 사람의 관점에서만 이 정보를 친구에게 전달할 수 있어요. 내가 볼 때 이 주장은 그저 사건의 집합에 대해 시간적 완전 순서$^{total\ time\text{-}ordering}$가 성립하지 않는다는 말만 하는 것 같아요. 다시 말해 부분 순서$^{partial\ ordering}$만 성립한다는 것이죠. 하지만 자유 의지를 배제해야 하는 이유는 정말 이해할 수 없었어요.

독자의 머리를 좀 더 어지럽게 하고자 여기서 양자와 상대성과 자유 의지를 모두 섞어보겠다. 콘웨이와 코헨이 자유 의지 정리$^{Free\ Will\ Theorem}$에 대해 발표한 적이 있는데, 당시 언론으로부터 상당히 주목 받았다.[7] 이 정리가 말하는 바는 간단히 말해 (12장에서 설명한) 벨 정리$^{Bell's\ Theorem}$ 또는 그로부터 파생된 흥미로운 결과와 같다. 수학적으로는 당연한 결과로 볼 수 있지만 상당히 흥미로운 것이다. 우주에 근본적인 무작위성이란 것이 없다고 상상해보자. 또한 우리가 양자역학에서 관측하는 무작위성은 그저 태초에 이미 결정된 것이라고 상상해보자. 즉, 신이 어떤 거대한 무작위 문자열을 정해놓은 상

---

7. http://arxiv.org/abs/quant-ph/0604079

태고, 사람들이 뭔가 측정하는 것은 사실 이 무작위 문자열을 읽는 것이라고 해보자. 그런데 여기서 다음과 같이 세 가지 가정을 해보자.

1. 양자 상태를 측정할 기저를 선택할 수 있는 자유 의지가 있다. 다시 말해 최소한 우주의 역사에 따라 감지기가 미리 설정돼 있는 것은 아니다.
2. 상대성을 통해 앨리스와 밥이라는 두 행위자는, 한 기준계에서는 앨리스가 먼저 측정하고 다른 기준계에서는 밥이 먼저 측정하는 방식으로 측정을 수행할 수 있다.
3. 우주는 빛보다 빠른 속도로 정보를 전달하는 방식으로 측정 결과를 조율할 수 없다.

이러한 세 가지를 가정했을 때 이 정리는 결과 역시 우주의 역사에 따라 미리 정해지지 않은 실험(즉, 표준 벨 실험)이 존재한다고 결론짓는다. 왜 그럴까? 간단히 보면 두 결과가 우주의 역사에 따라 미리 결정됐다고 가정했기 때문에 국소적 숨은 변수 모델이 나오는데, 이는 벨의 정리와 모순이다. 이 정리는 벨 정리를 살짝 일반화한 것으로 볼 수 있다. 즉, 국소적 숨은 변수 이론 뿐만 아니라, 특수 상대성 이론의 공준postulate들을 따르는 숨은 변수 이론도 배제하는 정리라고 말이다. 서로 다른 은하계에 있는 앨리스와 밥이 비국소적 통신을 할 수 있다 하더라도 한곳에서는 앨리스가 먼저 측정하고, 다른 곳에서는 밥이 먼저 측정하는 기준계가 두 개 있는 한 벨 부등식과 동일한 결과가 나온다. 측정 결과는 확률적으로도 사전에 결정해둘 수 없다. 우주는 앨리스와 밥이 각자의 감지기를 설정한 상태에 따라 반드시 '동적으로 결정'해야 한다. 몇 년 전에 내가 스티븐 울프램Stephen Wolfram의 책[8]에 대한 서평[9]을 쓰면서 벨 정리는 기본적으로 울프램이 구성하려는 물리의 결정론적 모델을 배제한다는 말을 한 적이 있다. 그때 내가 도출한 조그만 결과를 자유 의지 정리라고 부르지 않았는데, 지금 돌이켜보니 사람들의 주목을 받

---

8. S. Wolfram, A New Kind of Science, Wolfram Media, 2002.

9. http://www.scottaaronson.com/papers/nks.pdf

으려면 자유 의지에 대해 언급해야 한다는 것을 깨달았다. 그래서 이 장을 쓰게 됐다.

사실 이 장을 처음 쓰면서 콘웨이-코헨의 '자유 의지 정리'의 이면에 관한 이러한 기본적인 관찰은 양자 정보 과학에 엄청난 영향을 미쳤으며, 소위 아인슈타인이 인증한 무작위수를 생성하는 프로토콜을 탄생시켰다. 이런 수는 자연이 빛보다 빠른 통신에 의존해 값을 편향시키거나, 그에 못지않게 극적으로 보이는 (가령 시간을 거슬러 정보를 보내는 것 같은) 동작을 수행하지 않는 한 무작위임을 물리적으로 보장할 수 있다. 따라서 8장에서 언급한 유사 무작위성 pseudo randomness과는 완전히 다르다. 여기서 말하는 무작위수는 계산 복잡도 이론의 가설을 기반으로 무작위인 것처럼 보이는 것이 아니라, 물리의 기본 원칙을 가정할 때 진짜로 무작위다. 여기서 "물리학의 현재 프레임워크(그리고 양자역학)를 가정하면 진정한 무작위수를 생성할 수 있는 것은 당연한 것 아니냐"고 질문할 수 있다. 하지만 그렇더라도 양자역학적 무작위수 생성기가 제대로 작동하지 않거나 적대적인 이들에 의해 비밀리에 조작된다고 가정해보자. 우리가 원하는 숫자는 어떤 통계적 테스트를 통과할 수도 있고 그렇지 않을 수 있어야 하는데, 테스트를 통과할 때 내릴 수 있는 결론은 그러한 숫자를 생성하는 장치의 세부적인 물리 원리를 모르더라도 무작위라는 것이다. 정리하면 우리가 가정하고 싶은 것은 그 장치가 국소성과 같은 몇 가지 아주 기본적인 물리 원칙을 충족한다고 가정하는 것이다.

직관적으로 보면 벨 정리와 콘웨이-코헨의 '자유 의지 정리'가 이러한 결론을 도출한다는 것을 이해하기 어렵지 않다. 다시 말해 이러한 결과가 말하는 바는 바로 앨리스와 밥이 얽힌 상태의 입자에 대해 특정한 실험을 수행하고, 양자역학은 국소적 숨은 변수로는 설명이 불가능한 실험에 대한 결과를 예측한다는 것이다. 대신 앨리스와 밥의 측정 결과는 반드시 확률적이어야 한다. 즉, 자연은 측정 순간에 "동적으로 주사위를 던진다."는 것이다. 그 이유는 단지 측정에 대한 앨리스의 선택이 밥에게 신호를 보내거나 그 반대의 작용이 없이 설명하는 유일한 방법이기 때문이다.

그런데 여기에 큰 문제가 하나 있다. 앨리스와 밥은 무작위수가 있어야만 애초에 벨 실험 같은 것을 할 수 있다. 측정에 대한 앨리스와 밥의 선택 역시 무작위여야 하기 때문이다. 따라서 벨 실험을 수행해 앨리스와 밥이 원래 집어넣었던 무작위 비트보다 더 많이 꺼낼 수 있는지 여부는 전혀 명백하지 않다. 그리고 어떤 경우든지 우리가 가장 바라는 것은 무작위성 확장 randomness expansion이다. 다시 말해 빛보다 빠른 통신은 존재하지 않는다고 가정할 때 앨리스와 밥이 n개의 진정으로 무작위인 비트를 n보다 크거나 같은 m개($m \geq n$)의 진정으로 무작위인 비트로 변환할 수 있는 프로토콜을 원하는 것이다. 이런 류의 무작위성 확장은 이미 가능하다고 알려져 있다. 이와 관련된 첫 번째 결과는 피로니오 등Pironio et al.이 2010년에 발표했다.[10] 이 논문에서는 (예전에 로저 콜벡Roger Colbeck이 말한 개념을 기반으로) n개의 무작위 비트를 n^2개의 거의 무작위인 비트로 확장하는 방법을 제시했다. 그보다 최근에 바지라니와 비딕(2012)[11]은 n개의 무작위 비트에서 어떤 $c > 1$에 대해 c^n개의 비트를 뽑아내는 무작위성을 지수적으로 확장하는 결과를 발표했다. 이 글을 쓰고 있던 당시에는 이런 식으로 지수적인 양보다 더 크게 무작위성을 확장할 수 있는지는 밝혀지지 않았다.

몇 년 전 나는 칼텍의 존 프레스킬John Preskill 그룹 미팅에 참석한 적이 있다. 이 모임은 상당히 물리학스러운 경향이 있었기에 무슨 말을 하는지 이해하는 데 애를 먹었다. 그러던 중 어느 날 크리스 푹스Chris Fucks의 양자 기초 논문에 대해 얘기하다가 논의가 상당히 철학적인 방향으로 흘러간 적이 있었다.

10. S. Pironio, A. Ac i n, S. Massar, A. Boyer de la Giroday, D. N. Matsukevich, P. Maunz, S. Olmschenk, D. Hayes, L. Luo, T. A. Manning, and C. Monroe, Random numbers certified by Bell's theorem, Nature, 464 (2010), 1021-1024. http://arxiv.org/abs/0911.3427

11. U. Vazirani and T. Vidick, Certifiable quantum dice — or, true random number generation secure against quantum adversaries. In Proceedings of Annual ACM Symposium on Theory of Computing (2012), pp. 61-76. http://arxiv.org/abs/1111.6054

결국 누군가 일어나 칠판에 "자유 의지인가 기계인가?"라고 적고는 표결에 부쳤다. 그러자 7:5로 '기계'가 이겼다.

다음 장으로 넘어가기 전에 퍼즐 하나를 제시하겠다. 닥터 이블은 달에 있는 자기 기지에 머물면서 지구를 향해 굉장히 강력한 레이저를 겨누고 있다. 당연히 지구를 날려버릴 계획을 갖고 있다. 이름대로 근본이 사악^{evil}하기 때문이다. 나중에 오스틴 파워스는 닥터 이블의 이러한 계획을 저지하면서 다음과 같은 메시지를 전한다. "지구에 있는 내 실험실에 당신의 달 기지와 완전히 똑같은 복제본을 하나 만들어뒀다. 그 복제본 안에는 당신과 완전히 똑같은 복제본도 있다. 모두 같다. 그래서 실제로 당신은 진짜 달 기지에 있는지 아니면 내가 지구에 만들어 둔 복제본 안에 있는지 구분할 수 없다. 따라서 지구를 없애버린다면 당신 자신도 죽을 확률이 50%나 된다." 여기서 닥터 이블은 어떻게 행동해야 할지가 문제다. 레이저를 쏴야 하는가? 아니면 그러지 말아야 하는가?(이 문제에 관련된 논문[12]을 참고한다)

12. Adam Elga, Defeating Dr. Evil with self-locating belief. http://philsci-archive.pitt.edu/1036/

20
시간 여행

19장에서는 자유 의지와 초지능을 갖춘 예측자, 달 기지에서 지구를 폭파시키려는 닥터 이블을 얘기했다. 이번에는 시간 여행이라는 좀 더 구체적인 주제를 생각해보자. 시작하기 전에 칼 세이건^{Carl Sagan}이 말했던 것처럼 '우리는 모두 시간 여행자'라는 점을 강조하고 싶다. 초당 1초의 속도로 말이다. 농담은 그만하고 먼 미래로 가는 시간 여행과 과거로 가는 시간 여행을 분명히 구분할 필요가 있다. 둘은 성격이 크게 다르다.

둘 중에서 먼 미래로 여행하기가 훨씬 쉽다. 방법은 다음과 같이 다양하다.

- 자신을 극저온으로 냉동시켰다가 원하는 시점에 해동시킨다.
- 상대론적 속도로 여행한다.
- 이벤트 호라이즌^{event horizon} 가까이 다가간다.

예전에 나는 미래로 가는 시간 여행을 이용해 NP 완전 문제를 다항 시간에 푸는 방법을 제안한 적이 있다. 즉, 컴퓨터에게 NP 완전 문제를 풀도록 시켜 놓고 컴퓨터를 우주선에 싣고 빛의 속도에 가깝게 돌다가 지구로 귀환한 후 컴퓨터가 내놓은 답을 그냥 읽으면 된다. 실제로 이렇게 할 수만 있다면 NP 보다 훨씬 어려운 문제도 풀 수 있다. PSPACE 완전 문제와 EXP 완전 문제도 풀 수 있고, 어쩌면 이 세상에 존재하는 모든 계산 가능한 문제를 풀 수 있을지 모른다. 문제를 풀 수 있는 속도에 도달할 수 있다면 말이다. 그렇다면 이 방법에 문제는 없을까?

학생: 지구도 나이를 먹습니다.

스콧: 맞아요. 지구에 돌아와 보면 친구들이 모두 죽고 없을 거예요. 그렇다면 이 문제를 해결할 방법은 없을까요?

학생: 우주선에 지구도 함께 싣고 떠나면 됩니다. 컴퓨터는 우주에 띄워 두고요.

스콧: 그럼 최소한 친구들은 모두 살릴 수 있겠네요.

그럼 지구가 지수적으로 나이를 먹는 불편함을 기꺼이 감수한다고 가정해 보자. 그러면 또 어떤 문제가 발생할까? 가장 큰 문제는 상대론적 속도에 도달하도록 가속하는 데 얼마나 많은 에너지가 필요할지 알아내는 것이다. 가속과 감속에 드는 시간을 무시할 때 고유 시간^proper time t 동안 빛의 속도의 v분율^fraction로 여행한다면 컴퓨터 기준으로 경과 시간^elapsed time은 다음과 같다.

$$t' = \frac{t}{\sqrt{1 - v^2}}$$

즉, t'가 t보다 지수적으로 커지게 만들고 싶다면 v가 1에 지수적으로 가까워져야 한다. 양자 중력으로 인한 근본적인 어려움이 있지만 여기서는 일단 무시하자. 그보다는 v 속도에 도달하도록 가속하는 데 드는 에너지의 양이 지수적으로 커진다는 것이 더 큰 문제다. 연료 탱크를 비롯해 우주선을 움직이는 데 필요한 요소가 모두 지수적으로 커져야 한다. 국소성만 고려할 때 연료 탱크에서 멀리 떨어진 부분에서 연료가 여러분에게 어떻게 영향을 미칠 수 있을까? 일단 시공간의 차원수는 일정하다는 사실을 이용한다(여기서 유한 공간에 저장할 수 있는 에너지의 양을 제한하는 슈바르츠실트 한계

$^{Schwarzschild\ bound}$도 함께 적용한다. 연료 탱크의 밀도가 블랙홀보다는 절대로 높을
수는 없기 때문이다).

이번에는 그보다 흥미로운 과거로 가는 시간 여행을 살펴보자. 공상 과학
소설에서 닫힌 시간꼴 곡선$^{CTC,\ Closed\ Timelike\ Curve}$이란 개념을 들어본 적이 있을
것이다. 국소적으로 보면 물리 법칙을 완벽히 따르면서 시간이 서서히 앞으
로 흘러가는 것처럼 보이지만, 전체적으로는 시간의 위상이 루프 형태라서
미래로 멀리 가면 현재와 다시 만나게 되는 시공간 영역을 말한다. CTC는
결국 아인슈타인이 말한 '과거로의 시간 여행'을 좀 멋지게 표현한 것에 불
과하다.

그렇다면 자연계에 CTC가 진짜 존재할까? 오랜 세월 동안 물리학자들이 주
말마다 고민하던 문제다. 사실 괴델을 비롯한 일부 학자에 의해 고전 일반
상대성 이론에서 CTC 해가 존재한다는 사실은 일찍 감치 밝혀졌다. 하지만
알려진 해마다 "물리학적이지 않다."는 이유로 받아들이기 힘든 요소가 있
다. 예를 들어 어떤 해는 웜홀을 계속 열린 상태로 유지하고자 음의 질량을
가진 '이상 물질$^{exotic\ matter}$'이 있어야 한다.[1] 그래서 비표준 우주론이나 아직
실험적으로 관찰된 적이 없는 물질이나 에너지를 도입해야 한다. 그나마 고
전적인 일반 상대성 이론이라서 이 정도라도 가능하다. 양자역학에서 보면
문제가 훨씬 어려워진다. 일반 상대성 이론은 시공간의 특정 장에 대한 이
론이 아니라 시공간 자체에 대한 이론이다. 그래서 일단 시공간을 양자화하
면 시공간 인과 구조$^{causal\ structure\ of\ spacetime}$에 요동^{fluctuation}이 발생한다. 그렇다
면 왜 CTC는 발생하지 않느냐는 문제가 생긴다.

참고로 이와 관련된 흥미로운 메타 질문이 있다. 물리학자들이 중력에 대한
양자 이론을 만드는 데 그토록 애를 먹는 이유가 뭘까? 흔히 말하는 표면적
인 이유는 맥스웰 방정식 등과 달리 일반 상대성 이론은 재정규화^{renormalize}

---

1. 이 주제를 쉽게 설명한 책으로 K. Thorne, Black Holes and Time Warps: Einstein's Outrageous Legacy,
   W. W. Norton & Company, 1995 (reprint edition)가 있다.

할 수 없기 때문이다. 하지만 나처럼 무식한 일반인도 이해할 수 있는 이유가 있을 거라고 생각한다. 문제의 핵심은 일반 상대성 이론은 시공간 자체에 대한 이론이므로 중력에 대한 양자 이론은 시공간에 대한 중첩과 시공간의 요동을 다뤄야 한다는 것이다. 따라서 그런 이론은 CTC의 존재 가능성 여부에 대해 답을 제시할 수 있어야 한다. 양자 중력은 최소한 CTC가 가능한지 결정하는 문제만큼 어렵다는 면에서 'CTC-hard'한 문제인 것 같다. 게다가 내가 보기에도 이 문제는 쉽게 해결될 것 같지 않다. 설사 CTC가 불가능하더라도 뭔가 아주 새로운 통찰 없이는 증명하기가 힘들 수도 있다. 물론 어디까지나 발생 가능한 문제의 한 가지 예에 불과하다. 시공간 자체를 양자역학적으로 다루는 방법에 대해 명확한 견해를 가진 사람은 아직까지 아무도 없다.

내 전공 분야에서는 물리적 대상에 대한 존재 여부를 물어보는 일이 전혀 없다. 그저 존재한다고 가정한 후 그걸로 어떤 계산을 할 수 있는지를 살펴볼 뿐이다. 이에 따라 지금부터는 CTC가 존재한다고 가정한다. 그렇다면 계산 복잡도 관점에는 어떤 영향을 미칠까? 의외로 명확하고 구체적인 답을 제시할 수 있다.

그렇다면 계산 속도를 높이는 데 CTC를 어떻게 활용할 수 있을까? 먼저 가장 단순한 방법인, 계산한 답을 계산을 시작하기 이전 시간으로 보내는 방법을 생각해보자.

내가 볼 때 이 '알고리즘'만 따져 봐도 말이 안 된다(시간 여행처럼 장난 같은 발상을 동원하더라도 특정한 방법을 확실히 제거할 수 있다는 점은 좋다). 왜 말이 안 되는지 나는 최소한 두 가지 이유를 댈 수 있다.

학생: 답을 계산하는 도중에 우주는 종말을 맞이할 수 있습니다.

스콧: 맞아요. 시간을 거슬러 갈 수 있는 모델조차도 계산에 투입하는 시간의 양을 표현할 수 있어야 한다고 생각해요. 초반에 답을 구했더라도 여전

히 계산을 수행해야 하죠. 이 계산의 복잡도를 감안하지 않는다는 것은 마치 신용카드 한도를 초과해 긁어 놓고는 청구서에 신경 쓰지 않는 것과 같아요. 언젠가는 카드 값을 내야 해요.

학생: 한 시간 동안만 계산을 돌린 후 과거로 가서 다시 한 시간 동안만 계산하고, 이런 식으로 계산이 끝날 때까지 반복하면 안 되나요?

스콧: 아, 내가 생각하는 두 번째 이유와 관련 있는 질문이에요. 방금 그 말은 살짝 덜 단순한 방법일 뿐이고 효과 없기는 마찬가지지만 이전 방법보다는 흥미로운 방식이에요.

학생: 앞에서 본 단순한 방법은 해 공간solution space에 대해 반복을 수행하는데, 그 공간은 셀 수 없이 클 수 있어요.

스콧: 맞는 말이지만 여기서는 NP 완전 문제를 얘기한다고 가정하죠. 즉, 해 공간은 유한하다고 가정하는 거예요. NP 완전 문제를 풀 수만 있다면 참 좋을 텐데요.

이 학생이 제안한 방법, 즉 한 시간 동안 계산한 뒤에 과거로 가서 다시 한 시간 동안 계산하는 과정을 반복하는 방법을 좀 더 생각해보자. 이 방법의 문제는 과거로 돌아간다는 사실을 진지하게 받아들이지 않는 데 있다. 시간이 마치 나선형인 것처럼 언제든지 썼다 지울 수 있는 메모장처럼 취급하는데, 과거의 아무 시점으로 돌아가는 것이 아니라 계산을 시작했던 바로 그 시점으로 돌아가야 한다. 바로 이 점을 고려해야 한다는 사실을 인정하면 당장 (과거로 가서 할아버지를 죽인다는) 할아버지 패러독스Grandfather Paradox부터 해결해야 한다. 예를 들어 수행하려는 연산이 미래에서 b비트를 입력 받아 $\neg b$ 비트를 출력한 뒤에 다시 과거로 돌아가 이 값을 입력으로 만든다면 어떻게 될까? 이제 $\neg b$를 입력하면 $\neg\neg b = b$를 출력으로 계산하는 식으로 진행할 수 있다. 이는 할아버지 패러독스를 계산 형태로 변환한 것에 불과하다. 이 상황에서 어떤 일이 벌어지는지 뭔가 설명할 수 있어야 한다. CTC를 얘기하려면 이런 동작이 발생할 수 있는 상황을 설명해야 하고, 그 결과에 따른 이론이 있어야 한다.

개인적으로 데이비드 도이치[David Deutsch2]가 1991년에 제안한 이론을 좋아한다. 이 이론에 따라 양자역학을 이용하면 문제가 그냥 풀린다. 사실 양자역학은 좀 오버다. 고전 확률 이론만으로도 해결할 수 있다. 후자의 경우 컴퓨터가 가질 수 있는 상태에 대한 확률 분포 $(p_1, \ldots, p_n)$이 있을 것이다. 여기서 CTC 안에서 발생할 수 있는 연산은 마르코프 체인[Markov chain]으로 모델을 만들 수 있다. 이 모델로 확률 분포를 다른 형태로 변환한다. 그렇다면 할아버지 패러독스를 피하려면 어떤 조건을 넣어야 할까? 맞다. 출력 분포는 반드시 입력 분포와 같아야 한다는 조건이 필요하다. 이 조건이 바로 도이치가 말한 인과적 일관성[causal consistency]이다. 즉, CTC 내부 연산은 반드시 입력 확률 분포끼리 매핑해야 한다는 것이다. 결정론적 물리학에서는 이런 일관성을 항상 보장할 수 없다. 할아버지 패러독스를 다르게 표현한 것에 불과하다. 하지만 확률 이론을 활용하는 순간 모든 마르코프 체인마다 정상 분포[stationary distribution]가 최소한 한 개씩 있다. 이런 상태에서 할아버지 패러독스의 고유해는 사람이 태어날 확률이 1/2인데, 태어났다면 과거로 가서 할아버지를 죽인다. 따라서 과거로 가서 할아버지를 죽일 확률이 1/2다. 그러므로 그 사람이 태어날 확률이 1/2다. 일관성이 깨지는 부분은 없고 패러독스도 발생하지 않는다.

도이치의 해결 방법이 마음에 드는 이유 중 하나는 계산 모델이 곧바로 나온다는 것이다. 우선 다항 크기 회로 $C: \{0, 1\}^n \rightarrow \{0, 1\}^n$을 고른다. 그러고 나서 $C(D)$ = D를 충족하는 길이가 n인 문자열에 대한 확률 분포를 자연이 선택하고 D에서 샘플 y를 구한다(고정점 D가 여러 개라면 자연이 적대적으로 선택한다고 다소 보수적인 입장을 취한다). 마지막으로 샘플 y에 대해 일반적인 다항 시간 계산을 수행한다. 이런 모델에 대한 복잡도 클래스를 P_{CTC}라 부르기로 하자.

2. David Deutsch, Quantum mechanics near closed timelike lines. Physical Review D 44 (1991), 3197–3217.

학생: BPP_{CTC}부터 설명해야 하지 않나요? P는 무작위성과 아무런 관련이 없는 반면 분포는 닫힌 시간 같은 곡선과 같으니까요.

스콧: 어려운 질문이네요. 고정점 분포$^{fixed-point\ distribution}$라도 CTC 컴퓨터가 있어야 결정론적 결과를 생성할 수 있어요(그래서 결국 무작위성은 다른 목적이 아닌 오로지 할아버지 패러독스를 피하는 데만 사용되는 셈이에요). 반면 이 조건을 좀 완화해서 답변에 오차가 발생할 확률이 좀 있더라도 복잡도 클래스는 똑같다는 결론이 나와요. 다시 말해 P_{CTC} = BPP_{CTC} = PSPACE라고 증명할 수 있어요.

이 클래스에 대해 뭘 알 수 있을까? 나는 가장 먼저 NP ⊑ P_{CTC}라고 주장하고 싶다. 다시 말해 CTC 컴퓨터는 NP 완전 문제를 다항 시간에 풀 수 있다. 왜 그럴까? 구체적으로 표현하면 변수가 n개인 불리언 식 ϕ가 주어졌을 때 이를 충족시키는 진릿값 조합이 존재하는지 알고 싶다고 하자. 그렇다면 회로 C는 어떻게 작동해야 할까?

학생: 주어진 입력이 충족 가능한 조합이라면 그 값을 다시 출력하면 되지 않을까요?

스콧: 맞아요. 그럼 그 입력이 충족 가능한 조합이 아니라면 어떻게 될까요?

학생: 다음 조합으로 넘어가지 않을까요?

스콧: 맞아요. 그러다 마지막 조합에 다다르면 다시 처음으로 돌아갈 거예요.

가능한 모든 조합에 대해 루프를 돌다가 충족 가능한 조합을 발견하면 멈추게 할 수 있다. 충족 가능한 조합이 존재한다고 가정할 때 정상 분포는 충족 가능한 조합에만 몰려 있을 것이다. 따라서 정상 분포에서 표본을 추출한다면 그런 조합을 반드시 찾을 수 있다(충족 가능한 조합이 없다면 정상 분포는 균등하다).

여기서는 자연이 이런 정상 분포를 공짜로 줬다고 가정한다. CTC를 일단 설정했다면 할아버지 패러독스가 발생하지 않도록 인과적으로 일관성 있게 진화해야 한다. 하지만 이 말은 일관성을 유지하려면 어려운 계산 문제를 자연이 풀어 줘야 한다는 뜻이 된다. 여기서 논의하려는 주제가 바로 이것이다.

NP 완전 문제를 풀기 위한 알고리즘과 관련된 것으로 도이치가 말한 '지식 생성 패러독스knowledge creation paradox'가 있다. 이 패러독스를 가장 쉽게 이해하려면 <스타 트렉 4>를 보면 된다. 엔터프라이즈호의 선원은 혹등고래를 찾아 23세기로 이동시키고자 현재(1986년)로 시간을 거슬러 갔다. 하지만 고래를 담을 탱크를 만들려면 그 당시에는 아직 발명되지 않은 플렉시글라스plexiglass가 필요했다. 절망에 빠진 선원들은 미래에 플렉시글라스를 발명할 회사로 찾아가 분자식을 알려준다. 그리고 나서 궁금해졌다. 이 회사는 도대체 어떻게 플렉시글라스를 발명한 것일까?

지식 생성 패러독스는 할아버지 패러독스와는 근본이 다른 시간 여행 패러독스에 해당한다. 실제로 논리적인 모순이 없기 때문이다. 이 패러독스는 계산 복잡도 중 하나에 해당한다. 이 어려운 계산을 어떻게든 수행했다면 어디에 속하는 것일까? 영화에서는 아무도 발명에 시간을 투입하지 않고도 플렉시글라스를 만들어냈다.

참고로 내가 시간 여행 영화에 대해 가장 불만스러운 부분은 하나같이 "함부로 건드리지 않게 조심해라. 안 그러면 미래가 바뀌어 버릴거야.", "저 남자가 자연스럽게 저 여자와 데이트하게 만들어야 해." 등과 같이 말한다는 점이다. 원하는 것을 마음대로 건드려도 된다. 공기 분자를 흐트러뜨린 것만으로도 이미 모든 것이 바뀐 상태기 때문이다.

자, 이제 시간 여행을 이용해 NP 완전 문제를 효율적으로 풀 수 있게 됐다. 그렇다면 이보다 더 큰일도 할 수 있을까? CTC의 실제 계산 능력은 어디까지일까? 나는 P_{CTC}는 PSPACE에 포함된다고 자신 있게 주장한다. 왜 그럴까?

회로 C에 대해 가능한 입력 집합 $x \in \{0, 1\}^n$이라는 지수적으로 큰 집합이 있을 때 기본 목표는 결국 순환하게 될(즉, $C(x) = x$ 또는 $C(C(x)) = x$ 등 ...) 입력 x를 찾는 것이다. 그러면 정상 분포를 찾게 되기 때문이다. 하지만 이런 x를 찾는 문제는 분명 PSPACE 계산일 것이다. 예를 들어 가능한 모든 출발 상태 x에 대해 반복할 수 있으며, 각 x마다 C를 최대 2^n번 적용해 다시 x로 돌아오는지 살펴볼 수 있다. 그래서 PSPACE라고 볼 수 있다.

또한 나는 P_{CTC}는 PSPACE와 같다고 주장한다. 다시 말해 CTC 컴퓨터는 NP 완전 문제뿐만 아니라, PSPACE에 있는 모든 문제를 풀 수 있다. 왜 그럴까?

M_0, M_1, ... 등이 PSPACE 머신 M에 대한 연속적인 설정이라고 하자. 또한 M_{acc}를 M의 '멈추고 결과가 Yes'인 설정이고, M_{rej}를 '멈추고 결과가 No'인 설정이라고 하자. 여기서 목표는, 머신은 이 설정 중에서 어떤 설정 상태로 가게 될까? 여기서 주목할 점은 각 설정마다 쓰는 데 비트가 다항 개수만큼 든다는 것이다. 그렇다면 M에 대한 어떤 설정과 보조 비트 b를 입력으로 받는 다항 크기 회로 C를 정의할 수 있다. 이 회로는 다음과 같이 동작한다.

$$C(\langle M_i, b \rangle) = \langle M_{i+1}, b \rangle$$

$$C(\langle M_{acc}, b \rangle) = \langle M_0, 1 \rangle$$

$$C(\langle M_{rej}, b \rangle) = \langle M_0, 0 \rangle$$

Yes를 출력하는 설정이거나 No를 출력하는 설정이 아닌 설정에 대해서는 C가 다음 설정으로 증가하고 보조 비트는 그대로 남겨둔다. 그러다가 Yes를 출력하는 설정에 도달하면 다시 처음으로 되돌아가 보조 비트를 1로 설정한다. 마찬가지로 No를 출력하는 설정에 도달하면 다시 처음으로 돌아가 보조 비트를 0으로 설정한다.

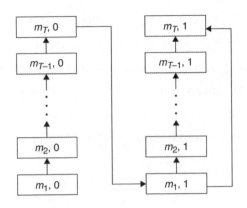

잠시 진행 상태를 생각해보자. 두 가지 계산이 동시에 수행된다. 하나는 응답 비트$^{answer bit}$가 0으로 설정된 것이고, 다른 하나는 응답 비트가 1인 것이다. 실제 응답이 0이라면 No를 출력하는 계산은 계속 반복될 것이고, Yes를 출력하는 계산은 이 루프에 빠지게 된다. 마찬가지로 진짜 응답이 1이면 루프로 계속 반복되는 대상은 Yes를 출력하는 계산이다. 그렇다면 정상 분포는 오로지 b가 정확한 답으로 설정된 계산 단계에 대한 균등 분포뿐이다. 그렇다면 표본 하나를 읽어 b를 확인해 **PSPACE** 머신의 결과가 Yes인지, 아니면 No인지 확인할 수 있다.

따라서 P$_{CTC}$가 **PSPACE**와 같다고 표현할 수 있다. 이를 이해하는 한 가지 방법은 CTC가 계산 자원에 해당하는 시간과 공간을 생성하게 만드는 것이다. 돌이켜보면 이 사실을 진작 예상했어야 했지만, 그렇더라도 여전히 증명할 필요가 있다.

이쯤에서 "CTC 안에 양자 컴퓨터가 작동한다면 어떻게 될 것인가?"라고 물어볼 수 있다. 당연히 이 질문에 대한 답을 알고 넘어가야 한다. 이런 CTC는 어떻게 작동할까? 이번에는 고전 회로가 아닌 다항 크기의 양자 회로가 있으며, 'CTC 큐비트'와 '연대 보존$^{chronology-respecting}$ 큐비트'라는 두 가지 큐비트 집합이 있다. 두 집합에 대해 양자 계산을 수행할 수 있지만 여기서는 CTC 큐비트에 대해서만 알면 된다.

이쯤에서 지금까지 등장한 적이 없는 슈퍼연산자^{superoperator}라는 개념이 필요하다. 슈퍼연산자란 양자역학의 연산 중에서도 가장 포괄적인 타입으로, 유니타리 변환과 측정은 슈퍼연산자의 특수한 경우라고 볼 수 있다. 실제로 우리가 다루는 시스템뿐만 아니라 보조^{ancilla} 시스템까지 슈퍼연산자를 모두 거대한 유니타리 변환 하나로 볼 수 있다(보조 시스템은 경우에 따라 첫 번째 시스템을 '측정'하는 것처럼 보일 수 있다). 이러한 이유로 슈퍼연산자는 실제로 양자역학의 규칙을 바꾸지 않는다. 그저 B라는 다른 시스템도 포함될 수 있는(여기에 대해서는 일단 신경 쓸 필요 없다) A 시스템에 대한 유니타리 변환을 적용한 효과를 표현하기 위한 간편한 방법일 뿐이다. 간략히 말하면 슈퍼연산자와 유니타리 변환의 관계는 혼합 상태와 순수 상태의 관계와 같다.

수학적으로 슈퍼연산자는 혼합 상태(즉, 밀도 행렬) ρ를 다른 혼합 상태 $S(\rho)$에 대응시키는 함수 S라고 볼 수 있다. 여기서는 간략한 표현을 위해 ρ와 $S(\rho)$가 모두 같은 차원에 속한다고 가정한다. 물론 조건을 이보다 완화할 수는 있다. 그렇다면 슈퍼연산자는 반드시 다음과 같은 형태로 구성돼야 한다.

$$S(\rho) = \sum_k E_k \rho E_k^*$$

여기서 $\sum_k E_k^* E_k = I$(단위 행렬)이다.

게으르지 않은 독자를 위한 연습문제: 슈퍼연산자는 항상 올바른 혼합 상태(즉, 트레이스^{trace}가 1인 양의 준정부호^{positive semi-definite} 에르미트^{hermitian, 허미션} 행렬)를 다른 올바른 혼합 상태로 대응시킨다는 것을 증명하라. (유니타리 변환과 달리) 순수 상태를 혼합 상태로 대응시키는 슈퍼연산자의 예를 하나 제시하라. 이것만으로 아쉽다면 보조 시스템을 포함할 수 있는 모든 유니타리 변환은 슈퍼연산자를 발생시키며, 반대로 모든 슈퍼연산자는 보조 시스템이 포함될 수 있는 유니타리 변환에 의해 실현된다는 것을 증명하라.

다시 CTC 얘기로 돌아와 CTC와 인과 보존^{causality-respecting} 큐비트 둘 다에 대한 전역 유니타리 변환에서 시작한다면 인과 보존 큐비트를 찾아내게 되고 (또는 무시하게 되고), 이 CTC 큐비트에 적용되는 슈퍼연산자 S를 유도할 수 있다. 그렇다면 자연은 S의 고정점인(즉 $S(\rho) = \rho$인) 혼합 상태 ρ를 악의를 갖고 찾을 것이다. 이런 속성을 가진 순수 상태 $\rho = |\psi\rangle\langle\psi|$를 항상 찾을 수 있는 것은 아니다. 하지만 (도이치가 구체적으로 작업한) 기초 선형 대수에 따르면 이런 혼합 상태는 항상 존재한다.

게으르지 않은 독자를 위한 연습문제: 위 사실을 증명하시오.

여기서 ρ는 CTC 큐비트에 대한 상태다. 다른 큐비트에 적용해야 할 이유는, 이것이 없으면 슈퍼연산자가 항상 유니타리이고 그러면 최대 혼합 상태 I는 항상 고정점이 되는 경우뿐이다. 그러면 모델이 너무 자명해진다.

일반 원칙에 따르면 양자 컴퓨터는 고전 컴퓨터를 시뮬레이션할 수 있다. 그리고 (쉽게 증명할 수 있는 사실은) CTC에 던져 넣어도 다를 바 없다는 것이다. 그래서 BQP$_{CTC}$는 확실히 PSPACE에 포함된다고 말할 수 있는 것이다. 그렇다면 BQP$_{CTC}$의 상한은 뭘까?

EXPSPACE는 확실히 상한일 것이다. 그보다 큰 상한이 있을까?

(회로에 의해 암묵적으로 지정된) n 큐비트 슈퍼연산자가 주어졌을 때 이에 대한 고정점을 찾는다고 해보자. 이 문제는 사실 선형 대수 문제다. 힐베르트 공간의 차원에서 선형 대수를 다항 시간(여기서는 2^n)에 계산할 수 있다는 것은 알고 있다. 이 말은 BQP$_{CTC}$를 EXP에 시뮬레이션할 수 있다는 말이다. 따라서 BQP$_{CTC}$는 PSPACE와 EXP 사이의 어딘가에 있다. 내가 예전에 쓴 서베이 논문인 "NP-complete problems and physical reality"[3]에서 이 사실을 확실히 증명하는 것은 기술적으로 아직 해결되지 않은 문제라고 밝혔다.

---

3. http://www.scottaaronson.com/papers/npcomplete.pdf

2008년경, 존 워트러스$^{John\ Watrous}$와 나는 이 문제를 해결했다.[4] 우리가 도출한 결론은 $BQP_{CTC} = P_{CTC} = PSPACE$였다. 다시 말해 CTC가 존재한다면 양자 컴퓨터는 고전 컴퓨터보다 강력하지 않다.

학생: 닫힌 시간꼴 곡선에 대해 다른 클래스도 있나요? 가령 $PSPACE_{CTC}$ 같은 거요?

스콧: 그것도 결국 PSPACE에요. 한편으로는 아무 복잡도 클래스에다 CTC란 첨자를 붙일 수 없어요. 그 의미를 설명할 수 있어야 하고, (NP와 같은) 일부 클래스에서는 전혀 말이 되지 않을 수도 있어요.

이 장의 마지막 주제로 $BQP_{CTC} \subseteq PSPACE$인 이유의 힌트를 살짝 제시하겠다. 다항 크기 양자 회로로 표현된 슈퍼연산자 S가 주어졌고 이 연산자는 n 큐비트를 n 큐비트에 대응시킨다고 할 때 $S(\rho) = \rho$인 혼합 상태 ρ를 계산해보자. (PSPACE 머신의 메모리에 들어갈 수 없을 정도로 크기 때문에) ρ를 명시적으로 쓸 수는 없겠지만, 여기서는 어디까지나 ρ에서 수행할 수 있던 특정한 다항 시간 계산의 결과를 시뮬레이션하는 것이 목적이다.

$vec(\rho)$를 ρ의 벡터화^{vectorization}(각각 ρ의 행렬 원소에 대응되는 2^{2n}개 성분으로 구성된 벡터)라고 하자. 그러면 모든 ρ에 대해 $S(\rho) = \rho$ iff $M\,vec(\rho) = vec(\rho)$를 충족하는 $2^{2n} \times 2^{2n}$ 행렬 M이 존재한다. 다시 말해 모든 행렬을 벡터로 전개할 수 있으며, 우리의 목적은 M의 $a+1$ 고유벡터^{eigenvector}를 찾는 것이다.

$P := \lim_{z \to 1}(1-z)(I - zM)^{-1}$이라고 정의할 때 테일러 전개를 하면 다음과 같다.

$$MP = M \lim_{z \to 1}(1-z)(I + zM + z^2 M^2 + \ldots)$$
$$= \lim_{z \to 1}(1-z)(M + zM^2 + z^2 M^3 + \ldots)$$
$$= \lim_{z \to 1}(1-z)/z(zM + z^2 M^2 + z^3 M^3 + \ldots)$$

4. S. Aaronson and J. Watrous, Closed timelike curves make quantum and classical computing equivalent. In Proceedings of the Royal Society A, 465 (2009), 631–647. http://arxiv.org/abs/0808.2669

$$= \lim_{z \to 1}(1 - z)/z[(I - zM)^{-1} - I]$$

$$= \lim_{z \to 1}(1 - z)/z(I - zM)^{-1}$$

$$= \lim_{z \to 1}(1 - z)(I - zM)^{-1}$$

$$= P$$

다시 말해 P는 M의 고정점에 투영된다. 모든 v에 대해 $M(Pv) = (Pv)$다.

따라서 남은 일은 임의의 벡터 v(즉, vec(I), I는 최대 혼합 상태)에서 시작해 다음을 계산하는 것이다.

$$Pv = \lim_{z \to 1}(1 - z)/(I - zM)^{-1}v$$

그렇다면 이 행렬 P를 PSPACE에 어떻게 적용할 수 있을까? M을 PSPACE에 적용할 수는 있다. 다항 시간 양자 계산일뿐이기 때문이다. 하지만 역행렬을 구할 때는 어떻게 해야 할까? 이를 위해 계산 선형 대수^{computational linear} algebra에서 찬키^{Csanky} 알고리즘을 빌려 올 필요가 있다. 이 알고리즘은 1970년 대에 등장한 것으로 $n \times n$ 행렬의 역행렬을 다항 시간에 계산할 뿐만 아니라, 깊이가 $\log^2 n$인 회로로 계산할 수 있다. 현재 실전에서 사용되는 알고리즘도 이와 비슷한데, 수많은 병렬 프로세서를 이용한 과학 연산에 활용되기도 한다. 지수 단계로 '범위를 옮기면' 크기가 $2^{O(n)}$이고 깊이가 $O(n^2)$인 회로로 $2^{2n} \times 2^{2n}$ 행렬의 역행렬을 계산할 수 있다. 하지만 (암묵적으로 표현된) 다항 깊이^{polynomial-depth} 회로와 지수적인 크기의 출력을 계산하는 것은 PSPACE 계산에 해당한다. 실제로 PSPACE 완전 문제다. 마지막 단계는 대수 규칙과 빔, 쿡, 후버가 고안한 몇 가지 기법[5]을 이용해 $z \to 1$일 때 극한을 구할 수 있다(물론 구체적인 계산 과정은 생략한다).

여기서 한 가지 더 짚고 넘어갈 점이 있다. 이 P는 항상 밀도 행렬을 벡터화

---

5. P. Beame, S. A. Cook, and H. J. Hoover, Log depth circuits for division and related problems, SIAM Journal of Computing, 15:4 (1986), 994–1003.

한 것에 투영된다는 점이다. 앞에 나온 멱급수$^{power series}$를 보면 각 항은 밀도 행렬의 벡터화한 것을 또 다른 벡터화 결과에 대응시킨다. 그래서 합은 밀도 행렬을 벡터화한 것에 투영된다(정규화에 대해 걱정할 수도 있지만 그것 역시 해결된다).

이 장을 처음 집필한 때가 2006년이니 CTC 계산과 관련해 그동안 발전한 부분이 있다. 이렇게 말하고 보니 정말 '시간을 거슬러 여행'하는 기분이다.

첫째는 도이치가 말한 인과적 일관성 모델이 정말 CTC를 바라보는 '올바른' 방법인지 양자 컴퓨팅 커뮤니티에서 논란이 있었다. 이 논란은 베넷 등이 쓴 논문에서 비롯됐다.[6] 이 논문에서 도이치의 프레임워크는 '혼합 상태에 대한 통계적 해석'을 제대로 다루지 못한다고 지적했다. 다시 말해 CTC 컴퓨터에 $\rho = (\rho_1 + \rho_2)/2$란 상태를 입력하면 확률이 1/2인 ρ_1과 확률이 1/2인 ρ_2를 입력했을 때와 결과가 같지 않을 수 있다. 이 문제는 어떤 거대한 얽힌 상태의 절반인 상태를 CTC에 입력했을 때 특히 심각해진다. 이렇게 하면 CTC 컴퓨터가 어떻게 처리해야 할지 잘 정의된 방법이 없다. 한편으로 이 사실은 전혀 놀랄 일이 아니라고 반박할 수 있다. CTC 컴퓨터가 존재하는 이유는 결국 양자역학이나 고전 확률 이론의 선형성을 깨뜨림으로써 어려운 문제를 푸는 데 있기 때문이다. 선형성을 깨뜨릴 때마다 이렇게 잘 정의되지 않은 점을 필요로 하게 된다. 또 한편으로는 이렇게 잘못 정의된 점에 빠지게 되는 것은 상당히 불쾌한 상황이다.

그렇다면 베넷 등이 제시하는 대안은 뭘까? 논문에 따르면 CTC에 대해 논하려면 CTC 내부에서 실제로 일어나는 것은 나머지 우주 전체에 있는 어떤 것에도 인과적으로 영향을 받지 않는다고 가정해야 한다. 따라서 CTC의 출력

---

6. C. H. Bennett, D. Leung, G. Smith, and J. A. Smolin, Can closed timelike curves or nonlinear quantum mechanics improve quantum state discrimination or help solve hard problems? Physical Review Letters 103(2009), 170502, http://arxiv.org/abs/0908.3023

상태는 (14장에 나온) '양자 조언 상태$^{\text{quantum advice state}}$'만큼은 유용하겠지만 그 이상은 아니다. 베넷 등이 제시한 버전의 BQP_{CTC}는 사실 $BQP/qpoly$의 하위 클래스다. 이에 대한 내 의견은 당연히 "그게 가능은 하지만 결국 CTC가 존 재하지 않는다고 정의하는 것과 다름 없다."는 것이다. 다시 말해 도이치 이 론에 따른 CTC는 사실 심각한 '병이 들었지만' 내가 볼 때는 환자를 죽여야 만 그 병을 고칠 수 있다는 전형적인 예라는 것이다. 역학에서 CTC를 제거 한다면(자연이 특정한 정적 '조언 상태'를 건네준다고 보장할 수 있고, 이를 (원한 다면) 슈퍼연산자의 고정점으로 해석할 수 있지만 자기 자신의 슈퍼연산자 S를 지 정하지는 못하고 S의 고정점을 자연이 대신 찾아준다고 한다면) CTC에 대해 얘 기하는 것이 도대체 무슨 의미가 있는지 반문할 수 있다.

CTC 전쟁에 나온 두 번째 기습 공격은 2009년에 발표된 로이드 등의 논문이 다.[7] 베넷 등이 제시한 것과 달리 이 논문은 'CTC가 존재하지 않는다고 정의' 하길 원치 않고 도이치와 완전히 다른 방식으로 작동하는 형식 모델을 제시 했다. 순수 상태 $|\psi\rangle$를 닫힌 시간꼴 곡선에 둔다는 것은 결국 $|\psi\rangle$를 변환한 다는 뜻이므로 투영 측정을 수행하는 셈이고, 따라서 원래 시작했던 $|\psi\rangle$라 는 같은 상태로 되돌아오는 사후선택^{postselect}하는 것이다. 이러한 사후선택 이 성공적이라면 $|\psi\rangle$는 "시간 여행을 통해 과거의 자신과 만났다."고 말할 수 있다. 이렇게 되면 PostBQP(즉, 사후선택된 양자 다항 시간$^{\text{postselected quantum}}$ $^{\text{polynomial time}}$)에 포함되는 복잡도 클래스가 등장하게 된다. 실제로 PostBQP 가 딱 나온다는 것을 어렵지 않게 증명할 수 있다. (18장에서 소개한) 내 정리 인 PostBQP = PP를 이용하면 된다. 이 말은 결국 PP를 얻게 되는데, 이 클래 스는 NP보다 크지만 PSPACE와 같지 않고 포함된다고 여기는 것이다. 로이 드 등의 주장에 따르면 그들이 제시한 모델은 도이치 모델보다 훨씬 '합리 적'이라고 주장하는데, 도이치 모델은 PSPACE 완전 문제를 다항 리소스로

---

7. S. Lloyd, L. Maccone, R. Garcia-Patron, V. Giovannetti, and Y. Shikano, The quantum mechanics of time travel through post-selected teleportation. Physical Review D, 84(2011), 025007. http://arxiv.org/abs/1007.2615

푸는 데 반해 자기 모델은 '단지' PP 완전 문제만 풀게 해주기 때문이다. 반면 이들이 제시한 모델이 '덜' 합리적인 면도 분명히 있다. 즉, 0의 확률로 성공하는 사후선택 측정이 얼마든지 존재한다. 예를 들어 $|0\rangle$ 상태에서 시작한 큐비트에 NOT을 적용하면 기저가 $\{|0\rangle, |1\rangle\}$인 상태로 측정하게 돼 초기 상태로 절대로 돌아올 수 없게 된다. 이 때문에 로이드 등의 모델은 도이치 모델과 똑같은 이유로 "할아버지 패러독스를 해결한다."고 말할 수 없다. 실제로 할아버지 패러독스를 해결하기 위한 유일한 방법은 작은 에러가 항상 사후선택 측정이 0이 아닌 확률로 성공하게 만든다고 가정하는 것뿐이다. 이는 우리가 흔히 듣던 "과거로 돌아가서 할아버지를 죽이려고 하면 총이 말을 듣지 않거나 다른 어떤 신비스런 일이 일어나서 그렇게 할 수 없게 만든다."는 말과 같다(여기에 대한 자세한 설명은 뒤에서 다시 한다).

로이드 등의 주장에 대한 내 견해는 CTC 자체에 대한 얘기보다는 CTC를 시뮬레이션하거나 CTC를 모델링하는 특정한 사후선택 양자역학적 실험을 얘기한다는 것이다(실제로 로이드 등의 모델이 가진 특징 중 하나는 최소한 작은 수의 큐비트와 적절히 큰 사후선택 성공 확률에 의해 필요한 실험을 실제로 수행할 수 있다. 이 실험을 실제로 수행해[8] 완전히 예측할 수 있는 결과와 주요 언론에서 말하는 완전히 예측할 수 있는 오해로 이어질 수 있는데, 이런 언론은 물리학자들이 드디어 양자 타임머신을 실험적으로 입증했다는 기사를 쏟아낼 것이다).

CTC 계산에 대한 내 견해를 크게 바꾼 계기는 도이치가 처음 CTC를 언급한 논문에서 말하고자 한 바를 제대로 이해한 후였다. 변명할 여지가 없지만 난 논지를 간과했는데, 한참 뒤에 $BQP_{CTC} = PSPACE$ 정리를 발표할 때 자리에 있던 과학 철학자인 팀 모들린$^{Tim\ Maudlin}$이 도이치의 논점을 다시 봐야 한다고 주장했을 때에서야 제대로 보게 됐다. 그 논점은 다음과 같다. (1) 물리 법칙이 우리가 원하는 모든 다항 크기 회로 C를 만들게 해주고, (2) 임의의 다항 크기 회로의 고정점을 찾는 것은 PSPACE 완전 문제라고 하더라도 여

---

8. http://arxiv.org/abs/1005.2219

전히 CTC를 이용해 **PSPACE** 완전 문제를 풀 수 있다는 결론을 바로 도출할 수 없다는 것이다.

문제는 '진짜' 물리 법칙에 따라 추상 회로 *C*를 시뮬레이션하는 것은 설사 CTC가 없는 세상에서 문제없이 작동한다 하더라도 고정점을 찾는 것은 **PSPACE** 완전이라는 속성을 보장할 수 없다는 것이다. 다시 말해 *C*를 구현하는 데 사용하는 물리 법칙은 *C*를 구동할 필요도 없이 CTC 내부에 인과적 일관성을 유지하게 해주는 '탈출구'를 언제나 허용할지도 모른다. 가령 운석이 컴퓨터를 파괴하거나 컴퓨터가 알 수 없는 이유로 켜지지 않을 수 있다 (이 말은 과거로 가서 할아버지를 죽이려 총을 쏠 때 '갑자기 고장 나는 상황'의 계산 이론 버전인 셈이다). 그렇다면 CTC 컴퓨터를 구동할 때 이렇게 그럴 듯하면서 찾기도 쉽고 계산 측면에서도 전혀 흥미롭지 않은 고정점 중 하나를 항상 얻게 된다.

이제 일상생활에서조차 시간 여행이 없더라도 운석이 갑자기 날아와 컴퓨터에 부딪히거나 전혀 예상치 못한 재난이 '진짜' 연산을 방해해 우리가 만든 추상 수학 모델을 무력화할 확률이 항상 있다고 반박할 수 있다. 그럼에도 불구하고 이런 명백한 사실이 복잡도 이론과 관련이 있다고 여기거나 물리 법칙은 보편 계산을 전혀 뒷받침하지 않는다고 여기지 않는다. 그렇다면 CTC와 상황이 전혀 다른 이유가 뭘까? 바로 완전히 새로운 일을 하기 때문이다. 주어진 물리 진화에 대한 고정점을 자연에게 구해달라고 부탁하지만 구체적으로 어떤 고정점인지는 지정하지 않는 것과 같다. 그렇다면 '어리버리한' 고정점이 널려 있을 때, 다시 말해 시뮬레이션 대상인 원래 회로 *C*의 고정점과는 전혀 상관없으면서 어떠한 어려운 계산 문제도 풀 필요가 없는 고정점들이 널려 있을 때 자연이 '어려운' 고정점 중 하나를 선택할 필요 없이 게으름 피우며 이런 고정점 중 하나를 선택해버리지 않는 이유가 뭘까? 그렇다면 CTC가 존재하는 세상에서 '알 수 없는 이유로' 컴퓨터가 오작동하는 것은 특이한 현상이 아니라 지극히 자연스런 현상이 될 것이다.

이 문제를 풀려면 우주의 실제 진화 방정식의 고정점을 찾는 것은 (표준 모델 Standard Model, 양자 중력quantum gravity을 비롯한 뭐든지 가정할 때) PSPACE 완전 문제라는 것을 증명해야 한다 (또한 원칙적으로 필요한 초기 상태를 설정할 수 있다는 것도 증명해야 한다). 여기서 중요한 점은 물리 법칙이 튜링 보편적Turing universal이지 않다고 지정하는 것만으로는 충분하지 않다는 것이다. 튜링 보편적인 '물리 법칙'의 간단한 예를 얼마든지 만들어낼 수 있으면서 이에 대한 고정점을 쉽게 찾아낼 수 있기 때문이다 (가령 모든 물리 시스템마다 '제어 비트' b가 있고, 우주는 $b = 1$일 때 보편 연산을 구동하고 $b = 0$일 때는 항등 함수 identity map가 적용된다고 떠올려볼 수 있다. 이런 우주는 우리와 같은 보편 계산을 수행할 수 있지만 $b = 0$으로 설정해 언제나 어리 버리한 고정점을 리턴할 수도 있다). 나와 워트러스는 결국 고정점 찾기가 어려운 문제인 계산적으로 효율적인 법칙이 존재한다는 사실을 증명한 것이다. 단, 우리가 사는 우주의 법칙이 여기에 해당하는지는 아직 밝혀지지 않았다.

흥미롭게도 도이치는 CTC로 어려운 계산 문제를 풀 수 없어야 한다고 생각했다. 풀 수 있다면 도이치 표현으로 '진화 원리Evolutionary Principle'라는 원칙 ("지식은 진화 과정을 통해서만 존재할 수 있다."는 원칙. 또는 컴퓨터 과학 스타일로 표현하면 NP 완전 또는 이와 비슷한 문제는 "마술처럼 풀 수 없어야 한다."는 원칙)에 위배된다. 결국 도이치는 최종 물리 법칙이 뭐든지 간에 앞에서 말한 어리 버리한 고정점이 존재한다는 사실을 인정해야 하고, 따라서 자연은 CTC에 대한 일관성을 유지하고자 PSPACE 완전 문제를 풀 필요가 없다. 개인적으로 굉장히 이상한 주장이라고 생각한다. CTC가 존재한다면 당연히 우리가 생각하는 우주와 시간과 인과관계 등을 다시 생각해봐야 한다. 도이치는 도대체 무슨 생각으로 '진화 원리'가 이런 대격변 속에서 살아남을 것이라고 자신 있게 주장하는 것일까? 굉장히 기본적으로 생각되는 직관에 따르면 그렇지 않은데도 불구하고 말이다. 반대로 말하면 (우리가 아는 사실과 완벽히 맞아 떨어지는 것처럼 보이는 가설인) "CTC는 존재할 수 없다."는 가설을 세워 놓고 '진화 원리'를 비롯한 다른 이론을 지지하면 안 될까?

이번에도 마찬가지로 다음 장과 연결되는 문제 하나로 이 장을 마무리한다.

CTC를 통해 한 번에 단 한 비트만 채울 수 있다고 하자. CTC는 얼마든지 많이 만들 수 있지만 각각에 단 한 비트만 보낼 수 있고 다항 개수의 비트는 보낼 수 없다(사치는 허락하지 않는다고 볼 수 있다). 이 모델에서 **NP** 완전 문제를 다항 시간에 풀 수 있을까?

21

우주론과 복잡도

20장의 연습문제: 시간을 거슬러 한 비트만 보낼 수 있는 '좁은' CTC로 뭘 계산할 수 있을까?

정답: x가 연대 보존 비트고 y가 CTC 비트일 때 $x := x \oplus y$와 $y := x$라고 설정한다. $\Pr[x = 1] = p$이고 $\Pr[y = 1] = q$라고 할 때 인과적 일관성에 따라 $p = q$다. 그러므로 $\Pr[x \oplus y = 1] = p(1 - q) + q(1 - p) = 2p(1 - p)$다.

따라서 p가 지수적으로 작을 때부터 시작해 반복적으로 증폭시킨다. 이렇게 하면 NP 완전 문제를 다항 시간에 풀 수 있게 된다(또한 PP 문제 역시 풀 수 있는데, 양자 컴퓨터가 있다고 가정할 때 그렇다).

여러 가지 우주론 중에서도 '뉴욕 타임즈 모델'New York Times model, 부터 살펴보자. 상당히 최근까지 유명 칼럼에서 흔히 볼 수 있던, 모든 것은 우주에 있는 물질의 밀도에 달려 있다는 이론을 말한다. 이 모델에는 우주의 질량 밀도 mass density를 의미하는 Ω란 매개변수가 있다. 이 변수가 1보다 크면 우주는 닫혀 있다. 다시 말해 우주의 질량 밀도가 충분히 크면 (평하고 터진) 빅뱅 Big Bang 이후로 (픽하고 깨진) 빅크런치Big Crunch라는 일이 있어야 한다. 게다가 $\Omega > 1$이면 시공간이 구면 기하spherical geometry 구조(양의 곡률positive curvature)를 가져야 한다. $\Omega = 1$이라면 시공간의 기하 구조는 평면이고 빅크런치는 없다. $\Omega < 1$이면 우주는 열려 있고 쌍곡기하hyperbolic geometry 구조를 가진다.

이 모델에 따르면 이러한 세 가지 경우가 있다고 본다.

지금은 이 모델이 틀렸다고 알려져 있다. 적어도 두 가지 이유를 들 수 있다. 하나는 우주 상수$^{cosmological\ constant}$를 무시하고 있기 때문이다. 천문학자가 보기에 공간은 거의 평평^{flat}하다. 다시 말해 우주 스케일로 자명하지 않은 시공간 곡률을 발견한 사람은 아무도 없다. 몇 가지 곡률이 있을 수 있지만 그렇다 해도 아주 작다. 이 모델에 따르면 우주는 빅크런치가 발생하기 직전인 상태여야 한다. 질량 밀도를 아주 조금만이라도 바꾸면 붕괴되는 구형 우주가 나오거나 영원히 팽창하는 쌍곡 우주가 나오게 된다. 하지만 우주는 빅크런치가 될 체제를 전혀 갖추지 못했다. 우리가 안전한 이유가 뭘까? 우주의 에너지 밀도가 어떻게 구성됐는지 봐야 한다. 일반 물질$^{ordinary\ matter}$도 있고, 암흑 물질$^{dark\ matter}$도 있고, 방사선^{radiation}도 있고, 십년 전에 빈 공간의 에너지 밀도를 표현한다고 발견된 그 유명한 우주 상수$^{cosmological\ constant}$도 있다. 이들의 (정규화된) 합인 Ω는 측정 결과로는 1과 같아 보인다. 그래서 공간이 평평하다고 보는 것이다. 하지만 20세기 중 거의 대부분 가정했던 것처럼 우주 상수 Λ는 0이 아니다. 실제로 (이 기간 동안) 관측 가능한 우주의 에너지 밀도 중 70%는 우주 상수에 기인한다.

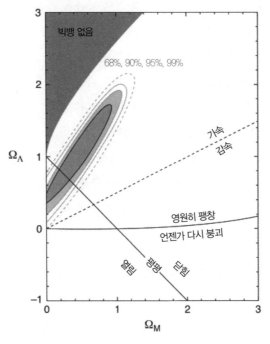

이 그림에서 검은색 대각선이 바로 공간이 평평한 지점이다. 이 지점에서 우주 상수와 물질에 의해 에너지 밀도의 합이 1이 된다. 예전에는 우주 상수가 없고 공간이 평평했다고 생각했기 때문에 두 검은 실선이 교차하는 지점에 있었다. 다른 검은 실선은 서서히 위로 굽어지는 것을 볼 수 있는데, 우리가 이 선 위에 있다면 우주는 영원히 팽창하는 것이고, 아래 있다면 우주는 다시 붕괴한다. 따라서 우리가 두 선의 교차점에 있다는 말은 팽창과 붕괴의 경계선상에 있다는 뜻이다. 하지만 우주의 에너지 밀도 중 70%가 Λ에서 비롯됐다면 안쪽 타원과 대각선의 교차점 주변에 있다는 것을 알 수 있다. 다시 말해 다시 붕괴될 일은 없는 지점에 있는 것이다.

하지만 단순히 '구형/평면/쌍곡'으로 삼분하는 것은 여러 가지 잘못된 점 중에서 하나일 뿐이다. 이것 외에도 우주의 기하 구조와 위상은 서로 다른 문제라고 보는 것이 잘못됐다. 우주가 평평하다고 가정하는 것만으로는 무한함을 의미하지 않는다. 우주가 일정한 양의 곡률을 가진다면 유한하다는 것을 의미한다. 지구를 떠올려보자. 일정한 양의 곡률을 가진다는 것을 알면 지구는 둥글다고 결론지을 수 있다. 내 말은 곡선이 눈으로 볼 수 없는 무한으로 휘어질 수 있는데, 곡률이 동형이라고 가정하면 수학적으로 구형이거나 그보다 복잡한 유한 도형으로 굽어져야 한다. 하지만 우주가 평평하다면 유한한지 무한한지 알 수 없다. 마치 비디오 게임을 하는데, 화면 한 쪽으로 사라졌다가 반대쪽 화면에서 나타나는 것과 같다. 기하학적 평면과 완벽히 일치하지만 닫힌 위상에 해당한다. 따라서 우주가 유한한지 아니면 무한한지에 대한 답은 현재로선 아쉽게도 알 수 없다(자세한 내용은 코니시와 위크스가 쓴 논문[1]을 참고하기 바란다).

학생: 하지만 양의 곡률일 때 포물면^{paraboloid}처럼 무한히 줄어드는 뭔가가 있지 않나요?

스콧: 맞아요. 하지만 균등한^{uniform} 양의 곡률은 아니에요. 균등하다는 말은 곡률이 모든 지점에서 일정하다는 뜻이에요.

학생: 지금까지 그린 그림에서 시간이란 것이 빠진 듯해요. 시간이 어떤 고정점에서 시작하거나 시간이 음의 무한대로 거슬러간다는 것을 의미하나요?

스콧: 지금까지 살펴본 이론은 모두 빅뱅이 있었다는 것을 가정해요. 다시 말해 모두 빅뱅 우주론에 해당해요.

학생: 그렇다면 어떤 유한 지점에서 시작할 때 시간은 유한하겠네요. 하지만 상대성 이론에 따르면 공간과 시간은 본질적으로 차이가 없지 않나요?

스콧: 아니에요. 그런 뜻이 아니에요. 시간과 공간은 자명하지 않은 방식으로 연결돼 있는데, 시간과 공간은 계량 부호수$^{metric\ signature}$가 다르다는 것을

---

1. N. J. Cornish and J. R. Weeks, Measuring the shape of the universe, Notices of the American Mathematical Society (1998). http://arxiv.org/abs/astro-ph/9807311

의미해요. 참고로 난 이점이 불만이에요. 실제로 물리학자에게 '상대성 이론에 따르면 시간과 공간은 같은데' P와 PSPACE가 어떻게 다를 수 있는지 물어보게 한 적이 있어요. 여기서 핵심은, 시간은 음의 부호수를 가진다는 것이에요. 이는 공간에서는 앞뒤로 오갈 수 있는데, 시간에서는 앞으로만 갈 수 있다는 사실과 관련이 있지요. 20장에서 CTC를 설명했는데, CTC의 핵심은 시간을 거슬러 가게 해준다는 데 있고 결과로 시간과 공간은 실제로 동등한 계산 자원이 될 수 있어요. 하지만 시간이 한방향으로만 갈 수 있다면 공간과 같을 수 없어요.

학생: 그럼 공간을 한 바퀴 돌 정도로 멀리 갈 수 있나요?

스콧: 팔이 엄청 길다면 한쪽 방향으로 뻗어 뒤통수를 때릴 수 있나요? 앞에서 말했듯이 그 답을 알 수 없어요.

학생: 질량이 펼쳐지는 부분에 대해 사람들은 유한하다고 보고 있어요. 빅뱅 때문이죠.

스콧: 그건 빅뱅에 대한 오해에요. 빅뱅은 공간의 어느 한 점에서 일어난 것이 아니에요. 빅뱅은 시공간 자체를 생성한 사건이에요. 대표적인 비유로 은하계가 풍선에 찍은 작은 점들이라면 풍선이 팽창할수록 서로 멀어지는 것은 점 자체가 아니라 풍선이 커지는 것이에요. 시공간이 열려 있다면 단순히 수많은 물질이 주변에 몰려 있는 것이 아니라 빅뱅 순간에 무한한 양의 물질이 생성된 것이에요. 시간이 흐르면 무한한 우주는 더욱 펼쳐지게 되는데, 시간상의 어떠한 지점에서도 여전히 무한히 늘어날 거예요. 지평선을 보면 서로 멀어지는 것처럼 보이지만 그건 단지 우리가 지평선을 지나갈 수 없고 그 뒤에 있는 것을 볼 수만 있기 때문이에요. 따라서 빅뱅은 어떤 특정한 시간과 공간에 발생한 폭발이 아니라 모든 다양체^{manifold}의 시작일 뿐이에요.

학생: 그렇다면 질량/에너지가 빛의 속도보다 빨리 퍼질 수 없지 않나요?

스콧: 그것 역시 참 좋은 질문이에요. 내가 직접 설명할 수 있는 주제라서 더 좋네요. 고정된 기준틀에서 서로 빛의 속도보다 빨리 멀어지는 두 점이 있는데, 서로 멀어지게 보이는 이유는 단지 그 사이 공간이 확장되기 때문이에요. 실제로 경험적인 사실에 따르면 머나먼 은하계들은 빛보다 빠른 속도로 멀어지고 있어요. 빛의 속도에 의해 제한되는 것은 팽창하는 풍선 표면 위로 이동하는 개미의 속도에요. 풍선 자체의 팽창 속도가 아니라요.

학생: 그렇다면 빛의 속도보다 빨리 이동하는 물체를 볼 수 있나요?

스콧: 아주 오래 전에 (즉, 빅뱅이 발생한 지 얼마 안 된 시점에) 빛이 나올 때 빛이 우리에게 도달할 즈음에는 빛을 보낸 은하계는 분명 빛보다 빠른 속도로 우리로부터 멀어진다고 추론할 수 있어요.

학생: 두 은하계가 빛보다 빠른 속도로 다가갈 수는 없나요?

스콧: 붕괴될 경우에는 가능해요.

학생: 물체가 빛보다 빨리 이동할 수 있을 때 발생하는 기존 패러독스들은 어떻게 해결할 수 있죠?

스콧: 다시 말해 빛보다 빨리 팽창하거나 수축하면 인과적인 문제가 발생하지 않느냐는 말이죠? 그래서 내가 GR을 제대로 이해하는 이들에게 이 문제를 맡기려고 했던 거예요. 그래도 최선을 다해 답해 보면 실제로 인과 문제가 발생하는 시공간 기하 구조가 분명히 있긴 해요. 예를 들어 웜홀이나 괴델의 회전 우주^{rotating universe} 등이 있죠. 하지만 우리가 사는 세상의 실제 기하 구조는 어떤가요? 서로 멀어지기만 한다면 빛보다 빨리 신호를 보낼 수 없을 거예요. 이런 기하 구조에서 우리가 얻을 수 있는 것은 서로 너무 멀리 떨어져 있어 '서로 인과적으로 마주친 적이 없지만' 그럼에도 불구하고 마치 마주친 적이 있는 것처럼 보이는 대상들뿐이에요. 따라서 아주 초창기 우주에서 빠르게 팽창하던 시기가 있었다고 가정해서 물체들이 서로 평형을 이룰 수 있고, 또 그럴 때만 팽창에 의해 인과적으로 분리될 수 있어요.

그렇다면 우주 상수란 도대체 뭘까? 본질적으로 일종의 반중력^{antigravity}이다. 시공간의 두 점이 지수적인 속도로 서로 멀어지게 만드는 뭔가다. 그럼 여기에 무슨 문제가 있는 것일까? <애니홀>이란 영화에서 우디 앨런의 엄마가 한 말처럼 "브루클린은 팽창하지 않는다." 이 팽창이 우주에서 굉장히 중요한 힘이었다면 우리가 사는 행성이나 은하계에서 중요하지 않았을까? 우리가 사는 세상의 규모에 비춰볼 때 이러한 팽창에 대해 끊임없이 반작용하는 중력과 같은 다른 힘이 있기 때문이다. 서서히 팽창하는 풍선의 표면에 자석 두 개가 놓여 있다고 생각해보자. 풍선은 팽창하고 있지만 두 자석은 여전히 한데 붙어 있다. 전체 우주의 규모로 커질 때만이 우주 상수가 중력을 이겨낼 수 있다.

여기에 대해 우주의 환산 계수^{scale factor}의 관점에서 설명할 수 있다. (흔히 사용하는 기법인) 우주의 자연 방사선^{cosmic background radiation}의 나머지 프레임에서 우주의 시작부터 경과된 시간 t를 측정해보자. 우주는 t에 대한 함수로 볼 때 얼마나 클까? 아니면 좀 더 조심스럽게 표현해 테스트 지점 두 개가 주어졌을 때 둘 사이의 거리가 시간 함수의 관점에서 얼마나 변했을까? 팽창의 밑바탕이 되는 가정은 빅뱅이 일어난 태초의 시점에 몇 플랑크 시간 동안 지수적으로 커졌다는 것이다. 그래서 팽창도 일어났지만 우주를 서로 끌어당기는 중력도 생긴 것이다. 이 힘은 $t^{2/3}$의 환산 계수에 따라 작용하고 있는 것이다. 빅뱅이 일어난 지 100억 년이 지나 지구에 생명체가 최초로 등장했을 때 우주 상수는 중력을 이겨내기 시작한 것이다.

그 후부터는 계속해서 지수적으로 증가했다. 거의 태초 때의 수준으로 말이다.

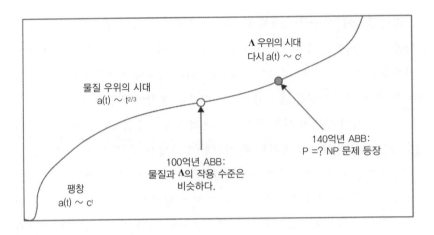

에너지 밀도 중 우주 상수가 70%고 물질이 30%인 시기에 우리가 살아 있는 이유가 뭔지는 흥미로운 질문이다. 둘 중 하나는 거의 모두고 다른 하나는 무시할 정도가 아닌 이유는 뭘까? 두 수의 자릿수가 같은 작은 창에 살고 있는 이유가 뭘까? 여기에 대해 인류학적인 주장을 할 수 있다. 우리가 후대에 있다면 우리 중 둘 혹은 셋만 존재하고 나머지는 우주 지평선 너머에 있을 것이다. 우주는 지금보다 훨씬 얇을 것이다.

지금까지는 물리학자들이 우주 상수를 표현하는 방식을 알아봤다. 나라면 단순히 계산에 사용될 수 있는 비트 수의 역수라고 설명할 것이다. 구체적으로 표현하면 다음과 같다.

최대 비트 = $3\pi/\Lambda$

플랑크 단위로 우주 상수는 대략 10^{-121}이다. 따라서 10^{122}은 물리 세계에서 계산에 사용할 수 있는 최대 비트수에 맞먹는다(계산에 사용할 수 있는 최대 비트 수의 정확한 의미는 뒤에서 자세히 설명한다). 어떻게 우주 상수를 이렇게 표현할 수 있을까?

학생: 우주 상수의 정의가 뭔가요?

스콧: 진공 에너지에요. 이것 역시 물리학 관점이에요. 거기서는 정의하지

않고 관찰해요. 이 진공 에너지란 것이 뭔지를 정확히 모르고 그저 그런 게 있다는 것만 알아요. 즉, 빈 공간에 대한 에너지이고, 그 근원은 다양할 수 있어요.

학생: 평균인가요?

스콧: 뭐, 그렇다고 말할 수 있어요. 하지만 사람이 측정할 수 있는 곳이라면 거의 일정한 것 같아요. 또한 시간에 대해서도 거의 일정해요. 거의 모든 곳에서 동일하다는 이 가정에서 벗어난 것을 발견한 사람은 아직까지 없어요. 여기에 대해 생각할 수 있는 한 가지 방식은 진공에서는 항상 입자/반입자 쌍이 형성되고 서로 소멸시켜요. 사실 빈 공간은 굉장히 복잡해요. 그래서 에너지가 0이 아니라는 것은 그리 놀라운 사실은 아닐 수도 있어요. 실제로 양자장 이론quantum field theory에서 어려운 문제는 우주 상수가 존재하는 이유를 설명하는 것이 아니라 그 상수가 10^{120}배나 더 크지 않은 이유를 설명하는 것이에요. 단순하게 이해하면 전체 우주가 순식간에 박살낸다고 오해할 수 있어요.

학생: Ω_Λ도 마찬가지인가요?

스콧: 아니에요. Ω_Λ는 우주 상수를 구성하는 전체 에너지 밀도 중 일부예요. 또한 이 값은 물질 밀도에 따라 달라져요. Λ와 달리 시간에 따라 달라져요.

지금까지 한 얘기들이 계산과 무슨 관련이 있는지 이해하려면 홀로그래픽 한계holographic bound 얘기부터 하고 넘어갈 필요가 있다. 끈 이론 연구자와 루프 양자 중력 연구자들이 동의하면서 양자 중력에 대해 알려진 몇 안 되는 것 중 하나다. 게다가 나의 주 연구 분야인 한계에 대한 것이다. 여기서는 부쏘가 쓴 뛰어난 서베이 논문[2]을 기준으로 소개한다. 물리학자라면 이 논문은 반드시 읽어보기를 권장한다. 한참 전에 플랑크 영역 $lp^2 = G\hbar/c^3$이란

---

2. R. Bousso, The holographic principle. Reviews of Modern Physics, 74 (2002), 825–874. http://arxiv.org/abs/hep-th/0203101

것이 있다는 것을 봤다. 여러 물리 상수를 한데 합쳐 길이의 제곱이 나올 때까지 단위를 소거하다 보면 나오는 값이다. 플랑크 자신은 1900년 즈음에 이 작업을 했다. 아주 심오한 작업이었을 것이다. 뉴턴 상수, 플랑크 상수, 빛의 속도를 모두 던져 넣으면 $10^{-69} m^2$라는 면적 단위가 나온다.

홀로그래픽 한계는 시공간의 모든 영역에 넣을 수 있는 엔트로피 양(또는 작은 상수만큼의 그 영역에 저장할 수 있는 비트 수)은 많아야 플랑크 단위로 측정한 그 영역의 표면적을 4로 나눈 정도다. 이는 상당히 놀라운 사실이다. 저장할 수 있는 비트 수는 부피에 비례해 커지지 않고 표면적에 비례해 커진다는 것이다. 이렇게 나오는 유도 과정을 보여줄 수 있다(정확히 말해 물리학자들이 생각하는 유도 과정을 소개할 수 있다).

학생: 이 유도 과정을 보면 3이나 다른 값도 아닌 4로 나누는 이유를 알 수 있나요?

스콧: 끈 이론 연구자들은 그 이유를 설명할 수 있다고 믿어요. 다른 양자 중력 접근 방법에 비해 자랑스러워하는 큰 성공 중 하나죠. 루프 양자 중력 연구자들은 이 상수가 잘못 나왔고, 그래서 **Immirzi** 매개변수라 부르는 것으로 직접 조정해야 했어요(참고로 2006년 이후로 LQG 캠프에서 이 문제를 풀었다고 주장한다).

내 생각에는 비트로 육면체(즉, 하드디스크)를 만들려다 점점 커지면 결국 블랙홀로 붕괴될 것이다. 그 시점에도 여전히 비트를 더 추가할 수 있는데, 그렇게 하려는 순간 정보는 사람들이 제대로 이해하지 못하는 방식으로 이벤트 호라이즌에 들러붙게 된다. 하지만 이런 일이 어떻게 일어나든지 그 시점으로부터 정보 내용은 표면적처럼 증가하게 된다.

이를 '유도^{derive}'하려면 먼저 베켄슈타인 한계$^{Bekenstein\ bound}$라는 재료가 필요하다. 베켄슈타인은 1970년대에 블랙홀은 반드시 엔트로피가 있어야 한다고 주장하던 인물이었다. 왜 그랬을까? 엔트로피가 없다면 블랙홀에 뭔가 떨어뜨렸을 때 사라지는데, 이는 열역학 제2법칙에 어긋나는 것처럼 보이기 때문이다. 게다가 블랙홀은 온갖 단방향 속성unidirectional property으로 가득 차 있다. 블랙홀에 뭔가 떨어뜨릴 수는 있어도 꺼낼 수는 없고, 두 블랙홀을 하나로 합쳐 더 큰 블랙홀로 만들 수는 있어도 이걸 다시 여러 개로 쪼갤 수는 없다는 말이다. 이런 단방향성unidirectionality은 엔트로피와 굉장히 비슷하다. 돌이켜보면 당연한 얘기다. 나 같은 사람도 돌이켜보면 알 수 있다.

그렇다면 베켄슈타인 한계란 뭘까? 플랑크 단위로 모든 영역의 엔트로피 S는 다음을 충족한다는 것이다.

$$S \leq 2\pi k E R / \hbar c$$

여기서 k는 볼츠만 상수Boltzmann's constant고, E는 그 영역의 에너지고, R은 그 영역의 반경이다(이것 역시 플랑크 단위다). 왜 이 식이 성립할까? 기본적으로 이 식은 π와 볼츠만 상수와 플랑크 상수와 빛의 속도를 합친 것이다. 당연히 참일 수밖에 없다(나도 이제 물리학자처럼 생각하기 시작했다). 실제로 이 식은 사고 실험에서 나온 것으로, 어떤 물건의 일부를 블랙홀에 떨어뜨리고 그 블랙홀의 온도가 얼마나 높아져야 하는지에 대해 (여기서 설명하지 않을 물리학 지식을 동원해) 계산한 후 온도와 엔트로피의 관계를 이용해 블랙홀의 엔트로피가 얼마나 증가해야 하는지 알아내는 실험이다. 그러고 나서 열역학 제2법칙을 적용해 블랙홀에 떨어뜨린 물건의 엔트로피는 많아야 블랙홀을 통해 얻은 것만큼 돼야 한다는 것이다. 그렇지 않으면 우주의 총 엔트로피가 줄어야 하는데, 이는 열역학 제2법칙에 어긋나는 것이다.

학생: 그 영역은 반경의 제곱으로 구하는 것 아닌가요?

스콧: 맞아요.

학생: 그럼 왜 베켄슈타인 한계에 R^2이 아닌 R이라고 나오는거죠?

스콧: 곧 설명할게요.

여기까지가 첫 번째 사실이다. 두 번째 사실은 슈바르츠실트 한계^{Schwarzschild} ^{bound}로, 시스템의 에너지는 많아야 반경에 비례한다는 것이다. 플랑크 단위로 $E \leq R/2$다. 이것 역시 물질/에너지를 그보다 빽빽하게 집어넣으면 결국 블랙홀로 붕괴하기 때문이다. 각 비트를 표현하는 데 일정한 에너지양이 드는 하드디스크를 만들려면 무한대로 이어지는 1차원 튜링 테이프를 만들 수 있는데, 2차원으로 만들려고 하면 충분히 커진 시점에 블랙홀로 붕괴하게 된다. 블랙홀의 반경은 이 관계에 의해 질량(에너지)에 비례한다. 그래서 주어진 반경에 최대 에너지를 가진다는 점에서 블랙홀은 가성비가 최고라고 볼 수 있다. 따라서 블랙홀은 최소한 다음과 같은 두 가지 관점에서 최대다. 하나는 반경당 에너지가 최대고, 반경당 에너지도 최대다.

이제 이러한 두 사실을 반영하면 다음과 같이 나온다.

$$S \leq 2\pi kER \leq \pi R^2 = A/4$$

다시 말해 모든 영역의 최대 엔트로피는 플랑크 단위 표면적을 4로 나눈 것이다. A를 4로 나누는 이유는 $E \leq R/2$인 이유를 설명하는 문제로 유도하기 위해서다. 여기서 π는 사라진다. 구의 표면적은 $4\pi R^2$이기 때문이다.

그런데 앞에서 말했듯이 홀로그래픽 한계로 인한 문제가 하나 있다. 일부 경우에 확실히 실패한다는 것이다. 그중 하나는 닫힌 시공간이다. 공간이 닫혀 있고(즉, 한방향으로 끝까지 가면 다시 처음으로 되돌아오는 구조로 돼 있고) 이 영역의 최대 크기는 표면적에 비례한다고 하자. 그렇다면 이것이 안에 있다는 것을 어떻게 알 수 있을까? 농부가 수학자를 고용해 효율적인 방식으로(즉, 주어진 경계 안에서 면적이 최대로 되게) 펜스를 구축하는 일을 맡긴다고 해보자. 수학자는 펜스를 작은 원으로 만들고, 안에 들어가 지구의 나머지 부분은 밖에 있다고 선언한다. 어쩌면 우주의 나머지 부분이 안쪽에 있을지도 모른다. 확실한 것은 나머지 우주 전체의 엔트로피 양은 조그만 블랙홀의 표면적이나 다른 어떤 것보다 크다는 것이다. 일반적으로 홀로그래픽 한계는 '상대론적으로 공변relativistically covariant'하지 않다는 문제가 있다. 동일한 표면적에 대해 한 기준계에서는 홀로그래픽 한계가 참인 반면 다른 쪽에서는 성립하지 않을 수 있다는 것이다.

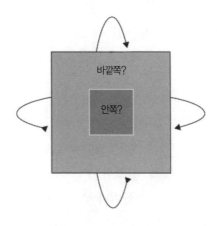

아무튼 부쏘Bousso를 비롯한 여러 사람이 이 문제를 풀었다고 볼 수 있다. 어떻게 풀었냐면 광자의 이동 경로(측지선geodesic)를 구성하는 '널 초평면null hypersurface'를 쳐다보는 방식으로 해결했다. 이것들은 상대론적으로 불변하다. 따라서 기본 개념은 어떤 영역이 있을 때 그 표면에서 나오는 광선을 본다는 것이다. 그러면 광선이 서로 수렴하는 방향을 영역의 안쪽이라 정의하는 것이다. 이 방식의 장점은 좌표계를 바꿔도 측지선은 그대로라는 것이다. 이 설명에 따르면 홀로그래픽 한계를 표면에서 안쪽으로 빛의 속도로 이동할 때 그 영역에서 볼 수 있는 엔트로피 양의 상한선으로 해석한다. 다시 말해 상한선이 되는 엔트로피는 이런 널 초평면을 따라 볼 수 있는 엔트로피인 것이다. 이렇게 하면 문제를 푼 것처럼 보인다.

그렇다면 지금까지 설명한 내용이 계산과 무슨 관계가 있을까? 우주가 무한하다면 이론상 임의로 긴 계산을 수행할 수 있다고 볼 수 있다. 그저 튜링 머신 테이프만 충분히 확보하면 된다. 이 말에서 잘못된 부분은 뭘까?

학생: 테이프가 블랙홀로 붕괴되지 않을까요?

스콧: 앞에서 말했듯이 일차원 테이프만 있고, 이건 무한히 늘릴 수 있어요.

학생: 테이프가 내 기준에서 점점 멀어지면 어떻게 되죠?

스콧: 맞아요. 내 비트가 바로 여기 있는데, 그저 수백억 년 정도만 잠시 뒤돌아선 동안 우주 팽창 때문에 그 비트가 우주론적 지평선을 벗어나 있을 수 있어요.

핵심은 우주에 이런 비트가 있다는 사실만으로는 충분하지 않다는 것이다. 이 비트를 모두 제어(설정)할 수 있고, 계산하는 동안 이 비트에 접근할 수 있어야 한다. 부쏘는 이 개념을 '인과적 다이아몬드$^{\text{causal diamond}}$'라고 표현했는데, 나는 입력과 출력이 있는 계산이라 부를 것이다. 기본 개념은 어떤 시작점 P와 끝점 Q가 있을 때 P의 정방향(미래로 향하는) 광원뿔$^{\text{forward light cone}}$과 Q의 역방향(과거로 향하는) 광원뿔이 교차하는 부분을 본다. 이것이 바로 인과적 다이아몬드다.

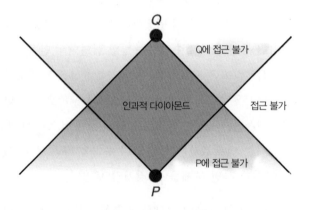

기본 개념은 우리가 실제로 할 수 있는 모든 실험에서(즉, 우리가 수행할 수 있는 모든 계산에서) 그 실험을 시작하는 시작점과 데이터를 수집하는 끝점이 있어야 한다는 것이다. 우주의 총 엔트로피 양은 관련이 없고 이러한 인과적 다이아몬드의 어느 한 곳에 담길 수 있는 엔트로피 총량만 있으면 된다

는 것이다. 부쏘의 다른 논문[3]을 보면 드 지터 공간^{de Sitter space}, 더 시터르 공간(우리가 현재 살고 있다고 여기는, 우주 상수가 있는 공간)에 있을 때 인과적 다이아몬드의 어느 한쪽에 포함될 수 있는 엔트로피 양은 최대 $3\pi/\Lambda$라는 것이다. 우리가 사는 우주에서 10^{122}비트라는 한계가 있기 때문이다. 핵심은 우주가 지수적으로 팽창하는데, 현재 지평선 끝에 있는 점 역시 팽창하고, 150억년 정도(우주의 한 세대)가 지나면 상수 인자는 지금보다 훨씬 멀어져 있다는 것이다.

학생: 그럼 P와 Q를 어디로 잡아야 그 수를 구할 수 있나요?

스콧: 아무데나 둬도 돼요. 모든 P와 Q에 대해 최대로 만들 수 있어요. 이것이 바로 핵심이에요.

학생: 그렇다면 어디서 최대가 나타나나요?

스콧: P를 원하는 곳에 두고 Q를 인과적 미래의 100억년쯤 떨어진 지점에 둔다고 해요. 200억년 후에 계산을 마무리하지 못하면 메모리의 반대쪽에 있던 데이터는 우주의 지평선 너머로 사라질 거예요. 반경이 200억 광년을 넘어서는 컴퓨터를 만들 수 없어요. 아쉬운 사실이죠.

학생: Λ도 시간에 따라 변하나요?

스콧: 대다수가 시간에 따라 변하지 않는다고 생각해요. 변할 수도 있지만 그 양에 대한 실험적 제약 조건이 상당히 강해요. 에너지 밀도 중에서 Λ가 차지하는 Ω_Λ만큼은 변해요. 우주가 점점 희석될수록 Λ가 차지하는 에너지 부분은 점점 커지게 돼요. Λ 자체는 그대로 유지된다고 해도 그래요.

학생: 하지만 우주의 반경은 변하잖아요.

스콧: 맞아요. 우리가 사는 현재 시대에서는 빛이 우리에게 도달하는 거리

---

3. R. Bousso, Positive vacuum energy and the N-bound, Journal of High Energy Physics, 0011:038 (2000). http://arxiv.org/abs/hep-th/0010252/

가 점점 멀어질수록 과거의 양은 점점 커져요. 하지만 Λ가 물질을 따라잡고 나면 관측 가능한 우주의 반경은 100억 광년 정도로 안정된 상태에 도달하게 되죠.

학생: 왜 100억 광년이죠?

스콧: 중력을 상쇄하는 다른 영향이 없다면 우리로부터 멀리 떨어진 대상이 빛의 속도로 멀어지는 것처럼 보이는 시점이 바로 그 거리이기 때문이에요.

학생: 그렇다면 그 거리가 현재 관측 가능한 우주의 크기와 같은 것은 순전히 우연이네요?

스콧: 우연일 수도 있고 우리가 제대로 이해하지 못한 심오한 원리가 있을 수도 있어요.

그것도 괜찮긴 하지만 계산 복잡도를 얘기할거라 약속했었다. 우주 상수와 결합된 홀로그래픽 한계가 가능한 모든 계산의 비트 수에 대한 유한한 상한이 되면 상수 시간에 풀 수 있는 문제만 풀 수 있다고 주장할 수 있다. 또한 어떤 면에서 이 사실로 인해 복잡도 이론 전체가 단순해진다. 다행히 여기에 빠지지 않을 세련된 방법이 있다. (입력의 크기인) n뿐만 아니라 $1/Λ$에 대한 점근법^{asymptotic}이 바로 그것이다. Λ는 잘 알려진 (아주 작은) 값이라는 사실은 잠시 접어 두고 가변 매개변수라고 생각해보자. 그러면 복잡도 이론을 다시 예전 모습대로 살릴 수 있다. 이 관점에서 다음과 같이 주장할 수 있다. 우주가 (1 + 1)차원(다시 말해 공간 하나와 시간 하나로 구성된 차원)이고 우주 상수 Λ가 있다고 하자. 그러면 우리가 풀 수 있는 문제의 클래스는 DSPACE(1/Λ)에 속하게 된다. DSPACE(1/Λ)는 결정적 튜링 머신에서 ~$1/Λ$ 테이프 제곱을 사용해 풀 수 있는 클래스다. 사실은 물리에 대해 어떤 가정을 하는가에 따라 DSPACE(1/Λ)와 같아진다. 확실한 것은 최소한 DSPACE($1/\sqrt{Λ}$)에 속한다.

먼저 DSPACE(1/Λ) 이상일 수 없는 이유부터 생각해보자. 수학적으로 표현하고자 우주 상수 튜링 머신^{Cosmological Constant Turing machine}이라 부르는 계산 모델을 정의하자. 이 모델에는 무한한 튜링 머신 테이프가 있는데, 현재 모든 타임 스텝마다 두 칸 사이에 '*' 기호가 든 새로운 칸이 있을 독립 확률은 Λ다. 첫 번째로 돌 때 Λ가 계산에 영향을 미치는 방식에 대한 나름 합리적인 모델인 것 같다. 이제 테이프 헤드가 어떤 칸에 놓여 있는데, $1/\Lambda$만큼 떨어진 칸은 평균 한 타임 스텝에 한 칸의 속도로 테이프 헤드로부터 멀어지는 것처럼 보일 것이다. 따라서 이런 칸으로 결코 갈 수 없어 보인다. 그 칸으로 다가갈 때마다 그 사이 공간에 새로운 칸이 생성될 것이다(이 모델에서 빛의 속도를 타임 스텝당 한 칸이라 볼 수 있다). 따라서 풀 수 있는 문제의 클래스는 DSPACE($1/\Lambda$)에 속한다. 테이프 헤드의 현재 위치로부터 $1/\Lambda$ 이내에 있는 칸의 내용만 기록할 수 있고 나머지 칸은 무시하기 때문이다.

그렇다면 DSPACE($1/\Lambda$)를 실제로 만들 수 있을까? 아주 간단한 알고리즘을 떠올릴 수 있다. 즉 $1/\Lambda$비트를 서로 떨어져 돌아다니는 한 무리의 가축이라고 볼 수 있다. 우주 카우보이처럼 이들을 올가미로 끊임없이 가둬야 한다. 다시 말해 테이프 헤드는 끊임없이 앞뒤로 이동하면서 퍼져나가려는 비트를 한데 묶는 동시에 이에 대한 계산을 수행한다. 그렇다면 문제는 이 비트들을 O($1/\Lambda$) 시간 안에 올가미로 묶을 수 있느냐다. 이에 대한 증명을 해본 적은 없지만 표준 튜링 머신 헤드(가령 테이프 한 칸을 삭제할 능력이 없는 헤드)로는 ~$1/\Lambda^2$ 시간 이내에 할 수 없을 것 같다. 반면 ~$1/\sqrt{\Lambda}$ 비트를 O($1/\Lambda$) 시간에 올가미로 묶는 것은 확실히 가능하다. 따라서 DSPACE($1/\sqrt{\Lambda}$)를 계산할 수 있다. 내 추측으로는 딱 맞는 시간이다.

두 번째로 흥미로운 점은 2차원 이상에서는 상황이 달라진다는 것이다. 2차원에서는 대략 $1/\Lambda$ 정도의 시간 간격마다 반경이 두 배가 된다. 하지만 올가미로 묶어야 할 비트를 모두 방문하려면 대략 $1/\Lambda^2$ 시간이 걸린다. 따라서 1D 테이프에서 $1/\Lambda$ 시간 안에 할 수는 없지만 2D 격자에서 $1/\Lambda$ 시간 안에 할 수 있는 것이 있는지 물어볼 수 있다. 여기에 $1/\Lambda^2$ 공간이 있으니 직관적으로 볼 때 1/Λ 시간에 1/Λ 칸 이상을 사용할 수 없다고 생각할 수 있다. 하지만 정말 그런지는 확실하지 않다. 물론 재미를 위해 이 모든 질문을 양자 튜링 머신에 물어볼 수 있다.

또 다른 의문점은 이 모델에서 쿼리 복잡도$^{query\ complexity}$는 어느 정도인지 물어볼 수 있다. 예를 들어 키를 잃어버려 우주 공간의 어디에나 있을 수 있다면 어떻게 될까? 키가 우주 지평선 내부의 어딘가에 있고, 현재 공간이 1차원이라면 이론적으로 이 키를 찾을 수 있다. 지평선 내부의 전체 공간을 $O(1/Λ)$ 시간 안에 돌아다닐 수 있다. 하지만 2차원일 때는 관측 가능한 우주의 대부분이 멀어지기 전에 확인할 수 있는 지점의 수는 가능한 지점의 수에 대한 제곱근 정도뿐이다. 아주 먼 지점을 골라 이동할 때 다시 원래 영역으로 돌아올 때쯤에는 크기가 두 배나 돼 있는 것이다.

양자 버전에서는 실제로 탈출구가 있다. 바로 그로버 알고리즘을 활용하는 것이다. 그로버 알고리즘은 데이터베이스에 있는 항목 N개를 $\sqrt{N}$ 단계만에 검색할 수 있다. 따라서 관측 가능한 우주의 크기만큼 2D 데이터베이스를 검색할 수 있다. 그런데 한 가지 문제가 있다. 그로버 알고리즘이 실제로 어떻게 작동하는지 생각해볼 필요가 있다. 쿼리 단계는 진폭 증폭 단계$^{amplitude\ amplification\ step}$마다 교차 실행^{interleave}된다. 진폭을 증폭시키려면 모든 진폭을 한곳에 모아야 한다. 그래야 그로버 리플렉션 연산을 수행할 수 있다. 차원이 $\sqrt{N} \times \sqrt{N}$인 2D 데이터베이스를 검색하는 양자 로봇이 있다고 생각해보자. 이때 그로버 알고리즘을 $\sqrt{N}$번만 반복하면 된다. 데이터베이스에 있는 항목이 N개뿐이기 때문이다. 그런데 매번 반복할 때마다 $\sqrt{N}$ 시간만큼 걸린다. 로봇은 쿼리 결과를 모두 취합해야 하기 때문이다. 이게 바로 문제다. 고전 버전에 비해 특별히 나아지는 것이 없어 보이기 때문이다. 따라서 우주 크기의 데이터베이스를 탐색하는 문제에 대해 제안된 솔루션은 효과가 없어 보인다. 하지만 3차원에서는 확실히 뭔가 이점이 있어 보인다. 3D 하드디스크를 생각해보자. 측면 길이가 $N^{1/3}$일 때 매번 $N^{1/3}$ 시간이 걸리는 그로버 알고리즘을 $\sqrt{N}$ 번 반복해야 하므로 총 시간은 $N^{5/6}$이 된다. 적어도 N 보다는 낫다. 차원이 증가할수록 성능은 $\sqrt{N}$에 가까워진다. 예를 들어 공간이 10차원이라면 성능은 $N^{12/22}$가 된다.

몇 년 전 안드리스 암바이니스$^{Andris\,Ambainis}$와 내가 쓴 논문[4]에서 그로버 알고리즘의 재귀 버전을 이용해 2D 격자를 $\sqrt{N}\log^{3/2}N$ 시간에 탐색할 수 있다고 증명했다. 3차원 이상에서 시간 차수는 $\sqrt{N}$이다. 이 알고리즘의 작동 방식을 아주 직관적으로 설명할 수 있다. 바로 분할 정복$^{divide\text{-}and\text{-}conquer}$ 전략을 적용하는 것이다. 다시 말해 격자를 작은 격자 덩어리로 계속 분할하면서 각 영역마다 그로버 알고리즘을 할당하는 것이다.

첫 단계로 각 행을 별도로 검색한다고 하자. 각 행을 탐색하는 데 $\sqrt{N}$ 시간만 걸리고, 나중에 돌아와 모든 결과를 취합한다. 그러고 나서 $\sqrt{N}$ 행에 대해 그로버 탐색을 수행하며, 각각 $N^{1/4}$ 시간이 걸리므로 총 시간은 $N^{3/4}$이다.

이것이 문제를 푸는 한 가지 방법이다. 나중에 다른 사람들이 양자 랜덤 워크$^{quantum\,random\,walk}$를 이용하는 더 간단하고 좋은 방법을 찾았다. 하지만 결론적으로 우주 크기의 2D 데이터베이스가 우주 지평선 너머로 사라지기 전에 표시된 항목 하나만 탐색할 수 있다. 탐색을 딱 한 번, 아니면 기껏해야 상수 횟수만큼 탐색할 수 있지만 그래도 정말 절실한 것 하나는 찾을 수 있는 셈이다.

4. S. Aaronson and A. Ambainis, Quantum search of spatial regions, Theory of Computing, 1 (2005), 47–79. http://www.scottaaronson.com/papers/ggtoc.pdf

22

무엇이든 물어보세요

앞에서도 말했지만 이 책은 2006년에 내가 강의한 내용을 바탕으로 쓴 것이다. 마지막 수업은 리처드 파인만 교수님이 정립한 위대한 전통에 따라 학생들이 교수에게 무엇이든 물어보는 시간을 가졌다. 파인만 교수님은 정치, 종교, 기말고사에 대한 질문은 제외했지만, 나는 기말고사는 원래 없었으니 질문이 나올 수 없었고 정치나 종교에 대한 질문도 허용했다. 이 장은 그때 학생들과 주고받은 질문과 답변 중 일부를 정리한 것이다.

학생: 컴퓨터 과학이 물리 이론에 제약을 가하거나 힌트를 제공한다고 생각하시나요? 또 양자 계산보다 강력한 모델을 제공하는 물리 이론을 발견할 수 있다고 생각하시나요?

스콧: BQP가 끝일까요? 아니면 그 이상을 발견할 수 있을까요? 참 흥미로운 질문이에요. 다들 이 질문에 대해 고민해보면 좋겠어요. 난 이 질문에 직접적인 답변은 하지 않겠어요. 정치인처럼요. 당연히 나도 답을 모르기 때문이에요. 내 생각에 과학자들은 완전히 새로운 곳에서 답을 찾지 않는 것 같아요. 먼저 토대부터 마련하죠. 결국 양자 컴퓨팅의 한계는 지금 우리가 아는 만큼이라고 봐요. 개인적으로 참 마음에 든 비유 중에 그렉 쿠퍼버그Greg Kuperberg가 말한 것이 있어요. 고전 역학에서 양자역학으로 넘어간 상황에서 더 이상 놀랄 일이 남아 있냐고 말하는 사람들이 있는데, 그런 생각은 마치

지구는 평평하다고 가정해놓고 연구하다가 지구가 둥글다는 것을 발견하니 어쩌면 지구는 클라인병Klein bottle 같이 생겼을지도 모른다고 말하는 것과 비슷하다는 거예요. 어떤 방향에서 놀라운 사실을 발견했는데, 그 사실을 완전히 받아들이고 나서는 더 이상 그 방향에서는 놀라울 일이 없을 수도 있어요.

오래전 에라토스테네스가 생각했던 것과 마찬가지로 지구는 여전히 둥글다. 21장에서 양자역학에는 다소 거슬리는 속성이 있다고 한 적이 있다. 일반 상대성 이론에서는 지구를 비틀거나 다른 형태로 다루는 상상을 할 수 있다. 하지만 양자역학은 일관성을 깨뜨리지 않고서는 이런 식으로 장난치기가 굉장히 어렵다. 물론 그렇다고 해서 더 이상 나올 것이 없다는 뜻은 아니다. 1700년대 사람들이 유클리드 기하학을 바라볼 때도 일관성을 깨뜨리지 않고 마음껏 갖고 놀기 힘들다고 여겼을 것이다. 그런데 반대로 생각하면 상상할 수 있다고 해서 반드시 거기에 시간을 투자할 필요는 없다. 그렇다면 양자역학을 넘어서는 이론이 정말 존재할까?

양자 중력과 관련해 몇 가지 이론이 나왔는데, 다들 유니타리 속성조차 충족하지 않는 것 같다. 즉, 확률의 합을 1로 만들 수조차 없다. 이에 대한 양의 스핀은 "야호, 양자역학을 넘어서는 뭔가를 찾았어!"가 될 것이다. 음의 스핀은 (현재 제시된 상태로는) "그런 이론은 말도 안 되며 양자 중력을 주장하는 사람들이 자신이 무슨 짓을 했는지 깨닫는다면 유니타리를 복구시킬 것이다."가 될 것이다. 그러고 나서 보면 양자역학에 대한 우리 생각을 살짝 바꿀 수 있는 현상들이 눈에 들어온다. 그중 하나가 바로 블랙홀 정보 손실 문제다.

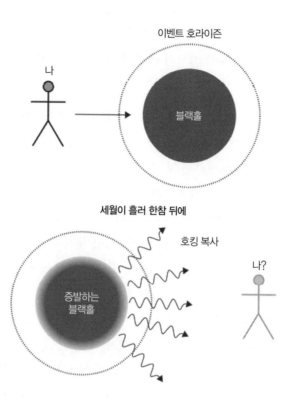

내가 블랙홀로 빠진다고 생각해보자. 이 문제에서 핵심은 (블랙홀에 빠질 때) 나에 대한 모든 정보가 나중에 호킹 복사 형태로 나와야 한다는 것이다. 이벤트 호라이즌 밖의 물리가 유니타리하다면 그 정보는 반드시 나와야 마땅하다. 단, 그 정보가 구체적으로 어떻게 나오는지는 모른다. 반고전적인 방법으로 계산하면 완전히 열 잡음thermal noise 형태로 나올 수밖에 없을 것이다. 하지만 대다수의 물리학자들은 (심지어 호킹마저) 무슨 일이 일어났는지 정확히 이해했다면 그 정보가 나온다고 믿고 있다.

문제는 내가 일단 블랙홀 안에 들어가면 이벤트 호라이즌 근처에 있지도 않게 된다는 것이다. 곧바로 특이점으로 간다. 블랙홀에서 정보가 새어 나온다면 그 정보는 어떤 방식으로는 이벤트 호라이즌에 있거나 그와 아주 가까이 있어야 한다. 특히 블랙홀 안의 정보의 양은 표면적에 비례한다는 사실을 감안하면 그래야만 마땅하다. 하지만 내 관점에서 볼 때 내부 어딘가에 그저 있을 뿐이다. 그래서 정보가 두 장소에 동시에 존재하는 것처럼 보일 수 있다.

어쨌든 헤라르뒤스 엇호프트$^{Gerard \ 't \ Hooft}$나 레너드 서스킨드$^{Leonard \ Susskind}$가 제안한 이론에 따르면 실제로 정보가 복제된다고 한다. 얼핏 보면 유니타리와 복제 불가 정리를 위배하는 것 같다. 다른 한편으로는 정보의 두 복제본을 동시에 볼 수나 있는지 의문스럽다. 블랙홀 안에서는 밖에 있는 복제본을 절대 볼 수 없다. 복제 불가 정리를 위배하는지 정말로 알고 싶어 목숨마저 바칠 수 있다고 가정해보자. 먼저 밖에 있는 복제본을 측정한다. 그러고 나서 블랙홀 안으로 뛰어 들어가 내부에 있는 복제본을 관측한다. 하지만 여기에 문제가 있다. 이렇게 하면 어떤 일이 발생하는지를 실제로 계산해봤더니 호킹 복사 형태로 정보가 나오기까지 아주 오랜 시간을 기다려야 한다는 것이다. 한쪽 복제본이 호킹 복사로 나올 즈음에는 다른 복제본은 이미 특이점^{singularity}에 가 있다. 마치 두 복제본을 동시에 보지 못하게 하는 일종의 검열 장치 같다. 따라서 어느 한 관측자의 관점에서 볼 때 유니타리가 보존되는 것처럼 보인다. 그런데 여기서 재미있는 점은 이러한 사소한 점들이 양자역학과 어긋나거나 좀 더 강력한 계산 모델을 탄생시킬 것 같지만 자세히 살펴보면 그렇지 않다는 것이다.

이 장을 처음 집필한 2006년 이후로 블랙홀 연구에 상당한 진전이 있었다. 그중에서도 특히 수십 년 동안 정립된 원칙과 달리 블랙홀에 빠진 관측자는 이벤트 호라이즌을 지나칠 때 특별히 다른 점을 볼 수 없다는 말이 틀릴 수 있으며, 특이점으로 소멸되기 전까지 아주 짧은 시간 동안 이상한 양자 중력 효과만 보게 된다는 주장이 등장했다. 그래서 양자 중력은 그때 관측자가 이벤트 호라이즌에서 무엇을 보게 되는지 예측하는 데나 필요할 수도 있다.

이러한 첫 번째 주장은 끈 이론을 연구하는 사미르 마투르$^{Samir \ Mathur}$가 '블랙홀은 퍼즈볼fuzzball'이라고 말한 논문에서 나왔다.[1] 마투르는 끈 이론의 'AdS/CFT 대응성'에서 이 주장을 떠올렸다. 이 대응성은 공간적으로 D차원 인 중력에 대한 특정한 양자 이론을 정의하는데, 먼저 정상 양자장ordinary quantum field 이론을 D-1 공간 차원에서 구성한 다음, D차원 양자 중력은 낮은 차원의 양자장 이론에 대한 '쌍대 묘사dual description'에 불과하다고 주장한다. AdS/CFT가 맞다면 최소한 끈 이론 안에서만큼은 블랙홀은 반드시 완벽하 게 정상적이고, 유니타리하고, 가역적인 양자역학으로 표현할 수 있어야 한 다. 즉, 유입되는 정보 비트들은 어떻게든 호킹 복사로 나와야 한다는 말이 다. 하지만 그 비트들이 어떻게 나오는지에 대해서는 전혀 설명하지 않는 추상적인 주장이라는 점이 문제다. 심지어 그게 불가능하다고 주장하는 호 킹의 반고전 계산이 주어졌을 때조차 어떻게 그렇게 나올 수 있는지 설명하 지 않는다. 그래서 마투르는 물리적인 블랙홀의 특정한 측면을 담은 어떤 끈 이론의 '모델 시나리오'에서 무슨 일이 발생하는지 계산하는 작업에 착수 했다. 그가 발견한 것은(또는 발견했다고 주장하는) '양자 중력의 특이함의 영 역'은 특이점에서 작은 플랑크 크기의 너겟으로 남아 있지 않고, 복잡한 '퍼 즈볼fuzzball'이 될 때까지 커져서 이벤트 호라이즌 안에 전체 영역을 채운다 는 것이다. 이 그림에 따르면 정보 조각(비트)들이 호킹 복사를 통해 나올 수 있는 이유는 석탄을 태울 때 석탄 덩어리를 표현하는 조각(비트)들이 나오 는 이유와 근본적으로 같다. 즉, 비트들이 표면에 있기 때문이다.

마투르의 말은 블랙홀로 떨어지는 거대한 관측자가 이벤트 호라이즌에서 특별한 뭔가를 보게 된다는 뜻이 아니다. 실제로 마투르는 현실적인 크기의 관측자에게 적합한 '개략적인 쌍대 묘사approximate dual description'가 있을 거라고 추측했다. 고전 일반 상대성 이론에서 예측했던 것처럼 그런 관측자는 특이 점에 다다를 때까지 계속해서 이벤트 호라이즌을 통과할 것이다. 어떻게 보

1. S. D. Mathur, The fuzzball proposal for black holes: an elementary review, Fortschritte der Physik, 53 (2005), 793-827. http://arxiv.org/abs/hep-th/0502050, http://arxiv.org/abs/1208.2005, http://www.physics. ohio-state.edu/~mathur/faq2.pdf

면 '진짜 물리학'은 퍼즈볼 표면, 즉 우리가 이벤트 호라이즌이라고 불렀던 그 장소에서 발생하지만 그럼에도 이 묘사는 유효하다.

하지만 최근에 관측자는 이벤트 호라이즌에서 뭔가 특별한 것을 보게 된다는, 다시 말해 실제로 관측자는 특이점에 도달하기도 전에 '방화벽'에 부딪혀 타버릴 것이라는 주장이 나왔다.[2] 또는 최소한 '젊은' 블랙홀에서는 그런 일이 벌어지지 않더라도 '늙은' 블랙홀에서는 얼마든지 일어날 수 있다고 한다. 호킹 복사에서 최소한 비트 절반이 이미 빠져 나간 블랙홀에서는 그럴 수 있다는 것이다. 내가 자세히 설명할 수는 없지만 이 예측은 호킹의 정보 손실 패러독스를 변형한 버전에 토대를 두고 있다. 이 글을 쓰던 (2013년 1월) 즈음에 '방화벽' 문제 때문에 혼란 상태에 빠진 적이 있었다. 심지어 일부 전문가들은 한 달 사이에 생각이 바뀌기도 했다.

구체적인 결과가 어떻게 나오더라도 솔직히 난 새롭게 발전했다는 사실에 '안도'할 것이다. 내가 블랙홀 정보 문제에 대해 배울 때부터 지금껏 모호한 감정이 들었기 때문이다. 즉, 이벤트 호라이즌에서는 분명히 '물리적으로 특별한' 뭔가가 일어날 것 같은 느낌 말이다. 고전 일반 상대성 이론에서 아무리 반대로 주장하더라도 그렇다. 블랙홀 밖에서 관찰하는 앨리스의 관점에서 생각해보자. 앨리스 친구인 밥은 좀 단순해서 블랙홀에 직접 뛰어든 상태다. 기존에 널리 알려진 결과에 따르면 이벤트 호라이즌에 가까워질수록 빛이 빠져 나오는 데 걸리는 시간이 길어지므로 앨리스는 밥이 이벤트 호라이즌 뒤로 물러나는 것을 실제로는 볼 수 없다. 반면 밥은 앨리스가 이벤트 호라이즌에 점점 다가가기만 하고 뒤로는 가지 않는 것처럼 보일 것이다. 최신 이론에 따르면 밥에 대응되는 양자 정보는 이벤트 호라이즌 전체에서 엄청난 속도로 뭉개진다. 그래서 앨리스가 1070년 정도를 기다릴 용의가 있다면 호킹 복사 한가운데에서 서서히 수증기로 뭉개지는 밥을 보게 될

2. 가령 A. Almheiri, D. Marolf, J. Polchinski, and J. Sully, Black Holes: Complementarity or Firewalls? http://arxiv.org/abs/1207.3123과 https://www.discovermagazine.com/the-sciences/guest-post-joe-polchinski-on-black-holes-complementarity-and-firewalls

것이다. 이때 수증기에 담긴 정보는 이벤트 호라이즌에 대한 플랑크 단위 면적의 상수 배일 뿐이다. 또한 최신 이론에 따르면 엘리스가 엄청난 노력 끝에 호킹 복사의 조각들을 모두 모은다면 이론상 '밥의 큐비트'를 복구할 수 있다. 그렇다면 여기서 다음과 같이 질문을 던질 수 있다. 이벤트 호라이즌은 이상한 양자 중력 효과가 없는 완벽하게 정상적인 곳이라고 묘사하는 것이 정말 가능할까? 즉, 이렇게 말하려면 새로 등장하는 물리학은 반드시 조그만 특이점에 국한돼야 할까? 난 그렇지 않다고 생각하고 이에 동의하는 물리학자들도 늘고 있다.

설사 이런 생각을 인정하더라도 밥이 별 탈 없이 이벤트 호라이즌을 계속 지나쳐 (우리 은하계 중심에 있는 것처럼 아주 거대한 블랙홀이라면) 몇 시간쯤 더 살다가 특이점에서 장렬히 죽고 마는 '상보적complementary' 관점(밥의 관점)이 존재하는가라는 문제는 여전히 남아 있다. 그런 관점이 존재할 수도 있고, 그렇지 않을 수도 있고, 존재하지만 근사치일 뿐일 수도 있다. 하지만 흥미롭게도 밥이 이벤트 호라이즌을 지나친 후에 '경험'하는 것이 무엇이냐는 질문 자체가 과학의 영역인지조차 불분명하다. 밥이 뭔가를 경험하거나 경험 같은 것을 할 수 없더라도 블랙홀 밖에 있는 사람들과 소통할 방법이 없다. 밥에 대한 정보는 결국 호킹 복사의 광자 사이의 미묘한 상관관계로 드러나게 된다. 그런데 그런 광자를 생성하는 과정은 엘리스의 '상보적' 관점으로 묘사해도 좋을 뻔했다. 밥이 이벤트 호라이즌에서 뭉개져 결코 이벤트 호라이즌을 지나칠 수 없다는 관점 말이다. 이 경우 엘리스는 밥이 이벤트 호라이즌을 지나친 후에 '경험한 것'을 참조할 필요가 없다. 그렇다면 밥이 이벤트 호라이즌을 건너며 특이점에 부딪히기 전까지의 마지막 몇 시간 동안 주관적인 관점에서 인식한 것은 정말로 '존재'하는 것일까? 정답은 밥만 안다.

물론 이 말은 우리가 아닌 다른 이들의 생각과 관련해 우리 모두가 항상 처해 있는 상황과 크게 다르지 않다고 주장할 수 있다. 철학적인 관점에서 보면 앨리스는 밥과 같은 것이 존재한다는 것을 확신할 수 없다. 설사 밥이 블랙홀의 특이점을 향해 돌진하는 것이 아니라 앨리스가 사는 아파트 건너편에 앉아 있더라도 말이다. 내 생각에는 물리학에서 흔히 하는 것처럼 고대 철학 문제를 그저 새로운 관점으로 표현한 것에 불과한 것 같다. 여기서 두 가지 상보적 묘사가 가능하다. 하나는 밥은 두께가 플랑크 길이만한 팬케이크 모양으로 뭉개진다는 것이고, 다른 하나는 밥이 몇 시간 더 산다는 것이다.

밥의 주관적인 경험을 제쳐 놓고 보면 블랙홀에 대한 최신 이론에서는 한결같이 양자역학을 조금도 수정할 필요가 없다는 입장을 취하고 있다. 블랙홀은 분명 양자역학의 원칙에 비춰볼 때 괴상하면서도 놀라운 실험실이다. 하지만 블랙홀은 다른 물리적 대상 이상으로 이런 원칙에 위배되지 않을 것이라는 증거가 쌓여가고 있는 것 같다. 하지만 우주에서 가장 극단적이고 중력적인 대상도 양자역학을 무너뜨리지 않는다면 양자역학을 뒤집을 수 있는 것을 상상하기란 더더욱 힘들게 된다. 우주론의 뭔가가 할 수 있을까? 아주 극초기 단계의 우주에서? 생각과 뇌 사이의 연결 고리에서? 글쎄, 그럴 수도 있겠지만 결국 양자역학은 근본적으로 참일 가능성에 도달하게 될 것 같다.

얘기가 좀 길어졌는데, 이쯤에서 마무리해야겠다. 비유하면 물리학자들은 지금껏 우주의 끝을 향해 여행했지만 우리가 계산할 수 있는 복잡도 클래스에서 BQP^{Bounded-Error Quantum Polynomial}보다 확장하거나 축소시킬만한 현상은 아직까지 찾지 못했다. 전혀 불가능하다는 말은 아니다. 단지 BQP는 어마어마한 적수라고 입증됐을 뿐이다.

어쨌든 BQP를 넘어서는 것이 존재하는가라는 질문에 대한 답은 물리학에 기댈 수밖에 없다. 하지만 복잡도 이론 안에서 답을 찾는 방법도 있다. 다시 말해 순전히 수학적인 관점에서 BQP를 넘어선다고 합리적으로 판단할 수 있는 복잡도 클래스로 어떤 것이 있는지, 그래서 나중에 물리 이론에서 등장할 것으로 예상되는 것을 탐구해볼 수는 있다.

이 질문을 할 때 가장 먼저 눈에 띄는 점은 BQP 이상의 능력을 갖춘 계산 모델 중 대다수는 엄청나게 많은 것을 할 수 있다는 것이다. NP 완전 문제를 다항 시간에 풀 수 있을 뿐만 아니라 **PP** 완전과 **PSPACE** 완전 문제도 풀어준다. 예를 들어 비선형성에 사후선택 측정이나 CTS를 추가하면 정말 그렇게 된다. 물론 이런 모델이 모두 논리적으로 가능하긴 하지만 내 눈에는 아주 환상적으로 보이기보다는 너무나 지루하게 보인다. 과거에는 자연이 항상 이보다 교활했다. 우리가 원하는 것을 항상 제공했지만 다 주진 않았다. 그래서 양자 컴퓨팅보다 강력한 뭔가가 있더라도 NP 완전 문제를 다항 시간에 풀 수 있는 정도까지는 아닐 것이다. 그렇다면 그런 모델이 존재할 수 있는 '공간'은 얼마나 될까? 일부 문제는 NP 완전보다는 쉬워 보이는데, 그렇다 해도 양자 컴퓨터로 효율적으로 풀기 힘들기는 마찬가지다. 그래프 동형 Graph Isomorphism 문제와 근사 최단 벡터 approximate shortest vector 문제라는 두 가지 예를 들 수 있다. NP 완전에 상당히 가깝지만 그렇다고 동급은 아닐 가능성이 높고 일방향 함수의 역함수를 구하는 문제나 유사 무작위 함수와 무작위 함수를 구분하는 문제에 속하는 것으로 보인다.

몇 년 전 (12장에서 얘기했던) 계산 모델에 대한 예제 하나를 고안했는데, 양자 계산 과정에서 숨은 변수의 전체 역사를 볼 수 있는 것이었다. 이 모델에서 나는 일반 양자 컴퓨팅 이상의 것을 할 수 있더라도(예, 그래프 동형이나 근사 최단 벡터 문제) 여전히 NP 완전 문제는 할 수 없다는 증거를 제시했다. 어떻게 보면 내 모델은 다소 인위적이기도 하다. 그래서 NP 완전 문제까지 가기 전에 극적인 단계가 하나 더 있을지도 모른다. 확실하진 않지만 말이다.

학생: 어떻게 '한 단계'라고 보시나요? 이론적으로는 임의의 두 문제로부터 문제 하나를 얼마든지 도출할 수 있는데요.

스콧: 물론 그렇지만 여기서 핵심은 번스타인과 바지라니가 재귀 푸리에 샘플링 Recursive Fourier Sampling 문제를 풀 수 있다는 사실을 발견했을 당시에는 아무도 양자 컴퓨팅에 관심이 없었다는 데 있어요. 사람들은 인수분해처럼 그전까지 중요하다고 여긴 문제를 풀 수 있다는 사실을 발견했을 때만 관심

을 가졌어요. 그래서 같은 기준에 따라 내가 만든 가상 모델을 보고 그런 중요한 문제 중에서 어떤 것을 풀 수 있는지 따져보면 인수분해와 NP 완전 사이에 해당하는 문제 중에서 그리 많지 않을 거예요. 따라서 이것 역시 BQP보다 약간 낮은 모델일 가능성이 있어요. 어쩌면 그래프 동형이나 몇 가지 비아벨군에 대한 숨은 부분군 문제 정도는 풀 수 있을지 모르지만, 최소한 현재 상황에서 볼 때는 BQP와 NP 완전 문제 사이의 공간은 그리 넓지 않아요.

학생: 오라클은 언제쯤 얻게 되죠?

스콧: 그냥 정의하면 돼요. "A를 오라클이라고 하자"라고요.

학생: 그건 좀 문제인데요.

스콧: 맞아요. 맞아요. 신기한 건 질문에 답해야 하는 테크닉을 사용했다고 맹공격을 받는 이들은 컴퓨터 과학자뿐이에요. 마치 물리학자가 "섭동 영역^perturbative regime 에서 뭔가 계산한다."라고 말하면 "아, 당연히 그래야죠. 또 뭘 할거죠? 수많은 어렵고 심오한 문제 중에서요."라고 반응해요. 그러면 당장 할 수 있는 걸 할 거예요. 반면 컴퓨터 과학자가 '아직 P≠NP임을 증명할 수는 없으니 상대화된 세계에서 연구해보겠다'고 하면 "에이, 그건 반칙이죠"라고 말해요. 증명할 수 있는 결과로부터만 출발해야 한다고 여기는 것 같아요. 과거의 오라클 결과에 대해 그런 것 중 일부는 자명하다고 반박할 수 있어요. 그중 몇 가지는 본질적으로 같은 질문을 다르게 표현한 셈이에요. 그런데 요즘은 자명하지 않은 오라클 구분이 좀 있어요. 다시 말해 오라클 결과를 활용하기에 가장 좋은 분야가 있어요. 나는 아카이브(arxiv.org)에서 양자 컴퓨터는 NP 완전 문제를 다항 시간에 풀 수 있다는 논문을 거의 매달 봐요. 세상에서 가장 쉬운 문제인가 봐요. 그런 논문은 대체로 아주 길고 복잡해요. 하지만 오라클 결과에 대해 알고 있다면 논문을 읽어볼 필요조차 없어요. 이런 데 참 유용하죠. 증명이 맞다면 오라클에 상대적으로도 성립할 텐데, 거짓인 경우에 대한 오라클도 있다는 것을 알기 때문에 그럴 수 없

다고 말할 수 있죠. 물론 이 말로 논문 저자를 완전히 설득할 수는 없을지 몰라도 최소한 독자 여러분은 수긍할 거예요.

또 다른 예로 SZK$^{Statistical\ Zero-Knowledge}$가 BQP에 속하지 않게 되는 오라클도 제시한 적 있다. 다시 말해 양자 컴퓨터에서 충돌을 찾기가 힘든 경우에 해당한다. 몇 년 지나 양자 컴퓨터에서 일정한 수의 질의로 충돌을 찾는 방법을 설명하는 논문이 등장하기 시작했다. 그런 논문은 난 읽지도 않고 말도 안 된다고 판단했다. 비상대화가 전혀 아니기 때문이다. 그래서 시도하지 않아야 할 접근 방식을 알려주는 오라클이 있는 것이다. 우리가 궁극적으로 필요하게 될 비상대화 기법을 직접 알려주는 것이다.

학생: 교수님은 복잡도 클래스에서 어디에 해당하시죠?

스콧: P는 절대 아니고요. LOGSPACE[3]는 더더욱 아니에요. 특히 잠을 잘 못 잤을 땐 그래요.

학생: 창의성은 복잡도 클래스 중 어느 것에 해당하죠?

스콧: 참 좋은 질문이에요. 마침 아침에 그런 생각을 했어요. 꿈에서 누가 "사람 머리 안에 NP에 대한 오라클이 있다면 어떻게 될까?"라고 물어봤어요. 아마도 가우스나 앤드류 와일스 교수가 물어봤던 것 같아요. 그런데 증명을 찾는 문제는 복불복에 가까워요. 관점을 바꿔 수백 년의 자연 선택 과정을 거치고 그 후 여러 문명을 지나 전쟁이나 재난 등 온갖 사건을 거쳐 SAT 인스턴스 몇 개를 풀 수 있었는데, 이렇게 하는 것이 한심해 보여 리만 가설이나 골드바흐 추측에 대한 인스턴스로 바꿨더니 갑자기 그 인스턴스를 풀 수 없게 될 수 있어요.

정리를 증명하는 것은 NP 완전 문제의 아주 특수한 경우를 다루는 것이다. n에 대한 다항 크기인 공식 중 아무거나 가져다 쓰는 것이 아니라 고정된 크

---

3. 공간 복잡도가 로그 함수인 클래스 – 옮긴이

기의 고정된 질문 몇 가지를 놓고 크기 n에 대해 증명이 존재하는지 물어보는 것이다. 그래서 찾고자 하는 증명의 길이가 뭐든지 상관없이 인스턴스를 균일하게 생성하는 것이다. 하지만 이런 종류의 문제라도 풀 수 있는 범용 알고리즘이 몇 가지 있다는 증거로는 충분하지 않다. 사회생활을 저버리고 일생을 수도승처럼 살면서 수학 문제만 풀기로 결심한 사람도 있다. 그러다 마침내 일부 문제를 성공적으로 해결하고 그 공로로 필즈 메달을 받기도 한다. 하지만 여전히 문제는 정확히 알지만 아직 아무도 풀지 못한 것들이 엄청나게 많다. 그래서 계산 능력을 초월하는 인간의 수학적 창의력에 대해 펜로즈 스타일의 추측을 내놓기 전에, 먼저 사람이 증명 찾기에 뛰어나다는 가설을 실제로 뒷받침하는 데이터부터 확보해야 한다. 이에 대해 나는 확실히 말할 수 없다.

일부 경우에 대해서는 패턴 찾기나, 어려워 보이는 문제를 쉬운 문제로 쪼개는 일은 사람이 잘한다. 어떠한 컴퓨터보다 훨씬 잘한다고 볼 수 있다. 당연히 왜 그런지 의문이 들 것이다. 상당히 어려운 문제지만 우리가 이미 백만 년 앞서 있기 때문이라는 이유도 있다. 즉, 백만 년 동안 자연 선택 과정을 거치면서 특정한 탐색 문제를 푸는 휴리스틱을 상당히 갖추게 된 것이다. 그중 모두가 그런 것은 아니지만 일부 경우에 대해서는 사람의 해결 능력이 훨씬 뛰어나다. 앞에서 말했듯이 NP 완전 문제를 효율적으로 푸는 것은 물리 세계에서 불가능하다고 생각한다. 그래서 임의의 정리를 효율적으로 증명할 수 있는 기계를 만들 수 없다고 생각한다. 하지만 사람이 축적한 수학적 창의력처럼 기계도 분명히 그와 비슷한 창의력을 갖출 수 있을 것이다. 신보다 뛰어날 필요는 없다. 앤드류 와일스보다 뛰어난 정도로도 충분하다. 이렇게 하기는 생각보다 쉬울지도 모른다. 하지만 그러다보면 복잡도 이론의 영역에서 벗어나 AI 영역으로 넘어가게 된다.

학생: NP 완전 문제를 다항 시간에 풀 방법이 없더라도 사람인 수학자가 쓸모없게 될 수 있단 말인가요?

스콧: 당연하죠. 컴퓨터가 우리의 역할을 차지하고 난 후 컴퓨터는 NP 오라 클이 등장하면 직업을 뺏기게 될까봐 걱정할지도 몰라요.

학생: 벨 부등식은 양자역학의 한계를 연구하는 데 중요한 도구인 것 같아요. 완전히 비국소적인 상자에서 일어나는 일은 알지만 양자 얽힘과 같은 것에서 주어지는 것을 벗어나는 상관관계를 허용한다면 (계산 복잡도와 같은 측면에서) 어떤 일이 일어날까요?

스콧: 좋은 질문이에요. 그 문제에 대해 연구하는 사람들이 있어요.

배경 설명을 좀 하자면 치렐슨 부등식$^{\text{Tsirelson's inequality}}$[4]이라 부르는 중요한 결과가 있다. 양자 버전의 벨 부등식에 해당하는 것이다. 벨 부등식$^{\text{Bell Inequality}}$에 따르면 고전 우주에서는 앨리스와 밥이 CHSH라 부르는 게임에서 이기는 경우가 최대 75%인데 비해 얽힌 큐비트를 공유할 경우에는 이기는 경우가 최대 85%가 된다. 치렐슨 부등식에 따르면 얽힌 큐비트가 있더라도 앨리스와 밥이 할 수 있는 일에 한계가 있다는 것이다. 즉, CHSH 게임을 85%보다 많은 경우에 이길 수 없다는 것이다. 아무리 100% 이길 수 있더라도 빛보다 빠른 속도로 신호를 보낼 수 없는 것이다. 따라서 양자역학에 의해 설정된 한계는 다소 과한 것이 아닌가 생각할 수 있다. 특히 신호 전달 (통신) 불가 원칙$^{\text{no-signalling(no-communication) principle}}$에 의해 설정된 한계보다 강력하다.

십 년 전쯤부터 가상의 '슈퍼양자' 이론에 대한 연구가 유행하기 시작했는데, 이 이론은 치렐슨 부등식에는 어긋나지만 빛보다 빠른 통신은 허용하지 않는다. 가장 간단한 방법은 앨리스와 밥이 CHSH 게임에 85%가 아닌 95% 경우를 이기게 해주는 마법 같은 장치인 '비국소적 상자'란 것이 존재한다는 공리를 추가하는 것이다.

그리고 나서 이런 상자에 영향을 받는 다른 이슈를 연구할 수 있다. 예를 들

---

4. http://en.wikipedia.org/wiki/Tsirelson's_bound

어 (빔 반 담^{Wim van Dam}의 초기 연구 결과[5]를 기반으로) 브라사르 등이 도출한 결과[6]에 따르면 충분히 뛰어난(에러 발생률이 충분히 낮은) 비국소적인 상자가 주어졌다면 통신 복잡도가 아주 낮아진다(즉, 모든 통신 문제를 단 한 비트로 풀 수 있다)고 한다.

근본 문제는 치렐슨 한계^{Tsirelson's bound}를 위배했다고, 다시 말해 양자역학에서 허용하는 것보다 강력한 비국소적 상관관계가 존재한다고 생각할 수 있지만, 그렇더라도 여전히 계산 모델을 확보할 수 있는 것은 아니다. 그렇다 해서 어떤 연산을 할 수 있고 비국소적 상자가 가능하려면 얼마만큼의 상태 공간이 주어지는지 의문이다. 이런 의문에 대한 답이 있을 때만 그런 가상 세계에서 계산 복잡도를 연구할 수 있을 것이다.

학생: 복잡도 클래스에 대해 좀 더 정리할 것이 있나요? 자꾸 늘어나기만 하는 것 같아요.

스콧: 그 말은 화학자에게 주기율표를 확정할 수 있냐고 묻는 것과 같아요. 질소가 헬륨과 반응해 붕괴하나요? 지금 우리가 생각하는 문제는 이런 화학자들의 고민보다 조금 나은 상황이에요. 일부 클래스가 붕괴할 거라고 예상할 수 있기 때문이에요. 가령 P, RP, ZPP, BPP는 결국 서로 반응해서 붕괴하길 바라고 또 그럴 거라고 생각해요. IP와 PSPACE는 이미 서로 충돌해 붕괴했어요. 이렇게 붕괴되는 것도 있는 동시에 붕괴할 수 없는 다른 복잡도 클래스 쌍들도 있어요. 가령 P는 EXP와 다르며, 따라서 P는 PSPACE와 다르거나 PSPACE가 EXP와 다르거나 둘 다라는 것을 알 수 있어요. 즉, 모두가 붕괴하는 것은 아니에요. 그리 놀랍지 않은 사실이죠.

5. W. van Dam, Implausible consequences of superstrong nonlocality. (2005). http://arxiv.org/abs/quant-ph/0501159

6. G. Brassard, H. Buhrman, N. Linden, A. A. Methot, A. Tapp, and F. Unger, A limit on nonlocality in any world in which communication complexity is not trivial. Physical Review Letters 96 (2006), 250401. http://arxiv.org/abs/quant-ph/0508042

그렇다면 복잡도 이론은 이렇게 대문자를 무작위로 나열한 이름을 지을 때 방향을 잘못 잡았을지도 모른다. 이렇게 암호 같은 명칭이 사람들에게 어떻게 보이는지 충분히 이해한다. 하지만 사실 우리는 계산에 대한 다양한 개념을 얘기하고 있다. 시간, 공간, 무작위성, 양자성, 증명기의 존재 여부 등에 대해 말이다. 계산에 대한 개념의 종류만큼이나 복잡도 클래스의 종류도 다양하다. 그래서 복잡도 동물원이 붐비는 것은 이러한 계산 세계의 복잡함을 반영함으로써 발생하는 필연적인 현상인 것 같다.

학생: BPP는 P와 반응해서 붕괴한다고 생각하시나요?

스콧: 네. 그래요. 확실해요. 참일 경우에 P = BPP가 성립하는, 그럴듯해 보이는 회로 하한 추측만 해도 하나가 아닌 여러 개가 있어요. 다시 말해 이미 1980년대에 P는 BPP와 같아야 한다고 깨달은 사람이 있었어요. 그때조차 야오 교수는 충분히 뛰어난 암호학적 유사 난수 생성기가 있다면 그걸로 모든 확률론적 알고리즘을 역무작위화할 수 있으므로 P = BPP가 성립한다고 지적했어요. 1990년대는 그보다 약한 가정으로 같은 결과를 도출할 수 있게 됐어요.

그뿐만 아니라 '경험적인' 경우도 있다. 지난 십 년 동안 나온 복잡도 이론의 결과 중에서 가장 놀라운 것 두 가지로, 소수 검사는 P에 속한다고 증명한 AKS 소수 검사와 무방향 그래프 탐색은 결정론적 로그 공간에 속한다는 라인골드의 결과를 꼽을 수 있다. 이와 같이 특정한 무작위 알고리즘을 골라서 역무작위화하는 프로그램은 상당한 성공을 거뒀다. 우리가 충분히 똑똑하거나 아는 것이 많다면 다른 BPP 문제에도 똑같이 적용될 수 있을 거라는 확신을 더욱 갖게 했다. 다항식 동등 검사^polynomial identity testing를 역무작위화하는 것과 같은 특수한 경우도 볼 수 있다. 어쩌면 핵심을 잘 드러내는 예일지도 모른다.

$x^2 - y^2 - (x + y)(x - y)$와 같은 다항식이 0과 같을까? 이 경우에는 그렇다고

말할 수 있다. 그런데 거듭제곱이 아주 복잡하게 올라간 변수들이 담긴 아주 복잡한 다항식의 동등 문제에 대해서는 컴퓨터를 사용하더라도 효율적으로 검사할 수 있는 방법이 불분명하다. 모든 것을 펼치다 보면 항이 지수적으로 증가하게 된다.

이 문제에 대한 빠른 무작위 알고리즘이 있다는 것을 안다. 즉, (특정한 무작위 유한체에 대한) 무작위 값을 집어넣고 동등한지 확인하기만 하면 된다. 문제는 그런 알고리즘을 역무작위화할 수 있느냐다. 다시 말해 다항식이 0과 같은지 검사하는 효율적인 결정론적 알고리즘이 존재하느냐가 문제다. 이 문제를 고민하다 보면 대수 기하 분야의 아주 심오한 문제와 부딪히게 된다. 예를 들어 간단한 산술 공식으로 표현한 다항식 $p(x)$가 주어졌을 때 목록에 있는 숫자를 하나씩 집어넣기만 하고, 그 목록에 있는 모든 x에 대해 $p(x)$ = 0이 성립하면 모든 경우에 0인 그런 숫자 목록을 찾아낼 수 있을까? 가능할 것 같다. p에 대한 공식의 크기보다 훨씬 큰지 검사하는 '범용' 숫자 집합을 고르면 되기 때문이다. 예를 들어 $p(1) = 0, p(2) = 0, ..., p(k) = 0$이면 p가 0이 거나 $(x - 1)...(x - k)$라는 다항식으로 나눠떨어져야 한다. 그런데 k보다 훨씬 작은 크기의 산술 공식으로 표현될 수 있는 $(x - 1)...(x - k)$에 대한 0이 아닌 곱이 존재할까? 굉장히 핵심적인 질문이다. 그런 다항식이 존재하지 않는다고 증명할 수 있다면 (P = BPP를 증명하는 데 가장 핵심적인 단계인) 다항식 동등 검사를 역무작위화하는 방법을 제시하는 것이다.

학생: 인도 수학자 세 명이 간단히 증명할 가능성은 얼마나 된다고 보세요?

스콧: 내 생각에는 최소한 네 명의 인도 수학자가 있어야 할 거예요. 현재 우리는 적절한 수준의 회로 하한을 증명할 수 있다면 P = BPP를 증명할 수 있다는 사실을 알아요. 그런데 임파글리아초와 카바네초가 다른 방향의 결과를 증명했어요. 즉, 역무작위화하려면 회로 하한을 증명해야 한다고요. 내가 볼 때 이 결과는 사람들이 P = BPP를 아직까지 증명하지 못한 이유를 보여주는 것 같아요. 그 이유는 오로지 회로 하한을 증명할 줄 모르기 때문이

에요. 두 문제는 (완전히 똑같지는 않지만) 거의 같아요.

학생: P = BPP라면 NP = MA인가요?

스콧: 거의 그래요. PromiseBPP를 역무작위화하면 MA를 역무작위화하게 돼요. PromiseBPP도 역무작위화하지 않게 하면서 BPP를 역무작위화하는 방법은 아무도 몰라요.

학생: 지적 설계론intelligent design을 지지하는 이들에게는 어떻게 답변하시겠어요? 총 맞지 않으면서요?

스콧: 솔직히 말해 잘 모르겠어요. 인류학적 선택이 있을지도 모르는 몇 가지 경우 중 하나라고 봐요. 누군가 이 질문에 대한 증거를 보고 설득된다면 이미 설득된 상태였던 게 아닐까요? 내 생각에는 믿음에서 가장 중요한 것은 그것이 참인지 여부가 아니라 사회에서의 역할과 같은 그런 믿음이 가진 다른 속성 때문이라는 사실을 인정해야 해요. 그래서 믿음을 판단하는 기준이 서로 다른 게임을 하고 있는 셈이죠. 마치 농구 선수가 축구장을 누비는 것처럼요.

학생: 진화론 대 지적 설계론 논쟁이 복잡도 이론과 관련 있나요?

스콧: 복잡도 이론이 필요한 곳이라면 모두 관련 있죠. 예를 들어 NP가 지수적으로 어렵다고 믿는다는 이유만으로 모든 인스턴스(가령 살아 있는 뇌나 홍채가 진화한다는 것)가 어려워야 한다고 믿는 것은 아니듯이요.

학생: 스티븐 와인버그Steven Weinberg가 페리미터 연구소를 방문해 강연했을 때 "그중에서 신은 어디에 있나요?"란 질문을 받았습니다. 그는 종교는 더 이상 가치를 지니지 못하는 진화의 부산물일 뿐이라고 치부하고, 결국은 그로부터 벗어나게 될 것이라고 답변했습니다. 이 의견에 동의하시나요?

스콧: 내가 볼 때는 여러 질문이 담겨 있는 듯하네요.

학생: 정치인 같아요.

스콧: 그건 요즘 주목 받는 주제에요. 리처드 도킨스의 『만들어진 신$^{The God Delusion}$』[7]과 같은 책에서 다루죠.

학생: 괜찮은 책인가요?

스콧: 예, 도킨스 책은 다 재밌어요. 도킨스는 형편없는 주장에 대해 로트와 일러처럼 혹독한 공격을 퍼붓는 데 최고에요. 아무튼 그 의견을 대하는 한 가지 방법은 전쟁이 없거나 변호사와 소송을 거는 사람이 없다면 세상은 분명히 더 나아질 것이라고 생각하는 거예요. 또한 그런 생각을 실제로 정치적 강령으로 실현하려는 사람이 있어요. 이라크 전쟁처럼 특정한 이유로 특정한 전쟁에 반대하는 사람이 아닌 순수 평화주의자를 말하는 거예요. 이런 사람의 입장에서 볼 수 있는 문제는 확실히 게임 이론적이에요. 군대가 없으면 세상은 더 나아지겠지만 다른 이들은 군대를 보유한다는 거죠.

종교가 사람을 위해 모종의 역할을 하는 것은 분명하다. 그렇지 않다면 수천 년 동안 그토록 널리 퍼지지 않았을 것이고, 종교를 없애려는 엄청난 저항에 부딪혔을 것이다. 어쩌면 신을 믿는 사람들 편이 전쟁에서 더 용감했기 때문이다. 아니면 남자와 여자가 결혼해서 아이를 갖고, 그래서 다윈 관점에서 볼 때 적응하며 살아가게 만드는 요인 중 하나가 종교인지도 모른다. 몇 년 전 나는 역설적인 상황에 부딪힌 적 있다. 현대 미국을 보면 다윈주의를 신봉하지만 삼사십 대까지 혼자 사는 엘리트들이 있는가 하면, 다윈주의를 거부하지만 일찌감치 결혼해서 일곱 자녀와 마흔 아홉 손주와 삼백 사십 삼 명의 증손주를 갖는 사람도 있다. 그렇다면 '다윈주의'와 '반다윈주의'의 대결이 아닌 다윈주의 이론가와 다윈주의 실천가의 대결인 셈이다.

이 생각이 맞다면, 다시 말해 사람들이 전쟁에 이길 수 있도록 영감을 준 역사 전체를 통틀어 종교가 이런 역할을 했다면 경쟁 종교가 없이 어떻게 종교에 반대할 수 있냐는 의문이 생긴다.

---

7. 원서는 Mariner Books, 2008, 번역서는 김영사, 2007 − 옮긴이

학생: 사람들이 종교를 믿을지 말지 고민할 때 바로 그런 생각을 한다고 봅니다.

스콧: 의식적으로 그런다거나 사람들이 이런 관점에서 깊이 생각한다는 뜻은 아니에요. 어쩌면 몇몇은 그럴 수 있겠지만 내 말의 핵심은 자신들의 행동을 표현하고자 그럴 필요가 없다는 데 있어요.

학생: 원하면 종교를 인정하지 않고도 여러 자녀를 가질 수 있어요.

스콧: 당연히 가능해요. 하지만 평균적으로 볼 때 그런가요? 구체적인 수치를 댈 수는 없지만 현대 사회에서 종교를 가진 사람들이 평균적으로 자녀를 많이 갖는 것 같아요.

또 다른 핵심 요인이 있다. 그것은 바로 가끔 비이성이 지극히 이성적일 때가 있다는 것이다. 비이성은 자신이 다짐한 바를 다른 사람에게 증명하는 유일한 수단이기 때문이다. 예를 들어 어떤 사람이 현관 앞에 와서 대뜸 10만 원을 달라고 하는데, 그 사람 눈빛을 보니 이성을 완전히 상실한 것 같다고 하자. 그러면 대부분은 그냥 돈을 줄 가능성이 아주 높다. 무슨 짓을 할지 모르니 말이다. 이 방법이 정말 먹히려면 정말 비이성적인 상태라고 믿게끔 표현해야 한다. 어설프게 연기하면 금세 눈치 챈다. 당장 뭔가 행동에 옮길 것처럼 정말 미친 상태까지 가야 한다. 목숨을 바칠 정도로 결의했다고 믿는 순간 함부로 대하지 않을 것이다.

따라서 종교는 자신의 결의를 표현하는 수단이라고 생각할 수 있다. 특정한 도덕적 기준을 신봉한다고 표현하는 사람도 있고, 말만으로는 부족해서 믿을 수 없다고 생각하는 사람도 있다. 반면 수염을 길게 기르고 매일 기도하면서 교리를 어기면 지옥에 떨어져 영원히 벌 받는다고 정말 믿는다면 자신의 신념에 헌신한다는 것을 증명하는 데 정말 비싼 값을 지불하는 것이다. 말로만 진심이라고 하는 것보다 훨씬 설득력 있다. 따라서 이 이론에 따르면 종교는 특정한 규칙에 따른다는 것을 공개적으로 선언하는 수단이라고 볼 수 있다. 물론 그런 규칙이 좋을 수도 있고 형편없는 것일 수도 있다. 그럼에도 불구하고 특정한 규칙을 따른다는 공개 선언은 초자연적인 보상과 벌이 가미되면서 수천 년 동안 사회를 구성하는 데 중요한 요소였던 것 같다. 그래서 통치자들은 백성들이 반란을 일으키지 않고, 남자는 아내에게 충실하고, 아내는 남편을 버리지 않을 거라고 믿었던 것이다.

이렇게 말하고 보니 다윈과 히친스[8]를 비롯한 반종교 운동가가 맞붙으면서 어쩌면 자신의 주장을 충분히 인정하지 않으면서 발생하는 게임 이론적인 힘이 있는 것 같다. 물론 상대방이 "그래, 인정한다. 모두 터무니없는 소리지만 사회적으로 중요한 기능을 한다."라고 나오지 않아야 서로에게 유리하다. 하지만 현실은 종교 옹호론자는 쉽게 무너질만한 주장에 의존하는 경우가 많은데(최소한 흄과 다윈 시절 이후로 그렇다), 훨씬 강력하긴 하지만 그들의 실제 사례는 공개적으로 드러내기 힘들기 때문이다.

정리하면 어쩌면 사람은 (오래 살아남는다면) 종교가 설명해주는 역할을 대신할 더 나은 뭔가를 확보해서 종교가 더 이상 필요 없게 될지도 모른다. 하지만 그전까지는 최소한 종교가 인류 역사에서 그동안 해왔고 현재도 여전히 하고 있는 사회적 역할을 더욱 자세히 이해할 필요가 있고, 어쩌면 그 과정에서 비슷한 류의 문제를 해결하는 사회적 메커니즘을 발견할 수 있을지도 모른다.

학생: 전 비이성이 이성에 비해 나은 또 다른 경우는 더 없는지 생각하고 있었어요.

스콧: 아, 어디서부터 얘기해야 할까요?

학생: 특히 정보가 불완전할 때 그래요. 마치 자신의 이상에 헌신하고 나중에도 마음을 바꾸지 않은 정치인이 있다면 그 사람이 말한 것은 정말 실천한다는 것을 확신할 수 있겠죠.

---

8. 세계적인 대중 지식인, 반신론자 – 옮긴이

스콧: 그가 확신하기 때문이에요. 자신이 말한 것을 정말 믿고 대다수의 유권자는 정치인이 주장하는 내용보다는 이를 확신하고 실천할 수 있다는 태도를 더 중요하게 여기죠.

학생: 공공 이익에 최선인지는 모르겠어요.

스콧: 그래요. 그게 문제예요. 하지만 이성적인 비이성 기법을 통달한 사람을 어떻게 이길 수 있겠어요? "아니야, 그게 아니라는 근거가 있어."라고 말할 수 있을까요?

또 다른 예로 클럽을 생각해보자. 이성을 잘 유혹하는 사람은 "내가 가장 매력적이다."라는 거짓말에 대한 확신이 (잠시나마) 강한 사람이다. 비이성이 이성적인 명백한 사례다.

학생: 대표적인 예로 치킨 게임[9]할 때 핸들을 돌릴 수 없게 망가뜨리는 것이 유리해요.

스콧: 바로 그거예요.

학생: 컴퓨터 과학이 물리학의 한 분야가 아닌 이유를 모르겠어요.

스콧: 그건 철학적인 이유보다는 역사적인 이유 때문이에요. 지금 컴퓨터 과학자에 해당하는 사람은 예전에는 수학자거나 전기 공학자였어요. 그런 분야가 없던 시절에 컴퓨터 과학자에 해당하는 이들은 수학과나 전기공학과에 갔죠. 물리학은 이미 다른 것들로 가득 찬 데다 물리학과에 입학하려면 프로그램을 작성하거나 계산 이론을 연구하는 것과는 직접적인 관련이 없는 배경 지식을 엄청나게 배워야 했어요. 폴 그레이엄[Paul Graham]의 표현을 인용하면 컴퓨터 과학은 통일된 분야라기보다는 유고슬라비아처럼 역사적 사건에 의해 우연히 뭉쳐진 사람들에 가까워요.[10] 수학자와 해커와 실험주

---

9. 게임 이론에 나오는 간단한 예로 두 사람이 서로를 향해 차를 몰고 돌진하는 게임 – 옮긴이

10. P. Graham, Hackers and painters. http://www.paulgraham.com/hp.html

의자 등을 한 부서에 모아 놓고서는 서로 얘기가 통하길 바라는 것 같아요. 하지만 내 생각에는 (좀 뻔한 말이긴 하지만) CS와 수학과 물리학 등의 경계의 실질적인 의미는 점점 줄어들고 형식적인 의미만 강해지는 것 같아요. 영토는 분명히 있는데, 경계를 어떻게 그을지는 불분명해요.

| 찾아보기 |

스콧 애론슨의 양자 컴퓨팅 강의

데모크리토스부터 시작된 양자 컴퓨팅

발 행 | 2021년 4월 19일

지은이 | 스콧 애론슨
옮긴이 | 남기혁·이태휘

펴낸이 | 권 성 준
편집장 | 황 영 주
편 집 | 조 유 나
디자인 | 송 서 연

에이콘출판주식회사
서울특별시 양천구 국회대로 287 (목동)
전화 02-2653-7600, 팩스 02-2653-0433
www.acornpub.co.kr / editor@acornpub.co.kr

책값은 뒤표지에 있습니다.